예수가 사랑한 남자

예수가 사랑한 남자

신약성서의 동성애 이야기

The Man Jesus Loved

homoerotic narratives
from the
New Testament

테오도르 W. 제닝스 지음
박성훈 옮김

예수가 사랑한 남자 — 신약성서의 동성애 이야기

2011년 6월 15일 초판 1쇄 인쇄
2011년 6월 25일 초판 1쇄 발행

지은이 | 테오도르 W. 제닝스
옮긴이 | 박성훈 기 획 | 제3시대그리스도교연구소
펴낸이 | 김영호 펴낸곳 | 도서출판 동연
편 집 | 조영균 디자인 | 이선희 관 리 | 이영주
등 록 | 제1-1383호(1992. 6. 12)
주 소 | 서울시 마포구 망원2동 472-11 2층
전 화 | (02)335-2630
전 송 | (02)335-2640
이메일 | ymedia@paran.com
누리집 | www.y-media.co.kr

ISBN 978-89-6447-148-7 93200

'게이 예수'라는 키워드로 인터넷 서핑을 해 보면 적어도 이와 관련된 몇 개의 사이트를 찾을 수 있다. 하지만 그 사이트의 의견들이 과연 믿을 만한 성서적 근거를 가지고 있기는 할까? 이 책에는 예수 전승들에서 공정하게 추정할 수 있는 동-성애적 관계들 쪽으로 예수의 성애적인 애착과 태도에 대해 무언가를 시사하고 있는 복음서 텍스트를 조심스럽게 그리고 끈질기게 탐색하기 위한 시도가 담겨 있다. 젠더와 오늘날 '결혼 및 가족 가치'라 불리는 것을 비롯하여 다른 남자의 애인으로서의 예수에 대한 '위험한 기억'과 그러한 관계를 향한 예수의 태도에서 드러나는 증거는 현대의 이성애주의heterosexism 및 동성애혐오homophobia와 양립할 수 없다. 나는 이 연구가 교회와 사회에서 게이, 레즈비언, 트랜스젠더 그리고 양성애자의 긍정을 위하여 중요하면서도 영속적인 변화를 낳기 위한 계속되는 시도에 도움을 주기를 바란다.

나는 오래전부터 이 기획에 매달렸다. 다른 일들로 작업이 중단되었을 때도 사실상 이 연구의 I부에 대한 저술은 이미 끝나 있었다. 많은 사람들이 이 기획에 관심을 가지고 있었는데 그중 초기 원고를 읽었던 제임스 크리치James Creech와 로나 케이스Ronna Case는 이 일을 완성하도록 나를 격려해 주었다. 사실 이 기획이 완성되었을 때 나는 처음으로 책을 쓰기 시작한 지 20년여 년의 기간 동안 이미 몇 권의 책을 세상에 내놓았다. 그럼에도 위 두 사람은 내가 이 작업으로 되돌아갈 수 있도록 많은 힘을 주었고, 그것은 지금 돌이켜보아도 얼마나 좋은 일인지 모른다. 우정은 진정 인생의 가장 큰 축복이다.

또한 나는 시카고 신학대학원에 사의를 표한다. 이 대학원은 10년 전에 나를 다시 초청하여 학생들을 가르칠 수 있도록 했을 뿐만 아니라 신학대학원의 중요한 부분으로 게이와 레즈비언 연구에 대한 프로그램을 발전시키려는 나의 시도에 대해 강력하게 지지해 주었기 때문이다. 그 프로그램을 통해 나는 여러 세미나를 가르칠 기회가 있었지만, 이 연구에 가장 크게 영향을 미친 세미나는 '동성애와 해석학Homosexuality and Hermeneutics'에 대한 것이었다. 그 세미나에 참여했던 학생들은 내 아이디어에 귀를 기울이고 이의를 제기했으며, 그들 자신의 아이디어나 제안을 내놓는 식으로 내가 착수한 작업에 대단히 중요한 기여를 해 왔다. 나는 그들에게 깊이 감사한다. 이 원고는 또한 현재 학장직을 수행하고 있는 수전 티슬트와이트Susan Thistlethwaite, 다우 에저튼Dow Edgerton, 그리고 켄 스톤Ken Stone을 포함한 동료 교수들 중 몇몇 사람들의 조심스러운 독해와 사려 깊은 제안들로부터 도움을 얻었음을 밝힌다.

2장 '사랑하는 사람과 그의 사랑받는 자'의 초기 형태는 *Chicago Theological Seminary Register*(vol. 91, no. 3, 2001)에 실렸고, 10장과 11장에 있는 결혼과 가족에 관한 마가복음 텍스트에 대한 논의는 *The insurrection of the Crucified: "The Gospel of Mark" as Theological Manifesto*에 실린 마가복음의 초기 작업에 기초한다. 따라서 나는

*Chicago Theological Seminary Register*와 〈Exploration Press〉의 편집장인 스캇 핼더맨Scott Halderman이 이 자료들을 수정하여 사용할 수 있도록 해 준 점에 대해 사의를 표한다. 그리고 이 기획의 착수에 대한 의지를 가져 준 점에 대해 〈Pilgrim Press〉의 티모시 스태비티그Thimothy Staveteig에게 감사하며, 이 원고를 부지런하고 민첩하게 편집해 준 밥 랜드Bob Land와 존 이글슨John Eagleson에게도 감사한다. 또한 이 책의 표지를 위해 마크 카론Mark Charon이 예수와 그가 사랑했던 제자의 삽화를 그려 준 점에 대해 감사한다.

지난 30년 동안 행복한 결혼 생활을 지속할 수 있게 해 준 로나 케이스Ronna Case는 오랜 기간 동안 내가 착수했던 기획에 대한 원고를 발견할 때마다 "여보, 우리 짐 싸야 될 거예요!"라는 말을 했다. 특히 그녀는 최근 들어 짐을 쌀지를 살펴보고 있다. 다른 곳으로 이사 갈 생각은 별로 없지만, 룻Ruth이 나오미Naomi에게 했던 말을 해 보는 것(룻기 1:16 참조)은 나의 또 다른 기쁨이었다.

테오도르 W. 제닝스

| 일러두기 |

- 성서 인용은 표준새번역(NRSV)을 사용하였고, 저자가 옮긴 본문(NRSV에서 필요에 따라 약간의 수정을 거친)과 대조하여 저자의 의도에 따라 최소한의 수정을 거쳤다.
- 성서와 관련된 인명 및 지명은 표준새번역을 따랐다.
- 맥락에서 읽기의 용이함을 위해 reading은 읽기, 독해, 해석 등을 번갈아 사용하여 번역했다.
- interpretation과 reading은 해석과 독해 또는 읽기로 옮기려 했지만 때때로 혼용해서 사용했다.
- narrative 역시 서사 또는 이야기로 옮겼다.
- 저자에 따르면 homosexual이라는 용어는 부정적인 이미지가 투영되므로 same-sex라는 용어를 만들었고, 번역 시 homosexual은 동성애적 또는 동성애자로, same-sex는 동-성적 또는 동-성애적이라는 역어를 사용했다. 이에 반대하는 용어로 cross-sex라는 용어가 제시되고 있는데 이-성애적이라고 옮겼고, 때로 문장의 가독성을 위해 양성적 또는 양성의로 옮겼다.
- homoerotic은 homosexual과 거의 동의어로 사용된 듯하며, 따라서 동일하게 동성애적이라는 역어를 사용했다.
- the beloved 또는 his beloved라는 문구는 번역문의 맥락에 따라 '사랑받는 제자', 또는 '예수가 사랑하는 제자' 등으로 옮겼다.
- pederasty는 현대적으로는 소아 성애를 뜻하는 단어지만, 과거에는 소아 성애에 대한 사회적 평가와 개념이 달랐던 점을 고려하여, 맥락에 따라(고대 사회에는 소아 성애가 아니라 연소한 동성의 반려자에 대한 사랑의 형식이었고 지금과 같이 범죄로 취급되지도 않았음) 소년애로 번역하기도 했다. 그리고 boyfriend 역시 일반적으로는 남자 친구로 번역되지만, 맥락에 따라 소년 애인 또는 연소한 반려자 정도로 번역했다.
- gender는 단순한 생물학적 성별을 의미하는 sex와는 다른 사회적인 역할을 의미하는 말이며, 이를 구분하기 위해 '젠더'라는 표현을 그대로 사용했다.
- sexuality는 상당히 모호한 단어로 성, 성적 취향, 성애 등 다양한 의미를 가진다. 이 책에서는 일반적으로 성애, 성적 취향의 의미로 쓰이고 있다.
- 책에서 the man Jesus loved(또는 disciple)는 '예수가 사랑한(또는 사랑하는) 남자(또는 제자)'로 옮기는 것을 원칙으로 했지만, 문맥에 따라서는 '사랑했던'이라는 표현을 혼용하기도 했다.
- lover와 beloved는 될 수 있으면 '사랑하는 이'와 '사랑받는 이'로 옮기려 했다.
- 책에서 사용된 고유명사들의 표기법은 될 수 있으면 라틴어 및 그리스어의 발음방식을 차용하였고, 성서상의 고유명사들에 대해서는 표준새번역의 표기방식을 사용하였다.

제Ⅲ부 결혼 및 가족적 가치들

제1장
동성애와 성서학적 해석

교회들은 지난 25년 동안 동성애에 관한 오래된 논쟁에 깊숙이 관여해 왔다. 이 논쟁의 중심에는 성서 해석에 대한 몇 개의 문제들이 놓여 있었다. 일부 성서 문구들이 적어도 어떤 특정한 동성애적 관계들 또는 성행위를 정죄하고 있다고 여기기 때문에 이 해석에 대한 문제들은 격렬한 논쟁에 휩싸여 있다.

논쟁의 초기 단계는 1960년대 말 '성혁명sexual revolution'의 맥락에서 표명되었다. '동성애' 문제는 어느 정도까지 교회가 새로운 맥락에서 성윤리의 문제에 직면하는 게 가능하도록 하는 선도적인 역할을 했다.

원래 제안되었던 형태의 논의는 다음과 같은 전제와 관련되어 있었다. 어떤 특정한 개인들은 선천적으로 또는 적어도 가역 불가능하게 자신과 같은 젠더에 속한 사람들에게서 성적인 만족을 구하는 쪽으로 정향되어 있다는 것이다. 〈킨제이 보고서〉에 기초한 이 '발견'은 동성애적 성행위를 금지하는 부분적인 수정에 정당성을 제공했다.

이 사안을 논의하기 위한 초기 시도는 영국 국교회가 (울펜든Wolfenden 위원회를 통해) 관여하였던 동성 간의 성행위를 법률로 금하는 공법 조항의 개정이라는 배경에서 시작되었다. 데릭 셔윈 베일리Derrick Sherwin Bailey가 쓴 『서구 기독교 전승 내에서의 동성애』라는 획기적인 연구를 보면 주로 동성애 행위에 관한 위법 조치화의 발생과 연관되지만, 이 저작은 그런 법의 토대로 간주되던 성서 텍스트들에 대해 의미 있는 관심을 기울였다.[1]

베일리의 저작은 19세기 법률가들이 동성애 금지를 수반했던 것으로 추정되어 온 상당히 많은 성서 구절들이 실상은 동성애와 아무런 관련성이 없다는 것을 입증했다. 즉, 베일리는 이 논의에 관련성이 있는 것으로 여겨지던 텍스트의 수를 상당히 제한하는 데 성공했다.

그렇다면 이제 우리에게 남겨진 것은 레위기에서 볼 수 있는 두 구절 그리고 추가 작업을 필요로 하는 듯이 보였던 신약성서로부터 나오는 세 구절이다. 이 텍스트들은 남성 간(그리고 한 경우에는 여성 간)에 생식기를 사용한 동성애 행위를 금하는 듯 보이기 때문이다. 여하튼 이 구절들을 어떻게 해야만 할 것인가?

한 가지 유효한 해석학적 전략은 이 텍스트들이 결코 동성애적 정향성

---

1) 데릭 셔윈 베일리, 『서구 기독교 전승 내에서의 동성애*Homosexuality in the Western Christian Tradition*』(London: Longmans, Green, 1955). 베일리의 책은 동성애 법령에 대한 성서적 기초라고 주장되었던 것을 논파했지만, 미국 대법원은 그에 대해 관심을 두지 않는 듯했다(Bowers v. Hardwick). 그 당시에도 현재와 같이 성서 독해는 전체적인 시민 사회에 중대한 영향력을 가지고 있었다.

을 다루는 것이 아니라는 구실로 이 텍스트들을 기각시키는 것이었으며, 이것은 실제로 진실이었다. 19세기 말 이전에 개인들은 성적 정향성에 따라 분류되지 않았다. 그 전에는 단지 행위만을 주목했을 뿐이다. 누가 누구와 섹스를 했는가 하는 그런 것 말이다. 사실 어떤 사람들이 실제로 동-성 간의 성애적 만족에 대해 배타적인 정향성이나 또는 선호 성향을 보이는지에 대한 것 등등 훨씬 머리 아픈 질문이 있지만, 그것은 문제가 아니었다. 오늘날 일부 사람들이 쓰는 해석학적 전략은 어떤 특정한 사람들이 성적인 정향성에 있어 오로지 동성애자라는 것을 말하려고 한다. 이들에게 동-성적 성행위는 자연 법칙에 어긋나기에 이해될 수 없다. 따라서 성서가 우리에게 비정상적으로 보이는 타인들에 대해 어떤 말을 할지라도 기꺼이 받아들여야 했다.

하나의 현상을 법제화하기 위해 성서 텍스트들의 관련성을 기각하는 이 해석학적 전략은 지난 한 세기에 대한 이해를 결여하고 있기에 일정한 한계를 지닌다. 우선적으로 후자의 접근법은 동성애만큼이나 확립되어 있는 양성애 범주를 다루지 않으며, 이에 대한 아무런 문제 제기 없이 현대의 동성애 범주를 수용한다. 그러나 우리는 동성애라는 바로 그 관념 자체에 대해 게이 이론가들이 문제 제기하는 시대를 살고 있다. 구성주의자들과 본질주의자들 간의 논쟁은 전체 동성애 범주를 비결정적인 것으로 만들었다.

선천적으로 동성애적인 사람들의 범주에 대해 호소하는 방식을 통해 성적인 행위(성적인 실천)의 문제를 교묘히 피해 가려는 시도는 개념적으로/신학적으로 동요하는 토대 위에 있는 것으로 간주되어야만 하며, 어떤 경우에도 위기에 처한 성적인 행위의 문제들을 다루기에는 한계가 있는 것으로 평가되어야 한다.

게다가 더 어려운 점은 지난 25년에 걸쳐 판세를 주도했던 이 같은 논의와 관련된다. 동성 간의 성애적 행위(또는 실천)에 관여하거나 또는 끌리는 사람들을 받아들일 것인지에 대한 문제에 관심이 집중되어 왔기 때문이다. '동성애자들'은 교회 또는 사회 영역에서 승인을 구하는 청원자들이었다. 그래서 이 문제는 차이에 대한 용인과 관련되어 '동성애자들'을 포함하려는 이러한 용인 범위를 확장해야만 한다. 용인을 향한 움직임은 적절하게 성적인 가치들, 특히 '정상적 문화'의 성적인 가치들과 결혼 그리고 가족적 가치들이 기본적으로 옳다는 가정을 그대로 두는 그런 방식으로 진행되었다. 따라서 이런 종류의 주장은 여하튼 이러한 가치들을 본성적으로 인정하지 못하는 사람들이 일종의 면제를 받아야만 한다는 것이 된다.

본질적으로 이런 종류의 논의는 혜택을 얻고자 하는 사람들의 존엄성을 손상시키고, 한편으로는 이들에 대해 이해와 관용을 호소하면서도 다른 한편으로는 지배적인 가치들과 제도에 대해서는 아무런 개입 없이 그대로 두고 넘어간다. 그래서 자신의 정체성이 게이, 레즈비언, 양성애자 또는 '퀴어queer'(동성애자)인 사람들은 더욱더 이런 본질적으로 모멸적인 논의에 참여할 가치가 없다는 것을 알게 된다.

성서 재해석하기

현재의 연구는 논의의 규범이었던 것에서 출발한다. 이 책은 동성애혐오적이며 이성애 중심적인 교회의 (그리고 전반적인 서구 사회의) 입장이 성서를 왜곡하고 있다는 입장을 취한다. 그 귀결의 하나로 나는 게이에 대한 차별을 철폐하는 (또는 게이를 긍정하는) 성서 읽기가 실제로 성서로부터 유래하는 텍스트들이기에 그 완전성을 존중할 것이고, 그 메시지들을 보다 명확하고 설득력 있는 것으로 만들 것이다.

이 연구는 (단순히) 동성애자들에 대한 수용이나 용인에 호소하는 것이 아니라, 성적인 정향 또는 동성애적 습속에 기초한 개인들의 배제가 전반적으로 성서, 그 가운데 특히 예수에 관한 전승들에 대한 근본적인 왜곡을 수반하고 있다는 것을 제시한다.

이제 이런 주장은 오직 성서적 자료들의 재독해를 통해서만 가능하다. 이 쟁점은 단지 동성 간의 성애 행동에 관여하는 사람들을 실격시킨 다섯 개의 독립적인 구절들에 대한 문제가 아니다. 관건은 성서적 증거들을 보다 폭넓게 재해석하고 게이에 대해 긍정하는 시각을 갖기 위해 성서를 전유하는 것이다.

이런 종류의 성서 재해석은 다양한 해방주의적 배경에서 행해졌던 재해석과 연관된다. 근대에 그런 재해석은 여러 이유들로 인해 반드시 필요한 것이 되었다. 예를 들어, 18세기 말에서 19세기 초 노예제의 자기 근거를 약화시키려는 목적으로 재해석하기 시작하였다. 성서는 노예제를 폐기하지 않는 듯이 보인다. 실제로 노예 소유 Chattel Slavery를 옹호하는 변론가들은 '모세적' 입법과 언뜻 노예제를 수용하는 듯한 신약성서의 태도에 호소하여 개신교가 우세한 북미 지역에서 새로 정비된 노예제 관행을 정당화할 수 있었다. 당시 노예제에 대한 투쟁은 적합한 성서 읽기의 방식에 대한 투쟁이기도 했다. 즉, 이것은 해석의 문제였다.

이와 동일한 해석학적 주제 또는 일군의 주제들이 미국과 남아프리카 공화국의 아파르트헤이트라는 인종 분리 정책에 대한 투쟁에서 일익을 담당하게 되었다. 각각의 사례에서 이 주제는 백인종 우월론을 정당화하는 용도로 (오)전용되었던 현존하는 신구약성서의 텍스트들과 관련되었다. 그러나 이 주제는 이 사례에서 보다 폭넓은 것이 된다. 왜냐하면 그 것은 성서적 원칙들(증거 문서들)을 신학적 · 윤리적 논쟁의 주제들에 적용하는 것이기 때문이다.

이 투쟁은 절대로 끝난 것이 아니다. 아프리카 중심적 성서 독해를 발전시켰던 케인 호프 펠더Cain Hope Felder와 이투멜렝 모살라Itumeleng Mosala 의 저작 그리고 남아프리카 내의 다른 작업들은 백인 우월주의적 이념으로부터 성서를 탈환해 내는 데 있어 상당히 중요한 의미를 가진다.

하나의 특수한 문제가 보다 넓은 해석적 논의로 향하는 길을 열었던 두 번째 예증은 여성주의적 성서 읽기와 관련이 있다. 흥미롭게도 여성주의적 관점으로부터의 성서 재해석은 차별폐지주의적이고 반인종주의적인 성서 재해석과 동일한 배경에서 시작되었다. 『여성의 성서Woman's Bible』 는 해방주의적이고 수정주의적인 관점으로부터 첫 번째로 수행된 성서 재해석의 산물이었다.

여성주의적 성서 재해석은 오늘날에도 지속되고 있으며, 특히 엘리자 베스 슈슬러 피오렌자Elisabeth Schüssler Fiorenza의 저작을 통해 성서적 텍스트들의 재전유와의 관련성을 늘려가고 있다. 여기에서 우리는 성서적 세계관에 관한 문제와 전체 복음의 의미가 그 이후에는 여성들을 사회 및 교회 내에서의 지도적 지위로 받아들일 것인지에 대한 문제로 바뀐 것을 알 수 있다. 확실히 해 둘 것은 많은 학자들(마리 데일리Mary Daly와 같은) 이 이 성서적 자료들이 구제 불가능할 정도로 성차별주의적이며 그래서 폐기되어야만 한다는 결론을 내린다는 것이다. 다른 학자들(로즈마리 뤼터Rosemary Ruether 같은)은 성서 저자들의 가부장적 편향을 기각하지 않으면서도 일부 세계와 사회 내에서의 성차별주의와 가부장제에 대한 엄격한 비판을 위한 중요한 근거를 찾아낸다.

20세기 성서 재해석들 가운데 개입의 요구가 가장 크게 요구되는 지류는 기독교 해석학자들 사이에 퍼져 있는 전통적인 성서 해석들이 반유대주의를 키워 왔다는 견해다. 실제로 이들의 작업은 홀로코스트에 대한 공포와 그에 대한 대응으로 시작되었는데, 그것은 히틀러가 행한 홀로코스트 같은 민족 말살 정책의 토대 마련에 전통적인 성서 해석이 기여했다고 인식했기 때문이다. 여기에서 문제가 되었던 것은 겉보기에 자명한 성서 해석 방식에 대한 재검토와 성서에서 소중하게 여겨져 왔던 교의적 도식들이 발전되고 해석되었던 방식에 대한 재검토였다. 심지어 기독교인들이 이스라엘의 성스러운 문서들에 부여한 이름—구약성서—조차도 반유대주의의 출현에 도움을 주는 편향성을 드러내고 있다. 예수를 (그와 함께 바울을) 한 사람의 유대인으로 재검토한 것은 일반적으로 성서 텍스트들이 유대인들에게 예수의 처형(물론 실제로 실행되었지만, 그러나 로마 제국 즉 이방인들에 의해 실행되었던)에 대해 책임을 지우는 듯한 해석 방식들에 대한 비판적인 성찰, 그리고 그와 더불어 예수 운동의 출현과 신약성서에 대한 하나의 전통적이고 이념적으로 왜곡된 (오)독해의 위험들에 대해 적용될 새로운 통찰을 생산해 내는 데 있어 매우 유익한 효과를 가져왔다.

그 후 폭넓은 영향력을 가지면서 뒤따라 나온 성서 재해석 방식은 해방된 삶을 획득하기 위한 가난한 자들과 억압받는 자들의 투쟁의 관점으로부터 시작된 해석 방식이다. 이 해석학적 전략은 미국과 아프리카의 흑인 해방을 포용하며, 이와는 배경이 상당히 다른 아시아 신학에도 영향을 미쳤지만, 라틴아메리카의 해방신학과 연관된 사례에서 가장 일반적으로 나타나고 있다.

이 해방적 재해석은 지속적인 중요성을 보여 왔는데, 그 이유는 해석의 방식이 단순히 우리가 가난한 사람들에게 친절해야만 한다는 것을 주장할 뿐만이 아니라 가난하고 주변화된 사람들의 복지가 두 언약(신약과 구약)의 하나님과 우리의 관계에 대한 시험이라는 주장을 강하게 내세웠기 때문이다.

실제로 우리가 언급했던 모든 사례들에서 제안된 성서 재해석은 세계 내에서 드러나는 신의 행위, 의지, 그리고 목적의 증거라는 측면에 대한 결정적인 해명을 제공하고 있다고 주장된다.

이 모든 사례들에서 각각의 성서 재해석에 관건이 되는 것은 전통적인 해석들에 이의를 제기하는 것이다. 이러한 전통적인 성서 해석 방식들은 이들이 의도적으로 해석하는 특정 텍스트와의 자체적인 치환에 있어 너무나 성공적이었기에 새로운 해석 방식은 흔히 '비성서적'인 것으로 간주되었다. 그럼에도 이러한 재해석은 문서(성서)에 의해 증언되는 신에 대한 충실함의 의미에 더 큰 명확성을 주는 것으로 귀결되었다.

나는 유사한 이점을 '게이에 대해 긍정적인(게이에 대한 차별을 폐지하는)' 또는 동성애혐오에 반하는 성서 재해석으로부터 얻을 수 있다는 입장을 지지한다. 내가 염두에 두고 있는 이점이란 단순히 이전에 금지되었던 행동의 수용뿐만이 아니라 성서적 텍스트들의 의의에 보다 더 큰 명확성을 이루고 그에 따라 동-성애적 욕망과 실행을 향하는 현대의 사고 방식을 위한 성서적 전승들의 의의에 대해서도 보다 더 큰 명확성을 이루는 것이다.

이제 나는 하나의 경고를 더해야만 하겠다. 나는 지금 제안하고 있는 해석학적 기획이 방금 전 제시했던 다른 해석학적 전략들을 추방시키고 그 자리를 차지해야만 한다고 생각하지 않는다. 라틴아메리카의 신학자들이 말하듯이, 이 탐구는 '완전한 해방'을 위한 것이다. 다른 것들의 희생의 대가로 얻는 부분적인 해방은 예수 안에서 약속되고 이미 시작된 새로운 창조의 지평 내에서 해방일 수 없다.

우리가 여기에서 시작하는 해석학적 작업이라는 '무지개의 끝'에는 육체 또는 성애적인 것을 두려워하지 않는 형식을 띤 성서의 전유가 있다. 그러므로 게이를 긍정하는 성서 해석의 목적은 이성애적인 사람을 비롯한 모든 사람들에게 삶에서 성애적인 것의 장소와 관련된 어떤 해방의 약속을 제공하는 것이다.

교회 내의 동성애 문제는 사반세기 전에 있었던 동성애적 기독교의 전통적인 반성애적 관점이 오늘날에도 우리에게 구속력을 가지는 것으로 간주되어야 하는가에 대해 의문을 제기했던 성혁명에 대한 맥락에서 고려되기 시작했다. 그런데 그러한 교회 내의 동성애에 관한 (사회 전체의) 동성애 문제로 관심이 집중되면서 부차적인 것이 되었다. 성서의 서사들 내에 있는 동성애의 재검토는 어떤 의미에서 스스로가 이 전통에 빚지고 있으며 아울러 책임이 있다고 생각하는 사람들의 삶과 사고에서 성애적인 것의 장소에 대한 재고를 가능하게 할 수도 있을 것이다.

동성애적 해석의 전략들

앞으로 전개될 작업에서 우리 모두는 게이를 긍정하는 성서 텍스트들의 재해석을 구성하기 위한 다른 전략들을 찾아내야 한다.

게이를 긍정하는 해석의 첫 번째 단계는 지난 반세기에 걸쳐 상당히 공을 들여 추구해 왔던 것으로, 즉 성서 내에 있는 동-성적 성행위에 관여하는 사람들에 대한 문화적·사회적 모욕과 심지어 법률 제정을 위해 가정된 성서적 근거에 도전하는 것이다. 현재 이 전략의 결과로 이전에 이러한 행동에 대해 언급하고 있는 것으로 해석되었던 몇몇 텍스트들(구절들)을 더 이상 그런 방식으로 사용할 수 없게 되었는데, 그 이유는 이 구절들이 잘못된 번역의 결과이기 때문이다. 또 다른 결과는 어떠한 반동성애적 텍스트들이라도 성적인 정향보다는 행동에 적용될 수 있다는 것이다.

이러한 결과들은 중요하기는 하지만 충분하지 않은 것으로 간주될 수 있을 것이다. 그러므로 대안적 전략들을 사용해야만 한다.

우선적으로 쓸 수 있는 전략은 동성애혐오적 독해들이 텍스트를 모호하게 읽도록 만드는 것에, 즉 성서의 의도에 대한 근본적인 왜곡을 수반하는 것으로서의 해석에 관여하고 있음을 드러내는 것이다. 여기에서 우리는 동-성적 성관계에 관여하는 사람들에 대한 반대를 위해 사용되는 이 텍스트들의 해석(예를 들어, 소돔과 관련된 이야기)이 실질적으로 텍스트들을 뻔뻔스럽게 왜곡하고 있다는 것을 논증해야만 한다. 이에 수반되는 왜곡이 바로 동성애혐오에 대한 하나의 척도라고 할 수 있다. 즉, 제도적으로 승인된 해석에 비합리성을 야기하는 동성애에 대한 두려움을 보여주는 척도 말이다.

동성애혐오는 동성애에 분명한 적의를 드러낸 것이며, 그것은 또한 이성애적 독해라 불릴 수 있는 것에 의해 보완된다. 이러한 독해는 이성애적 결혼과 가족 가치들의 전형에 너무나 집착한 나머지, 그 자체적인 전제들을 텍스트에 투영하여 독해한다. 이 전략은 동성애에 대한 증오나 두려움을 필수적으로 수반하지는 않지만, 성서적 텍스트들 내에서 이성애적 문화의 결혼 및 가족 가치들을 확인하는 방향으로 기울게 한다. 그래서 이성애에 반하는 성서 해석은 보다 넓은 경기장으로 나아가게 된다. 말하자면 단순히 동성애혐오적인 독해들의 정당성을 실추시키는 것이 아니라 이성애적인 제도들의 특권을 지지하는 해석에 도전하는 그런 경기장으로 말이다. 이성애에 대한 도전은 실질적으로 이성애적 제도들이 사실상 성서의 텍스트들 내에서 뒷받침된다는 관점에 대한 도전을 유발하는 것이다.[2]

성서 독해의 세 번째 층위는 '게이를 지지하는' 해석이다. 이런 종류의 해석은 요나단Jonathan과 다윗David 또는 룻Ruth과 나오미Naomi의 이야기를 게이에 대해 실증적인 방식으로 읽었던 사람들이 기대하는 것이다. 예를 들어, 이런 접근법은 강력한 여성 인물이나 또는 신에게 여성적인 성격들이 있음을 보여주는 여성주의적 해석들에 유비적이거나, 또는 성서 텍스트들 내에 아프리카인들이 숨겨져 있다는 것을 입증하는 케인 호프 펠더의 독해와 해석이 비슷하다. 그럴 때에 우리는 어떤 의미에서 동성애적인 것으로 추론될 수도 있는 숨겨진 관계들의 실재와 관련을 맺게 된다.

이러한 읽기의 전략들에 우리는 네 번째 전략을 더할 수 있을 것이다. 즉, 오늘날의 게이적 또는 퀴어적 감수성의 관점으로부터 텍스트들을 해석하는 전략을 말이다. 여기에서 읽기의 목적은 게이 또는 퀴어적 현실에 긍정적인 입장으로부터 텍스트를 해석할 때 텍스트가 어떤 방식으로 나타나는가를 발견하는 것이다. 즉, 이 관점에서 고찰할 때 텍스트가 현재 의미하는 것이 무엇인지를 말이다. 이 해석의 전략은 내가 제시했던 다른 전략들에 의존하고 있다. 하지만 성서가 라틴아메리카의 가난한 사람들 또는 북아메리카 여성들의 입장으로부터 해석될 때, 이는 오늘날의 독자들의 관점을 진지하게 받아들이게 되는 것이고 따라서 다른 전략들

---

2) 10장과 11장에서 관련된 텍스트들에 대한 논의를 살필 것.

을 뛰어넘게 된다.

그러므로 게이적 성서 읽기의 과제는 상호 연관된 텍스트들을 해석하는 여러 가지 전략을 수반한다. 우리는 이 전략들 간의 차이와 관련성에 관심을 기울임으로써 성서적 텍스트 그 자체에 대해서는 물론 해방주의적 해석의 다양한 측면들에 대해 전반적으로 더 잘 알게 된다. 이후에 다룰 자료에서 우리는 이용할 수 있는 해석들의 예시들을 제공하는 것 이상을 기대하기는 어렵다. 그러나 이러한 해석의 귀결은 동성애 문제에 관심을 가지는 사람들뿐만이 아니라 성서를 새로운 방식으로 이해하기를 바라며 성서의 전승을 동성애혐오와 이성애로부터 해방시키고 비-성애 혐오적인 신앙의 이해에 대한 길을 열고자 하는 사람들에게 유용할 것이다.

이 책의 기획

이 책에서 나의 의도는 동성애혐오와 게이에 대한 공격을 지지하는 것으로 알려진 성서 구절들을 우선적으로 다루는 방어적 전략에서 벗어나는 것이다. 이러한 전략은 성서에 대한 전통적인 (오)독해가 받을 만한 개연성보다 더 큰 개연성을 부여한다. 그 대신 나는 사실상의 증거우위 preponderance of evidence에 대한 검토에, 즉 동성애적 욕망과 관계들을 감싸 안고 긍정하는 많은 증거에 대한 검토에 집중할 것이다.

오늘날 대부분의 학자들은 바울의 복음서들 가운데 몇 구절과 함께 레위기에 나오는 몇 구절에서 동-성적 관계와 행위에 대한 비난을 정당화하기 위해 과감한 축소가 이루어진 성서 텍스트들을 받아들인다. 그럼에도 불구하고 이런 접근법은 일반적으로 동성애혐오적인 성서의 오용을 포기하는 방향으로 이어지지 않았다. 대신 그 대비책은 "성서가 동-성애적 행동(또는 동성애)에 대해 자주 말하는가 또는 거의 하지 않는가에 관계없이 성서는 언제나 이런 행위를 정죄한다"는 논리와 비슷했다. 그래서 동성애혐오를 지지하는 증거의 박약함은 아무런 증거 없이 만장일치를 주장하는 것으로 보상된다. 말하자면 아무도 노예제에 대해 동일한 주장을 (훨씬 더 많은 수의 텍스트들로) 할 수 있다는 것에 대해 당황하지 않는 듯이 보인다.

그러나 나는 이러한 만장일치에 대한 주장이 성서 그 자체를 고의로 무분별하게 다룬 하나의 산물임을 입증할 것이다. 사실상 이 논의에 관련된 더 많은 수의 성서 텍스트들이 동-성적 관계들과 행위를 긍정하고 심지어 찬양하기까지 한다.

이에 대한 논증을 충분히 명확하게 해내기 위해 나는 이 연구의 방향을 복음서들을 통해 내려오는 예수 전승 탐색에 집중하려고 한다. 『예수가 동성애에 대해 이야기했던 모든 것*Everything Jesus Said about Homosexuality*』이라는 제목으로 출판된 책이 있었다는 이야기가 있다. 그런데 이 책을 펼쳤을 때 빈 페이지 말고는 아무것도 없었다고 한다. 이 이야기는 중요한 시사점을 잘 드러내고 있지만 오해의 소지가 있다. 나는 예수 전승에 동-성애적 관계들에 대한 논의와 관련된 것들이 상당 부분 들어 있으며, 그 모든 것이 분명하다고 주장한다.

이런 결론을 가능한 한 날카롭게 드러내기 위해서 나는 "예수는 게이였나?"라는 질문으로 이 연구를 시작하는 모험을 감행한다. 나는 처음부터 이 질문이 주어진 그대로 단순한 "예" 또는 "아니오"라는 대답으로 이어지지 않는다는 것을 인정한다. 첫째, 동성애에 근대적 사상이 그런 것만큼이나 게이에 대한 오늘날의 사고방식도 지난 1세기 동안의 생각이나 관점과는 잘 들어맞지 않는다. 오늘날 동성애나 게이에 대한 이야기와 관련된 관념들은—이른바 성적 기호에 따라 개인들을 분류하는 관념들, 동성애자와 이성애자 (또는 게이와 레즈비언) 간의 비유사성에 대한 주장, 같은 성에 속한 개인들 사이의 관계들이 또한 같은 연령과 지위의 사람들 사이의 관계라는 가정, 성적인 행위와 연관된 어떤 특정한 삶의 형식 또는 문화라는 개념 등은—고대 사회의 사람들에게는 혼란스러웠을 것이며 (그런 것들이 오늘날 세계의 여러 문화에 속한 사람들에게 그렇듯이) 어쩌면 특히 같은 성에 속한 개인들 간의 성애적 관계들을 드러내고 이에 참여한 사람들에게는 터무니없게도 한층 더 혼란스러웠을 것이다.

현대적 범주들은 고대의 증거와 잘 맞지 않을 뿐 아니라 너무나 먼 과거로부터의 역사적 인물들의 '개인적인' 삶에 대해 우리가 얻을 수 있는 어떤 증거도 직접적이고 명확할 수 없다. 우리가 소크라테스나 플라톤, 알렉산더나 카이사르, 아타나시우스나 아우구스티누스 누구를 생각하든 간에 말이다. 그래서 삶, 가르침, 행위에 대한 예수의 모든 진실이 결국 초기 문서가 만들어지는 과정에서 일어나는 반영과 재구성을 통해 걸러졌던 복음서이기에 그런 불확실함이 있더라도 우리는 그 증거에 의존해야만 한다. 이러한 난점에도 불구하고 "예수는 게이였는가?"라는 질문은 성서적 텍스트들에 대한 우리의 탐색을 조직하고 그 방향을 설정할 한 가지 방편이 된다는 중요한 이점을 가진다.

첫째, 내가 지적했던 바와 같이 과거에 큰 성취를 이룬 이 질문은 스스로를 게이, 레즈비언 또는 양성애자로 확인하는 사람들에 대한 어떤 특별한 면제 또는 관용을 호소하는 그런 불행한 모습의 방어적인 해석 전략과의 명확한 단절을 위한 한 가지 방편을 제공한다.

둘째, 그러한 질문은 논의 내에서 대체로 무시되었지만 무엇보다 이 연구를 시작하기 위한 자료가 되었던 텍스트들에 대해 관심을 집중할 수 있도록 한다. 제4복음서에서 예수와 예수가 사랑한 제자로 나타나는 그 남자와의 관계 말이다. 그리고 '사랑받는 그 제자' 와 관련된 텍스트들에 대한 무리한 해석을 최소로 하는 해석 방식은 사람들이 육체적으로 그리고 개인적으로 친밀한 관계를 통해 표현되는 사랑의 관계를 말한다고 가정하는 것인데, 이것은 우리가 오늘날 동성애적 또는 '게이' 적 관계로 가정할 수도 있다. 이러한 해석 방식은 해석의 역사에서 너무나 주변적이었고, 사실상 동성애혐오와 성애혐오에 의해 실질적으로 무시당해 왔기 때문에, 이 해석을 전개함에 있어 어떤 주의가 필요하다. 이것이 Ⅰ부의 과제가 될 것이다.

Ⅱ부에서 우리는 다른 복음서의 예수 전승에서 나오는 추가 증거로 눈을 돌리게 된다. 그래서 우리는 요한복음에서 보았던 것, 즉 예수가 다른 남자와 성애적 관계를 가졌다는 기억을 확인하는 것으로 여기는 마가복음 자료를 살필 것이다. 다른 복음서들이 이런 류의 자료를 반영하지는 않지만, 우리는 자신의 '남자 친구' 에 대한 사랑을 주요 특징으로 가지고 있는 한 사람을 예수가 받아들이고 심지어 인정하고 있음을 마태복음이나 누가복음이 시사하고 있다는 것을 볼 수 있다. 마지막으로 우리는 예수가 때때로 동–성애적 관계들을 비방하는 데 사용되는 젠더 역할 문제들에 의해 곤란을 겪었다고 말하고 있음에 대해 복음서들이 동의하는 것을 보게 된다. 그러므로 복음서들은 다양한 방식으로 같은 성에 속한 사람들에 대한 친밀한 사랑을 수용하기도 하고 모델로 삼기도 했던 사람으로서의 예수에 관한 '위험한 기억' 을 무시하지 못하게 하는 증거를 제공한다.

Ⅲ부에서 우리는 근대에 동–성애적 관계들의 평판을 떨어뜨리는 데 통

상적으로 사용되었던 한 문제로 관심을 돌린다. 오늘날의 동성애혐오적인 기독교 수사법에서 동성애는 통상 '결혼과 가족 가치들'에 반하는 것이다. 즉, 동-성애적 관계가 문명의 주요 가치들을 그리고 이른바 기독교의 주요 가치들을 훼손한다는 것이다. 이 주장이 고대에는 대부분의 사람들에게 어리석은 것이었던 반면, 그럼에도 이런 주장은 성서적 가치들이 동-성애적 관계의 수용—축하는 고사하고—에 의해 파괴된다는 주장을 펼치는 방식 때문에 오늘날 특정한 관심을 기울일 가치가 있다. 이 부분에서 나는 그 복음서를 읽는 어느 독자들도 명백하게 이해할 수 있도록 쉽게 증명해 보일 것이다. 바로 예수가 결혼과 가족적 가치들을 옹호하지 않고 이와 반대로 가족이라는 제도를 단호하게 반대했다는 것에 대해서 말이다. 결혼과 가족 가치 또는 성이 오직 종족 번식의 목적에만 고유한 것이라는 오래된 관념의 중요성에 대한 오늘날의 주장들은 예수 전승의 증거를 모호하게 만드는 데 쓰일 수 없다.

바로 이것이 "예수는 게이였는가?"라는 선도적인 질문에 의해 방향 잡히고 조직된 우리 연구에 대한 개요다. 이 질문은 동성애혐오적인 성서 전유가 성서적 서사들의 동성애적 요소들, 특히 예수에 관한 서사들에 대한 무지에 의존하고 있다는 것을 입증하는 데 도움이 된다. 반면, 성서의 이야기에 대한 '게이 친화적' 해석은 텍스트에 대한 폭력을 행사하지 않고 있을 뿐만 아니라 실질적으로 문제가 되는 에피소드들에 대해서 그리고 또한 전체 서사들에 관한 일반적인 관점에 대해서도 제대로 된 합리적 논의를 제공한다는 의미에서 텍스트를 조명한다. 실제로 이런 접근법은 성서를 적어도 상당수의 성서 저자들이 전달하고자 했던 의미대로 읽히는 것을 허용할지도 모른다. 말하자면 모든 사람들에게는 물론이고 특히 특권자들과 권세자들로부터 권리를 침해당해 왔던 사람들에게는 더욱 좋은 소식이다.

용어에 관해서

용어에 대한 짤막한 논의가 따라야 할 것이다. 나는 '게이'라는 용어를 게이 남자, 레즈비언, 그리고 양성애자와 트랜스젠더들을 포함하는 유적인 용어로 사용하려 했다. '퀴어'라는 용어는 보다 최근의 논의에서 사용되기 시작한 말이며, 실제로 포괄성의 의미에서 보자면 훨씬 더 좋은 용어이지만, 그럼에도 그것은 여전히 내 자신의 세대의 게이와 스트레이트straight(이성애적 지향성을 가지고 있는 사람. 이 책에서는 성적인 정상성의 범주를 말하는 것을 피하기 위해 '스트레이트'라는 말을 그대로 씀 역자) 양자 모두에 속하는 독자들 사이에서 이해를 촉진하기보다는 막게 되는 경향성을 지닌다.

나는 보다 친숙한 용어들에 수반되는 모종의 지적인 방해물과의 단절을 위해 '동성애적homosexual' 보다는 '동-성애적same-sex'을 사용할 것이며, '이성애적heterosexual' 보다는 '이-성애적cross-sex'이라는 용어를 사용할 것이다.

세상일이 보통 그렇듯 성애적으로 오갈 수도 있는 개연성이 높은 관계를 지적하지 않으면서 우리가 직접적으로 알 수 없는 매개를 지적하는 방식은 사람들을 약간 어리둥절하게 할 것이다. 물론 그런 평가는 실질적으로 우리가 상상할 수 있는 모든 관계들이 성적일 수 있다는 점에 대해서만큼은 진실이다. 예를 들자면, 나의 친구들은 토크 쇼에 게스트로 나가지 않는 편이며 일반적으로 배우자 또는 배필과 성관계를 맺는지 또는 어떻게 맺는지에 대해 말하지 않는다. 그리고 나는 그런 쇼의 열렬한 시청자가 아니므로 일반적으로 그들이 내 성생활에 대해 궁금해하는 것만큼이나 그들의 성생활에 궁금증을 느낀다. 여기서 내가 말하고 싶은 것은 토크 쇼가 잘못되었다고 비판하는 것이 아니다. 일반적으로 우리는 누가 누구와 또는 어떻게 성관계를 가지는지에 대해 잘 알지 못하며, 어떤 면에서 보자면 심지어 우리가 성애적으로 왕래하거나 또는 표현된다고 추정하는 관계에 대해서도 잘 알지 못한다는 것이다. 그래서 나는 성적인 관계가 사람 간의 관계에서 어떤 특성 같은 것일 수도 있다고 생각한다. 나는 서로 어떤 관계에 있는 사람들이 '성관계를 가졌는지' 또는 어떤 방식으로 성관계를 맺는지 그 상황을 추정하기보다는 오히려 사람과 사람 사이의 관계가 유비적인 여건 안에서 모종의 또는 다른 성적인 실천이 관계될 것을 우리가 생각해 볼 수 있는 그런 종류의 것이라고 본다. 우리는 성이 '자연스러운 것'이거나 또는 공개적으로 보일 수 있도록 전시되는 것의 확장(아마 개인적인 것으로 가정할 수 있는)일 것이라고 생각한다. 이런 의미에서 나는 예수와 그가 사랑한 그 남자 사이의 관계(그리고 백부장과 그의 '젊은이'와의 관계)를 '동성애적'이라고 말한다.

제 I 부

예수가 사랑한 남자

"예수는 게이였는가?"라는 질문은 최소한 우리가 다른 사람들과 예수의 개인적인 관계에 대해 관심을 가진다는 것을 의미한다. 이 질문은 거의 제기되지 않는데, 부분적인 이유로는 암묵적으로 성애적 관계가 '죄 없는' 것으로 또는 '신적인' 것으로 그려지는 예수의 형상과는 어떤 면에서 공존할 수 없다고 보는 기독교적인 성애혐오증 때문이다. 심지어 성애적 관계의 가능성이 제기될 때조차도 이 문제는 보통 예수의 파트너로 여성을 상정해 오곤 했다. 유명한 뮤지컬 〈지저스 그리스도 슈퍼스타Jesus Christ Superstar〉와 니코스 카잔차키스Nikos Kazantzakis의 〈예수 최후의 유혹 Last temptation of Christ〉은 막달라 마리아를 예수의 파트너로 그려 냈다. 일부 초기 몰몬교적 추론에서는 다른 마리아(베다니)와 그녀의 언니 마르다를 예수의 배필로 내세우기도 했다. 이런 의견들에 대한 주류 기독교의 반응은 전반적으로 부정적이거나 심지어 격렬한 것이었다.

그러나 만일 기독교가 성애는 '죄 없음'과 양립할 수 없는 것이 아니라고 가정했다면, 원칙적으로 예수의 성적인 애착을 기각할 어떠한 이유도 있을 수 없다. 그렇다면 이 문제는 단순히 초기 기독교 문헌 가운데 특히 신약성서의 네 복음서들에서 우리에게 내려오는 그대로의 예수 전승들이 예수와 다른 사람들 사이의 친밀한 관계들에 대한 증거를 내포하고 있는지에 관한 것이 된다.

이 문제에 대한 한 가지 접근법은 이 문서들에서 실제로 다른 사람을 "사랑하라"는 말을 한 적이 있는지를 묻는 것이다. 놀랍게도 사랑에 대한 용어들은 예수 전승에서 거의 나오지 않는다. 실질적으로 이 사랑하라는 말이 여러 번 반복되는 곳은 요한의 복음서밖에 없다. 이 사실은 그 자체로 사랑이 신약성서 증언의 중심에 있다는 믿음, 즉 내가 전혀 이의를 제기하지 않는 이 믿음에 대해 반복적인 교육을 받아 왔던 사람들에게는 놀라운 일일 것이다. 어쩌면 더욱 놀라운 것은 단 한 차례의 예외를 제외하면 예수가 누군가를 사랑하라고—다른 인간은 차치하고서라도 심지어 신조차—말하는 유일한 복음서가 요한복음이라는 것이다.

확실히 다른 사람들에 대한 예수의 '사랑'은 다른 복음서들을 통해 수차례 구체적인 방식으로 표현된다. 가난한 사람들, 배고픈 사람들, 군중, 병든 사람, 악령에 사로잡힌 사람 등에 대한 관심에서 말이다. 그러나 대부분의 경우 이런 감정의 표현은 생면부지의 사람들을 측은히 여기는 마음이며 결코 다른 서사자들에 의해 '사랑'이라 지칭되지 않는다. 오로지 요한복음에만 '대인 관계'로 말할 수 있는 예수와 그에게 가까운 사람들 간의 관계를 담고 있는 많은 자료들이 있다.

예수는 위와 같은 맥락에서 다른 사람들을 사랑한다는 말을 하는 것이다. 두 사례에서(13:1; 14:21) 예수는 그의 모든 제자들을 사랑한다는 말을 하는 것으로 전해진다. 한 구절에서 예수는 세 사람—베다니의 마리아, 그의 언니(마르다), 그리고 그들의 오빠 나사로Lazarus(11:5)—을 사랑한다는 말을 했다고 한다. 그리고 다른 두 사례에서 독자들에게는 예수가 나사로를 사랑했다는 이야기가 다른 사람들의 관점으로부터 전해진다(11:3, 36). 그러나 독자는 다섯 차례나 그저 예수가 사랑한 그 제자라고 불리는 한 (남자) 제자에 대한 이야기만을 듣는다(13:23; 19:26; 20:2; 21:7, 20).

"예수는 게이였는가?"라는 질문을 출발 지점으로 명확하게 사용하지 않더라도 다른 사람들과 예수의 강한 인간 관계에 대한 고찰은 이 관계의 탐색으로 시작해야만 한다. 우리는 예수의 개인적인 관계들에 대해 또는 누군가에 대한 예수의 성적인 애착의 문제에 대한 우려를 가지게 되더라도 바로 이 지점에서 논의를 시작해야만 한다. 물론 동성애혐오와 이성애가 공모하여 예수가 사랑하는 자로 명시적으로 기술되는 그 사람으로부터 관심을 돌림으로 인해 대다수의 사람들이 여기에서 시작하지 않는다.

왜냐하면 전승과 편견이 예수와 다른 인간 간의 성애적 연관 관계를 드러내는 가장 분명한 후보자를 독자의 시선으로부터 감추려는 음모를 꾸며 왔기 때문에 우리는 어느 정도는 조심스럽게 이 관계의 독해를 게이를 긍정하는 방향으로 전개해야만 한다.

2장에서 나는 예수가 사랑했던 제자를 다루는 요한복음에서 나온 그러한 텍스트들이 예수와 다른 남자 간의 성애적 관계를 내비침을 통해 상당히 '자연스럽게' 읽힐 수 있다는 것을 증명하려고 시도할 것이다. 나는 이러한 독해가 최소한 이들 텍스트들에 대한 가장 왜곡이 적은 접근법이고 또 그러한 독해가 텍스트의 의미를 있는 그대로 드러내는 데 있어서 가장 좋은 방식임을 증명할 것이다. I 부에서 이어지는 장들은 이 텍스트에 대한 이런 해석으로부터 제기되는 몇 가지 문제들을 다루게 된다.

3장에서 나는 전통과 학문이 이 관계에 대해 접근했던 문제, 즉 '예수가 사랑했던 제자들'의 정체성 또는 역할의 문제를 다룰 것이다. 이 장은 이 정체성과 역할을 위한 근거가 될 수 있는 몇 가지 후보 텍스트들을 살필 것이고, 이 서사(이야기) 내에 존재하는 몇 가지 놀라운 대인 관계들의 의미를 이해할 수 있게 해 줄 것이다. 어떤 다른 복음서도 우리에게 예수의 선교사역(삶과 사명)을 묘사함에 있어 대인적 관계의 세세한 부분의 묘사를 그다지 풍부하게 제공하지 않는다. 또한 이러한 대인적 관계들의 다양성은 사랑하는 제자의 정체성 문제에 대한 결정을 어렵게 만든다.

이 사례의 본성으로 인해 우리는 흔히 어떤 특정한 성애적 관계가 오갔는지 또는 그런 관계가 성적으로 어떻게 표현되었는지에 대해 알 수 없음에도, 최소한 그런 관계가 전해지고 있는 맥락이 성적인 관계를 생각할 수 없게 하거나 또는 그렇게 생각하지 않도록 만드는 맥락인지는 알 수 있다. 그래서 나는 4장에서 요한복음의 사고 세계thought world로 생각을 돌려 이 관계에 대해 성적인 관계의 가능성을 기각하기 위한 좋은 근거들이 존재하는지에 대해 살펴볼 것이며, 이런 근거들이 없다는 논증을 전개할 것이다.

예수와 그가 사랑한 그 남자 사이의 관계에 대한 이런 해석이 전례가 전혀 없는 것처럼 보일 수 있기 때문에 5장에서는 다른 해석가들이 이 관계의 성애적 성격을 인식해 왔던 몇몇 방식들을 살펴본다.

마지막으로 6장에서 나는 게이에 대한 긍정적인 해석이 가지는 신학적이고 윤리적인 중요성의 문제로 눈을 돌릴 것이다. 나는 그런 해석이 성서를 읽는 게이들뿐만이 아니라 모든 사람에 대해 인간적 사랑과 신적인 사랑 사이의 관계와 그 본성을 명확하게 하는 데도 도움을 준다고 주장한다.

텍스트들에 대해

예수와 그가 사랑한 제자에 관한 자료들의 해석을 시도하기 전에 그러한 해석이 토대로 삼고 있는 문서 자료들을 검토하는 일이 필요하다. 우리는 요한복음의 관련 부분들을 살펴볼 것이다.

이 인물에 대한 첫 번째 언급은 제자들과 예수의 최후의 만찬에 대한 설명에서 찾을 수 있다. 요한의 설명(요한복음 13-17장)은 상당히 이례적이다.[1] 요한의 복음서에는 다른 세 '복음서들' 또는 바울 서신에서의 짧은 이야기와는 달리(고린도전서 11:3-26) 예수의 죽음을 추종하는 공동체에 의해 기념되는 식사로서의 '최후의 만찬'이라는 제도와 관련된 어떠한 것도 나타나지 않는다. 그 대신 우리는 예수가 옷을 벗고 그의 친구들의 발을 씻는 장면을 발견하게 된다(이에 대해 베드로는 적어도 상당히 부적절한 일로 간주한다).[2]

이 설명이 예수와 제자들의 최후의 만찬에 대해 이야기하고 있는 다른 이야기들과 공유하고 있는 유일한 부분은 곧 있을 한 제자의 배신에 대한 언급이다.

이러한 세부적인 내용과 엄밀하게 연계하여 우리는 처음으로 예수에

---

1) 우리는 요한복음 저자를 언급할 어떤 이름이 필요한데 만약 다른 이름을 쓴다면 억측과 혼동의 가능성이 있기 때문에 요한이라는 전통적인 이름으로 언급할 것이다.
2) 우리가 예수 전승 내에서의 젠더 역할의 불일치를 논의할 때 이 텍스트에 대해 좀 더 관심을 둘 것이다.

의해 어떤 특별한 방식으로 사랑받던 제자들 중 하나를 지목해 내는 장면과 조우하게 된다.

예수께서 이 말씀을 하시고 나서, 마음이 괴로우셔서, 드러내 놓고 말씀하셨다. "내가 진정으로 진정으로 너희에게 말한다. 너희 가운데 하나가 나를 팔아 넘길 것이다." 제자들은 예수께서 누구를 두고 하시는 말씀인지 몰라서, 서로 바라다보았다. 제자들 가운데 한 사람, 곧 예수께서 사랑하시는 제자가 바로 예수의 품에 기대어 앉아 있었다. 시몬 베드로가 그에게 고갯짓을 하여, 누구를 두고 하시는 말씀인지 여쭈어 보라고 하였다. 그 제자가 예수의 가슴에 바싹 기대어 "주님, 그가 누구입니까?" 하고 물었다. 예수께서 대답하시기를 "내가 이 빵조각을 적셔서 주는 사람이 바로 그 사람이다" 하시고 빵조각을 적셔서 시몬의 아들 가룟 사람 유다에게 주셨다. (요한복음 13:21-26)[3]

이 텍스트는 예수가 모든 제자들을 사랑했다는 단언에 전후하여 한 번씩 등장한다(13:1, 34). 제자들에 대한 예수의 작별 담화는 17장 말미까지 이어진다.

길게 이어지는 담화와 그의 체포에 관한 이야기를 따라서 우리는 예수의 재판 장면으로 가게 된다. 여기에서 우리는 명시적으로 이 구절이 예수가 사랑했던 제자를 지칭하는 것은 아니지만, 간혹 관련성을 지니는 자료의 일부로 간주되기도 하는 한 구절을 찾게 된다.

시몬 베드로와 또 다른 제자 하나가 예수를 따라갔다. 그 제자는 대제사장과

---

3) 이 책 전체를 통해 나는 NRSV를 사용했지만 그리스어 텍스트가 갖는 의미를 문자 그대로 제공하는 것이 필수적인 곳에서는 일부 수정을 가했다.

잘 아는 사이라서, 예수를 따라 대제사장의 집 안뜰에까지 들어갔다. 그러나 베드로는 대문 밖에 서 있었다. 그런데 대제사장과 잘 아는 사이인 그 다른 제자가 나와서, 문지기 하녀(문을 지키고 있던 여자)에게 말하고, 베드로를 데리고 들어갔다. (18:15-16)

그 이후 재판에 대한 이야기가 따라 나오는데, 아마도 베드로와 '다른 제자'가 이 재판 내용을 엿들었을 것이다. 예수의 재판과 처형 이후 우리는 십자가의 발치에서 (이 제자에 대한) 한 장면에 이르게 된다.

그런데 예수의 십자가 곁에는 예수의 어머니와 이모와 글로바의 아내 마리아와 막달라 사람 마리아가 서 있었다. 예수께서는 자기 어머니를 보시고, 또 그 곁에 자기가 사랑하는 제자가 서 있는 것을 보시고, 어머니에게 "여자여, 이 사람이 어머니의 아들입니다" 하고 말씀하셨다. 그 이후 제자에게는 "봐라, 이분이 네 어머니시다" 하고 말씀하셨다. 그때로부터 그 제자는 그분을 자기 집으로 모셨다. (19:25-27)

이 텍스트에서 나타난 예수의 죽음에 대한 이야기는 우리가 다른 서사들에서 만나는 이야기와 놀라울 정도로 다르다. 예수의 옆구리가 찔린 이후, 이 이야기는 다른 관찰들로 끝을 맺는다. "이 사실은 목격자가 본 대로 증언한 것이기 때문에 그의 증언은 참되다. 그는 자기의 말이 진실하다는 것을 알고 있으므로 여러분들도 믿게 하려고 증언하였다." (19:35)

비록 명시적으로 언명된 것은 아니지만 여기서 나올 수 있는 한 가지 논리적인 추측은 '목격한 사람'이 앞에서 예수가 사랑했던 제자로 확인되었던 그 사람이라는 것이다. 그런데 이 텍스트에서 확인되는 십자가에 대한 목격자들 중 유일한 남성은 예수가 사랑했던 그 제자뿐이기 때문에 이 지점에서 이 추측은 남성 소유대명사의 사용(그의 증언)에 의존하게 된다.

예수의 장례 장면에 이어서 우리는 빈 무덤의 발견에 대한 이야기를 보게 되는데, 이것은 우리가 다른 복음들에서 다시 발견하는 설명과는 사뭇 다른 모습을 띤다.

주간의 첫날 이른 새벽에 막달라 사람 마리아가 무덤에 가서 보니, 무덤 문을 막은 돌이 이미 옮겨져 있었다. 그러므로 그 여자는 뛰어서, 시몬 베드로와 예수께서 사랑하시던 그 다른 제자에게로 가서 "누가 주님을 무덤에서 가져갔습니다. 어디에 두었는지 모르겠습니다" 하고 말하였다. 베드로와 그 다른 제자가 나와서, 무덤으로 갔다. 둘이 함께 뛰었는데, 그 다른 제자가 베드로보다 빨리 뛰어서, 먼저 무덤에 이르렀다. 그는 몸을 굽혀서 고운 베가 놓여있는 것을 보았으나, 안으로 들어가지는 않았다. 시몬 베드로가 그를 뒤따라와서, 무덤 안으로 들어가 보니, 고운 베가 놓여 있었고, 예수의 머리를 쌌던 수건은 그 고운 베와 함께 놓여 있지 않고, 한 곳에 따로 개켜 있었다. 그제서야 먼저 무덤에 다다른 그 다른 제자도 들어가서, 보고 믿었다. 아직도 그들은, 예수께서 죽은 사람들 가운데서 반드시 살아나야 한다는 성경 말씀을 깨닫지 못하고 있었다. 그 이후 제자들은, 자기들이 있던 곳으로 다시 돌아갔다. (20:1-10)

부활한 예수의 출현에 대한 몇 가지 이야기들이 이 구절에 뒤따른다. 첫 번째로 막달라 마리아에게(20:11-18), 그 이후 은신처에 숨어 있던 제자들에게 나타난다(20:19-23). 그런 다음 8일 후에는 다른 제자들과 함께 있던 '쌍둥이' 도마에게 나타난다(20:26-29). 그 이후 이 서사에 대한 하나의 결론으로 보이는 구절들 이후에(20:30-31), 우리는 마지막 장 전체를 차지하고 있는 하나의 긴 부활 서사와 마주하게 된다. 이 서사에서 우리는 예수가 사랑한 제자에 대한 이야기를 다시 듣게 된다. 이 서사에서 우리 목적에 필요한 가장 중요한 부분들을 (연결 고리들에 대한 지시들과 함께) 다시 고쳐서 써 보았다. "거기에는 시몬 베드로와 쌍둥이라 불리는 도마, 갈릴리 가나의 나다나엘, 세베데의 아들들, 그리고 다른 두 제자들이 있었다. 시몬 베드로는 그들에게 '나는 물고기를 잡으러 간다' 고 말했다. 그들은 그에게 '우리도 당신과 가겠다' 고 말했다. 그들은 배에 올라 (물로) 나갔지만, 그날 밤 그들은 아무것도 잡지 못했다."

그때 예수가 자신이 누군지 밝히지 않고 물가에 서서 그들에게 어디에 그물을 던질지 가르침을 주었고, 그들은 그 말을 따른 결과 그물을 가득 채우게 되었다. 그런 뒤 "예수가 사랑했던 그 제자가 베드로에게 '주님이시다!' 라고 말했다. 시몬 베드로가 그것을 들었을 때 그 사람은 주님이었고, 베드로 자신이 벗었으므로 옷을 주워 입고, 바다로 몸을 날렸다. 그러나 다른 제자들은 그 작은 배를 타고 다가왔다(21:7-8).

그들은 이후 해변에서 고기를 구워 아침을 먹었다. 거기에 예수가 베드로에게 그가 예수를 사랑하는지에 대한 질문을 세 차례 묻는 긴 대화가 따른다. 각 차례마다 베드로는 긍정적으로 답하고 예수의 양들을 치라는 또는 먹이라는 말을 듣게 된다. 베드로가 그의 사랑을 확언할 때 예수는 베드로가 늙어서 잡히게 될 것에 대해 말하고, 이에 대해 복음서의 화자는 그 의미가 베드로 역시 십자가에 달리게 된다는 것임을 말한다. 예수는 이때 베드로에게 "나를 따르라"라고 말한다(21:15-20).

베드로가 돌아다보니, 예수께서 사랑하시던 제자가 따라오고 있었다. 이 제자는 마지막 만찬 때에 예수의 가슴에 기대어서 "주님, 주님을 넘겨줄 자가 누구입니까?" 하고 묻던 사람이다. 베드로가 이 제자를 보고, 예수께 "주님, 이 사람은 어떻게 되겠습니까?" 하고 물었다. 예수께서 말씀하셨다. "내가 올 때까지 그가 그대로 남아 있기를 바란다고 한들, 그것이 너와 무슨 상관이 있느냐? 너는 나를 따라오너라." 이 말씀이 그들 사이에 퍼져 나가서 "그 제자는 죽지 않을 것이다" 하였지만, 예수께서는 그가 죽지 않을 것이라고 말씀하신 것이 아니라, "내가 올 때까지 그가 그대로 남아 있기를 내가 바란다고 한들, 그것이 너와 무슨 상관이 있느냐?" 하고 말씀하신 것뿐이다. 이 모든 일을 증언하고 또 이 사실을 기록한 사람이, 바로 이 제자다. 우리는 그의 증언이 참되다는 것을 알고 있다. (21:20-24)

이 서사는 예수가 많은 이적들을 행했음을 알리는 말로 끝맺는다.

이 예수가 사랑한 제자의 마지막 출현은 최후의 만찬에서 드러난 첫 번째 출현에 이르기까지 연결되며 그가 진실된 증인이라는 말은 예수의 죽음과 조응한다. 여기서 19:35에서 언급되는 한 사람이 아마도 사랑받던 제자였을 것이라는 것이 명확해진다. 왜냐하면 여기 나오는 그 구절은 어찌 되었든 자신의 증언을 가장 믿을 수 있는 목격자가 그라는 것이 그 텍스트 서술에서 기본적으로 말하고 있는 것임을 명쾌하게 명시하고 있기 때문이다.

내가 이 텍스트들을 길게 인용하였기에 독자들은 관련된 자료의 범위를 정확히 볼 수 있을 것이다. 나는 또한 같은 이유로 상당히 문자 그대로 표현하려 했다. 이 텍스트들의 해석과 동성애적 해석의 결과는 다음에 나오는 내용들의 주제가 된다.

제2장

사랑하는 사람과 그의 사랑받는 자

이 텍스트에서 예수가 사랑한 제자와 그의 역할에 관한 문제는 요한복음에 대한 주석들에서 종종 다루어지는 것이지만, 예수와 이 사람 간의 관계의 본성에 대해서는 쓰인 것이 거의 없다. 침묵의 공모가 이 문제를 둘러싸고 있는 듯이 보인다. 그러나 복음서 자체는 이 제자의 이름 또는 그의 '역할' 보다는 예수와 그의 사랑하는 이의 관계의 본성 또는 성격을 서술하는 데 모든 무게를 두고 있다.

이 텍스트는 너무나 많은 사람들 중 예수가 강하게 개인적 유대를 맺고 있었던 한 사람의 특정한 제자가 예수의 사랑하는 이였다는 것을 분명히 하고 있다. 하나님의 사랑과 인류애의 본성에 관한 예수의 가르침과 이 사랑에 대한 그의 예증과 일깨움에 따라 한 남자는 정말로 '그가 사랑했던 제자, 즉 예수에게 사랑받는 애인이었다는 것이다. 모든 것을 고려해 볼 때 이 텍스트는 예수가 가장 명확하고 구체적이며 내밀한 의미에서 한 사랑받는 사람과 애인 관계에 있었다는 것을 지시하고 있다. 이 사실은 그 자체로 상당히 놀라운 것이며, 이것은 이 사랑받는 자가 또한 또 다른 남성이었다는 정보를 더하지 않더라도 그럴 것이다. 그러나 이 추가 정보가 동성애혐오적 또는 이성애적 전제들이 득세해 왔던 모든 곳에서 이 관계를 '감추는 데' 봉사했다. 실제로 상당히 전통적인 해석학의 성애혐오적 전제들은 예수를 한 사랑받는 자와 애인 관계에 두는 것을 어렵게 했다. 심지어 그 사랑받는 자가 여성일지라도 말이다. 동성애혐오와 이성애에 의해 구성된 금기들은 오히려 예수와 그의 사랑하는 이 사이의 관계를 읽어 내는 일을 현실적으로 불가능하게 만들어 왔다.[1]

이 장에서 나는 예수와 그의 사랑하는 이의 관계에 대해 동성애적 독해라 부를 수 있는 방식을 시도할 것이다. 그런 독해의 목적은 어떤 의미에서 이 텍스트들을 우리가 오늘날 동성애 혹은 게이적인 관계라 지칭할 수 있을 만한 것을 암시하는 것으로 읽을 수 있는지를 살펴보는 것이다.

이처럼 읽기에서 논쟁의 소지가 있는 본성과는 별도로 (논의에 대해) 두 가지 제한이 지켜져야만 한다. 첫째로, 나는 이 관계를 매개하기 위해 또는 표현하기 위해 어떤 성적인 행위가 사용되었는지에 대해 말하지 않을 것이다. 다른 관계들에 대해서도 그렇듯이 동-성적인 것이든 혹은 교차-성적인 것이든 포르노 텍스트들 외의 모든 자료들은 일반적으로 이 영역을 침범하지 않는다. 이 장에서는 게이적인 해석이 어떤 의미에서도 성애적 행위의 문제를 봉합하는 것을 의도하지 않는다. 이 주제는 4장에

---

1) 이 금기는 5장에서도 보게 되는 데 어쨌든 절대적으로 효과적인 것은 아니었다.

서 다루게 될 것이다.

다른 제한은 동성애의 구성이라는 상당히 까다로운 문제와 관련된다. 현대 사회에 존재하는 동성애적 관계와 관련된 가정들은 단순하게 다른 문화들 또는 다른 역사적 시기들로 소급해서 읽어서는 안 된다. 하나의 형용사 또는 명사로 쓰일 수 있는 '동성애적 또는 동성애자'라는 용어는 겨우 100년이 되었을 뿐이다. 하나의 명사로서 이 용어는 일반적으로 자신과 동일한 생물학적 성의 범주에 속한 사람들과의 관계에서 성적인 충족감을 찾는 것으로 밝혀진 사람들을 지칭한다. 문화적·역사적 연구를 통해 동성애자든 이성애자든 (요즘은 양성애자도) 사람들의 범주에 대한 연구가 전근대적 문화에서는 거의 전례를 찾을 수 없다는 것이 밝혀졌다. 분명히 동-성 간의 성적 매혹 또는 성애적 행위는 존재했지만, 이런 것들을 이해하고 사고하며 시로 나타내는 등의 방식은 상당히 다른 용어들을 사용하여 수행되었다. 즉, 동-성 간의 성적인 매혹과 행위를 의무적인 것으로, 바람직한 것으로, 용인할 만한 것으로, 이상한 것으로, 금지된 것으로 말하는 그런 용어들로 말이다.

근대에 동-성 간의 성애적 관계에 끌리는 사람들은 흔히 '이성애적' 관계에 반대하는 사람으로 추정된다. 이런 추정은 우리가 그에 대한 자료를 가지고 있는 대부분의 문화들과 역사적 시대들의 관점을 전혀 반영하지 않는다. 게다가 우리 사회의 동-성적 관계들의 전형들은 친구들 간의 관계들을 강조한다. 그러나 고대 그리스, 중세 일본, 그리고 말레이시아 부족 사회에서는 세대를 교차하는 또는 소년애적(남자 어른과 남자 아이의 관계) 구조는 규범에 맞는 것이었다.

이 연구를 위해 우리는 성애적 구조와 행위 또는 선호와 관련된 우리 시대 문화의 전형에 관한 자료들을 소급하여 읽어서는 안 된다. 동시에 다른 시대나 문화와의 접점을 만들어 내기 위해 어떤 특정한 언어를 사용해야만 한다. 극심한 상대주의는 오직 문화적 유아론solipsism의 침묵만을 만들어 낼 수 있을 뿐이다. 우리가 여기에서 대면하고 있는 난점은 본질적으로 '결혼', '가족', '가난한 자', '정의' 등에 대해 말하는 어려움과 다르지 않다. 각각의 경우에 이러한 범주들을 이해하는 현대적인 방법들은 다른 시대들 그리고 다른 문화들의 범주들로부터 현저하게 차이를 보인다. 그러므로 문화적이고 역사적인 차이들을 무시하거나 또는 그런 차이들에 의해 무력화되지 않을 경우에 우리가 조명하고자 하는 텍스트와의 '접점'은 다른 남자에 대한 한 남자의 사랑이 우정을 '넘어서는' 것이며, 그 우정은 성적인 매혹 또는 성적인 표현을 봉합하지 않는다는 것이다.[2]

이러한 제한들을 염두에 두고 이제 동성애적 독해가 어떻게 요한복음이 제시하는 자료들을 이해하는지 살펴보도록 하자.

내밀한 관계

예수가 사랑한 그 제자는 요한복음 13장에서 처음으로 모습을 드러낸다. 요한복음은 이 장면을 다음과 같이 설정한다. "유월절 전에, 예수께

---

2) 앞으로 나가기 전에 해야 할 한 가지 추가 경고: 서양 고대와 현대 초기의 문화에서 이 문화 전체의 가부장적이고 흔한 여성혐오적인 문화적 전제들로 인해 동성애적 매력은 때때로 여성혐오적인 방식으로 표현되었다. 여성주의적 해석학의 통찰들 중 하나는 예수가 이러한 가부장적이고 여성혐오적인 구조들을 전복함에 있어 그의 문화로부터 일탈했다는 것이다. 그러므로 예수와 그의 사랑하는 이의 관계를 동성애적 관계로 읽는 것은 일부 고대적인 (그리고 현대적인) 문화의 동성애적 수사법의 성차별적인 구조들에 순응하는 해석이 아니다.

서는 이 세상을 떠나 아버지께로 가야 할 때가 된 것을 아시고, 세상에 있는 자기 사람들을 사랑하시되, 끝까지 사랑하셨다."(13:1).

이어서 제자들(자기 사람들)과 함께한 예수의 마지막 만찬의 이야기가 시작되며, 이것은 17장 끝까지 이 이야기의 상황 설정으로 남게 된다. 그래서 다섯 개의 장(요한복음 전체로 보면 약 20퍼센트에 해당하는 분량)이 고별 만찬 그리고 예수와 그의 제자들 간의 담화와 관련되어 있다.

요한복음에서 이 부분에 대한 주제는 '그의 사람들'에 대한 예수의 사랑이다. 이 주제는 제자들의 발을 씻겨 주는 극적이고 상징적인 행위에서 구체화된다. 이 행위에서 예수는 비천하지만 친밀한 일, 말하자면 신분과 젠더적 역할에 반하는 방향의 행위를 수행하기 위해 옷을 벗는다.[3] 예수는 제자들이 서로에게 해야 할 행동의 전형으로 이 행위를 수행하는 것이다(13:15 이하). 예수에게 있어 그런 행위는 사랑의 구체적인 형식이다.

이어 예수는 제자들에 대한 고별 담화에서 사랑의 의미에 대해 말한다(14장과 15장). 요한의 서사 중 이 부분 전체를 통해서 문제가 되는 것은 예수와 제자들을 그리고 제자들 서로를 묶는 바로 그 사랑이다.

정확히 이런 맥락에서 우리는 '예수에 의해 사랑받는 그 제자'를 만난다. 우리는 예수와 그 제자들의 최후의 만찬에 대한 설명과 겉으로 보기에 엇비슷한 내용을 담고 있는 신약성서 가운데 이른바 '공관복음서들'에 나오는 다른 서사들에서는 이 자료의 오직 일부만을 볼 수 있을 뿐이다. 공관복음서들의 해당 텍스트들에서는 그에 의해 예수의 죽음을 기억하고 그의 재림을 기대하는 빵과 포도주 그리고 피상적인 추모 만찬의 제도에 방점이 찍혀 있다. 그런데 요한복음에서는 이런 제도적 강조가 전

---

3) 9장을 보라.

혀 나타나지 않는다. 이런 강조가 나타나야 할 자리에는 발을 씻는 행위와 담화만이 있을 뿐이다.

그러나 이 이야기에는 예수가 열두 제자들 중 한 사람의 손에 의해 곧 팔려 넘겨질 것이라는 모티프가 공관복음의 (그리고 바울 서신들의) 설명들과 연결되어 있다. 임박한 배신은 이미 13장 2절에서 예기되고, 13장 21-31절에 나타난 발 씻기 장면에 이어서 펼쳐진다. 여기에서 처음으로 우리는 사랑받는 제자의 형상과 조우하게 된다.

예수가 사랑했던 그 남자가 소개되는 맥락은 충격적이다. 우리가 본 그대로 복음서의 이 모든 부분은 자신의 제자들에 대한 예수의 사랑이 헌신적이라는 것과 예수가 사랑하는 방식은 서로에 대한 사랑의 전형으로 자리매김하고 있다는 것이다. 이 사랑은 친밀한 동행, 서로에 대한 섬김, 우정, 공유되는 이해, 하나의 공통적인 숙명, 그리고 운명으로 표현된다. 또한 이 모든 것이 모든 제자들과 그들을 통해 제자가 된 사람들에 대한 예수의 관계를 특징짓는다.

이런 맥락에서 한 사람이 예수의 사랑받는 그 제자로 지목된다는 것은 충격적인 일이다. 예수는 모든 제자들을 가장 친밀한 우정과 희생적인 연대 안에서 사랑했다. 예수에 의해 사랑받는 한 사람을 지목해 내는 것은 어느 정도 인간적인 사랑이 다른 제자들과 예수를 하나로 묶어 주는 사랑 이상으로 관건이 되고 있음을 명확히 한다. 이 텍스트 자체에 의해 우리는 여기에서 그 모종의 사랑의 형태가 모두에 대한 보다 일반적인 예수의 사랑과 모순되지 않는다는 것을 인식해야 하지만, 이로 인해 이러한 사랑이 일반적인 사랑과 완전히 다른 것이 되지는 않는다. 한 가지 온당한 결론은 이 차이가 우리에게 사랑의 다른 영역 또는 다른 차원을 지시한다는 것이다. 성애적 욕망 또는 성적인 매혹에 의해 특징지어지는 그런 사랑을 말이다.

이런 인상은 우리가 이 사랑을 어떻게 서술해야 할지 고려할 때 직접적으로 강화된다. "예수의 제자들 중 한 명은—예수가 사랑했던 그 사람은—예수의 무릎에 기대어 있었다 … 그리고 예수의 가슴에 등을 기댄 상태로, 그가 예수에게 말했다 …."

고대 근동 지역에서 매트나 베개에 등을 기대고 저녁 식사를 하는 것은 친구들 사이에서 취하는 정상적인 저녁 식사 자세였다. 그러므로 모든 제자들은—우리는 여기에서 12명만을 이야기하는 것이 아니라 더 큰 그룹, 어쩌면 여자들이 포함되어 있는 그런 그룹을 이야기하는 것이다[4]—앞에서 말한 자세로 누워 있었다. 그런데 그들 중 한 명이 예수의 무릎에 (또는 그 위에) 누워 있었으며, 이것은 예수에게 바짝 달라붙어 있었다는 것을 의미한다. 그 제자는 앞으로 몸을 기울여 베드로의 질문을 듣고 그런 이후에 다시 뒤로 누워 (예수의 가슴에) 그 질문을 전달한다.

그러므로 이 텍스트는 물리적인 접근과 육체적인 친밀함의 측면에서 사랑의 관계를 그려내고 있다. 이런 특징은 여기에서 두 차례에 걸쳐 표현되고 있으며(무릎, 가슴), 예수가 사랑하던 그 제자가 예수의 가슴에 기대어 누워 있던 그 사람으로 지목되는 요한복음의 마지막 장면에서 반복된다(21:20). 요한복음은 이 애정 어린 친밀함의 몸짓에 대해 이 제자가 어떤 특별한 방식으로 '예수에 의해 사랑받았던' 사람이라고 말하고, 이를 극적으로 재현함으로써 그 의미가 어떤 것인지 이에 대한 특별한 관

---

4) 다른 복음서들은 열두 제자들의 존재를 말하지만, 이 그룹은 요한에 의해 그다지 많은 신뢰를 받지 못한다. 식사에서 여성의 배제는 유대인들의 유월절 전통이나 그리스의 향연에서 통용된 특징이었을 것이다. 여하튼 우리가 그리는 예수의 행동에서는 그가 이러한 예절과 그와 관련된 금기들이 깨어진다는 점이 고려되어야만 한다.

심을 끌어낸다.

모든 제자들에 대한 예수의 사랑은 최후까지 이르는 사랑이자 친밀한 우정이지만, 동시에 예수는 그들 중 한 명에 대해서는 다른 형태로 사랑하고 있다. 그 차이의 표시가 바로 육체적 친밀성을 드러내는 그 사람과 함께 누워 있는 자세다. 이러한 육체적인 친밀함은 이 제자에 대한 예수의 사랑이 사랑에 대한 예수의 담화에서 표현된 우정의 친밀함과는 다르며, 심지어 발을 씻겨 주는 장면에 나타나는 모든 제자들을 향한 육체적인 친밀함과도 다르다. 이 텍스트는 제자들 중 한 명에 대해 그가 한 명의 친구이기도 하지만, 또한 '한 명의 친구 이상'이라고 말한다. 그는 예수의 사랑을 받던 사람이고, 그런 사랑의 적절한 표현은 물리적인 접근과 육체적인 친밀함이다.

이 서사는 또한 베드로가 이 관계를 용인하고 인정하고 있음을 말한다. 그래서 베드로는 이 사랑받는 제자가 베드로 자신이나 다른 제자들이 알 수 없는 방식으로 예수의 내밀한 생각을 알 수 있을 것이라고 생각한다. 베드로는 이 사랑받는 제자에게 고개를 끄덕여 신호를 보낸다. 이 제자는 자신이 기대고 있던 품 안을 떠나 베드로의 질문을 듣기 위해 몸을 앞으로 기울인 후, 다시 예수의 가슴에 등을 기대고 누워 예수에게 보다 사적인 방식으로 질문한다. "그것이 누구입니까?"

예수는 직접 대답하는 대신 그에게 기름에 적신 빵조각을 받는 것이 누구인지를 보라고 말한다. 이 장면은 짧은 순간 친밀한 공모와 공유된 비밀이 드러나는 방식으로 나타난다. 어떤 다른 해석 방식도 이 서사 그대

---

5) 일부 주석가들은 여기에서 전체 이야기에 완전히 융합되지 못한 텍스트에 대한 삽입을 발견한다. 그러나 우리의 관심은 가설적인 자료들이나 편집이 아니라 있는 그대로의 텍스트에 대한 해석이다.

로의 의미를 전달하지 못한다.[5]

생각해 보자. 어쨌든 베드로는 누군가 배신자의 정체를 안다면 이 사랑받는 제자가 그 정체를 아는 사람이라고 생각한다. 베드로는 왜 이렇게 생각하는 것인가? 왜냐하면 예수는 다른 제자들에 대한 친밀함과는 다른 방식으로 이 제자와 가까웠기 때문이다. 베드로는 이 육체적인 친밀함이 예수가 의미하는 것에 대한 더 나은 이해를 수반할 것이라는 그럴듯한 결론을 도출하지만, 이것은 오해일 뿐이다. 즉, 이 사랑받는 제자의 육체적인 친밀함이 특별한 지식으로 이어지지 않는다는 것이다. 그 사랑받는 제자는 배신자의 정체를 알지 못했고, 그래서 예수에게 기대어 묻게 된다.

여기에서 예수는 이 질문에 대해 간단히 답할 수 있을 것이다. 그러나 예수는 복음서들에서 이런 방식으로 직접적으로 대답하는 일이 드물다. 그 대신 예수는 그의 사랑하는 제자와 일종의 게임을 한다.

그러나 이 게임은 결코 이 사랑받는 제자에게 비밀스런 지식을 전수하기 위한 것이 아니다. 그는 다른 제자들보다 약간 더 앞서서 배신자의 정체를 알 수 있을 뿐이다.[6] 이렇게 약간 더 일찍 알게 된다는 것은 신학적으로 전혀 '대단한 일'이 될 수 없다. 실제로 서사자가 이 배신자의 정체에 부여하는 유일한 의미는 그가 '열두 명 중 한 사람'이라는 것이며, 이것은 이미 6장 70절에서 선포된 바 있었다. 예수가 사랑하는 제자와 예수

---

6) 실질적으로 이런 결론조차도 의심을 받게 되는데, 이것은 서사자가 이어서 예수가 유다에게 했던 말—"네가 하려는 일, 그 일을 빨리 해라"(13:27)"—의 의미를 "테이블에 앉아 있던 누구도 알지 못했다"(13:28)고 전하고 있기 때문이다. 그래서 만일 우리가 이 텍스트를 있는 그대로 받아들인다면, 우리는 이 사랑받는 제자 역시 예수가 그에게 했던 말의 의미에 대해 어리둥절해했고, 단지 이후에 그가 다른 사람들과 함께 유다가 배신자(밀고자)였다는 것을 알게 되었을 때 그 일을 회상했다는 결론을 내릴 수 있다.

의 상호작용은 단순히 예수와 그의 사랑하는 제자 사이의 관계를 강조하고 있을 뿐이다. 예수는 그에게 일종의 비밀을 말하지만, 그것은 중요하지 않은 비밀이다. 이 비밀은 단지 친밀한 애정의 표현일 뿐이며, 정확히 말해서 예수가 이 동료 집단의 기초적인 통합을 훼손하지 않으면서도 그의 사랑하는 제자와 나눌 수 있을 그런 종류의 것이었다.

예수는 이어지는 담화들에서 사랑의 의미, 예수와 그의 제자들의 운명, 중보자(Paraclete, 성령의 역할) 등의 중요한 비밀들을 드러낸다. 이러한 주제들은 분명히 중요한 것들이지만, 이들 중 그 어떤 것도 사랑받는 제자에게만 직접적으로 전달된 것은 없다. 이런 문제들에 관해서 그는 다른 제자들과 정확하게 동일한 기초 위에 있는 것이다. 예수는 신학적으로 중요한 문제들에 대해 말할 때 편애를 보이지 않는다.

사랑받는 제자의 소개를 통해 그에 대한 예수의 사랑이 이 무리에 속한 다른 모든 사람들에 대한 예수의 관계를 특징짓는 친밀한 우정과 다르다는 것이 명확해진다. 그 사랑받는 자에 대한 사랑은 여러 친구들 사이의 관계들 가운데 육체적인 친밀함을 통해서 표현된다. 이 텍스트에 대한 변형을 최소화하는 해석은 그의 제자들에 대한 사랑 이외에도, 이들 중에는 예수와 서로 사랑하는 관계인 한 사람이 있다는 것이다.

인정

이 사랑받는 제자는 예수의 십자가형 장면까지는 다시 지목되지 않는다. 이 제자는 예수가 어디로 갔는지를 묻는 대화 장면에서 나타나지 않고(13:36 이하), 예수가 사랑의 본성과 그와의 하나 됨에 대해 말할 때에도, 그 정원에서 있었던 예수를 배신하는 장면에서도 드러나지 않으며,

산헤드린 앞에서 행해진 예수의 재판을 목격하는 제자들 중 하나로도 확인되지 않는 듯하다(18:15 이하).[7] 다음으로 우리의 관심이 그에게 향했을 때, 예수는 이미 십자가 위에 있다.

그 사랑받는 제자의 존재를 상기시키는 구절들은 그렇지 않은 구절들만큼이나 의미심장하다. 그는 예수의 가르침에 대한 전파라는 측면에서 볼 때 특별한 역할을 가지지 않으며, 정확히 다른 제자들과 동등한 위치에 있었다. 그의 '특별함'은 다른 측면에 있다. 또한 결코 그는 예수의 수난이 진행되던 24시간 동안에 일어난 모든 중요 사건들에 대해 증언할 유일한 증인이 아니다.

심지어 십자가에서도 그는 유일한 증인이 아니다. 그는 몇 명의 여인들과 함께 있었다.

예수를 따르던 네 사람이 그의 처형을 목격했는데, 그의 어머니, 아주머니(예수의 이모 또는 숙모. 글로바 Cleopas〔알패오 Alphaeus와 동일인으로 보임〕는 예수의 아버지 요셉의 형제였다는 유세비우스에 의한 전승이 있음. 그러나 동시에 그의 아내 마리아는 작은 야고보와 요셉의 어머니이며 예수의 어머니 마리아의 동생이라고도 함. 그러므로 글로바의 아내 마리아는 예수에게는 이모이자 동시에 숙모가 됨 역자), 막달라 마리아, 그리고 예수의 사랑하는 제자가 그들이다(19:25). 예수의 아주머니는 이전 또는 이후로, 그리고 그의 어머니는 그와 연관되어 이전에 언급된 바 있으며(2:1-5), 막달라 마리아는 이전에는 언급되지 않았지만 이후에 나타나게 될 것이다(20:1-18).

---

7) 18:15-16에 나오는 '다른 제자'가 사랑받는 제자에 대한 우리의 지식에 기여하는 텍스트들 중에 포함될 수 있는지에 대해 의심할 수 있는 이유들이 47-53쪽에 제시되어 있다.

요한복음의 십자가에 대한 서사는 우리가 다른 복음서들에서 찾을 수 있는 것과는 상당히 다른 것이다. 여기에서 우리는 다른 복음서들에서는 찾을 수 없는 예수의 세 가지 말씀을 볼 수 있다. 이들 중 둘은 상당히 짧다. "목마르다"라는 말씀은 말씀의 완성에 대한 한 형태로 취급된다. 예수의 마지막 말("다 이루었다")은 사명의 종결과 함께 그 사명의 목적을 성취함을 나타내는 역할을 한다.

그러나 이 텍스트의 저자와 독자들에게 신학적인 의미에서 중요성을 더하고 있는 예수의 언질에 다가가기 전에, 우리는 무언가 상당히 놀랄 만한 것을 발견한다. 예수는 그가 사랑하는 사람과 그의 어머니가 거기에 있음을 인지하고 있다고 전해진다. 예수는 그들 각자에게 서로를 향하도록 하고는, "여자여, 당신의 아들을 보십시오"라고, 그리고 그의 사랑하는 제자에게는 "보라, 너의 어머니다"라고 말한다.

이후에 우리는 이 텍스트에서 예수와 그의 어머니와의 관계에 대한 문제를 보다 자세히 발전시킬 기회를 얻게 될 것이다.[8] 여기에서 그녀는 서사자에 의해 예수의 '어머니'로 확인되지만 예수에 의해 단지 '여자'라고 불리고 있다는 점에 주목해야만 한다. 이런 용어의 전환은 앞에서 나온 가나의 결혼식 이야기에 대한 정황과 일치한다(2:4). 예수는 사마리아 여자(4:21), 간음하다가 현장에서 잡힌 여자(8:10), 그리고 막달라 마리아(20:15) 등 그가 만난 다른 여자들에 대해 사용하는 말과 정확하게 동일한 형태로 마리아에 대해서도 여자라는 호칭을 사용한다. 그것은 예수가 요한복음에서, 또는 다른 복음서들에서는 훨씬 덜한 형태로, '어머니 날'과 같은 종류의 정서에 빠지는 경향이 전혀 없다는 것이다.[9]

---

8) 10장을 볼 것.
9) 마가복음 3:32-35과 병행구들 그리고 누가복음 11:27-28을 볼 것.

그러나 이런 십자가 장면의 진정한 의미는 무엇인가? 어떤 이들은 예수가 여기에서 자신으로부터 주의를 돌려 그의 제자들에게 서로를 돌봐야만 한다는 말을 하려는 것이라고 상상하기도 한다. 이 교훈적인 성찰의 이점들이 무엇이든 간에, 그런 이점들은 이 텍스트에서 어떠한 근거도 얻을 수 없다. 왜냐하면 만일 저자가 이런 논점을 말하고자 했다면, 예수의 아주머니와 막달라 마리아를 내버려두는 것은 타당하지 않아 보이기 때문이다. 분명히 이 무리에 속한 전부에게 서로를 돌보라고 말하는 편이 보다 간단한 접근법이었을 것이다.

우리가 이 에피소드를 제자들에게 서로를 돌보라는 교훈적인 성찰이나 또는 예수의 아들로서의 감정을 그리는 것으로 읽을 수 없다면, 그것은 어떤 의미가 될까?

만일 예수와 그의 사랑하는 제자가 연인이라고 가정한다면, 이 언사는 예수와 그의 사랑하는 제자 사이의 특별한 관계에 대한 명백한 인정, 즉 일종의 약혼의 인정과 동일한 효과를 가지게 된다. 말하자면 우리의 해석은 예수가 막달라 마리아를 불러냈다면 훨씬 용이한 방향으로 흘렀을 것이다. "여자여, 당신의 딸을 보십시오", 그리고 막달라 마리아에게 "너의 어머니를 보라"라고 말했다면 말이다. 막달라 마리아가 예수와 육체적인 친밀함으로 특징지어지는 특별히 가까운 관계를 가졌던 것으로 그려진다면, 우리는 이 텍스트를 훨씬 편하게 읽을 수 있었을 것이다. 왜냐하면 막달라 마리아는 예수의 애인이며, 그녀는 그의 어머니의 딸(며느리)이기 때문이다. 특히 이 관계는 한편으로는 아들의 죽음으로 그리고 다른 한편으로는 '남편'의 죽음으로 전면에 드러난다. 죽은 아들을 위한 경우 어머니는 생전에 그와 가장 가까웠던 그 사람을 그녀의 딸로 받아들인다. 그리고 그 애인은 남편의 어머니를 그녀 자신의 어머니로 받아들인다. 즉, 그들은 서로를 가족으로 받아들이는 것이다. 우리는 이미 예수의 조상들 중에서 룻과 그녀의 시어머니 나오미 사이에서 이런 종류의 관계에 대한 전형을 볼 수 있다. 그 두 여인 간의 사랑과 충실함의 이야기는 그 이야기가 실질적으로 동-성애적 사랑을 그려내고 있음에도 불구하고 결혼식 주례사의 단골 메뉴가 되고 있다(1:16-17).

만일 막달라 마리아가 예수의 어머니 마리아의 상대역으로 호출되었다면 시어머니와 며느리가 서로를 받아들였다는 것이 이 텍스트의 자연스러운 독해일 것이다. 그러나 그녀는 그 상대역이 아니다. 오히려 지금 예수가 사랑하는 그 남자가 예수의 어머니와 함께 서로를 가족으로 받아들이는 관계에 들어선 것이다. 그렇다면 왜 이 제자의 젠더라는 특징이 이 서사의 평범한 의미를 숨기기 위해 사용되는 것을 허용해야만 하는가?

이 에피소드의 평범한 의미는 예수에게 애인이 있었거나 또는 보다 정확한 고대의 용어로 말하자면 사랑받는 사람beloved의 사랑하는 이lover가 되었던 것으로 이해되어야만 한다는 가설을 지지하게 된다. 그 관계는 텍스트에 의해 동성애적인 관계로 그려지고 있으며, 이것은 여기에서 심지어 예수의 죽음을 넘어서는 결과들로 이어지는 충실함을 수반하는 것으로 인정된다.

우리는 예수가 지시하는 가족으로 받아들임의 관계가 상호적인 관계라는 점에 주목해야만 한다. 예수의 어머니와 그가 사랑하는 사람은 그들이 명백히 예수에 대해 품고 있는 사랑으로 인해 서로를 가족으로 받아들인다. 이 남자는 단순히 그녀를 보살피고 슬픔에 빠진 그녀를 위로하기 위해 어머니를 받아들이는 것이 아니다. 그 반대의 경우 역시 참이 될 수는 없을 것이다. 그보다는 예수의 어머니가 이 사랑받는 제자의 '어머니가 되는' 것이다. 이 가족으로 받아들임의 성격은 단순히 어머니를 위한 배려만을 위한 것이 아니라 (어머니 날의 수사법에서와 같이) 사랑받는 제자에 대한 배려 역시도 고려하는 것이다.

이 제자를 지목해 내는 방식이 예수가 그를 사랑한다는 사실을 강조하고 있다는 것을 우리가 상기할 때 이 이야기의 이러한 측면은 강화된다. 그러므로 이 장면은 예수의 그의 어머니에 대한 사랑(요한복음에서나 또는 다른 복음서 어디에서도 제시되지 않는)을 강조하는 것이 아니라 그가 사랑하는 이 제자에 대한 예수의 사랑을 강조하는 방식으로 읽혀야만 한다. 어머니의 역할과 책임이 먼저 강조된다. "여자여, 당신의 아들을 보십시오." 그런 이후에야 예수는 입양되는 아들의 대응적인 역할을 말하는 것이다. "보라, 너의 어머니다."

예수의 지시는 요한복음이 예수에게 '형제들'이 있다는 것을 말하고 있음을 감안할 때 더욱 충격적이다(2:12; 7:2-5, 10).[10] 요한복음의 서사자는 예수의 어머니가 세상에서 홀로 남게 될 것이라고 생각하지 않았을 것이다. 그녀의 곁에 자매가 있음은 언급하지 않더라도 그녀에게는 다른 아들들이 있다. 그녀는 지금 그녀에게 있는 친족들에 더해 친척들이나 혈족을 더 필요로 하는 것이 아니지만, 그녀는 또 다른 아들을 받아들인다. 그가 죽어 가는 아들의 사랑하는 남자임으로 인해 그녀의 자식이 되는 바로 그 사람을 말이다. 그녀는 여기에서 아들인(또는 아들들 중 한 명인) 이 남자, 즉 예수를 위해 그가 사랑한 남자의 어머니가 되는 책임을 떠맡게 된다.

그래서 이 사랑받는 제자는 새로운 어머니를 받아들이고 이를 통해 예

---

10) 다른 복음서 역시 이를 알고 있다. 그에게 또한 여동생들이 있었음을 알 수 있는 마가복음 6:3 그리고 마태복음 13:55을 볼 것.

수의 어머니의 아들이 된다. 그녀가 우선 그를 자식으로 받아들이고 (부모가 그렇게 해야만 하듯이) 그런 이후에 그가 그녀를 어머니로 받아들인다.

이 이야기는 이 사랑받는 제자가 실제로 그녀를 자신의 어머니로 받아들이는 것으로 끝난다. 이 구절이 종종 "그녀를 자신의 집으로 모셨다"고 번역되는 것을 볼 수 있지만 '집'이라는 단어는 텍스트 자체에서 발견되지 않는다. 이 단어는 번역자에 의해 첨가된 것이다. 그가 그녀를 "그 자신의 가족으로(어머니로) 받아들였다"는 것이 보다 문서 자체의 내용에 가깝다. 그러나 여기에서 집이나 가족 또는 그런 종류의 어떤 것을 특정할 필요는 없다. 이 이야기에 따르면, 그는 실제로 가족으로 받아들이는 관계를 수용했고, 이것은 '그 시'로부터 시작되었다.

'그 시'는 예수가 죽었던 시간이다. 그래서 사랑받는 제자와 예수의 어머니의 관계는 예수의 죽음으로부터 시작된다. 그 관계 이전에 먼저 예수와의 관계가 있었지만, 이제 그 관계는 서로에 대한 관계가 된 것이다. 아들(또는 아들들 중의 한 명인) 예수에 대한 어머니의 슬픔 그리고 예수를 사랑했던 남자에 대한 사랑받는 이의 슬픔은 서로에 대한 배려에서 위안을 얻게 된다.

이 장면은 또한 예수가 사랑했던 제자와 예수의 관계를 배려하기 전에 알았던 것과 일치한다. 다시 말해 그 관계는 은밀하지 않았다. 그 관계는 예수를 가장 잘 알았던 사람들이라면 분명히 알 수 있는 것이었다.

그렇다면 요한복음에서는 왜 이야기가 최고조에 달한 시점에 그런 집안일을 다루는 장면이 기록되어야만 했던 것일까? 우리는 이 질문을 다시 한번 사랑받는 제자와 관련된 모든 텍스트들과 연계하여 다루어야 한다. 여기에서 텍스트 자체는 사랑받는 제자가 우연히 말했기 때문에 그 사건이 기록되었고, 그리고 그의 증언이 그 이야기의 저자(들)에 의해 받아들여졌다는 것을 암시한다.

사랑받는 제자는 여기에서 처음으로 이 서사의 기초로 기능하는 기억들에 대한 출처로 확인된다(19:35). 특히 사랑받는 제자가 증언하는 것은 예수의 다리가 부러지지 않았고 그의 옆구리가 찔렸다는 것이다. 이런 증언은 서사자(들)에 의해 성서와 일관적인 것으로 간주된다(19:36-37). 그러나 이 사실 너머에는 예수가 현실적으로 그리고 진실로 죽었다는 훨씬 더 중요한 사실이 있다. 사랑받는 제자는 분명히 이 사실에 대한 유일한 증인은 아니지만, 어쨌든 그는 한 명의 증인이다.

그러나 예수, 그의 어머니, 그리고 그의 사랑하는 제자 사이의 이 에피소드에 예수의 처형에 대한 이야기와 연관되어 기록될 수 있었던 이유에 대한 또 다른 중요한 근거가 있다. 요한복음의 주제들 중 한 가지는 "말씀이 육신이 되었다"는 것이다. 실제로 이 주제의 중요성에 대해서 요한복음은 영지주의에 대한 해독제로 받아들여져 왔다.[11] 예수가 정말로 죽었다는 것이 초기 교회의 영지주의적 경향(영지주의: 2대 기독교 분파 중 하나. 이단으로 규정됨. 신플라톤주의의 영향으로 악한 창조신과 이보다 우월한 신의 숨결 혹은 영을 구분하는 여러 흐름들을 총칭 역자)과 가현설적 경향(가현설: 예수의 현현을 일종의 가상적인 현현으로 보는 것. 즉, 본체는 어딘가 다른 곳에 있고, 세상에 온 예수는 이 본체를 반영하는 거짓 현현이라고 주장 역자)에 맞서는 데 중요했다. 육신에 따른 예수의 죽음은 '말씀의 육화'의 완성이다. 그래서 그의 죽음의 장면은 육체에 따른 그의 어머니와 육체에 따른 그의 사랑하는 자의 현존을 통해 강조된다. 예수의 어머니(명백히 제자의 예시로 간주되지 않는)의 현존과 예수가 사랑하는 자(역시 제

---

11) 이레네우스로부터 유래한 이런 해석은 2세기 말 무렵 이미 정립되었다.

자의 전형으로 식별되지 않는)의 현존은 단지 신학적 상징만이 아닌 물질적이고 육체적인 현실이다.

또한 이런 방식으로 십자가의 장면은 우리가 처음으로 예수의 사랑하는 제자와 조우하게 되었고, 예수에 대한 그의 관계가 엄밀하게 물리적이고 육체적인 친밀성을 통해 특징지어졌던 최후의 만찬의 장면으로 소급하여 연결된다.

예수의 무덤

예수의 무덤에 대한 에피소드는 예수와 그의 사랑하는 제자 사이의 관계의 본성에 관한 우리의 가설에 별로 기여하는 바가 없다. 여기에서 드러나는 그 어느 것도 그들의 관계가 성애적 우정이었다는 견해와 모순되지 않는다. 그뿐 아니라 무덤의 이야기에서 예수 자신이 현존하지 않기 때문에 그들 관계의 본성에 대해 추가로 설명해 주는 바도 거의 없다.

빈 무덤 이야기에 등장하는 주요 인물은 막달라 마리아인데, 그녀는 예수의 처형에 대한 증인들 중 최초로 이름이 나오는 인물이다(19:25). 그녀는 무덤이 비어 있는 것을 발견하였고, 이 사건을 다른 사람들에게 처음으로 전하는 역할을 맡는다. 베드로와 예수가 사랑한 제자가 무덤으로 달려와서 안으로 들어가지만, 여기서 예수와 조우한 것은 그들이 아니라 오히려 그녀였다.[12]

---

12) 실제로 여기에서 마리아의 역할은 그녀가 사실상 이 서사에 의해 어떤 한 남자에게 지정되는 예수에 대한 어떤 특정한 종류의 밀접한 관계에 있었다는 암시로 이어지기도 했다. 이런 암시는 순전히 무덤에서 그녀에게 나타났던 예수에 대한 이야기에만 기초하는 것이다. 왜냐하면 어떠한 다른 시점에도 그녀는 이름을 통해 예수와 특

예수와 그의 사랑하는 제자의 성애적 우정에 대한 가설은 적어도 이 텍스트를 명확히 하여 그 관계의 세부적인 내용들의 일부를 '덧붙여 설명하는' 기능을 담당한다.

우리는 우선 마리아가 사랑받는 제자와 베드로가 함께 있는 것을 발견한다는 것을 알게 된다. 다음 장에서 우리는 이 정황에 대한 증거 일부가 필연적이지는 않지만, 사랑받는 그 제자가 베드로의 형제인 안드레라는 견해를 뒷받침하는 것을 보게 될 것이다. 그들이 형제였든 아니었든 간에 어쨌든 최소한 그들은 친구들이었다. 예수와 그의 사랑받는 자의 관계가 성애적인 것이었다는 가정은 베드로와 사랑받는 그 제자 간의 관계를 보다 이해할 만한 것으로 만든다. 이 텍스트에 따르면 그들 각자에게는 서로 함께 있기를 바랄 구체적인 이유가 있다. 사랑받는 그 제자는 예수의 죽음을 목격했다. 여기에서 그는 베드로로부터 위로를 받고 있었을지도 모른다. 베드로는 따르고 사랑했던 이를 부인했다. 그 자신의 짐을 내려놓고 용서를 구하기 위해 자신이 부인했던 그분에 의해 사랑받던 그 사람 이외에 누구에게 가야만 한다는 말인가?

무덤으로의 질주는 사랑받는 그 제자가 무덤에 더 빨리 도착하게 되지만, 그가 들어가기 전에 베드로를 기다렸다는 것을 말해 준다. 우리는 그가 베드로보다 젊었기 때문에 더 빨랐다고 생각해 볼 수 있을 것이다. 그리고 그가 여기에서 베드로를 기다렸던 이유는 다른 곳에서 드러나는 것과 같이 베드로가 제자들 중 가장 대담하기 때문이라고 (재판정에서 드러

별히 가까운 관계를 가지고 있는 것으로 나타나지 않기 때문이다. 사랑받는 제자로부터 막달라 마리아에게로의 치환이 일어나고 있는 듯이 보이는데, 이것은 마치 독자에게 텍스트를 통해 어떤 정상적으로 친밀한 관계 이상의 것을 드러내는 듯하며, 그에 따라 텍스트의 또 다른 인물로부터 이 친밀한 관계에 대해 받아들일 수 있을 만한 배경을 구성하고 있음을 인지하는 것처럼 보인다.

난 그의 비겁함에도 불구하고) 생각해 볼 수 있다.[13] 또한 우리는 사랑받던 제자가 얼마 전에 난도질 당해 피 흘리는 예수의 시신을 목격하여 발생한 트라우마 때문에 들어가기를 망설였다는 추측을 할 수도 있을 것이다.

어쨌든 베드로가 먼저 들어가 예수가 무덤에서 입었던 수의를 발견한다. 사랑받는 제자는 그 이후에야 무덤 안으로 들어가 보고서야 (손상된 시신이 없음을 알고서) 믿게 된다.

명백히 예수의 사랑받던 그 제자는 결코 유일한 목격자가 아니다. 막달라 마리아가 베드로를 따라 무덤으로 들어갔던 첫 번째 사람이며, 사랑받는 제자는 그 이후에 들어간다. 그러므로 이 에피소드는 사랑받는 제자의 특별한 권위를 정립하는 역할을 하지 않으며, 단지 예수에 의해 사랑받던 그 제자로서의 개인적인 처지만을 보여줄 뿐이다.

이 사랑받던 제자는 믿는 사람이기는 했지만, 그에 따라 필연적으로 믿음의 본보기가 되는 것은 아니다. 오히려 그의 처지는 무덤 입구에서 드러나는 그의 망설임을 이해할 수 있도록 한다. 사랑하는 이는 죽었고, 그로부터 그 이상의 어떤 것도 기대할 수 없다. 왜냐하면 "그들은 그가 죽은 자들 가운데서 일어날 것이라는 말씀을 아직 깨닫지 못하기" 때문이다(20:9). 그렇다면 이 '믿음'의 대상은 무엇인가? 여기까지는 단지 시신이 무덤에 없다는 것이다. 마리아는 누군가 시신을 훔쳐갔거나 감췄을 것이라고 추측한다(20:11-15).[14]

---

13) 요한복음만이 홀로 (겟세마네 동산의) 무덤에서 성전 경비병들로부터 예수를 지키기 위해 칼을 가지고 있었던 사람으로 지목하고 있다(18:10).

14) 그 제자와 베드로 양자 모두에게 부활에 관한 이해가 부족했다는 주장이 예수의 사랑을 받던 이가 이미 죽었다가 되살아난 나사로일지도 모른다는 가정을 어렵게 한다는 점에 대해 주지해야만 한다.

비록 사랑받는 그 제자가 빈 무덤에 기초하여 예수가 죽은 자들 가운데서 살아났다는 것을 '믿었다'고 추측한다고 하더라도, 이후에 (예수와) 도마와의 에피소드에서 보게 되듯이 이러한 사정으로 인해 예수가 살아났다는 것을 보지 않고도 믿음으로 나타나는 교회의 믿음(20:29)에 대한 전형이 되지는 못할 것이다.

빈 무덤에서 일어난 이 에피소드를 통해 사랑받는 제자는 교회에서 독자적인 권위의 원천이나 교회 일반의 대표가 아니라 단지 한 명의 제자일 뿐임을 확인하게 된다.[15] 사랑받는 그 제자는 수제자 베드로와 비경쟁적인 관계에 있었다. 이 서사의 마지막 장면이 이를 확인한다.

물고기 구이

우리는 이제 요한복음의 마지막 에피소드에 이르게 된다. 21장 전체가 예수의 마지막 부활 현현과 연관된다.[16] 베드로 및 몇몇 친구들 —이후에 사랑받는 제자가 이 무리에 속한 것으로 밝혀지는—이 고기잡이를 나간다. 한 신비스러운 낯선 이가 물가에 서서 그물을 어디로 쳐야 할 것인지에 대해 지시한다. 그 방법이 엄청난 성공으로 이어졌을 때, 그 사랑받는 제자는 이 낯선 이가 예수라는 것을 알아보고(21:7) 이 정보를 베드로에게 전한다. 베드로는 물가로 헤엄쳐 가기 위해 옷을 걸치고, 다른 이들은 이제 물고기가 실린 배를 타고 따라온다.[17]

---

15) 사랑받는 제자의 역할에 대한 문제는 다음 장에서 다시 다루어진다.
16) 이 장은 또한 통상적으로 요한복음에 대한 일종의 부록으로 간주되며, 요한복음은 20장 끝부분에서 자연스럽게 결말지어지는 것으로 보인다.
17) 유사한 이야기가 누가복음 5:4-11에 나타난다.

이 장면은 바로 앞의 자료에서 볼 수 있는 사랑받는 제자와 베드로가 함께 있는 모습과 일관된다. 그들은 보통 둘이 함께 짝을 이루는 동료로 나타나는데, 이것은 13장의 만찬 장면 그리고 20장의 무덤 장면에서와 같다. 무덤 장면에서와 같이 베드로는 성급하게 행동한다(수영을 하기 위해 옷을 입는 이상한 행동을 하지만, 어쨌든 옷을 입었던 동기가 되는 것은 수영을 하기 위해서라기보다는 물가에 도착해서 예수를 만나기 위해서였을 것이다). 무덤에 처음으로 도착했던 것과 같이 사랑받는 제자는 물가에 있는 사람이 예수라는 것을 자신이 먼저 알았다는 사실에도 불구하고―무덤 입구에서도 그랬던 것처럼―베드로에게 양보한다.

모든 부활 출현 이야기들과 마찬가지로 여기에서도 예수를 인지함에 있어서 무언가 상당히 이상한 것이 있다. 즉, 예수의 정체가 요한복음에서도 또한 다른 복음서들에서도 결코 즉각적으로 인지되지 않는다는 것이다. 신비에 싸인 낯선 이의 정체를 추측하는 것은 항상 필요하다. 이 서사의 경우에 이러한 추측은 이름을 부름(20:16), 그의 상처들을 보여 줌(20:20, 27), 또는 마지막 에피소드에서처럼, 그의 지시의 결과에 기초해 있다. 그러므로 사랑받는 제자 역시 예수를 즉시 인정하지 않고 단지 추측했다는 것이 출현 서사의 이러한 특징에 대한 유지에서 벗어나지 않는다.

베드로에 대한 예수의 심문은 긴 대화보다는 세 번씩이나 반복되는 질문으로 이루어진다. "베드로야, 너는 나를 사랑하느냐?" 베드로는 그때마다 긍정적으로 대답하고, 예수의 양떼를 돌보고 먹여야 할 책임을 부여받는다. 이어서 이 복음서 전체를 통해서 쓰이는 사랑이라는 단어에 대해 고찰하지만, 우리는 베드로를 향했던 질문이 예수에 대한 베드로의 사랑에 관련된 것임에 주지해야만 한다(세 차례의 질문은 재판 중에 베드로가 예수에 대해 세 번이나 부인했던 것에 맞추기 위해 제시된 것일 수 있다).
이러한 접근법은 사랑받는 제자의 호칭, 즉 예수를 사랑한 사람이 아니
라 예수가 사랑한 사람이라는 호칭과 대비를 이룬다. 이 마지막 장에서
그는 이런 방식으로 두 번씩이나 지명된다(21:7, 20).

예수와 베드로의 대화는 늙어 가는 것에 대한 비유로 종결되는데, 이
것은 서사자가 베드로의 십자가형을 예언하는 것으로 재해석된다. 즉,
이 죽음이 베드로에 대한 최후의 명령, "나를 따르라"가 담고 있는 내용
이다.

바로 여기서 우리는 예수가 사랑한 남자와 다시 마주치게 된다.

베드로가 돌아다보니, 예수께서 사랑하시던 제자가 따라오고 있었다. 이 제
자는 마지막 만찬 때에 예수의 가슴에 기대어서 "주님, 주님을 넘겨줄 자가
누구입니까?" 하고 묻던 사람이다. 베드로가 이 제자를 보고, 예수께 "주님,
이 사람은 어떻게 되겠습니까?" 하고 물었다. 예수께서 말씀하셨다. "내가
올 때까지 그가 살아 있기를 바란다고 한들, 그것이 너와 무슨 상관이 있느
냐? 너는 나를 따라오너라." 이 말씀이 그들 사이에 퍼져 나가서 "그 제자는
죽지 않을 것이다" 하였다. 그러나 예수께서는 그가 죽지 않을 것이라고 말
씀하신 것이 아니라, "내가 올 때까지 그가 살아 있기를 내가 바란다고 한들,
그것이 너와 무슨 상관이 있느냐?" 하고 말씀하신 것뿐이다.

베드로와 비교하여 그 사랑받는 제자는 분명히 이 에피소드에서 매우
부차적인 역할을 맡고 있을 뿐이다. 실제로 그는 예수를 처음 알아보는
것과 베드로와 예수가 이야기할 때 '곁에 있었던' 경우를 제외하고는 매
우 조용하고 수동적이다.

다시 한번 우리는 이 제자와 베드로의 관계에 대해 상기하게 된다. 이 사랑받는 제자는 베드로에게 신비스러운 낯선 이의 정체에 대해 말해 주었다. 여기에서 베드로는 예수의 사랑받는 이 제자에 대한 염려를 표현한다. 어떤 의미에서 베드로는 예수가 그를 위해 확정한 일, 즉 예수가 돌보았던 자들을 돌보는 일을 시작하고 있다고 말할 수 있을 것이다. 어쨌든 베드로와 그 사랑받는 제자 간의 가까운 관계는 이 텍스트에서 하나의 항시적인 특징이 된다.

그러나 여기에서 예수는 사랑받는 그 제자에 대한 베드로의 배려를 방해하고, 베드로가 비록 다른 사람들(예수의 양떼)에 대한 책임을 지게 되더라도 그 사랑받는 제자에 대해 동일한 책임을 지는 것이 아님을 명확히 한다("그것이 너와 무슨 상관이 있느냐?"). 예수는 자기 자신에게 그가 사랑하는 남자의 운명에 대한 책임을 지우는 것이다. 다시 한번 사랑받는 제자는 베드로에게 위탁된 다른 사람들로부터 구분되고, 예수에 대한 그의 특별한 관계는 지속된다.

이 사랑받는 제자에게는 베드로와 경쟁할 만한 위치로 나아갈 어떠한 직권도 주어지지 않으며, 사랑받는 그 제자의 운명은 오로지 예수의 소관이 되는 것이다.

나머지 사람들에게 어떤 일이 생기더라도 '형제들은' 사랑받는 그 제자가 예수의 재림—여기에서는 땅 위의 정의와 기쁨의 통치 안에서 예수의 사명이 성취되는 것으로 이해되는—까지 살아남아야만 할 것이 타당하다고 생각했다. 이 텍스트는 그들의 해석에 이의를 제기하지만, 우리의 목적에 대해서라면 사랑받는 제자가 위해로부터 잘 보호되어 예수가 재림할 때 그를 반길 사람이 될지도 모른다고 상상했어야만 했던 것은 의미심장하다.[18]

이 이야기는 다시 예수와 그의 사랑받는 제자의 관계에 대한 동성애적 해석의 입장에서 완벽하게 이해할 수 있다.

이러한 개인적인 관계는 어떠한 특별한 사명 또는 책임도 수반하지 않는 듯이 보인다. 예수의 대역이라는 역할을 수행할 임무는 예수가 보냄받았던 것과 동일하게 모든 보냄받는 제자들에게 떨어진다(20:21). 만일 누군가에게 '공식적인' 자격이 있다면, 그런 자격이 있는 제자는 "나의 양들을 쳐야만 할" 베드로다(21:15-17). 사랑받는 그 제자의 역할은 전혀 '사적인' 것이 아니다. 그는 선생이 '가장 선호하는 학생'이 아니며, 더욱이 후계자로 지명을 받지도 않았다. 이 관계의 '특별함'은 전적으로 '개인적인' 차원의 것이다.

우리는 이 관계가 '숨겨진' 관계가 아니었다는 것을 보았다. 베드로는 그 관계를 용인하고 있었다. 이 관계는 모든 제자들 앞에서 애정 어린 친밀함을 공개적으로 보여줌을 통해 표현되며, 예수는 심지어 여럿이 함께 있는 자리에서 죽어 가면서 이를 공개적으로 인정하게 한다. 정확하게 예수의 사랑이 성애적인 것으로 인정됨으로써 사랑받는 그 제자가 예수의 재림을 기다리는 사적인 역할을 맡는다는 것은 타당한 일이 된다.

실제로 사랑받는 그 제자에 대한 베드로의 배려는 예수와 그 사랑받는

---

18) 2:12절에서 이 텍스트는 명확히 형제들을 제자들로부터 구분했고, 이것이 또한 7:3-10의 의미일 것이다. 만일 그렇다면 '형제들'은 여기에서 제자들을 의미하는 것이 아니라 특별히 그의 말을 오해할 예수의 육친 형제들을 의미하는 것이다. 그들 스스로가 사랑받는 제자의 운명에 대해 관심을 가지는 것은 그 사랑받는 제자가 십자가에서 예수의 어머니와 이 제자가 서로를 가족으로 받아들임을 통해 육친에 해당할 만한 어떤 관계에 들어서게 되었다는 사실을 감안할 때 이해할 만한 일이다. 예수가 사랑했던 남자에 대한 예수의 언급이 지니는 의미에 관련하여 '형제들'이라는 말이 야기하는 혼선은 이 인물의 역사성에 대한 하나의 강력한 지시라 할 수 있다. 4장 참조.

제자가 '연인들'일 때 기대할 수 있을 법한 그런 종류의 것이다. 예수에 대한 베드로의 매우 선언적인 사랑은 상당히 자연스럽게 예수가 사랑하는 그 제자를 포함하도록 확장된다. 이런 방식으로 베드로는 예수와 그의 사랑받는 제자의 관계를 수용할 수 있게 된다. 사랑받는 그 제자는 베드로의 공식적인 지위에 대한 경쟁자가 아니며, 베드로는 사랑받는 제자의 역할에 대한 후보가 아니다. 만일 '사랑받는 제자'가 단순히 수사적인 의미가 아닌 예수가 '가장 선호하는 제자'였다면 이 상황이 매우 달라졌을지도 모른다는 것을 주지해야만 한다. 그런 경우에 베드로는 수제자뿐만이 아니라 예수가 가장 선호하는 제자가 되기를 원했을 것이라고 추측된다. 그러나 만일 사랑받는 제자가 일반적인 의미에서의 '가장 선호하는' 제자가 아니라면 베드로의 역할은 그 사랑받는 제자에 의해 위협받지 않는다. 베드로는 사랑받는 그 제자의 자리에 도전할 필요가 없었으며, 이 텍스트에서 그가 그렇게 했던 것처럼 그 관계를 용인하고 존중하는 데 자유로울 것이다.

우리 생각처럼 이 텍스트의 결말 부분은 사랑받는 그 제자가 19장 35절의 진정한 목격자라는 인상을 뒷받침한다. 명확히 믿을 만한 증인은 사랑받는 그 제자인 듯하지만, 이러한 지위는 그에게 어떠한 두드러지는 권위도 부여하지 않는다. 실제로 그는 베드로의 권위와 소명에 대한 증인일 뿐이며, 다른 어떤 권리도 그를 위해 주장되지 않는다.

하지만 이름 없는 편집자('우리')는 그들의 텍스트가 어떤 의미에서 이 동일한 사랑받는 제자의 증언과 심지어는 그의 저술로부터 유래한다고 주장하고 싶어 한다. 그렇다면 하나의 공동체가 수집된 자료들과 '예수가 사랑한 그 제자'라고 불리는 사람의 증언을 이용하여 하나의 복음서를 편집한다는 것이 명백히 밝혀진다. 그때 이 텍스트가 이 인물을 한층 더 정확히 확인해 내거나 그를 제자들 사이에서 특정한 권위의 자리에 위치시키기를 바라지 않는다는 것은 더욱더 놀라운 일이 된다. 단지 그는 예수의 사랑받는 제자일 뿐인 것이다.

결론

사랑받는 그 제자가 나타나는 텍스트들에 대한 자세한 독해는 그와 예수의 관계가 연인들의 관계로 이해될 수 있다는 가설을 뒷받침한다. 그런 예수와 그 사랑받는 제자는 모두 남성이었고, 그들의 관계가 현대적인 용어로 '동성애적' 관계라고 말할 수도 있다는 것을 의미한다. 그러나 단지 그들이 연인 관계라는 점에 주로 강조점이 찍힐 뿐이며, 이들의 젠더는 강조되지 않는다.

이러한 관계를 매개하는 특정한 형식의 성애적 지향, 즉 이런 형태의 문헌에서는 상당히 정상적인 어떤 것에 대한 텍스트에서 그 어떤 것도 꾸며지지 않으며, 여기에서 문제가 되는 것은 오로지 그들이 연인 관계였다는 것뿐이다. 우리는 실제로 그들이 어떻게 '성관계를 가졌는지'에 대해서는 베드로와 그의 아내, 또는 마리아와 요셉 사이의 성애적 행위들에 대한 관계에 대한 이야기 이상을 듣지 못한다. 연인들이 동일한 또는 다른 젠더에 속하는지에 상관없이, 그들의 개인적이고 육체적인 친밀성을 매개하고 드러내는 특정한 행위는 엄격하게 그들 자신들만의 사적인 문제일 뿐, 문서적인 표현이나 학문적인 호기심을 일으킬 사안은 아니다.

따라서 이들의 성적인 관계에 대해 우리에게 아무것도 전해지는 바가 없다는 것은 그리 놀랄 만한 일이 아니다. 이 관계에 대한 동성애적 해석은 어떤 방식으로든 이 '연인들'의 친밀함을 표현했을 성애적 행위들에 대한 어떠한 추측도 수반하지 않는다. 이 텍스트는 대중이—적어도 예수의 친밀한 친구들과 제자들의 무리로 이루어진 대중이—보게 되는 것을 우리가 본다는 의미에서 더 많은 관련성을 가진다. 즉, 예수가 사랑받는 그 제자의 연인이었다는 점에 대해서 말이다. 이런 방식으로 이 제자는 이미 예수가 의심의 여지없이 제자들과 친구들로 사랑했던 대다수의 사람들로부터, 즉 예수가 그들을 위해 자신이 굴욕을 당하거나 죽겠다는 강력한 예수의 사랑이 선포되었던 대다수 사람들로부터 구별되어 있는 것이다.

예수와 그가 사랑한 제자의 이러한 관계는 최후의 만찬 장면에서 물리적이거나 육체적인 친밀함에 의해 표현되었다. 이 요소는 그 이야기에서 강조되어 그 중요성과 의미에 대해 어떠한 의문의 가능성도 남기지 않고 있다. 동시에 이 육체적인 친밀함, 즉 연인들의 친밀한 관계는 명확히 사랑받는 그 제자가 제자들 사이에서 공식적으로 탁월한 지위를 주장할 수도 있을 법한 토대 위에 세워지는 그런 방식의 친밀함의 표현이 결코 아니었다. 실제로 여기에서 인정된 유일한 '수제자'는 베드로였지 그 사랑받는 제자가 아니었다. 그렇다면 그 사랑받는 제자는 친구도, 동료(다른 사람들과 공유되는 어떤 것)도 아닌 '연인'의 의미를 통해 이해되어야만 한다.

예수가 이례적으로 긴 시간을 들여 그의 사랑하는 제자와 그의 어머니가 서로를 가족으로 받아들여 돌보도록 하는 것은 이 관계의 사적이고 '육체적인' 성격을 추가로 나타내는 것이다. 예수는 육신의 어머니 앞에서 육체에 따른 그의 사랑을 인정하고, 그녀에게 자신이 사랑하는 제자의 어머니가 될 책임을 부과하며, 그런 이후에 사랑하는 그 제자에게 그녀의 자식이 될 책임을 준다.

예수의 사랑받는 자[beloved](또는 우리는 말하는 '애인')는 베드로에 의해, 다른 제자들에 의해, 그리고 최종적으로는 예수 자신의 가족에 의해 이런 역할에 대해 용납되는 것으로 그려진다. 그들에게 사랑받는 그 제자가 연인인 예수가 돌아올 때까지 기다려야만 한다는 결론을 내리는 것은 분명 상당히 자연스러운 일이었다. 이런 방식으로 그들의 관계의 영속성이 충격적인 표현을 통해 도출되는 것이다.

이러한 해석은 요한복음에 의해 제공된 자료들을 의미 있는 것으로 만들고 그 자료들에 대해 어떠한 폭력도 가하지 않는다. 확실히 우리는 동-성애적 관계same-sex relationships라는 근대적인 구성물의 특징이 되는 동성애에 대한 구체적인 속성들을 텍스트에 짜맞춰 넣어 독해하지 않도록 주의해야만 한다. 어떤 방식으로든 이 텍스트에 대한 독해는 우리가 게이적 관계 또는 동성애적 관계라는 말을 통해 의미하는 바와 이 텍스트에 묘사된 관계 간에 존재하는 모종의 접점을 찾는 데 달려 있다. 만일 이 텍스트가 예수와 그가 사랑하는 자 사이의 관계가 연인 관계였다는 것을 제시하고자 한다면, 오늘날의 독자들은 이 텍스트로부터 예수와 그의 사랑하는 자가 현대적인 의미에서의 '동성애적' 관계에 있었다는 것이 암시된다는 결론을 내려서는 안 된다. 이러한 (개인들의) 범주는 고대에는 실효적인 것이 아니었기 때문이다. 그러나 고대의 사람들은 같은 성에 속한 개인들 간에 오갔던 성애적 관계들에 대해서 그리고 특정한 성적인 행위들을 통해 관계가 표현될 수 있다는 것을 잘 알고 있었다. 우리의 독해는 이러한 접점에 대한 강조를 의도하는 것이다.

의심의 여지없이 예수와 그의 사랑하는 제자가 이러한 의미에서 연인 관계였다는 이 주장은 독자에게 몇 가지 의문과 반대를 불러일으킬 수 있

을 것이다. 다음으로 우리는 이들 의문 및 반대의 방향을 틀어 이 관계와
이 관계가 주는 의미를 좀 더 명확히 밝혀내려는 시도를 하게 될 것이다.

제3장

예수가 사랑했던 남자의 정체와 역할

지금까지의 논의에서는 예수와 그가 사랑한 제자의 관계가 어떤 것인 지에 대한 문제에 대해서는 거의 관심을 주지 않았던 반면, 이 인물의 정체와 요한복음에서의 그의 역할에는 상당한 관심이 집중되어 왔다. 그에 따라 우리는 이제 이러한 주제로 관심을 전환하게 될 것이다.

사랑받는 자의 역할

이 서사에서 예수의 사랑받는 제자라 불리는 그 인물의 역할은 무엇인 가? 왜 이 인물은 예수의 사랑받는 자로 구별되어야만 하는 것인가? 이 러한 의문에 제시된 대답들 중 일부는 우리가 이전 장에서 탐색했던 이 관계의 성애적인 성격에 관심이 집중되는 것을 방해해 왔다. 따라서 우리는 이 대답들에 특히 관심을 가질 필요가 있다. 우리가 제안했던 이 관계에 대한 동성애적인 독해를 실체화할 수 있는지에 대해서 말이다.

권위의 주장

사랑받는 제자는 예수의 죽음과 부활에 대한 증인으로 모습을 드러내며, 어떤 방식으로든 요한복음이라 칭해지는 서사를 뒷받침하는 증언의 전달자로 전해진다(19:35; 21:24). 이 제자를 식별해 내는 것이 그와 그의 가르침에 대해 어떤 특정한 권위를 주장하기 위한 것인가?

비록 이런 의견이 반복적으로 은연중 그렇다고 추정되기는 했으나, 이러한 추정은 면밀한 조사를 버텨 내지 못한다. 요한복음 어디에서도 이 사랑받는 이가 다른 제자들이 알 수 있는 정보를 독점했다고 전해지지 않는다. 그와 베드로 두 사람은 빈 무덤으로 달려간다. 막달라 마리아와는 달리 이들은 예수와 마주치지 않는다. 실제로 예수의 부활 현현에서 사랑받는 제자의 존재는 대부분이 이미 부활한 예수가 한 명 또는 두 명 단위로 이미 만났던 것으로 추정되는 다른 제자들과 함께하는 가장 마지막 시기에서만 발견된다.

처음에는 중요한 역할로 보이던 역할, 즉 가장 중요한 사건들에 대한 목격자로서의 역할이 별로 중요하지 않은 것이 된다.[1] 특별한 정보가 관

---

1) 이런 결론은 우리가 만일 예수의 재판에 베드로를 데리고 갔던 '또 다른 제자'에 대한 언급을 포함시킬 때에도 또한 그렇다는 것이다. 여기에서도 역시 이 '다른 제자'는 베드로가 함께 있었기 때문에 거기에서 있었던 일들의 정보에 대한 유일한 출처가 되지 못한다. (다른 제자들은 아니지만) 아마도 니고데모와 아리마대 사람 요셉도 거기에 있었을 것이기 때문이다.

련되지 않는 한, 사랑받는 그 제자의 목격자로서의 역할은 별것 아닌 듯이 보인다. 사랑받는 제자는 예수를 배신하는 자의 정체에 대해서도 다른 제자들보다 단 몇 분 일찍 알게 될 뿐이다. 이런 종류의 세부 내용은 신학적으로 볼 때 중요하지 않다.[2] 개인적인 의미를 넘어서는 어떤 것도 이러한 내용에서 드러나지 않으며, 하나의 학파를 정립할 만한 명성이나 혹은 이 사랑받는 자를 권위 있는 스승으로 만들어 낼 다른 어떠한 것도 없다.

확실히 요한복음은 예수의 정체 그리고 복음과 세상 사이의 불화에 대한 비의적인 가르침으로 나타나는 것들로—분명히 다른 복음서들에 비하면 분명히 더 많이—채워져 있다. 이 비의적 가르침들 중 어떤 것도 사랑받는 제자와 관련된 것은 없다. 예수는 이 사람보다 니고데모(3:1-2), 또는 사마리아 여인에게(4:1-42) 훨씬 더 많은 것을 설명해 준다. 심지어 신학적으로 너무나 많은 의미가 전달돼 최후의 담화에서 사랑받는 자는 어떠한 역할도 하고 있지 않다. 베드로, 가룟 유다가 아닌 다른 유다, 빌립 그리고 도마 등 다른 모든 인물들이 이 담화에서 언급되지만, 사랑받는 제자에 대한 언급은 없다.

만일 이 담화의 목적이 구체적으로 한 명의 선생을 세우는 것이었다면, 이렇게 하는 것보다는 다른 방식을 취했어야 한다. 예를 들자면, 이 사랑받는 자가 적어도 모호하지 않은 방식으로 나타나거나 또는 예수의 가르침들에 대해 어떤 방식으로든 독점적인 접근권을 가지고 있어야만 했을

---

2) C. K. 바렛(C. K. Barrett) 또한 이런 사소함을 인지한다. "그것은 그에 의해 주어진 특별히 새로운 사실이라기보다는 단순한 사실의 언명일 뿐이다." 『성 요한에 의한 복음 *The Gospel According to St. John*』 2판, (Philadelphia : Westminster Press, 1978), 447쪽.

것이다. 최소한 어떤 결정적인 신학적 주제가 논의될 때 다른 제자들과 함께 있는 그의 존재가 언급될 수도 있었다.

이 사랑받는 제자의 인물상이 어떤 형태의 가르침 또는 기독교적 사상을 표명하는 학파의 권위를 주장하기 위해 소개되었다는 추측은 엄밀한 고찰에 따를 때 정립되지 않는다.[3] 복음서 어디에서도 사랑받는 자는 그런 권위를 주장할 수 있을 법한 어떠한 역할도 하지 않는다. 실제로 이 텍스트 자체는 그 누구도 배제하지 않는다. 왜냐하면 예수의 모든 가르침이 아무리 비의적인 것으로 보이더라도 어쨌든 공개적으로 전해진 것이기 때문이다. 게다가 보다 많은 새로운 가르침들이 성령으로부터 모든 제자들에게 전해지게 될 것이다(16:13).

사랑받는 제자에 대해 만들어 낼 수 있는 최대한의 권위는 그가 다른 제자들과 마찬가지로 예수의 제자들 중 한 사람이었다는 것이다. 그에게는 자신이 사랑받는 자였기 때문에 권위를 가지는 것이 아니라 (그에게 사랑받는 자이기 때문에 주어지던 어떠한 특별한 지식도 없기 때문에), 단지 다른 제자들에게 주어진 것과 동일한 종류의 권위만이 있을 뿐이다. 일부 주석가들은 이런 최소한의 권위조차도 '사랑받는 제자의 공동체'에는 중요했을 것으로 추정하지만(21:24의 '우리'), 이러한 결론은 사랑받는 제자의 가르침이 다른 공동체들에 의해 이단으로 간주될 때에만 성립하는 것이다. 그러므로 베드로의 증언을 대체하지 않는 그의 증언이 절대로 이단적 가르침이 아니라, 여하간에 베드로나 다른 제자들과 유사한

---

3) 예를 들어, 레이먼드 브라운(Raymond Brown)은 "사랑받는 제자라는 증인의 귀속권에 대한 주장은 예수와 교회론에 있어 요한 공동체가 그들만의 특별한 통찰을 옹호할 수 있도록 했다"라고 말한다. 『사랑받는 제자의 공동체*The Community of the Beloved Disciple*』(New York: Paulist Press, 1979), 31쪽.

토대 위에 서 있었다는 주장이 중요하다. 그러나 이러한 견해를 유지해 나가기 위해서 베드로와 이 사랑받는 제자의 관계에서 경쟁을 읽어 내기를 멈추고, 이 사랑받는 제자와 예수의 특별한 관계가 아닌 베드로와의 연합이 그가 지닌 권위의 근거였다는 설명을 수용해야만 한다.

교회의 알레고리

일부 해석가들은 예수가 사랑한 그 제자의 익명성이 그를 이상적인 제자, 교회, 또는 어떤 특정한 기독교인들의 공동체를 대표하는 알레고리적 인물상으로 만들어 낸다는 주장을 펼쳤다.

분명히 복음서에서 익명성은 알레고리적으로 기능할 수 있다. 아마도 이 장치에 대한 가장 놀라운 증거는 마가복음에서 나올 것이다. 수로보니게 여인(7:21-30) 또는 베다니에서 예수에게 기름을 발라 주었던 여인(14:3-9)과 같은 인물들이 익명으로 예수의 선교와 사역에 참가하는 중요한 특징을 대표로 보여주기 때문이다.

그러나 요한복음에서 이 사랑받는 제자의 인물상이 이런 역할을 충족시키고 있는 어떠한 표징이라도 찾을 수 있을까? 피상적으로 이런 주장에 대해 타당해 보이는 사례가 21장에서 나타나는 언급에서, 즉 이 사랑받는 제자가 예수가 돌아올 때까지 그대로 남아 있게 될 것이라는 언급에서 제시된다. 교회 자체가 아니라면 무엇이 이런 역할을 한다는 말인가? 그렇다면 이런 바탕 위에서 우리는 이 사랑받는 제자가 공동체로서 예수의 죽음과 부활에 대해 증언하는 믿음직한 증인이며, 따라서 이 복음서의 서사적 설명의 '저자'라고 말할 수 있을 것이다. 비슷하게 이 사랑받는 제자가 공동체로서 마땅히 십자가와 빈 무덤에 대한 증인으로 자리매김한다고 말할 수 있을 것이다. 우리는 심지어 이를 그리스도의 신부 그리고 예수의 사랑받는 자로서의 교회라는 관념에 연결시킬 수 있을지도 모른다. 그리고 이런 계통의 생각에 대해, 예수가 "아버지의 가슴으로부터"(1:18) 나왔듯이, 그 제자가 예수의 가슴에 기대었고, 이와 같이 그 공동체 역시 예수의 가슴에 기댄다는 생각이 더해질 수 있을 것이다.

그러나 이런 견해의 피상적인 타당성은 자세한 검토에 의해 증발해 버린다. 이런 견해가 명백히 이 텍스트 자체에 따른 오해이기에 그 가장 큰 강점은—사랑받는 제자는 예수의 재림까지 그대로 남아 있게 될 것이라는 해석—가장 치명적인 약점이다. 비록 일부 '형제들'이 사랑받는 그 제자가 예수의 재림까지 살아 있게 될 것이라는 결론을 내렸다고 하더라도, 이 텍스트 자체가 이런 추정에 대해 반론을 가한다. 그렇다면 우리는 예수의 재림이 있기까지 공동체가 유지되지 않을 것이라고 결론을 내려야 할까? 이 구절에 기초한 오직 하나의 타당한 결론은 적어도 이 사랑받는 제자가 여기에서 한 명의 개인으로 간주되고 있다는 것이다. 게다가 만일 이 장면에서 누구라도 교회에 묶인 것으로 간주된다면, 베드로가 바로 그 인물이다. 베드로는 그가 예수를 사랑하는지에 대해 질문받는다. 베드로는 '양떼'를 먹이고 돌봐야만 한다. 베드로는 예수를 따르고, 심지어 죽을 때까지 따르라는 명을 받는다. 그래서 베드로는 '사랑받는 제자'가 아니라, 그 공동체의 '지도자'로 표상된다. 베드로는 사랑받는 그 제자에 대해 어떤 임무도 부여받지 않는다. 이 사랑받는 제자에게 일어나는 일은 베드로에 의해 중재되는 것이 아니라 예수와 이 사랑받는 제자 사이의 직접적인 문제인 것이다("너에게 무슨 상관이 있느냐?"). 만일 이 사랑받는 제자가 공동체를 대표했다면, 왜 (양떼를 돌보는) 베드로의 임무에 이 사랑받는 제자를 돌보는 임무가 포함되지 않는다는 말인가?

예수가 사랑한 제자를 예수의 신부bride로 확인하는 것은 그 제자를 교회의 전형으로 만드는 그런 방식을 거치지 않기 위해서다. 그러한 확인은 예수와 그 제자의 특별한 관계를 표현하지만 오히려 (의도하지 않은 방식으로) 이 두 사람 모두가 남성이라는 점만 제외한다면 이 두 사람의 관계에 신랑과 신부의 관계가 가지는 성애적 성격이 있음을 암시한다.

이 제자의 개인성을 강조하는(21장) 바로 그 구절이 그가 이런 방식으로 예수에게 기대어 있었던 사람임을 상기시킨다는 것을 고려한다면 이 사랑받는 제자의 위치(예수의 가슴에 누워 있다는)가 알레고리적인 의미를 가지고 있다는 의견 또한 기각된다.

이러한 난점을 풀기 위해 불트만은 이 사랑받는 자가 하나의 전체로서의 교회에 대한 전형이 아니라 이방인 교회에 대한 전형으로 간주되어야 한다는 흥미로운 의견을 제시했다. 이러한 평가가 제대로 들어맞도록 하기 위해 불트만은 21장을 후대에 추가된 서사로 처리해야만 했다. 즉, 이 제자의 알레고리적 역할을 오해하여 실수로 그를 한 개인으로 취급하게 되는 그런 방식으로 더해진 서사로서 말이다.[4]

일단 이 사랑받는 사람을 증인으로 말하는 이 구절과 다른 구절들이 후대에 잘못 해석된 삽입구로 드러나 기각된다면, 불트만이 이 사랑받는 제자를 이방인 기독교의 전형으로 보는 것이 가능해진다. 불트만의 접근법을 사용하면, 십자가에서 마리아와 이 사랑받는 제자의 장면에 대한 해석은 다음과 같은 것이 된다. 이방인 교회(사랑받는 제자에 의해 표상되는)는 유대인 교회(마리아에 의해 표상되는)를 인정하고 그녀를 거부하기보다는 보살펴야 한다는 것이다. 불트만은 또한 베드로가 유대인 교회를

---

4) 루돌프 불트만(Rudolf Bultmann), 『요한복음 *The Gospel of John*』, G. R. Beasley-Murray 옮김 (Philadeliphia : Westminster Press, 1971), 483쪽.

대표하는 역할을 떠맡는 다른 구절들에서 동일한 아이디어를 얻는다.[5]

　이러한 시각으로부터 얻을 수 있는 것은 무엇인가? 우선 텍스트 내에 있는 어떤 것도 이 사랑받는 제자가 이방적 형태의 믿음을 가지고 있음을 암시하지 않는다. 그는 마리아, 베드로 또는 예수와 같이 유대인이다. 이방인은 반드시 배신자의 정체에 대한 지식을 사전에 얻을 수 없거나, 예수의 죽음에 대한 증인이 될 수 없거나, 또는 빈 무덤 전승에 대해 믿는 사람이 될 수 없어야만 한다(이런 견해는 부활 이후의 현현에 기초한 믿음보다 더 이방적이지는 않은 듯하다).

　이러한 해석에 대해 이 복음서(요한복음)가 제시하는 어떠한 내부적인 증거도 없다는 것과는 별도로 대부분의 주석가들에게는 불트만에 비해 이 복음서의 편집자들이 무능하지 않다고 보는 경향이 있다. 확실히 이 복음서의 저술과 텍스트 편집의 문제는 훨씬 더 당혹스러우며, 이 복음서의 마지막 장은 후대에 추가된 부분처럼 읽힌다. 그러나 후대의 편집자들이 하나의 알레고리적인 상을 현실적인 인물로 바꾸어 놓을 정도로 무능했다는 의견은 받아들이기 어려운 것이다. 그래서 학자들은 사랑받는 제자가 유대적인 기독교에 대응하는 이방인을 재현한다고 (몇몇 에피소드들에서) 보는 불트만의 견해를 수용하지 않았다.[6]

---

5) 같은 책, 671-673쪽, 684-685쪽.

6) 불트만의 해석에 대한 반대에 동의하는 후대의 주석가들 중에서 우리는 브라운 (Brown)의 『사랑받는 제자의 공동체 *The Community of the Beloved Disciple*』, 31쪽, 루돌프 슈나켄부르크(Rudolf Schnackenburg)의 『성 요한에 의한 복음 *The Gospel according to St John*』, 3권, 세실리 해스팅스(Cecily Hastings) 옮김 (London: Burns and Oates, 1982), 375쪽, 바렛(Barrett)의 『성 요한에 의한 복음 *The Gospel according to St John*』, 116쪽, 그리고 에른스트 핸첸(Ernst Haenchen)의 『요한복음 주석 *A Commentary on the Gospel of John*』, 7-21장, 로버트 펑크(Robert Funk) 옮김, (Philadelphia: Fortress Press, 1984), 193쪽을 인용할 수 있을 것이다.

어떤 이들은 사랑받는 제자에게서 제자 됨의 전형을 보려고 하며 독자가 이 전형을 모방할 것이 요구되었음을 간주한다.[7] 이런 견해의 난점은 어디에서도 이 사랑받는 제자가 예수와의 관계 이외에 어떠한 다른 특징으로도 규정되지 않는다는 것이다. 그는 절대로 그의 통찰, 충실함, 용기, 인내, 또는 말씀에 대한 그의 '들음'이나 '행함'으로 식별되지 않는다. 그는 발을 씻기는 장면에서 드러나지 않는다. 그는 제자들이 예수의 사명 또는 죄의 사함에 참여하도록 위임받는 예수의 현현에서도 드러나지 않는다(20:19-23).

공동체에서의 특정한 권위나 공동체 그 자체에 대한 하나의 알레고리로서의 사랑받는 제자의 역할을 확인하려는 시도는 엄밀한 고찰을 통해 기각된다. 확연히 드러나는 이 제자의 유일한 특징은 예수가 그를 사랑한다는 것이다. 이런 지위는 예수가 제자들 모두를 사랑하지만, 다른 제자들을 사랑하는 것과는 다른 특별한 방식으로 이 제자를 사랑하기 때문이다. 이 관계의 동성애적 특징들은 경쟁적인 권위들의 주장(베드로와 사랑받는 자 사이의)으로 '승화sublimated'되거나 예수와 교회들의 관계에 대한 하나의 알레고리로 '영화spiritualized' 될 수도 없다. 이와 같이 우리는 육체적이고 감정적인 친밀함이 예수와 사랑받는 그 제자 사이의 이 관계의 특징이 된다는, 당황스럽지만 더욱더 피할 수 없는 가정으로 돌아오게 된다. 요컨대 결론적으로 우리가 동성애적 관계를 다루고 있다는 것이 더욱 분명해진다.

---

7) 불트만은 이런 견해를 디벨리우스(Dibelius)와 로이지(Loisy)의 것으로 돌렸다(불트만의 『요한복음*The Gospel of John*』, 484쪽. 그러나 위에서 언급된 불트만 자신의 가설을 기각하는 주석가들은(주6) 이 견해 역시 기각한다.

정체성에 대한 문제

예수가 사랑한 그 제자는 누구였을까? 전승이 주장하고 있는 것과 같이 요한이었을까? 아니라면 이 텍스트에서 우리가 만나게 되는 다른 제자들 중 누군가 한 명? 이 문제의 답을 구하는 것은 이 제자의 이름과 관련된 명확한 결론을 도출하지는 않지만, 이 탐색으로 우리는 예수와 그의 제자들의 전반적인 관계를 들여다볼 수 있는 기회를 얻게 된다. 이러한 관점은 예수와 그가 사랑했던 제자 사이의 관계에 대해 부분적으로 추가적인 해명을 가능하게 할 것이다.

요한

이 문제에 대한 표준적인 해답은 세베대의 아들 요한이 예수가 사랑한 제자라는 것이다. 우리는 그가 열두 제자들 중 한 명으로 그리고 야고보의 아들로 확인되며, 둘이 함께 '우뢰의 아들'(보아너게)이라는 말로 불리고 있는 다른 복음서들로부터 세베대의 아들 요한에 대한 많은 정보를 제공받는다. 그는 예수에 의해 하나님의 통치를 선포하고 구현하게 될 선교 사명에 동참하기 위해 가족을 떠나 일하도록 부름받았던 전직 어부로 그려진다. 이 서술의 인물과 동일한 인물 요한이 그의 형제 야고보 그리고 시몬과 안드레 형제들과 함께 예수의 제자들의 무리에서 중추적인 집단을 이룬다. 야고보와 요한은 더 나아가 예수와 함께 영광에 휩싸여 왕좌로 올라갈 야망을 추구한다. 그러나 세베대의 이 아들에 대한 모든 세부적인 이야기들은 다른 서사들로부터 오는 것이다. 실제로 요한복음에서 그는 결코 이름으로 언급되는 법이 없다! 우리는 전체 서사 중에서 베드로가 모았던 고기잡이 모임에 참가한 제자들 중에서 '세베대의 아들들'에 대한 단 한 차례의 언급을 발견할 뿐이다(21:2). 심지어 이 서사가 '공관복음들'과 차이를 드러내는 여러 가지 측면들 가운데 하나로 세베 대의 아들들(그리고 특히 요한)이 이 텍스트에서 아무 역할도 하지 않는다 는 점을 들 수도 있을 것이다.

요한복음의 내부적인 증거를 통해 예수의 사랑받는 그 제자와 세베대 의 아들 요한의 동일시가 너무나도 강력하게 부정되고 있기에 어떻게 이 런 전통적인 동일시가 초래되는 일이 발생하게 되었는지 의아할 수도 있 다. 이러한 동일시는 2세기 말엽에 이르러서 그러니까 이 복음서가 쓰여 지고 유통되기 시작한 지 적어도 약 100년 후에야 현재와 같은 형태에 이 르게 된 것이 아닌가 추측하고 있다. 심지어 그 전통적인 증거는 눈에 띌 만한 것도 아니다.

제4복음서의 저자를 확정하는 과정에 대한 통찰을 얻을 수 있는 주요 한 출처는 유세비우스인데, 그는 콘스탄티누스 황제가 기독교 운동의 일 부에 대해 후원자가 되었던 것에 대한 성의로 콘스탄티누스에게 좋은 인 상을 주기 위해 쓰여진 『교회의 역사*History of the Church*』를 저술했던 바 있 는 4세기 무렵의 교회 지도자다. 황제의 비호를 받게 된 이 기독교 운동 의 일부는 그 스스로를 동일한 운동 내에서 영지주의적인 형태 또는 몬타 니스트적인 형태(몬타니스트*Montanist*: 2세기 초의 초기 기독교 운동의 한 분 파로 창시자인 몬타누스의 이름을 따른 유파. 일종의 성령 운동이며 양태론을 주창함 역자)와 구분하여 가톨릭이라 지칭되는 분파였다.

유세비우스에게서 우리는 2세기 무렵의 히에로폴리스의 교부 파피아 스가 이전 세대의 '장로들'로부터 젊은 시절에 가르침을 받았다는 주장 을 포함하는 실전된 문서를 저술했다는 전승을 얻게 된다. 이 전승에서 는 '요한'이라는 이름이 두 차례 나타난다. 한 번은 파피아스를 가르쳤던 사람들의 명단에서 나타나는데 (과거형으로), 여기에는 예수의 '열두 명의' 동료들에게서 나타나는 몇몇 이름들이 포함되어 있다. 그리고 '장로 요한'이라는 이름이 다시 '아리스톤'이라는 이름과 함께 나타나는데 (현재형으로), 이 사람 또한 예수의 제자 중 한 사람으로 전해진다.

또한 유세비우스에게서 우리는 이레네우스가 자신의 스승 폴리캅이 에베소에서 요한의 가르침을 들었다고 주장하는 그리스어 문서에 대한 정보를 얻게 된다. 이들 문서들 중 어느 것도 이 에베소의 요한을 세베대의 아들 요한과 연관시키지 않고 있다.[8] 명백히 2세기 초의 인물이었던 파피아스나 폴리캅보다는 2세기 말엽의 인물인 이레네우스가 에베소의 요한과 세베대를 묶어 내는 연관을 만들어 내고 있다. 그리고 이보다 이전의 자료들은 어느 것도 (에베소의) 장로 요한 또는 (갈릴리의) 세베대의 아들 요한을 예수가 사랑했던 그 제자와 동일시하지 않는다.

그러므로 나는 샌더스의 의견에 동의하여 에베소의 장로 요한이 우리가 다루고 있는 제4복음서의 편집과 간행에 연관되어 있다고 가정한다. 이 장로 요한은 기독교 운동의 초기에 순교당했던 것으로 드러나는 세베대의 아들 요한이 아니었다(마가복음 10:39). 장로 요한과 세베대의 아들 요한의 동일시는 나중에 자신들의 견해에 권위를 주기 위해 이 복음서를 주장해 왔을지도 모르는 영지주의자들과의 분쟁에서 나타난다. 이레네우스는 이 문서의 해석을 영지주의자들로부터 구해 내는 데 성공하여 이 문서가 요한이라고 이름하는 열두 제자들 중 한 사람, 즉 세베대의 아들

---

8) 이 논점은 또한 제임스 N. 샌더스(James N. Sanders)에 의해 "예수가 사랑했던 그 제자는 누구였나"(Who Was the Disciple Jesus Loved?)에도 언급된 『제4복음서 연구 Studies in the Fourth Gospel』 재판본, F. L. 크로스(F. L. Cross) 편집 (London: A. R. Mowbray, 1957), 72-82쪽 참조.

요한으로부터 유래한다는 경건한 전설을 수용하게 된다.

제4복음서의 간행에 연관된 이 장로 요한은 명백히 '예수가 사랑했던 그 제자'가 아니다. 왜냐하면 적어도 21장에서 분명히 그 제자가 누구이든 간에 이 문서가 최종적으로 편집되고 간행되었을 시기에 이미 사망한 상태에 있었다는 것이 분명하게 지시되고 있기 때문이다.

이 복음서의 '저자'와 관련된 '외부적 증거'는 회고적인 것이며, 이마저도 박약하고 모호한 것으로 밝혀진다. 이 복음서는 2세기 말 무렵에야 요한으로 알려진 장로 또는 제자와 관련이 있는 것으로 알려진다. 열두 제자들과 그들의 지적인 계승자들에게 사도적인 권위를 좁혀가는 과정에 이어서 이 요한이라는 인물이 세베대의 아들 요한과 동일시된 것이다. 이 과정에서 비슷한 정도로 원저자가 의심스러운 다른 텍스트들에 대해서도 예수의 제자들에게 저작이 돌려지게 되며, 그로 인해 이 과정에는 언급된 텍스트들에 권위가 부여되는 과정들이 포함된다. 그래서 '첫 번째 복음서'는 열두 제자들 중 한 명이었으며 세리였던 마태에게 귀속된다. 그런 과정의 또 다른 실행은 한때 바울을 수행했던 요한 마가가 베드로의 서기가 되어 두 번째 복음서를 저술했다는 것인데, 이것은 꾸며낸 이야기다. 누가는 사도행전의 여행에 관한 특정 부분들에서 나타나는 몇몇 다른 사람들 중에 그가 포함된다는 사실로부터 유래된 추측을 기초로 세 번째 복음서의 저자로 확인된다. 게다가 바울에 귀속되는 문서의 저술을 담당한 주체로 확정되기도 한다. 이 모든 과정이 자신들이 열두 사도들로부터 유래했다고 이해했던 '교부들'이 자신들의 영도하에 있던 2세기와 3세기 교회들 내에서 자신들의 권위를 정상화하려는 노력이었다.

제4복음서에 대한 해석에 따르면 요한복음을 세베대의 아들 요한에게 귀속시킨 것만이 거의 확실한 오류가 아니라, 어쩌면 이 사랑받는 제자가 '열두 제자들' 중 한 명이 아닐 수도 있음이 입증된다. 열두 명의 무리가 다른 서사에서는 중요한 역할을 수행하지만, 그들은 이 복음서에서는 거의 아무런 역할도 맡지 않고 있다. 사실상 이들은 6장 66-71절의 언급에서 유일하게 모습을 드러낸다.

이 일이 일어난 뒤로, 제자 가운데서 많은 사람들이 떠나갔고, 그를 따르지 않았다. 예수께서 열두 제자에게 물으시기를 "너희도 떠나가려느냐?" 하시니, 시몬 베드로가 대답하였다. "주님, 우리가 누구에게로 가겠습니까? 선생님께는 영원한 생명의 말씀이 있습니다 ···." 예수께서 그들에게 대답하셨다. "내가 너희 열둘을 택하였고 너희 가운데서 하나는 악마가 아니냐?" 이것은 시몬 가룟의 아들 유다를 가리켜서 하신 말씀인데, 그는 열두 제자 가운데 하나로, 예수를 넘겨줄 사람이었다.

이 텍스트로부터 우리는 다음과 같은 것들을 알 수 있다. (1) 예수에게는 열두 제자 이외에 많은 제자들이 있었다. (2) 예수는 이들 중에 자신을 배신할 사람이 있었기 때문에 이들에 대한 신뢰가 낮았다. 이 문서가 '제자들'이라고 말할 때, 특히 12인의 무리에 속한 사람들을 암시하고 있었다는 추측은 그럴 개연성이 떨어지는데, 이것은 특히 제4복음서가 이 무리에 속해 있지 않은 사람들—예를 들어 나사로와 나다나엘—에게 중요성을 부여하고 있기 때문이다. 오히려 이 텍스트에서는 몇 가지 방식을 통해 이들 열두 명의 제자들에 대한 회의적인 태도가 표현되고 있다.

첫 번째 방식은 그들을 하나의 집단으로 언급하고 있는 경우가 거의 없다는 것이다. 두 번째는 유다가 이 집단에 속한 한 사람으로 표현되고 있는 방식이다. 세 번째로 쌍둥이 도마에 대해서 이 텍스트는 오직 그가 아

직 믿지 않았다고 말할 때에만 '열두 제자들 중 한 명'으로 확인한다
(20:24). 그러므로 교회 전승이 어쨌든 간에 이 텍스트의 저자는 명백히
이 열두 명의 무리에 큰 신뢰를 보내지 않고 있다. 여하간에 이 복음서는
공동체 내에서 현행하는 권위가 열두 제자로부터 오는 것도, 일반적인
제자들로부터 오는 것도 아니며, 예수의 처형 이후 예수가 보낸 중보자
로부터 유래한다고 상정하고 있다(16:7-15).

이러한 논점에서 볼 때 예수가 사랑했던 그 제자는 이 텍스트에 근거하
여 세베대의 아들들 중 한 명 또는 열두 제자들 중 한 명인 것으로 확신할
수 없다. 필연적으로 그런 동일시는 절대적으로 배제될 뿐만이 아니라,
이 텍스트가 그런 동일시에 대해 어떠한 근거도 제공하지 않으며, 실제
로는 오히려 그로부터 벗어난 길을 가리키고 있는 것이다.

예수가 사랑한 그 제자가 만일 자동적으로 세베대의 아들들 중 한 사람
또는 심지어 열두 제자들 중 한 사람으로 확인되지 않는다면, 과연 누가
이 복음서 자체로부터 찾아낼 수 있는 내부적인 증거에 기초해서 예수가
사랑한 그 제자로 확인될 수 있는 후보가 될까? 이어지는 논의에서 나는
몇 가지 가능성들에 대해 관심을 둘 것이다. 그러나 여기에서 이 문제는
여러 주석들에서 그런 것과 같이 제4복음서의 저자에 대한 문제에만 국
한되어 있는 것이 아니다. 확실히 그에 대한 마지막 언급에서 이 복음서
의 저작에 대한 일부 역할이 예수가 사랑한 그 제자에게로 돌려지고 있다
(21:24). 그러나 우리의 관심은 예수가 사랑한 남자로 확인되는 바로 그
제자에 대한 것이다. 그래서 우리는 주석들이 저자에 대한 단편적인 관
심의 집중으로 인해 일반적으로 무시하는 몇 가지 대안적인 가능성들을
고려의 대상에 넣을 것이다.

다른 가능한 후보로 눈을 돌리기 이전에, 가장 좋은 접근법은 누가 제

외될 수 있는가로부터 시작하는 방식일 것이다. 사랑받는 제자가 가롯 사람 유다라는 것은 가능해 보이지 않는다. 요한복음이 유다의 죽음을 전하고 있지 않고, 이와 같이 유다를 십자가 또는 부활 현현 이전의 장면으로부터 효과적으로 제거하고 있으며, 무엇보다 그에게 악마라는 표시를 주어 확실하게 제외시킨다. 이미 6장 71절에서 유다는 '악마'라고 말해지며, 최후의 만찬 장면에서 기름에 적신 빵을 먹어 사랑받는 제자에게 자신이 배신자라는 것을 보여주었다. 그 이후 그 장면은 사탄이 유다에게 들어가는 것으로 종결된다. 저자가 이 모든 것에 대해 유다를 사랑받는 제자라는 인물과 화해시키는 서사를 구성할 수 있다고 하더라도, 그 결과는 우리가 요한복음이라고 부를 수 있는 그런 이야기는 아닐 것이다.

사랑받는 제자가 시몬 베드로라는 견해 또한 가능하지 않다. 왜냐하면 이 사랑받는 제자가 통상적으로 베드로와 함께 언급되기 때문이다. 베드로의 질문은 그를 향한 것이었고(13:24), 그와 함께 베드로는 무덤으로 뛰어갔으며(20:2이하), 그리고 21장 20절에서 베드로는 그의 운명에 대해 묻고 있다.

베드로의 동료들

이 짧은 개괄적인 이야기는 베드로와 예수가 사랑한 그 제자는 별개의 인물일 뿐만 아니라 두 사람 사이에는 모종의 공표된 관계가 있다는 것을 지시한다. 그들은 텍스트에서 동료들로 나타나며, 이것은 사실상 이 사랑받는 제자가 베드로의 형제인 안드레일 수도 있다는 가능성을 암시한다. 요한복음에서 우리는 세례자 요한의 제자였던 안드레가 예수를 따라나선 첫 제자이며 그를 메시아로 인정한 첫 번째 사람이라는 것을 전해 듣게 된다. 그 이후 안드레는 자신의 형을 예수에게 데려가고(1:35-42),

그 둘이 함께(그들과 동향인 벳새다 출신) 빌립을 끌어들이는 데 관여하고 있다.

안드레는 이후에 예수가 군중들을 먹이기 위해 수를 엄청나게 늘렸던 떡과 물고기를 가진 아이를 찾아낸 제자로 나타난다(6:8-9).

그리고 마지막으로 안드레는 빌립이 예수를 보기 위해 찾아왔던 그리스 사람들의 무리를 소개하려 했던 사람으로 언급된다(12:22).

이제 우리는 이 자료를 고찰하여 사랑받는 제자와 안드레를 동일시하기 위해 어떤 종류의 논거를 들 수 있을 것인지에 대해 살펴볼 것이다.

1. 안드레는 베드로의 형제로서 사랑받는 제자가 베드로에 대해서 보이고 있는 그런 종류의 관계를 가지고 있을 것으로 기대된다.

2. 다른 복음서들에 비해 상대적으로 안드레에 대한 세부 사항들이 더 많음을 볼 수 있다. 그는 세례자 요한의 제자로서의 '전사prehistory'를 가지고 있으며, 이러한 전사는 또한 이 서사에서 세례자 요한에게 부여하는 훨씬 큰 관심에 대한 설명에 도움을 준다.

3. 이 제자는 예수에 대한 접근을 보다 용이하게 하는 역할을 하고 있는 것으로 나타난다. 안드레는 베드로를 예수에게 데려가며, 그 아이(떡과 물고기를 가진)를, 그리고 그리스인의 소식을 가진 빌립을 데려간다. 그가 보이는 예수에 대한 특정한 접근권은 사랑받던 제자의 초상과 정합적이며, 이것은 특히 사랑받는 제자에 대한 논거에 있어 최후의 만찬 자리에서 베드로가 그에게 했던 질문에 의해 암시된다.

4. 사랑받는 제자에 대한 언급이 나타나는 곳은 이 텍스트로부터 안드레에 대한 언급이 사라지고 있는 시점과 일치한다. 안드레가 마지막으로 나타나는 곳은 12장 22절이며, 예수가 사랑한 제자에 대한 언급은 13장

22절에서 나타난다.

그래서 안드레와 그 사랑받는 제자의 동일시에 대한 하나의 논거가 만들어질 수 있다. 여기에서 우리가 대면하게 되는 어려움은 이 텍스트가 정황 증거 이상의 것을 제공하지 않는다는 것이다. 게다가 이 증거는 그 성격에 있어 전적으로 형식적이다. 즉, 이 텍스트는 전반부에서는 안드레의 역할에 대해, 후반부에서는 사랑받는 제자의 역할과 형식적으로 유사한 정도에 대해서만 강조하고 있을 뿐이다.

안드레에 대한 논거에 있어 문제가 되는 것은 그의 이름이 베드로에 의해 조직된 고기잡이 모임의 구성원으로 거론되지 않고 있다는 것이다. 물론 이것은 다른 두 명의 이름을 알 수 없는 제자들—그들 중 한 명이 안드레일 수도 있는—이 또한 거기에 있기에 크게 문제가 되지 않는 일이기도 하다. 사실상 이것은 우리가 이 텍스트에서 안드레를 처음으로 접하게 되는 방식과 일치하는 것이기도 하다. 우리는 처음에 세례자 요한이 그의 (이름을 알 수 없는) 제자들에게 이야기하고 있었다는 것을 전해 듣게 된다(1:37). 이들은 세례자 요한 이야기를 듣고 예수를 따라 나선다. 그런 연후에야 우리는 이름이 밝혀지지 않은 요한의 (그리고 이제는 예수의) 제자 중 하나가 '시몬 베드로의 형제 안드레' 라는 것을 알게 된다(1:40). 이 서사의 마지막 장면에는 안드레의 존재가 두 이름 없는 제자들 중 한 명으로 나타나는 방식으로 모종의 대칭성이 존재한다. 왜냐하면 실제로 안드레는 그런 방식을 통해 요한복음의 시작 장면에서 처음으로 모습을 드러냈기 때문이다.[9]

예수가 사랑한 제자에 대해 언급하는 수많은 텍스트들 중에서 베드로와 그 제자가 짝을 이루어 나타나고 있는 텍스트들은 안드레와 예수가 사랑했던 그 제자가 동일 인물일 수 있는 가능성을 말하고 있는 것들이다.

때로는 이 사랑받는 제자와 관련된 전승과 연결되어 나타나는 또 다른 구절이 예루살렘의 권력 체제와 연줄을 가지고 있어 베드로가 산헤드린 Sanhedrin(예수 당시의 유대인들의 치리를 담당하고 있던 유대인들의 최고 의결기구 역자)에서 열린 예수의 재판에 들어갈 수 있도록 해 주었던 익명의 제자와 연관성을 가지기도 한다(18:15-16). 그는 두 차례나 '대제사장과 면식이 있는 것'으로 묘사된다. 안드레 또는 다른 어느 갈릴리 출신 제자들이 산헤드린에서 벌어지는 심리에 나갈 수 있는 접근권을 얻을 수 있었다는 것은 상당히 개연성이 떨어진다. 어쨌든 요한복음에서는 예수에게

---

9) 확정 가능한 범위에서 안드레를 그 사랑받는 제자와 연관시키는 유일한 전승은 뮤타토리안 정경(아마도 2세기 말 무렵부터 내려오는 한 기독교 공동체에 의해 믿을 만한 것으로 인정받았던 책들의 목록〔샌더스의 책 79쪽에서 인용〕)에서 유래한 것이다. 뮤타토리안 정경의 주장에 따르면 이 복음서는 '제자 요한'에 의해 기록되었다. "사도 안드레에게 계시된 이후에 사람들이 그 모든 일들에 대해 칭하여 기억하는 것과 같이 이 모든 일들을 제자 요한이 자신의 이름으로 구술하였다"고 밝히고 있다. 이 텍스트는 S. D. F 샐먼드(S. D. F. Salmond)에 의해 번역된 『니케아 이전의 교부들 *Ante-Nicene Fathers*』에 실린 「카이우스의 단편들Fragments of Caius」에서 찾을 수 있을 것이다(Edinburgh: T & T Clark, 1885), 603쪽. 이 외부적인 증거는 안드레가 예수가 사랑한 그 제자였다는 가정 그리고 그가 한 명의 제자—열두 제자는 아니지만 예수의 길을 추구하는 사람이라는 의미에서—이기는 하지만 사도—처음부터 예수와 함께했던 사람이라는 의미에서—는 아니었던 요한이라는 어떤 사람에게 저술을 맡겼다는 가정과 상당히 잘 들어맞는다. 이런 판단은 이 복음서가 어떤 방식으로든 안드레/사랑받는 제자의 증언에 기초하지만, 현재의 형태를 띠게 된 것은 이후에 다른 사람의 손을 거쳤다는(제자이지만, 세베대의 아들과는 별개의 인물인 요한이라는 사람에 의해) 시나리오와 부합될 수 있다. 오직 후대에 교회의 정치적 이유들과 이 복음서를 이단의 의혹으로부터 영원히 격리시키기 위해 제자 또는 장로 요한이 세베대의 아들 요한과 연합하여 이 복음서를 집필하게 되었던 것이다. 그러나 이상하게도 샌더스는 안드레와 예수에 의해 사랑을 받았던 그 제자 사이에서 있을 수 있는 연관에 대해서는 의문을 제기하지 않는다.

단지 갈릴리 출신 제자들만이 있는 것이 아니다. 실제로 이 복음서에서 가장 잘 알려진 구절들 중 한 구절은 예수와 '유대인들의 통치자 중 한 사람인 니고데모라는 이름의 바리새인'과 관련된 것이다(3:1). 통치자라는 니고데모의 명칭은 그가 산헤드린의 일원이었고, 그래서 이 인물이 산헤드린이라는 기구의 숙의 과정에 입장할 수 있는 지위에 있었음을 명확히 보여준다. 이러한 지위는 니고데모와는 별개로 공관복음의 전승에도 알려져 있으며, 통치위원회의 일원이고, 요한복음에서 예수의 비밀스러운 제자로 확인되는(19:38) 아리마대 사람 요셉에게도 통용된다. 요한복음에서 니고데모와 요셉은 예수의 시신에 대한 권리를 주장하고 장례를 준비하여 장사 지낼 책임을 공유하고 있다(요한복음 19:38-42).

그러나 이 텍스트로부터 대제사장과 면식이 있는 이 제자가 사랑받는 그 제자라는 결론이 도출되는 과정은 필연적이지 않다. 대제사장과 면식이 있는 '다른 제자'가 베드로와 동행한다는 것 (다른 시각에서 본다면 그 사랑받는 제자에게 들어맞을 만한 것) 그리고 그에 따라서 이 사랑받는 제자가 예수의 재판과 함께 최후의 만찬, 예수의 처형, 빈 무덤, 부활한 예수가 베드로에게 임무를 위임하는 장면에 대한 증인이 된다는 논거는 산헤드린에 베드로와 함께 동행한 제자가 예수가 사랑한 제자와 동일하다는 정체성 확인에 있어 유리한 고지를 확보할 수 있게 할 것이다. 그러나 이 복음서의 저자가 독자들에게 그 두 사람이 동일한 사람이라고 생각하기를 원한다면, 이 텍스트에서 산헤드린에 속한 제자를 사랑받는 제자로 확인하지 말아야 할 어떠한 명백한 이유도 존재하지 않게 된다. 니고데모가 이 이야기의 마지막 부분에서 다시 등장하게 될 때, "처음에는 밤에 예수를 찾아왔던" 그 사람으로 다시 소개되고 있다(19:39). 그리고 아리마대 사람 요셉은 이 서사에서 이미 이전에 등장하였음에도 불구하고,

예수의 비밀스런 제자로 다시 소개된다. 더욱이 다른 제자의 노력 덕택에 사랑받는 제자에게는 이미 베드로가 목격하고 있는 재판에 대해 증인으로 나설 필요가 없다. 그래서 베드로를 재판 장면에 들어갈 수 있도록 했던 그 '다른 제자'(요셉 또는 니고데모)에 대한 가능한 후보군이 형성되지만, 예수가 사랑한 그 제자와 이 인물을 연결하는 것은 아무것도 없다.[10]

어부들

지금까지 우리는 이 텍스트에서 사랑받는 제자를 베드로와 함께 위치시키기 위한 단서들을 좇아왔다. 그 사랑받는 제자의 정체를 드러내기 위해 보다 흔하게 동원되는 또 다른 단서는 이 복음서의 마지막 장면에 나타나고 있는 급조된 고기잡이 모임에 대한 것인데, 여기에서 독자들은 사랑받는 제자가 이 모임에 속해 있다는 것을 알게 된다. 베드로는 이름이 언급되지 않고 있는 세베대의 아들들과 함께 (요한복음에서 유일하게 이름으로 불리지 않고 있는 경우) 여기에 있다.[11]

---

10) 사랑받는 제자를 예루살렘에 연결시킴으로써 이 제자를 자신과 베드로가 재판에 들어갈 수 있도록 했던 그 사람에게 연결 지으려고 시도하는 주석가들은, 니고데모와 이 사랑받는 제자의 연결 고리가 그들 자신의 전제들에 기초할 때 명백한 듯이 보임에도 불구하고, 이상하게도 이 두 사람이 동일 인물이라고 생각하지 않는 경향을 보인다. 샌더스는 나사로가 사랑받는 제자의 정체일 개연성이 가장 높다고 주장하며, 이 사랑받는 제자가 '니고데모나 아리마대 사람 요셉과 같은 계급에 속한 사람'이었을 것이라는 가정을 내세우고 있지만, 그가 니고데모(또는 요셉)였을 가능성은 고려해 보려고 하지도 않는다. 그는 또한 사랑받는 제자로 추정되는 요한이 '흉배를 입는 사제'였거나 그런 신분의 인물이었음을 말하는 유세비우스에 의해 전해진 바 있는 전승을 인용하는데, 이 전승은 2세기 말 무렵 에베소의 교부 폴리크라테스라는 인물의 전승으로부터 온 것이다. 샌더스가 주지하듯이 이러한 주석은 단순히 요한복음 18:15에 기초한 추측일 것으로 보인다.

다른 어떤 사람이 그 자리에 있었을까?

여기에 명기된 첫 제자는 쌍둥이 도마다. 도마가 사랑받는 그 제자라고 생각할 이유가 있는가?

그에 대해서 우리는 다음과 같은 것들을 언급할 수 있을 것이다.

1. 그는 우리가 연달아서 사랑받는 그 제자를 만나는 마지막 장면에 등장한다.

2. 그는 '쌍둥이'라 불린다. 이 이상한 명칭에서 무엇을 알 수 있을까? '쌍둥이'라는 말은 그가 누군가 다른 사람의 쌍둥이라서 사용된 것인가 아니면 여기에서 예수에 대한 그의 관계를 시사하는 표현인가? 이런 경우에 그는 혈연적인 쌍둥이라기보다는 예수와 정서적으로 교감한다는 의미에서 쌍둥이 중 다른 한 사람일 것이다.[12]

3. 이런 가능성은 이 쌍둥이 도마가 예수에 대해 특히 강렬한 애착을

---

11) 다른 복음서들로부터 세베대의 아들들이 야고보와 요한이라는 것을 알 수 있으나 요한의 이름을 사용하고 있는 이 복음서 자체로부터 이 정보를 알아낸 것은 아니다. 이 텍스트에는 이 복음서를 다른 사람이 아닌 세베대의 두 아들 중 한 명의 저작으로 돌려야 할 어떠한 근거도 없다. 만일 그 사랑받는 제자가 세베대의 아들들 중 하나라면, 요한일 수도 있겠지만 그런 만큼이나 야고보일 가능성도 있다. 외부적인 증거가 이에 강력히 반하고 있는데, 이것은 야고보가 일찍 순교했던 반면, 이 텍스트의 저자는 오랜 삶을 살았던 듯하기 때문이다. 하지만 이러한 정보는 공관복음서들의 내부적인 증거에 의해 세베대의 아들 요한이 그의 형제와 함께 순교했다는 것이 암시되고 있기 때문에 도움이 되지 않는다. 이 형제들이 그의 세례에 함께할 것이고 같은 잔으로부터 마실 것(처형을 의미함)이라는 예수의 말씀이 틀린 것이 아니라면 말이다(마가복음 10:39).

12) 도마가 예수의 쌍둥이 형제라는 주장은 도마복음서의 저작에 대한 주장에서 그리고 소위 도마행전에 나오는 주인공의 정체성 확인에 있어 강조되고 있다. 첫 번째 문서는 1세기로 거슬러 올라가며 두 번째 문서는 상당히 후대의 문서로 추정된다.

가지고 있는 것으로 표상되기 때문에 어느 정도 실체적인 증거에 의해 지지를 얻는다. 11장에서 우리는 예수가 그의 친구 나사로의 죽음으로 인해 유대 지역으로 돌아오는 극적인 이야기를 보게 된다. 예수는 제자들과 함께 유대 지역민들에 의한 살해 위협을 피하기 위해 요단강 건너편에서 야영했다. 독자들은 이 서사에서 도마를 만나게 된다. "쌍둥이라 불리는 도마가 그의 동료 제자들에게 말했다. '우리도 가서 그와 함께 죽자.'"(11:16)

그때 그들은 나사로의 부활 사건이 벌어지는 유대 지역으로 나아간다. 가장 큰 사랑은 자신의 친구들을 위해 기꺼이 죽고자 하는 마음이라는 예수의 이어지는 말(15:13)에 비추어 볼 때, 예수와 함께 죽고자 하는 도마의 결단은 놀라운 것이다. 도마는 이와 같이 특별히 놀라울 정도로 예수에 대한 사랑을 가지고 있는 것으로 나타난다.

4. 도마는 사랑받는 제자의 첫 번째 출현에 따라나오고 있는 예수와 제자들의 긴 마지막 담화에서 베드로, 빌립, 그리고 유다(가룟 사람이 아닌)와 함께 예수의 대화 상대자들 중 한 명으로 등장한다. 이 담화는 부분적으로 사랑의 본성을 다루고 있다(13:36-14:24). 그러나 이 구절로부터 확정되는 것은 아무것도 없다. 왜냐하면 도마에 의해 제기된, "주여, 우리는 당신이 어디로 가시는지 모릅니다. 우리가 어떻게 그 길을 알 수 있을까요?"라는 질문이 사랑 그 자체의 성격보다는 제자들의 운명에 대한 의문을 담고 있기 때문이다.

일부 암시적인 세부 내용들이 있기는 하지만, 이로부터 도마를 사랑받는 그 제자로 확인할 어떠한 설득력 있는 근거도 제시되지 않는다. 일부 증거는 그런 동일시에 반하는 방향의 설명을 제시하고 있는 듯이 보인다.

사랑받는 제자가 빈 무덤을 목격하고 (베드로와 함께) "믿으라"는 말을 들은 이후, 예수는 도마를 제외한 다른 제자들에게 나타난다. 도마는 이때 십자가에서 난 상처를 자신의 눈으로 보지 않고서는 부활한 주님의 출현을 이야기하는 다른 제자들을 믿지 못하겠다고 말한다. 이어서 예수는 다른 제자들과 함께 있는 도마에게 나타나서 그에게 자신의 상처를 보여준다.

사랑받는 그 제자의 믿음과 이어서 등장하고 있는 도마의 불신(20:25)을 조정하는 것이 완전히 불가능하지는 않다고 하더라도 쉬운 일은 아닐 것이다. 결국 믿음의 대상이 약간 다른 것이다. 전자에게 있어서 믿음의 대상은 무덤의 비어 있음에 대한 믿음이다. 후자의 경우 믿음은 제자들에게 나타난 부활한 예수에 대한 믿음인 것이다. 어떤 초기 전승들은 예수가 부활했지만 그의 부활이 '하늘나라에서의 즉위'로 이어지는 것이라는 주장을 펼쳤다. 그래서 이 빈 무덤은 그 자체로 부활 현현으로 이어지지 않는다. 그러나 이렇게 시도된 중재 과정은 도마의 믿음이 예수를 '나의 주님이시며 나의 하나님'으로 인정하는 형태로 표현됨으로 인해 난점에 봉착한다. 그래서 도마의 고백에 의해 관심이 집중되는 것은 예수의 현현이 있었다는 것이 아니라, 예수가 주님이며 하나님이라는 것―정확히 빈 무덤에 대한 이야기와 하늘에서의 즉위에 대한 견해가 합쳐지게 될 때 도달하게 될 결론―이다.

그래서 이 텍스트의 저자(들)가 도마를 사랑받는 제자라고 생각했다는 것은 실질적으로 불가능한 의견으로 드러난다. 도마측에서 예수에 대해 보이고 있는 강한 애정과 또한 '쌍둥이'라는 도마에 대한 흥미로운 호칭에도 불구하고, 이 텍스트는 사랑받는 그 제자와 도마의 동일시를―불가능할 정도까지는 아니겠지만―매우 어렵게 한다. 즉, 예수에 대한 도마의 애착을 전하고 있는 11장 16절의 증거는 예수가 사랑받는 제자에 대해 우선적인 애정을 보이는 관계를 성립시키는 데 아무런 역할도 하지 못한다.

고기잡이 모임에 다음으로 언급되는 인물은 나다나엘이다. 그를 사랑받는 제자로 확인하기 위한 논거가 만들어질 수 있을까? 이를 위해서라면 우리는 다음과 같이 말할 수 있을 것이다.

1. 나다나엘은 1장 44-51절에서 제자로 불리게 되었을 때 예수의 특별한 평가를 통해 지목된다. 그는 "참된 이스라엘 사람으로, 거짓이 없는 사람(47절)"이라 불린다. 그는 빌립이 부르기 이전에 이미 예수가 알고 있는 사람이었다(48절). 그는 예수를 하나님의 아들이며 이스라엘의 왕으로 인정한다(48절). 그리고 예수는 그에게 "하늘이 열리고 하나님의 천사들이 인자 위에 오르락내리락하는 것을 보게 될 것"이라고 말한다(51절).

2. 요한복음에서 빌립과 함께 나다나엘은 다른 복음서들이 세베대의 아들들에게 할당하고 있는 자리를 차지한다. 즉, 예수가 불러모았던 두 번째 쌍으로서의 자리를 말이다.

3. 나다나엘은 오직 요한복음에서만 언급된다. 특정한 텍스트를 쓴 저자의 정체성 확인은 때로는 매우 박약한 토대 위에서 이루어지게 된다. 예를 들어, 마태를 첫 번째 복음서의 저자로 확인하는 것은 이 이름이 레위라는 이름을 대체하여 사용되기 때문이며, 세 번째 복음서의 저자로서 누가를 확인하는 일 역시 그가 사도행전의 특정 구절들에 등장하는 '우리'에 포함된 사람들 틈에 있기 때문이다.

이런 힌트에도 불구하고 사랑받는 그 제자와 나다나엘을 동일시할 만한 어떠한 근거도 존재하지 않는다. 확실히 예수는 거짓이 없는 사람으로서의 나다나엘의 성격에 대해 특별한 관심을 가졌던 것으로 나타난다. 그러나 이러한 사실만으로는 이 복음서에서 사랑받는 그 제자의 성격에 대한 그 어떠한 강조도 찾을 수 없기 때문에 나다나엘에 대한 예수의 관심은 사랑받는 그 제자로서의 확인을 위한 논거가 되지 못한다.

고기잡이 모임의 명단에 이름이 들어가 있는 제자들 중에서는 사랑받는 그 제자로 확인할 만한 어떠한 강력한 후보도 떠오르지 않는다. 베드로는 제거된다. 도마는 개연성이 없다. 나다나엘은 강하게 주장할 수 없다. 세베대의 아들들(야고보든 요한이든 간에)은 전혀 논거가 없다. 그러나 이름이 알려지지 않은 두 명이 이들 틈에 들어가 있다. 우리가 고려했던 사람들 외에도 요한복음의 서사에서 등장하는 이 이름 없는 제자들 중 한 명으로, 즉 예수가 사랑한 제자로 판명될 만한 후보가 될 수 있는 다른 제자들이 있는가? 사실상 추가적으로 가능한 세 명의 후보들이 있다. 이 후보들은 가룟 사람이 아닌 유다, 빌립, 그리고 나사로일 것이다.

완전한 검토를 위해 우리는 언제나 '가룟 사람이 아닌' 사람으로 정체성이 확인되며, 전통에 의하면 유다서라는 짧은 편지를 썼던 이 유다라는 인물에 대해 먼저 언급해야만 한다. 우리가 보았듯이 그는 예수의 마지막 담화의 자리에 있었으며(14:22), "어떻게 당신은 우리에게만 모습을 드러내고 세상에는 모습을 감추십니까?"라는 마지막 질문을 던진 것으로 기억된다. 이 장면은 요한복음 전체에서 그가 등장하는 유일한 장면이다.[13]

다음으로 빌립을 들 수 있다. 빌립은 안드레와 베드로를 따라 예수에 의해 직접 제자로 선택되었다고 전해진다(1:43-48). 그는 나다나엘이 제자가 되도록 다리를 놓고 있다.

빌립은 또한 어떻게 군중을 먹일 것인지를 논의하는 장면에서도 모습을 드러낸다. 그는 "200데나리온으로는 충분하지 않을 겁니다"라는 말을 하는데, 이에 대해 안드레는 빵 덩어리와 물고기를 가지고 있던 아이(젊은이)를 데려옴으로써 응수한다(12:21-22).

마지막으로 빌립은 최후의 만찬에서 (베드로, 유다[가룟 출신이 아닌], 그리고 도마와 함께) 예수의 대화 상대자들 중 한 명이었다. 여기에서 우리는 이전에 조우한 바 있는 사랑받는 그 제자를 만난다. 대화에서 그는 다음과 같이 요구한다. "주님, 우리에게 아버지를 보여주십시오. 그러면 우리가 만족할 것입니다"(14:8).

빌립은 몇 차례 언급되고 있으나, 이 모든 언급들 중 어떤 것도 그를 사랑받는 그 제자와 동일시할 수 있는 후보로 암시하지 않는다.

---

13) 마가복음 6:3과 마태복음 13:55에서 한 명의 유다가 예수의 형제들(야고보, 시몬 그리고 요셉과 함께) 중 한 명으로 칭해진다. 누가복음 6:16(그리고 사도행전 1:13)은 스스로를 '야고보의 아들'로 밝히는 유다를 지시하고 있다. 그러므로 유다는 요셉이 죽었고 마리아가 재혼하지 않은 한 예수의 형제로 밝혀지는 그 사람일 리가 없다. 마지막으로 유다서의 저자는 그 자신을 "예수의 종이며 야고보의 형제"(유다서 1장)로 밝히고 있다. 제4복음서의 가룟 출신이 아닌 유다가 이 다른 유다들 중 어떤 한 사람으로 확인될 것인지에 대해서는 불분명하다. 한 가지 가능한 해석은 예수가 사랑한 그 제자가 가룟 사람이 아닌, 예수 자신의 형제 유다였다는 것이다. 그래서 이들 간의 특별한 친밀성은 형과 아우의 관계에서 온 것이 된다. 이러한 견해의 난점은 요한복음에서, 그리고 다른 복음서들에서도 마찬가지로, 예수는 자신의 가족에게 가까운 관계를 유지하지 않는 것으로 보인다는 점이다(10장 참조). 더더구나 어려운 것은 예수의 어머니와 사랑받는 그 제자의 관계가 예수가 죽은 '그 시'로부터 시작되었다고 전해진다는 것인데, 이런 견해는 사랑받는 그 제자가 예수의 형제들 중 한 명이라는 견해와는 양립할 수 없는 것이다.

나사로

그렇다면 이제 나사로가 남게 된다. 나사로에게서 흥미로운 가능성을 발견할 수 있는 것은, 예수에 의해 사랑받는 사람으로 지목되었기 때문이다. 어떻게 이런 일이 가능한지 살펴보도록 하자.

처음에 우리는 마리아와 마르다 자매가 예수에게 나사로의 병환에 대한 소식을 전했다는 이야기를 듣게 된다. "주께서 사랑하시는 사람이 앓고 있습니다"(11:3). 11장에서 우리는 나사로의 와병에 대한 소식이 전해진 이후에 "이제 예수는 마르다와 그의 자매(마리아) 그리고 나사로를 사랑하셨다"라는 이야기를 듣게 된다(11:5).

예수가 마침내 도착하는 장면에서 나사로는 이미 죽어 있다. 그는 마리아의 슬픔과 항의 그리고 유대 지역 사람들의 울음 섞인 항의를 대하게 된다. 이러한 슬픔에 대면하여 "그는 영혼 깊숙이 흔들리고 괴로워하였다"는 말이 전해진다. 그가 무덤으로 이끌려 가는 장면에서 "예수는 눈물을 흘리셨다. 그러자 유대 사람들은 '보시오, 그가 얼마나 나사로를 사랑하였는가!' 하고 말하였다"는 구절이 뒤따른다(11:35-36).

여기에서 예수가 깊이 흔들렸다는(비통해 하였다는) 이야기가 전해지고 있다. 이 서사는 예수가 친구의 죽음 때문에 괴로워했는지, 아니면 곡을 하던 사람들의 비탄 때문에 당혹에 빠졌는지, 그것도 아니라면 그의 때늦은 도착으로 인해―이 때늦은 도착으로 인해 죽음과 비탄 양자 모두가 유발되었기 때문에―곤경에 빠졌던 것인지에 대해 어느 편이 옳다는 판단은 하지 않고, 이에 대한 가능성을 열어두고 있다. 어쨌든 군중은 이 울음이 나사로에 대한 예수의 사랑을 나타내는 것이라고 생각한다.

이 서사에서 나사로는 예수가 베다니에서 나사로, 마리아, 그리고 마르다와 함께 식사하는 장면에서 다시 모습을 드러낸다(12:1-2, 9-11). 여기에서 우리는 "대제사장들은 나사로도 죽이려고 모의하였다. 그것은 나사로 때문에 많은 유대 사람이 떨어져 나가서, 예수를 믿었기 때문"이라는 것을 알게 된다(12:10-11).[14]

우리는 이 증거를 어떻게 평가할 것인가? 나사로와 사랑받는 그 제자를 동일시하는 견해가 지지받는 이유는 예수가 두 사람 모두를 각각 사랑한다고 전해지기 때문이다. 이 사실은 그 자체로 나사로에게 부분적인 권리를 부여하고 있는 듯이 보인다. 그렇다면 그것이 강한 논거가 될까? 첫 번째 경우에 있어 나사로의 여동생들은 예수가 나사로를 사랑한다고 말하지만, 이 이야기의 첫머리는 예수가 나사로보다 그의 여동생들에게 더 잘 알려져 있었다는 것을 암시한다. 다음으로 나사로가 예수에 의해 사랑받는다고 말해질 때 나사로는 세 명의 오누이들 중에 마지막으로 호명되고 있다. 그리고 마지막으로 나사로를 사랑한다고 하는 말이 나오게 되는 것은 예수가 나사로의 무덤으로 가면서 울기 때문이다. 나사로가 다시 모습을 드러낼 때 그가 예수에 의해 죽은 자들로부터 일으킴을 받았다는 것 이외에 예수와 그의 관계는 아무것도 결정되어 있지 않다.

하지만 사용 가능한 다른 간접적인 증거가 있다. 이 복음서의 마지막 장면으로부터 '형제들은' 예수가 사랑했던 그 제자가 죽지 않을 것이라고 생각했다는 말이 전해진다(21:23). 이러한 추측은 만일 사랑받는 그 제자가 이미 한 번 죽었던 나사로라면 또 다른 설명을 가능하게 할 것이다. 나사로의 소생이 죽은 자들의 부활의 시작이라면, 그가 죽음을 다시

---

14) 이러한 이야기는 샌더스가 나사로와 베드로를 예수의 재판에 들어갈 수 있도록 해 주었던 그 '다른 제자' 사이에 제시했던 연결 고리를 불가능한 것으로 만든다. 만일 대제사장들이 나사로를 죽이려고 의도했다면, 그가 부주의하게 재판에 들어갈 수 없었을 것이며 대제사장과의 연줄로 다른 제자가 들어갈 수 있도록 할 수도 없었을 것이다.

맛보아야 할 이유가 없다는 것이다.

그렇다면 분명히 예수는 나사로와 그의 여동생들에게 어떤 정서적인 애착을 가지고 있었을 것이다. 실제로 이들 자매에 대한 예수의 애착은 예수가 그들 중 한 명 또는 두 사람 모두와 인연이 있었다는 추론을 가능하게 하는 근거가 된다(누가복음 10:38-42과 함께). 몰몬교적인 추론에서나 소중하게 여겨질 법한 이런 견해에는 상당히 박약한 문서적 근거가 있을 뿐이다. 그러나 여기에서 그런 근거를 상기해 봄을 통해 나사로가 사랑받는 그 제자가 아니더라도 그에 대해 예수가 애착을 가졌다는 것에 대해 얼마나 강한 논거가 만들어질 수 있는지를 살펴보는 목적에는 유익할 것이다. 어쨌든 나사로를 사랑받는 그 제자에 대한 후보 명단에서 제거하는 일은 불가능할 것으로 보인다. 용어 사용에 의한 연결(그를 '사랑' 했다고 전해지는 예수)과 그의 죽음과 연관된 추측 양자 모두가 이를 떠받칠 수 있다. 그러나 이러한 직간접적인 근거의 너머에서 그 무엇도 확정되는 것은 없다.[15]

결론

그렇다면 이 가능한 것들에 대한 검토를 통해 알 수 있는 것은 무엇인가? 우리는 용어 사용과 관련된 근거에서 분명히 나사로에 대한 논거가 만들어질 수 있음을 보았다.

이 서사에서는 안드레가 하고 있는 역할에 기초하여 그에 대한 흥미로

---

15) 이후에 우리는 모튼 스미스(Morton Smith)가 논한 마가의 '비밀 복음서'의 단편에 의해 제공되는 '외부적 증거'를 고찰하게 될 것이다. 이 텍스트는 나사로를 위한 논거를 강화한다.

운 논거 하나가 만들어질 수 있었다. 도마와 나다나엘, 심지어 빌립과 가룻 사람이 아닌 유다에 대해서도 동일한 논거가 만들어질 수 있겠지만, 이들은 상당히 설득력이 떨어진다. 만일 관련된 자료에 대제사장과 면식이 있는 '다른 제자' 가 해당된다고 가정한다면, 니고데모 또는 아리마대 사람 요셉에 대해서도 논거가 만들어질 수 있다. 게다가 사랑받는 그 제자가 요한복음에서 이름이 나오지 않는 사람일 가능성을 배제할 수 없을 것이다. 사실상 이런 선택지는 예수가 사랑했던 그 제자에 대한 언급들이 그의 이름을 말하지 않는 방식으로 일관하고 있기 때문에 설득력이 있다. 만일 요한복음에서 이름이 언급되지 않는 이 제자가 어떤 방식으로든 제4복음서의 일부에 대한 저작과 연관된다면, 그는 이름이 붙여지지 않는 상태로 확정되거나 예수가 사랑한 그 제자라는 명칭으로만 모습을 드러내야 했을 것이다.

이후에는 전승의 외부 증거만이 요한이라는 이름을 가리키고 있으며, 그 자료에 대한 후대의 추가 해석을 통해서만이 어떤 '요한' 이라고 이름 붙여진 사람과 세베대의 아들 요한의 정체를 동일시하는 것이 가능해지는 것으로 보인다.

이 가능성들에 대해 검토한 결론은 이 가능성들 중 어떤 것도 결정적이지 않다는 것이다. 이것은 그 자체로 흥미로운 결론이다. 왜 제자들 중 한 인물이 사랑받는 그 사람이라고 말해지지 않는 것인가? 왜 제자들 중 극소수만이(가룻 유다와 베드로만이) 이 가능 후보 명단에서 지워질 수 있는 것인가? 예수에 대한 관계를 너무나도 강력하게 강조하면서도 동시에 너무나 중요한 역할을 차지하고 있는 그 사람의 정체를 확인되지 않은 상태로 남겨 두는 이유는 무엇인가?

예수가 사랑했던 그 제자의 정체성에 대한 우리의 탐색이 어떠한 확정적인 결론도 내지 못했음에도 불구하고, 이 연구는 결코 헛된 것으로 끝나지 않는다. 이 텍스트로부터 나오는 증거들과 가능 후보군에 대한 검토를 통해 최소한 예수를 둘러싼 강한 관계들의 배열이 만들어지게 된다. 만일 이 명단을 보다 완전하게 만들고자 한다면, 이 후보 명단에서 나오는 마리아와 마르다 자매와 예수의 특별한 관계, 예수와 막달라 마리아의 특별한 인연(19:25; 20:11-18), 심지어 4장 7-42절의 사마리아 여인과의 인연을 특별히 부가해야만 할 것이다. 우리는 명백히 일련의 강력하고 특별한 관계들을 보게 되며, 이 모든 관계들 하나하나가 그 자체로 주목할 만한 것이다. 실제로 다른 복음서를 통해 나타나는 이 사람들의 모습과의 비교에서 우리가 찾게 되는 이 서사의 특징적인 요소들 중 하나는 너무나 많은 것이 강한 개인적 유대들로 이루어져 있다는 것이다. 다른 복음서들에서는 예수가 몇 명의 제자들과 개인적인 관계를 맺고 있으며, 그러한 관계들이 어느 정도나 강력한 것이었는지에 대해서 비교해 볼 수 있는 것이 아무것도 없었다. 제4복음서로부터 우리가 예수에 대해 그릴 수 있는 초상은 우정에 대한 재능을 가졌으며, 다른 사람들에게서 애정과 충성의 강한 유대를 불러일으켰던 사람에 대한 그림이다.

그러므로 너무나도 많은 강한 유대 관계들 중에서 예수가 사랑했던 남자로서 구별되어 드러나는 사람이 있다는 것은 너무나도 충격적인 것이 된다. 무엇이 이 관계를 다른 여러 놀라운 관계들 중에서 더욱 특별한 것이 되도록 만드는가? 우리는 이 관계의 구별되는 성격을 이해함에 있어 이 관계가 다시 한번 가장 큰 개연성이 있는 육체적이고 감정적인 친밀함의 관계로 제시될 수 있을 것이라는 견해에 이르게 된다. 이 견해가 점점 더 많은 타당성을 얻지만, 이러한 해석이 받아들여지기 이전에 살펴보아야만 할 몇 가지 주제들 및 문제들이 있다.

제4장
요한복음에 대한 재고

이 텍스트가 예수와 그의 사랑받는 제자의 관계가 '연인' 관계였다는 설명에 의해 명료하게 된다는 사실에도 불구하고, 이러한 가설은 요한복음 전체의 해석에 관해서 몇 가지 문제들을 불러일으킨다. 내가 제안하는 독해 방식이 전반적으로 이 복음서에서 드러나는 세계관과 양립할 수 있는 형태인가 하는 문제가 제기된다는 말이다.

어쨌든 확실히 내가 제안하는 독해는 예수와 그가 사랑했던 제자의 성애적 관계에 대한 견해를 불경한 것으로 간주하는 사람들에 의해 즉각적으로 기각될 것이다. 그러한 견해가 동성애적 행위들에 대해서나, 그런 행위들에 관여하고 있는 사람들에 대해, 또는 그런 행위들을 실행하거나 그런 행위에 의해 생산되는 욕망에 깊이 뿌리내리고 있는—오늘날 동성애혐오라고 부르는—혐오로부터 솟아나오는 한, 어떠한 문서적 증거도 설득력이 있는 것으로 간주되지 못할 것이다.

이 장은 직접적으로 동성애혐오적인 해석 방식에 대한 문제에 착수하는 것이 아니라, 내가 개진하는 독해 방법이 요한복음 전체의 사고 세계 안에서는 더 적합하다는 것을 입증함을 목적으로 한다. 따라서 우리는 제안된 독해 방식에 대해 제기될 수 있는 다양한 반대 의견들을 고찰해 보는 방식으로 이 연구를 진행해 나가게 될 것이다.

용어에 대해

우선 우리는 제자들 중 한 사람을 예수가 사랑한 그 사람으로 지칭하는 데 사용되는 그리스어 단어가 이 관계의 성애적 해석을 배제하지는 않을까 하는 의문을 품을 수 있을 것이다. 여기에서 사용되는 그리스어 단어들은 내가 제시한 바 있는 동-성애적 관계의 가능성을 허용하는가?

관계를 나타내는 그리스어 술어가 현대 영어에서의 유사한 술어와 상당히 다르다는 것을 상기해야만 한다. 연인들에 대해 어떤 특정한 성애적 관계의 파트너들 양자 모두를 포함하여 말할 때 '연인'이라고 말하지만, 그리스 로마 세계의 술어는 통상적으로 사랑하는 사람lover과 사랑받는 사람beloved을 구분하고 있다. 이성애적 관계에서는 이러한 구분이 적용되어 보통 여성이 사랑받는 사람이 되며, 이와 동시에 남성이 '사랑하는 사람'이 되도록 한다. 동-성애적 관계에서는 '사랑하는 사람'의 역할은 일반적으로 연장자에게 돌아가고, 통상 구애 또는 성교에 있어 능동적인 역할을 맡는 사람과 연관된다. 그런 경우 성애적 행위의 측면에서 특별한 관심과 사랑을 받는 사람은 이 관계에서 연소자, 구애받는 자, 욕망의 대상, 또는 '수동적인' 파트너가 된다. 이러한 언어적 관습의 배경이 되고 있는 이상적인 형식은 소년애적 관계pederastic(현대 언어로 말할 때 '소아 성애적 관계'. 그러나 소아 성애라는 용어를 사용할 때 이것은 하나의 병리적인 관계를 말하는 경향이 있으므로 이 책에서는 소아 성애라는 현대적인 시각이 개입된 용어보다는 소년애라는 용어를 사용할 것임 역자)이다. 여기에서 논점은 모든 관계가 이러한 전형에 합치하지 않으며 오히려 그와는 거리가 멀다는 것이다. 하지만 이러한 전형은 어쨌든 이 용어에 대한 정보를 제공한다. 이 술어의 비대칭적 성격을 극복하는 유일한 방법은 우정이라는 말을 사용하여 이 용어의 의미를 보충하는 것이다. 고대 그리스의 그리스에서 비대칭적 사랑에 대한 술어는 에로스였고, 이에 반해 대칭적 사랑에 대한 용어는 필리아에 기초해 있다. 70인역과 신약성서의 그리스어에서 아가페라는 말은 사랑의 비대칭적 형태를 지칭하는 용법에 있어 에로스를 대체하고 있다. 영어에서는 love(사랑)라는 한 단어가 이러한 의미들을 통합하고 있다. 즉, '연인들'은 욕망의 관계(특별한 성적인 행위에 의해 완전해졌는지에 관계없이)와 상호성을 통해 특징지을 수 있다.

이러한 논점에 대해 이 책에서는 전반적으로 예수를 '사랑하는 이'로 그리고 그 제자를 '사랑받는 자'로 지칭했는데, 이것은 요한복음 텍스트 자체가 의도하는 것을 반영하기 위함이다. 예수에 대한 그 제자의 관계는 일반적으로 특정되어 있지 않으며, 그보다는 이 제자에 대한 예수의 관계가 강조되고 있다. 예수는 사랑하는 자이며, 그 제자는 사랑받는 자이다. 이런 구성방식은 현대 영어의 관점에서 볼 때(또한 이러한 시각에 영향을 받고 있는 국내의 관점에서 볼 때에도 역자) 복음서가 쓰여진 후기 고대 시대의 그리스 문화에 비추어 상당히 어색한 것이 되며, 그런 이유로 양자 모두를 '연인들'로 지칭하는 경향을 보이는 것이다. 우리는 이러한 접근법이 복음서의 관점과 정합적인지를 고찰해야만 할 것이다.

　현대 성서 연구의 독자들은 흔히 신약성서가 에로스, 필리아, 아가페라는 사랑에 대한 세 가지 용어들을 구분하고 있다는 인상에 지배당하고 있다. 이러한 관점에서 보자면, 에로스는 성적인 사랑을 지칭하고, 필리아는 우정을, 그리고 아가페는 이해 관심이 없는 하나님의 사랑(또는 우리가 이웃을 대하는 그런 형태의 이해 관심이 없는 사랑)을 지칭한다.[1] 이러한 구분을 무비판적으로 수용하는 사람들은 제자들에 대한 예수의 사랑이 아가페로 표현되었다는 사실로부터 특정한 우정 또는 성애적 애정이 적용되지 않는다는 결론을 도출할 것이다.

　신약성서 텍스트를 기록하는 데 사용된 코이네 그리스어the koine Greek에서는 사랑에 대해 오직 아가페와 필리아, 두 단어만을 사용한다. 에로스는 신약성서나 기원전 3세기에 형성된 구약성서의 그리스어 번역본인 70인역에서는 나타나지 않는다.

　예를 들어, 부인에 대한 한 남편의 사랑 또는 심지어 비정상적인 욕망의 사랑에 대한 언급에서조차도 언제나 아가페라는 단어가 언급된다. 이를 이해하기 위해 어떤 특정한 예를 드는 것이 좋을 것이다.

　NRSV에서 삼손이 데릴라와 '사랑에 빠진 것으로' 언급되는 경우, 이에 대해 구약성서의 그리스어 번역판인 70인역에서 사용되는 동사는 아가페다(사사기 16:4). 데릴라의 이야기 또는 삼손과 그의 다른 정부들의

---

1) 이에 대한 고전적인 연구는 앤더스 니그렌(Anders Nygren)의 『아가페와 에로스 *Agape and Eros*』로 필립 S. 왓슨(Philip S. Watson)이 번역했다(Philadelphia: Westminster Press, 1953). 니그렌의 주장은 아이디어들이나 '동기들' 이라는 용어에 대해서 만큼은 별달리 주목할 만한 이야기가 없기는 하지만, 그의 연구는 용어에 대한 혼동을 소개하여 학계에 기여한 바 있다.

이야기는 결코 성적인 매혹 이외에 다른 형태의 사랑을 말하지 않는다. 다윗의 이야기에서 우리는 사람들이 다윗을 사랑했다는 것(사무엘상 18:16)과 요나단이 다윗을 사랑했다는 것(사무엘상 18:1), 그리고 다윗이 요나단을 사랑했다는 것(사무엘상 18:20), 그리고 이와 함께 요나단의 여동생 미갈이 다윗을 사랑했다는 것(사무엘상 18:20)을 전해 듣게 된다. 그 결과는 미갈이 다윗의 첫 아내가 되었다는 사실에서 의미를 지속한다. 이 모든 예에 대해 70인역에서 사용되는 동사는 아가페다. 성애적 사랑에 대한 장황한 묘사로 넘쳐나는 아가서雅歌書, Song of songs는 언제나 아가페의 활용형을 사용한다. 즉, 현대 이론이 주장하는 것처럼 단어 그 자체에 기초하여 이 단어로 서술되는 사랑의 형태를 알 수 있다는 주장은 절대로 불가능하다. 다시 말해서, 구약성서 또는 신약성서에 쓰인 1세기 그리스어에 대한 정황은 이런 측면에서 영어와 상당한 유사성을 띤다고 말할 수 있다. 우리는 두 사람 간의 사랑이 이타적인 것으로, 성애적인 것으로, 우정으로, 형제 간의 사랑으로, 자식에 대한 부모의 사랑으로, 즉 어떤 것으로 이해될 수 있는지를 결정할 수 있기 위해서는 이러한 관계에서 드러나는 사랑이 무엇인지를 알아야 할 필요가 있다는 것이다.

요한복음에서는 심지어 필리아와 아가페가 동등한 것으로 취급되거나 최소한 서로를 보완하는 것으로 사용되고 있다. 그러므로 예수가 베드로에게 그가 예수를 사랑하는지를 묻는 장면을 그려내는 텍스트에서 이 용어들은 상호 교환이 가능한 방식으로 사용된다. 예수는 두 차례나 아가페를 사용하여 묻는다(21:15, 16). 베드로는 필리아를 사용하여 대답한다. 세 번째로 예수는 필리아를 사용하고(21:17), 서사자는 예수가 베드로에게 그가 예수를 사랑하는지(필리아)를 세 차례 물었기 때문에 베드로가 괴로워했다고 말한다. 이 단어들은 모든 문장에서 등치되는 듯이 보인다.[2] 이러한 용법은 나사로의 죽음을 대하는 예수의 반응에 관한 이야기에서 다시 나타난다. 나사로는 예수가 사랑했던 사람(필리아, 11:3)으로 확인된다. 그리고 군중은 예수의 이어지는 눈물로부터 예수가 나사로를 매우 사랑했다는(필리아) 결론을 내린다. 다시 우리는 사랑을 지칭하는 이 단어들의 등가성을 보는 듯하다.

예수가 사랑했던 제자와 관련된 텍스트들에서 이와 비슷한 경향이 나타나고 있는 듯하다. 13장 22절, 19장 26절, 그리고 21장 7절, 20절에서 텍스트는 아가페의 한 활용형을 사용한다. 그러나 20:2에서 (무덤으로 향하는 길에서 뛰어가는 장면), 필리아의 한 활용형이 사용되고 있다. 유사한 사례로 사랑에 관한 예수의 가르침에서는 보통 아가페가 사용되고 있기는 하지만, 예수는 제자들과의 새로운 관계를 지칭하기 위해 필리아를 사용하기도 한다(15:13-15).

이러한 드러나는 증거에 대한 검토를 기초로 예수와 그 제자에게 사용된 용어를 살펴볼 때, 이들이 성애적인 의미에서 애인들이었다는 추측에 대한 어떠한 반론도 제기될 수 없다. 사전만으로는 이를 결정할 수 없다. 오직 텍스트 그 자체의 맥락, 기능, 작용에 대한 관심만이 이러한 이해에 기여할 수 있다.

아가페라는 말의 사용은 우리가 성애적 차원이라고 부를 법한 어떤 것도 배제하지 않는다. 이러한 차원이 현존하는지 아닌지에 대해서는 다른 분야를 통해서 결정되어야만 한다. 필리아와 아가페라는 다양한 변이 형

---

2) 그래서 C. K. 바렛(C. K. Barret) 또한 『성 요한에 의한 복음서 *The Gospel According to St. John*』, 2판 (Philadelphia: Westminster press, 1978) 584쪽에서 "복음서 전체를 통해 이러한 동사들의 사용은 이들 동사들이 동의어들이라는 것을 의심할 수 없도록 한다"고 말한다.

태들은 요한복음에서 상호 교환적으로 사용될 수 있는 듯이 보인다. 이처럼 두드러진 뉘앙스가 필리아에 수반되고 있는 한, 그것은 아가페의 비대칭적 성격(고대 그리스어에서 에로스의 사용에서도 현존하는 구조)을 보충하고 교정할 것이다. 이러한 의미에서 오늘날 사랑받는 자와 사랑하는 자 모두를 지칭하는 '애인들'이란 용어 사용은 아가페라는 비대칭적 경향들을 교정하기 위해 텍스트에서 필리아를 사용하는 데 거기에는 어느 정도의 근거가 있다.

승화

분석에 의해 텍스트 자체에서 그려지는 관계가 일종의 동성애적 애착을 암시하는 것으로 결론 내릴 수 있다. 그렇다고 성적인 형태로 완성에 이르는 관계가 되었다는 의미인가? 우리는 성적으로 명시적이지 않은 텍스트 자체에서 이러한 결론을 위한 직접적인 증거를 찾는 것을 기대할 수 없다. 우리는 명백히 동-성애적 관계에서 정신적으로 승화된 사랑에 대한 전통이 고대 시대로부터, 특히 플라톤적인 승화된 사랑으로부터 내려온다는 것을 알고 있다. '플라토닉 러브'(성애가 배제된 사랑)라는 말은 동-성애적 욕망과 애착의 육체적 표현을 부인하는 이러한 전통으로부터 유래한다.[3]

오늘날 다수의 사람들이 동성애적 욕망은 그 자체로 부정적인 것이 아니라는 결론을 내리게 되었다. 그러나 그들은 그러한 사랑이 보다 정신적인 형태로 승화되어야만 한다고 주장한다. 즉, '성관계를 맺지' 말아야

---

3) 이성애적 관계가 '플라토닉' 일 수 있다는 것은 천 년이 넘도록 명시적으로 인정되지 않고 있다.

만 한다고 말이다.[4] 이러한 입장은 기독교적인 수도원 생활로부터 유래하는 금욕적인 견해들을 통해 변형된 플라토닉 러브라는 관념의 치환이다. 오늘날 교회의 동성애에 대한 논의에서 이러한 견해가 일부 수용되고 있기도 한 실정이다.

요한복음에 대한 동-성애적 해석의 논의를 전개해 나가기 위해 우리는 하나의 전체로서의 이 텍스트가 어떤 특정한 인간 관계에서 성적인 표현을 배제할 수도 있는 것은 아닌가에 대해 질문해야 할 것이다. 다시 말해, 이 텍스트는 삶에 대해 전반적으로 금욕적인 견해를 나타내는가, 아니면 특정한 성애에 대해서만 그런 성향을 나타내는가? 그 대답은 명확히 아니라는 것이다.

승화된 성애에 대한 전통들은 그 시기(고대 후기)의 그리스 철학 유파들 사이에서 이미 존재하고 있었던 것이다.[5] 이러한 전통들은 기독교의 신학적 및 윤리적 성찰에서 하나의 중요한 역할을 맡게 되었다. 이 전통들은 통상적으로 보다 일반적인 금욕적 관점과의 연관 속에서 발견된다. 그러나 다른 복음서들에서는 금욕 생활을 인가하는 어떠한 논의도 포착할 수 없으며, 요한복음에서는 더더구나 없다고 말할 수 있다.[6]

요한복음은 예수 전승의 금욕적 성격을 표현하는 데 있어서 고유한 방

---

4) 이것은 『성의 윤리 *The Ethics of Sex*』, John W. Doberstein 옮김 (New York: Harper & Row, 1964), 287쪽에서 제시된 헬무트 틸리케(Helmut Thielicke)의 견해다.

5) 직접적으로 성적인 표현을 하지 않는 남성들 간의 성애적 사랑을 높이 평가하는 그리스로부터의 텍스트들은 전형적으로 성적 표현에 관계된 어떠한 도덕적 판단도 수반하지 않는다. 플라톤의 『향연 *Symposium*』이 하나의 구체적인 예를 제시한다. 그러나 이런 관념들과 텍스트들에 대한 훨씬 후대의 그리스적 이해는 일반적으로 성애에 대해 비난하고 있으며, 남성-남성 사이의 성적인 표현에 낙인을 찍는 경향을 보인다.

6) 공관복음들에서 예수 운동과 세례자 요한의 운동 간의 구분과 관련하여 일반적인 원

식을 가지고 있다. 저자(들)에 의해 신학적 의미를 가지는 것으로 받아들여지는 예수의 첫 번째 활동에서 예수는 그의 어머니에 의해 그와 제자들이 초대받았던 결혼 잔치에서 다 떨어진 포도주 문제를 해결하기 위해 무언가 해 달라는 간청을 받는다. 처음에는 어느 정도 주저하는 태도를 보였지만, 예수는 이내 자신에게 씻을 물을 가져오라고 명령한다. 이 서사는 이러한 용도에 쓰이는 수백 갤런의 물이 포도주로 변했다는 것을 말하고 있다(요한복음 2:1-12). 이 에피소드에 의해 지시되고 있는 어떤 것을 보더라도, 분명히 여기에서는 어떠한 금욕적 경향도 발견되지 않는다. 반대로 예수는 멋진 축하 주연을 가능하게 만드는 역할을 하고 있는 것이다(그가 금욕주의자였다면 포도주는 필요 없다고, 손님들은 이미 충분히 마셨다거나 또는 어떤 형태로든 잔치를 벌이는 것이 부적절하다고 대답했을 것이다).

우리가 성애에 대해 취하는 태도에 관해 보다 구체적인 문제로 눈을 돌리면, 금욕적인 태도를 뒷받침할 어떠한 근거도 찾지 못한다는 것을 알 수 있다. 예수가 결혼 축하연에 참석하였고, 이를 즐기는 잔치에 조력했다는 것은 이미 예수에게 있는 그대로의 성애 자체에 대한 어떠한 의심도 없다는 것을 보여준다.

이러한 태도는 또한 다른 방식으로도 표현될 수 있다. 예수는 적어도

칙이 표명되고 있다. 세례자 요한은 금욕적인 성향으로 잘 알려져 있었다. 그러나 예수는 그가 "술꾼이자 먹보"(마태복음 11:19; 누가복음 7:34)라는 평판을 받을 정도로 요한과 구분된다. 이러한 모티프는 몇 가지 방식으로 복음서 텍스트들에 의해 전면으로 옮겨진다. 예수의 가르침은 종종 일종의 '잔치 예절'을 명시한다. 그의 가르침 또는 활동에 대한 설정은 흔히 연회나 축제에 대한 것이 주를 이룬다. 그의 제자들 또한 그들의 종교적 계율의 준수를 실행하지 않는 모습과 함께 종교적인 이유로 인한 금식을 행하지 않는 것에 대해 악명이 높았다.

관습에서 벗어난 성적인 생활양식이라 불릴 법한 것과 한 차례 마주치게 된다. 이 에피소드는 이전에 몇 명의 남자들을 거쳐서, 지금은 그녀의 남자가 아닌 남자와 함께 사는 것으로 드러나는 사마리아 여인과 관련된다 (4:16-18). 여기에서 사용된 안드로*andro*라는 단어는 단순히 '남성'을 지칭하는 것인데, 이것은 남자 또는 남편으로 이해될 수 있다. 그녀가 현재 자신의 남자가 아닌 사람과 살고 있다는 진술은 그녀가 그와 결혼을 하지 않았거나, 또는 보다 개연성이 높은 것으로, 그가 다른 사람의 남자라는 의미가 된다. 즉, 그녀가 함께 살고 있는 남자는 다른 누군가에게 '속한다'는 것이다.

우리가 이 여자를 이전에 몇 명의 사랑하는 사람들과 살았고 지금은 다른 사람에게 속하는 남자(다른 사람의 남편 또는 사랑하는 사람인 남자)를 사랑하는 사람으로 두고 함께 살고 있다고 보든지, 또는 그녀를 여러 남편들이 있었지만 지금은 그녀가 결혼하지 않은 남자와 살고 있다고 보던지 간에 이것은 (개연성이 떨어지는 독해지만) 어느 경우에도 그녀의 성적 생활양식은 '관습에서 벗어난 것'이다. 하지만 예수는 이런 비관습성에 대해 아무런 책망도 하지 않는다. 예수가 그런 그녀의 사정에 대해 알고 있다는 것은 그가 비상한 지식을 가지고 있는 이임을 보여준다. 그러나 이러한 지식은 비난으로 표현된 것도 그렇게 받아들여진 것도 아니다. 이 여자는 그가 그녀에 대해 모든 것을 알고 있다는 사실에 놀란다. 그러나 마치 관습적인 자기 해석을 가진 것처럼 그녀는 자신의 삶의 방식을 뉘우치기 위해 달라진 것이 아니다.

예수는 명백히 그녀의 비관습적인 삶의 형태를 추문으로 보지 않는 것으로 그려진다. 예수가 그녀의 삶의 방식을 안다는 것이 그 사실의 유일한 의미로 받아들여진다. 여기에서 예수가 그녀에 대해 말하는 것에서 결코 어떤 것도 판단 또는 의심의 느낌을 주지 않는다. 중요한 것은 그녀가 자신의 마을에 예수의 대답을 그의 신비한 능력에 대해 선포하는 주제로 사용한다는 것과 이러한 이야기가 마을 사람들이 예수에게 접근하고, 그를 받아들여, 그가 세상의 구세주라는 것을 믿게 되는 (일단 그들이 스스로 예수를 믿는다면) 토대가 된다는 것이다.

그녀의 관습에서 벗어나는 삶의 형식은 문제가 되기보다는 오히려 그녀의 이웃들에 대한 복음 전도를 위한 기회가 된 것이다. 그런 의미에서 이보다 더 성애에 대한 금욕적인 견해와 들어맞지 않는 사례는 없을 것이다.

요한복음과 연관되어 있는 또 다른 에피소드는 간음하다가 붙들린 여인에 대한 것이다. 이 에피소드는 요한복음의 가장 믿을 만한 초기 사본들 중 대다수에서 발견되지 않는다. 심지어 이 이야기는 때로 누가복음에 삽입되어 있는 형태로 발견되기도 한다. 현재 이 이야기는 보통 요한복음에 딸린 각주 형태로 성서에 실리며, 그렇지 않은 경우에는 요한복음 7장 53절-8장 11절로 전달된다. 이 이야기는 또한 누가복음 21장 38절에 이어서 나타나거나 요한복음의 종결부 뒤에 부록의 형태로 모습을 드러내기도 한다.

이 텍스트의 위치가 너무나 불확실하기 때문에 우리는 이 텍스트를 요한복음의 태도가 어떠하다고 단정하기 위한 근거로 사용할 수는 없겠지만, 어쨌든 이 이야기는 예수가 이 간음한 여자를 사법적 집행의 적용으로부터 보호하려 했다는 것을 말해 준다. 이런 형벌의 집행에 대한 거부는 자비의 차원으로부터 그들 자신의 죄와 욕구에 근거하여 어떻게든 그 여자의 고발자들을 설득력 있게 만들고 있다. 이 텍스트는 그녀의 확실한 죄에도 불구하고 예수가 그녀를 정죄하지 않는다는 것을 명확히 한다.

전통적인 해석은 흔히 "나도 너를 정죄하지 않는다. 가서, 이제부터는 더 이상 죄짓지 말아라"라는 이 에피소드의 대미를 장식하는 예수의 말씀에 방점이 찍힌다. 하지만 예수는 이 여자의 성적인 생활양식에 대해 화를 내고 있는 것이 아니다. 그는 그녀의 '죄'를 정죄하기보다는 이를 벌하는 것을 중단하는 데 훨씬 더 큰 관심을 보이고 있다. 실제로 이 텍스트는 예수가 어떠한 경우에라도, 그러한 생활양식을 정죄하지 않는다는 것을 분명히 한다.[7] 이 텍스트가 간음(즉, 다른 사람의 배우자와 성관계를 맺는 것)이 죄라는 것을 명시하고 있기는 하지만, 예수는 그러한 죄를 범하다가 붙잡힌 사람을 정죄하기를 거부하고 있다고 이해된다. 그녀는 다시는 죄를 짓지 말라는 강한 요구를 받지만, 죄에 대한 형벌은 제시받지 않고 있다.

이 에피소드는 예수가 성적으로 부정한 행위를 특히 우려하지 않는다는 의미에서 사마리아 여인의 이야기와 공통점을 갖는다. 여기에서 이 간통에 관한 텍스트는 예수가 사마리아 여인에 대해 어떠한 역할도 하지 않는다는 점에서, 즉 그녀의 행실이 '죄'라는 전통적인 견해를 수용하는 듯한 의미에서 사마리아 여인의 에피소드와 구별된다. 이러한 차이는 다른 사람의 남자와 살고 있다는 내용을 사마리아 여인에 대해 말하고 있는 동일한 서사(요한복음) 내에서 이 에피소드가 어디에 배치되어야 할 것인지에 대한 논쟁의 근거가 될 수 있을 것이다. 예수는 성적으로 부적절한 행실에 대해 관대한 태도를 가지고 있지만, 장래에 곁에서 지켜주지 않을 때 그녀가 돌을 맞게 될지도 모르는 행실을 피하기를 원하는 것일 수

---

7) 어쩌면 예수에게는 다른 사람들과 공유하는 정죄를 유보할 이유가 없었을 것이다. 전통적인 해석에 따르면 그는 스스로 죄인이 아니었다.

도 있다. 혹은 예수는 간통을 용인하지는 않지만, 그에 대해 큰 소동을
야기하는 것을 원치 않았을 수도 있다.

이 텍스트를 어떤 방식으로 대하건 간에 예수는 성애에 대해 반금욕적
인 태도를 취하고 있다는 부가 정보가 수집된다. 이러한 태도는 성애에
대해 의심하는 태도를 취하는 것이 아니다. 즉, 성적으로 부적절한 행실
은 죄가 되는 행동들 중에서도 특히 심각한 형태라고 상정하지 않는다는
것이다. 요한복음은 다른 복음서들과 마찬가지로 이 주제를 이어받은 후
대의 기독교적 전통에 완전히 반대되는 견해를 보이며, 심지어 존경받는
1세기의 유대적 경건함의 형식과 이교적 경건함의 형식에 대해 공통적으
로 부합하지 않는 견해를 드러내기도 한다.

육체적인 것의 부정?

그러나 만일 이 서사에서 금욕적인 경향이 발견되지 않는다면, 여전히
물리적인 또는 육체적인 것의 의미를 부정하는 태도를 식별할 수 있지 않
은지에 대해 의문을 품을 것이다. 이러한 태도가 실제로 요한복음의 사
고 세계의 특징이 되는 것이라면, 이 복음서의 저자(들)은 사랑받는 제자
에 대한 예수의 관계가 '플라톤적'인 것이며, 어떠한 육체적인 방식으로
도 표현되지 않았음을 당연하게 받아들였을 수도 있다는 것이 하나의 온
당한 추정일 것이다. 그러므로 이 관계의 성격을 규명함에 있어 보다 간
접적인 방식을 고려해야만 한다.

언뜻 보기에 요한복음은 영적인 실체들을 강조하고 이 실체들의 구체
적인 또는 육체적인 현현을 희생시키는 듯이 보인다. 실질적으로 어떤
것도 알레고리화 될 수 있으며, 이러한 알레고리화에 무능하거나 알레고

리화 할 의사가 없는 사람들에 대한 조급함이 종종 드러나기도 한다. 예를 들어, 니고데모와의 만남의 사례를 보자면 예수가 알레고리적 의미로 무엇을 말하고 있는지를 이해할 능력이 없는 모습으로 묘사된 니고데모의 등장 장면에서 '위로부터' 태어남과 관련된 논의를 대하게 된다. 니고데모는 "어떻게 당신은 어머니의 태중으로 다시 들어갈 수 있습니까?"(3:4)라고 묻는다. 여기에서 육체적인 태어남에 대한 집착으로 인해 영적인 태어남에 대한 이해가 방해받게 되고, 그래서 예수가 가르친 논점을 이해할 수 없게 되는 것이다.

이와 유사한 방식으로 사마리아 여인과 관련된 에피소드의 대화는 물을 마시는 것으로 시작된다(4:4). 이때 이 여자는 이 이야기의 주제에 대한 몇 가지 알레고리적 변환들에 의해 인도된다. 그래서 그녀는 물에 대한 물리적인 또는 육체적인 의미를 넘어서 영적인 이해로 나아간다. 이어서 제자들이 예수가 가져오라고 보냈던 음식을 가지고 등장하는데, 이들은 예수가 그런 음식을 필요로 하지 않음을 이해하지 못한다(4:31-34).

군중에게 기적적인 음식을 제공한 여파로 예수는 군중이 단지 그가 주고자 한 영적인 음식에 배고프기보다는 몸에 필요한 음식만을 원하는 것에 분노를 나타낸다(6:26-27).

이 텍스트는 이런 방식들로 물리적 또는 육체적 실체에 대한 집착이 이러한 물질적 표현들에 의해 매개되는 영적인 진리의 수용에 있어 장애물로 기능할 수 있다는 견해를 제시하는 것으로 보인다. 이러한 태도를 사랑받는 그 제자에 대한 예수의 사랑으로 옮겨 적용시키는 것이 가능할 듯 보이며, 그 결과로 이 사랑은 육체적으로 표현되거나 완성되는 것이라기보다는 플라톤적인 것으로 이해되어야만 했을 수도 있다.

그러나 요한복음에 대한 보다 면밀한 독해를 통해서 볼 때, 상당히 다른 동인이 작동하고 있다는 것을 알 수 있는데, 이것은 '육flesh'이 되는 하나님의 말씀에 대해 이야기하는(1:14) 이 복음서의 유명한 서문의 첫머리에서 이미 명백히 드러나고 있다. 신의 말씀이 육신이 된다는 견해는 육신을 직접적으로 죄의 영역으로 보지는 않지만 기껏해야 단순한 외양과 환영의 영역으로 간주하는 철학적인 정신의 성향에 비추어 볼 때 하나의 추문일 뿐이다. 이 텍스트가 아니라면 말씀이 육신이 됨은 정확히 말해서 구원의 사건이다. 이 텍스트는 육신이 없는 실체를 중시하는 것과는 거리를 두고, 말씀의 육화를, 즉 진리의 구현을 역설한다.

결과적으로 이 복음서 텍스트에는 알레고리화의 경향과 함께 육체를 강조하는 두드러지는 경향이 존재한다고 말할 수 있다. 이 복음서의 치유 서사들에서는 유독 육체에 대한 세부 묘사가 강조되고 있는 것을 알 수 있다. 9장 전체를 차지하고 있는 마지막 치유 서사에서 치유의 양상은 거의 명시적으로 육체적인 형태를 취하는 것으로 드러난다. "예수께서 이 말씀을 하셨을 때, 땅에 침을 뱉어서, 그것으로 진흙을 개어 그의 눈에 바르셨다"(9:6). 그리고 이러한 세부적인 신체 묘사는 이 이야기에서 두 차례나 더 등장한다(9:11, 15). 이와 동일한 경향성이 시체 썩는 냄새가 나고 있는(11:39) 나사로의 시신에 대한 걱정에서도 표현되고 있다. 그러므로 타자에 대한 예수의 관심을 표현하는 이러한 치유 활동들은 단순히 '영화spiritualized'되는 경향으로 환원되지 않는다. 이러한 활동들은, 발을 씻기는 장면에서도 상당히 구체적으로 표현되고 있듯이, '육화'되기도 한다고 말할 수 있을 것이다. 여기에서 제자들에 대한 예수의 사랑은 비천하지만 친밀한 섬김의 행위를 통해 표현된다. 게다가 특히 제자들에게는 예수가 그들에게 준 것을 서로에게 해 주라는 명령이 내려진다. 그러므로 친밀한 육체적인 섬김의 행위는 사랑의 표현에 있어 필수적이라고 볼 수 있다.

육체에 대한 세부적인 묘사로 관심을 유도하는 이와 동일한 경향이 예수의 십자가형에 대한 이야기에서(19:28, 34), 예수의 부활에 대한 이야기에서, 육체적인 상처에서(20:20, 25, 27), 그리고 수의가 물리적으로 놓여진 위치에 대한 묘사에서(20:5-7) 강조되어 표현되고 있다.

그렇다면 어떤 특정한 이중 운동이 제4복음서의 특징이라고 할 수 있을 것이다. 이러한 이중 운동은 육체적 실체를 알레고리화 하는 동시에 영적 실체를 육화하는 현저하게 두드러진 경향이다. 이에 따를 때 육체는 보다 구체적이고 육욕적인 동시에 보다 영적인 의미를 전달하는 담지체가 된다. 어떤 놀라운 방식을 통해 '육'은 보다 육체적이 되고 영은 보다 생기를 띠게 되며 나아가 이 둘은 하나가 되고 있는 것이다. 실제로 이러한 육과 영 양자 모두에 대한 강조는 엄밀하게 정통 기독론의 전개를 위한 배경을 설정하는 데 있어서 상당히 기여하고 있으며, 육체적 실체에 대한 강조는 이레네우스의 주장을 통해 교회를 납득시켜 제4복음서를 영지주의에 대한 대책으로 받아들이게 한다.

이제 그렇다면 성애적 지향성에 대한 어떤 관점이 이 복음서와 가장 높은 친화성을 가진다고 할 수 있겠는가? 이 복음서는 사랑의 육체적인 표현이 의미 없거나 순수하게 영적인 또는 '플라톤적인' 관계를 위해 기각되어야만 한다는 관점과 양립할 수 없는 것으로 보인다. 육의 영역, 즉 육체는 특별하게 가치 있는 것으로 여겨지는 형식이 반복되고 있다. 하지만 육체를 의미로부터, 즉 영적인 가치의 담지체가 된다는 의미로부터 단절해 내는 그런 방식을 취하고 있는 것은 아니다.

금욕은 성애의 육체적 표현을 혐오스럽고, 불필요하며, 오염시키는 것으로 간주한다. 육체적인 방임 관계는 의미 영역을 동떨어진 것으로 간주할 수 있다. 영지주의 역사가 보여주듯이 난교와 금욕 수행의 확실한 유형들은 어떤 의미에서 쌍둥이다. 사랑하는 사람들에게 육은 영의 표현이다. 이러한 영역들은 서로 반대되거나 분리되는 것이라기보다는 서로의 입지를 강화하는 것이다.

이때 요한복음의 세계관은 두 사람이 연인일 경우 사랑받는 사람의 신체에 대한 세심한 섬김을 통해 그 사랑을 자연스럽게 구현하는 그런 관점과 더욱 밀접한 관계에 있는 것으로 드러난다. 이 텍스트의 세계관은 도덕주의자의 억압된 성애, 철학자의 승화된 성애, 또는 단적으로 쾌락주의자의 육체적인 성애에 대한 굴복과는 양립 불가능하다. 그러나 이 텍스트의 세계관은 연인과 함께 있음을 즐거워하는 성애와는 공존 가능할 것으로 보인다.

앞에서 우리는 두 사람이 연인이라는 사실이 관계를 표현하는 종류의 행위들에 대한 어떤 특별한 언급을 수반하는 지식 없이도 그 자체로 공적인 사실일지도 모른다고 언급한 바 있다. 연인들이 서로에 대한 그들의 친밀함을 표현하는지의 여부 그리고 어떻게 표현하는지에 대한 것은 정확하게는 그 관계의 친밀함 그 자체로 인해 '감추어진' 채로 남는다. 이 숨겨진 영역에 대한 관심을 끌어내야만 할 어떤 특정한 이유가 있지 않는 한에 있어서 말이다. 그런 영역에 관심을 보이는 한 가지 이유는 관계가 승화된 성격임을 중요하게 부각시키기 위한 것으로, 이러한 관심은 사랑하는 사람들이 그들 스스로가 친밀한 관계의 신체적인 표현을 피해야만 한다는 것을 염두에 두고 있는 일부 플라톤적 사랑의 사례들에서만 발생하는 것이다. 이 텍스트에 대한 우리의 탐색을 통해 이러한 관점이 결코 직접적으로 표현되지 않을 뿐만 아니라, 현실적으로 이 텍스트 자체의 세계관과 양립할 수 없다는 것이 드러난 바 있다. 그러나 보통의 경우 연인들의 내밀한 행위에 대한 세부 내용들을 감추고 있는 사생활이라는 이름의 휘장은 들춰지지 않는다. 우리는 예수가 사랑한 제자에 대한 그 사랑이 어떤 과정을 통해서 성적인 표현에 이르게 되는지에 대해서는 알 수 없다. 우리는 단지 공개된 사실, 즉 그들이 연인 관계에 있었다는 사실만 안다. 그리고 원칙적으로 비육체적인 표현이 제한된 애정을 믿으려고 하지 않는다는 것도 안다.

율법

비록 이 텍스트가 연인 사이의 관계가 어떤 특정한 상황 속에서 성적인 양상으로 표현될 수 있다는 것을 말한다손 치더라도, 동성애에 대해 추정할 수 있는 어떤 유대적 견해들을 고려할 때, 동-성애적 관계가 이런 방식으로 표현될 수 있다는 것은 개연성이 상당히 낮은 이야기가 아닌가?[8] 예수의 연인이 남자였다는 사실로 인해 그의 연인이 여자였다면 당연한 것으로 받아들여졌을지도 모르는 육체적 표현이 배제되는 것은 아닌가?

이러한 반대 주장에는 몇 가지 중요한 요소들이 있으며, 여기에서는 그중 일부만을 다룰 수 있을 것이다. 예를 들어, 레위기에서 명백하게 표현된 동성애적 관계에 대한 태도를 유대교 전체의 특성으로 간주해야 할 것인지에 대한 문제제기가 필요하다. 우리는 또한 헬레니즘적 유대교와 랍비적 유대교의 동-성애적 관계들에 대한 태도에서 무엇을 알 수 있는지에 대해 그리고 이러한 관점들이 예수에 대해, 예수 전승에 대해, 특히

---

8) 우리는 이후 9장에서 유대교 환관들의 태도에 대한 문제에 주목한다.

요한복음을 통해 재현되고 있는 예수 전승에 나타나는 동-성애적 측면으로 어떻게 전이되었는지 검토해 보아야만 할 것이다.

하지만 이러한 논의를 전개하기 위해서 우리는 스스로를 요한복음의 독해로부터 알 수 있는 것의 영역 내에 제한해야만 한다. 만일 이러한 제한의 범위를 받아들인다면, 우리에게는 이 문제의 세 가지 측면만이 남는다. 첫 번째 문제: 예수는 전형적으로 동성애적 연인들의 사랑을 당연시 하는 것처럼 보이는 율법적 계율의 관점들을 아무런 문제제기 없이 받아들이는 경향을 드러내는가? 두 번째 문제: 예수는 이 텍스트를 통해 레위기의 동-성애적 표현에 대한 관점과 이에 대해 최소한 1세기적 유대교 해석들과 관련된 정결함이나 불결함에 대한 견해를 지지하는 것으로 재현되는가? 세 번째 문제: 예수는 이 텍스트를 통해서 이성애적 제도들과 관습들을 포함하는 행동 양식들에 대해 전반적으로 무조건적인 지지를 보내고 있는 것으로 재현되는가?

이 문제들을 제기하는 것은 이 문제들에 대한 답을 제시하는 것과 단적으로 같은 일이다. 엄밀하게 볼 때, 동성애에 대한 유대교의 태도가 거룩함의 규범으로부터 연역되었다고 할지라도, 예수는 그 자신이 이런 규범에 의해 구속된다고 느끼지 않았을 것이다. 이런 결론은 예수에 대해 잘 알려진, 거의 논쟁이 필요 없는 지식들을 고려할 때 너무나 뻔한 일이다. 만일 이 문제가 거룩함의 규범에 대한 어떤 다른 측면을 압박한다면 (예를 들어, 월경을 하는 여자들에 대한 태도), 그에 대해 별다른 어려움 없이 대답할 수 있을 것이다. 그러나 우리 시대의 금기가 문제로 설정되어 있기 때문에, 즉 이러한 논의가 동성애와 관련되어 있기 때문에, 우리는 너무나 당연한 것에 대한 이해에 상당한 어려움을 겪게 된다. 그러므로 당연히 이런 문제점에 대한 논의가 뒤따라야만 할 것이다.

토라Torah(모세오경) 또는 '모세의 법'에 대해 이 복음서가 취하는 태도는 무엇인가?

우선 요한복음이 다른 복음서들과 같이 이스라엘의 경전들에 대해 어떤 특정한 권위를 부여하고 있다는 것을 알아야 한다. 이런 경향은 특히 예수의 사역과 선교의 사건들이 의전적이거나 예언적인 문서들의 말씀들을 완수하는 것으로 간주될 수 있는 여러 곳에서 집중적으로 나타난다. 요한복음에서 이러한 자료는 예수의 수난에 대한 이야기들에 집중되어 있다(18:32; 19:25, 28, 36-37).

그러나 이 복음서에 나타나는 모세에 대한 몇몇 언급들이 모세법의 지위에 대해 의문을 제기한다. 모세에 대해 언급하고 있는 여섯 대목들 중 두 구절은 모세를 법제정자가 아닌 예언자로 말하고 있다(1:45; 5:45). 여기에서 관건은 모세가 말과 행동을 통해 최종적인 구원에 대해 기대하는 방식이다. 따라서 모세의 '문자적인' 말이 아니라 오히려 모세를 메시아적 기대에 대한 '전형'으로 해석하고 있다는 것이 문제가 된다. 모세의 중요성 또한 명백히 상대화할 수 있는 것이다. 예수는 사막에서 조상들에게 음식을 주었던 것은 모세가 아니라 '나의 아버지'였다는 주장을 펼친다. 이 말씀의 효과는 모세를 예수에 비해 상대적으로 종속적인 지위에 위치시키는 것이다.

이러한 모세에 대한 상대화는 이 복음서상에서 최초로 모세를 언급하는 부분에서 추가로 표현되는데(1:17), 여기에서는 예수와 모세가 대비되고 있다. 우리는 여기에서 율법이 은혜와 대비될 뿐만 아니라 진리와도 대비되고 있음을 주지해야만 한다.

모세를 언급하는 다른 두 대목에서는 율법을 부여한 인물로서의 모세에 대한 주제가 이어진다. 그러나 여기에서 율법은 예수의 반대자들에게 적용되고 있으며, 예수와 그의 제자들에게는 적용되지 않는 어떤 것으로 이해되고 있다. 모세가 예수의 반대자들에게 율법을 주었으나 그들이 이 율법을 지키지 않고 있다는 주장이 가장 인상적이다(7:19-24). 그러므로 예수에 대한 그들의 공격은 근거를 잃게 되는 것이다. 이 구절은 예수가 스스로 율법을 지키지 않는다는 것을 인정하지만, 이러한 사실로 인해 그가 반대자들보다 더 열등한 조건에 위치하게 되는 것은 아님을 받아들이는 듯하다. 여기에서 문제가 되는 것은 예수가 안식일의 준수와 관련된 율법에 대해 순응하지 않는 것에 대한 문제이다. 그러나 여기에서 예수의 대답은 간음하다가 붙잡힌 여자에 대한 그의 변론과 유사 관계에 놓여 있다. 당신이 스스로 율법에 순종하지 않는 죄를 짓고 어떻게 그녀를/나를 정죄하는가?

마지막으로 제시된 모세에 대한 언급에서 우리는 바리새파 사람들이 예수의 제자가 되는 것과 모세의 제자가 되는 것의 상반 관계를 강조하고 있다는 것을 알게 될 것이다(9:28).

이제 이 텍스트에서 예수와 모세 사이에 드러나게 된 관계를 통해 다른 어떤 해석이 도출될 수 있다고 하더라도, 분명히 예수가 율법에 대한 축자적인 순응에 대한 모범이 된다고 이해할 수는 없을 것이다. 그와 그의 제자들은 '법 위에' 있다. 그러므로 모세법이 동-성애적 관계들을 금지한다는 것이 옳은 해석이라 하더라도, 예수와 그의 제자들은 모세법 해석이 그 자체로 그들에게 필연적으로 적용될 수 있는 충분한 이유가 된다고 생각하지 않을 것이다.

실제로 예수와 모세의 차이는 심지어 십계명에 표명된 법의 가장 근본적인 표현에 관해서도 발견될 수 있다. 예수는 일반적으로 유대교에 결정적인 것으로 간주되는 계명인 안식일에 관한 계명을 존중하지 않았다고 그려진다(5:9-10, 16; 7:23; 9:14). 게다가 예수는 하나님의 신성과 유일성을 보호하는 첫 번째 계명을 범하고 있는 것으로 비춰지기까지 한다(10:30-31, 39). 예수는 신성 모독으로 비난받게 되었을 때, 단순히 신성을 주장함으로써 이를 물리치는 것이 아니라 모든 사람들이 신들이라는 시편의 말씀을 언급함으로써 문제를 한층 더 복잡하게 만들고 있다(시편 82:6). 이런 주장을 함으로써 자신이 신이라고 말하는 것이 신성 모독이 될 수가 없기 때문이다(10:35). 종교적 정체성을 가장 직접적으로 압박하는 듯이 보이는 이 두 계명은 예수에 의해 철저한 비판의 대상이 된다. 그래서 간음에 대해 모세가 요구하는 벌을 연기하는 그의 주권에 대한 진술은(8:11) 하나님이 종교적 규칙들보다 인간적 행복에 더 많은 관심을 가지신다는 이 텍스트의 일반적인 관점과 부합하고 있다.

정결함

물론 다른 신약 텍스트들에서도 이러한 법에 대한 비판이 추가로 진행되고 있다. 예를 들어, 마가복음에서는 이러한 비판이 가장 명확하게 정결함에 관련된 율법들―금식, 씻기, 시신 접촉, 월경 중인 여자들, 문둥병자들 등에 대한 규례들―을 향하게 된다. 율법의 준수가 이스라엘의 종교적이고 민족적인 정체성의 표징이라는 관념을 극복하는 문제는, 기독교가 팔레스타인 밖으로 뻗어 나가 이방인들을 포함하게 되었을 때, 기독교 자체의 존망에 대한 문제였다. 여기에서 정결과 관련된 율법에 대한 비판은 특히 격렬해지게 되고, 동성애와 관련한 법제정은 정확히 초기 기독교에 의해 가장 철저하게 거부되었던 율법의 일부에서 발견된다.

요한복음에서 예수는 동성애적 행위에 대한 레위기의 금지를 지배하고 있는 정결함의 관점들에 직접적으로 반대하는 입장을 견지하고 있는 것으로 그려진다.[9] 2장에서 그가 포도주로 변화시켰던 물은 잔치 손님들의 손과 발을 닦는 데 사용된 것이기 때문에, 의례적인 관점에서 볼 때 불결한 것이다. 3장에서 나타나는 니고데모와 그의 논의는 새로운 삶을 탄생과 연관시키고 있는데, 의례의 관점에서 볼 때, 이러한 과정은 여성을 불결하게 만드는 것이다. 그는 4장에서 사마리아인들과의 교제에 관한 금기를 깨버린다. 그는 자신의 살을 먹는 것에 대한 상당히 도발적인 이야기를 통해—다른 금기를 무시하면서—(5:51), 그의 살을 먹을 뿐 아니라 그의 피 또한 마시라고 말함으로써 이를 더욱 악화시킨다(5:53-58). 율법에 의하면 동물의 피를 먹는 것조차도 금기로 간주되었고, 어떤 경우에라도 인간의 피에 접촉하면 의례의 관점에서 불결해지는 것이었다. 이 복음서의 저자(들)은 예수의 활동에 대해 의도적으로 '불결한' 상징들을 선택했던 것으로 보인다. 이러한 접근법은 말씀이 육이 되었다는 도발적인 관념과 제자들의 발을 씻김에 대한 강조와도 일관적이다. 그래서 십자가에 달린 자(불결함의 정점)가 메시아, 그리스도, 하나님의 아들이라고 주장하는 공동체에서는 이런 이야기를 놀라운 것으로 받아들이지 않는다.

이 텍스트에 나타난 정결함, 율법 안의 신성한 제도들, 그리고 모세를 향한 태도는 레위기의 법률을 맹목적으로 받아들이지 말라는 것처럼 보인다. 따라서 민족적인 정결의 규례 가운데 단적으로 존재하는 동-성애

---

9) 다음의 논점들에 대한 추가 논의를 위해서는 윌리엄 컨트리먼(William Countryman)의 『먼지, 탐욕, 그리고 섹스: 신약성서의 성윤리와 오늘날에 대한 함의*Dirt, Greed, and Sex: Sexual Ethics in the New Testament and Their Implication for Today*』(Philadelphia: Fortress Press, 1988), 11-96쪽을 보라.

적 관계에 대한 금기가 요한복음의 저자(들)에게 있어 지켜야만 할 것으로 느껴졌을 것인지에 대해 의심해 볼 수 있는 충분한 이유가 있다. 그러므로 법에 대해 그리고 정결함의 문제들에 대해 일반적으로 취해진 태도는 우리의 주장을 뒤집을 수 있는 능력과는 거리가 멀다고 할 수 있으며, 오히려 실제로는 우리의 주장을 뒷받침하는 것으로 여겨진다.

관습에 대한 존중

만일 우리가 관습적인 행동양식이라 말할 수 있는 것에 비추어진 태도보다 더욱 일반적인 질문으로 눈을 돌린다면, 예수가 그런 관습을 무시하거나 실제로 조롱하고 있는 것으로 보는 해석에 대한 타당성은 훨씬 더 두드러지게 드러난다. 즉, 법에 대한 예수의 태도는 맹목적인 수용과 복종의 태도가 아닐 뿐만 아니라, 관습적인 도덕과 생활양식에 대한 훨씬 더 집요하고 끈질긴 전복이라는 것이다.[10]

애초에 예수의 의도는 관습적인 경건함을 대표하는 사람들을 화나게 만드는 것이었던 듯하다. 그는 단적으로 거룩한 사람, 예언자, 메시아에 관한 어떠한 기대에도 응하지 않았다. 그의 활동은 시종일관 도발적이다. 그는 경건함의 관습적인 표현에 대해 경멸적인 태도를 보이고 있으며, 특히 율법 준수에 관련하여 그런 태도는 더욱 두드러진다. 그러므로 예수가 성전을 대하는 태도는 관습적인 경건함에 대한 분노를 일깨우기 위해 계산된 것이었다. 이런 경멸적인 태도는 예수의 공적인 사역을 시작하는 사건인 성전 뜰에서 열리는 시장에 대한 습격(2:13-16), 사마리

---

10) 로버트 그로스(Robert Goss)의 『행동에 나선 예수*Jesus Acted Up*』(San Francisco: HarperSanFrancisco, 1993), 특히 61-86쪽을 보라.

아 여인에게 말했던 예루살렘에서 경배할 것인지 아니면 사마리아의 성스러운 산에서 경배할 것인지를 결정하는 문제를 사마리아 여인에게 말한 것이 완전히 논점에서 벗어나 있다는 이야기(4:21), 성전을 사흘 만에 다시 지을 수 있다는 경멸적인 발언(2:19) 등을 통해 표현되고 있다. 예수는 자신의 평판에 대해서는 완전히 무관심한 듯하다. 그가 갈릴리인 또는 사마리아인이기 때문에 종교적으로 그리고 민족적으로 불법적인 태도를 보인다는 비난을 당할 때, 심지어 그는 이에 대해 대꾸도 하지 않으며(8:48), 반복적으로 죄인이라고 지칭될 때에도 역시 같은 태도를 보인다. 이 비난들 중 어느 것도 그에게는 문제가 되지 않는 듯하다. 정작 중요한 것은 그가 하나님이 하시는 것과 같이 행동하는 것, 즉 관습적인 경건함에 대해 거부당한 사람들 그리고 고통 중에 있는 사람들과 친구가 되는 것이다. 관습적인 기대에 맞추어 사는 것보다는 이들을 측은히 여기는 활동이 하나님과 그의 관계의 표징이다.

예수의 지속적인 자유로움은 그 테두리 안에서 관습에 얽매이지 않는 성애적 애정에 대해 생각해 보는 것이 필연적이지는 않더라도 가능해질 수도 있는 배경으로 기능한다. 실제로 그런 비관습적인 성적 관계는 예수를 반대하는 현대의 계승자들에게는 생각할 수도 없는 일이다. 즉, 오늘날 율법에 대한 문자적 집착이라는 측면에서, 정결함의 규례들과 관습적인 생활양식 그리고 도덕을 중요시하는 그런 사람들에게는 말이다.

나는 율법에 대한 예수의 태도와 그의 자유로움이 그 자체로 예수가 동-성애적 관계를 가졌다는 의미를 암시한다고 주장하지는 않는다. 나의 논점은 다만 요한복음에서 예수가 그런 관계를 가졌다는 것이 말해지고 있으므로, 율법과 관습적 행위를 향한 전반적인 그의 태도를 통해 이 관계가 예수에 대해 의심하게 되는 다른 모든 것들과 전적으로 정합적이라는 점이 해명된다는 것이다. 그런 관계는 '요한복음의' 관점으로부터 벗어나 있기는커녕 오히려 요한복음의 다른 결정적으로 중요한 양상들과 정합적인 면모를 보여주고 있다.

기원

예수가 사랑했던 많은 사람들 중에 한 명의 사랑받던 자가 있었다는 견해는 요한복음 전체의 세계관과 잘 들어맞지만, 여전히 이 복음서에 이런 인물이 있다는 것이 당황스럽게 느껴질 것이다. 요한복음은 역사적 자료로서 어떤 평가를 받아야만 하는가? 왜 사랑받는 그 제자가 여기에서는 모습을 드러내고 있는데, 다른 복음서에서는 나타나지 않는가?

우리는 우선 사랑받는 자의 사랑하는 이로 그려지는 예수의 '역사성'에 대한 문제를 다루어야만 한다. 이 기억은 역사적인 것으로 이해되어야 할 것인가, 아니면 어떻게든 요한복음의 저자(들)에 의해 '만들어진' 것으로 이해되어야 할 것인가?

우리는 이러한 논점에 대해 예수가 실제로 그런 관계를 가졌다고 주장하지 않는다. 단지 이 텍스트가 그런 관계를 제시할 뿐이다. 현재 많은 독자들에게 신약성서의 역사성에 대한 설명은 의문의 여지가 없다. 만일 어떤 특정한 텍스트가 어떤 일이 일어났거나 있었다고 말한다면, 그런 진술은 그 일어난 일을 사실로 정립시키기에 충분하다. 그러나 다른 독자들은 여전히 의심을 품을 수도 있다. 결국 신약성서의 텍스트들은 역사적인 사실의 세부 사항들에 대해서는, 특히 제4복음서와 소위 공관복음서들의 관계에 대해 고려할 때 서로 일치하지 않는 듯이 보인다. 우리는 이런 종류의 여러 중요한 세부 내용들에 관해 요한복음과 다른 복음서들이 보이고 있는 강한 불일치에 주목한다. 단적으로 요한복음에 실린 서사와 교의적 자료들 중 대다수가 다른 복음서들에서는 발견되지 않는다. 그리고 다른 두 개 또는 그 이상의 복음서들과 공유되는 자료들 중 절대 다수가 요한복음에는 누락되어 있다.

요한복음은 여러 방면에서 다른 복음서들로부터 동떨어진 모습을 보인다. 다른 복음서들은 예수를 갈릴리와 시리아의 초기 사역에 한정시키고 있으며, 예수가 선교 사역의 마지막 몇 주간에만 예루살렘에 도착해 머물렀던 것으로 기록한다. 반면 요한복음에서는 예수의 사역에 대한 서사가 수차례의 예루살렘 진출과 관련되어 구성되어 있다. 이러한 설명 방식과 궤를 같이하여 요한복음은 예수의 극적인 '성전 정화'를 그의 공적인 사역 전체의 도입부에 배치하고 있지만, 다른 복음서들은 이를 예수 사역의 마지막 주간에 위치시키고 있다.

예수의 마지막 며칠 동안 일어났던 사건들에 관해서도 상당한 괴리가 존재한다. 예수의 십자가 상에서의 마지막 말씀들에 대해서는 공통적인 요소가 없으며, 빈 무덤이나 부활 현현에 대한 이야기들에서도 공통적인 논점을 찾을 수 없다.

그런 반면 요한의 서사에 나오는 기본적인 에피소드들—물을 포도주로 바꾼 기사, 니고데모와의 만남, 사마리아 여인, 나사로의 소생 등—이 다른 텍스트들에는 언급되지 않는다.

이러한 놀랄 만한 차이들을 언급하는 이유는 공관복음 대 요한복음이라는 구도에서 어느 일방의 상대적인 역사적 장점을 결정하는 무척이나 골치 아픈 문제를 돌아보자는 것이 아니다. 학자들은 일반적으로 모든 복음서들에서 이 서사들의 이면에 놓여 있는 '역사적' 층위들에 대해 시도된 추론으로부터 신학적으로 구성된 서사들을 다루는 것이 극도로 모험적인 작업이라는 점을 인식하고 있다.

요한복음 서사가 지니는 특징들 중 한 가지는 다른 복음서들에서는 찾을 수 없는 상당한 수준의 '개인적인' 세부 내용들을 사용하여 이야기를 풀어나가고 있다는 것이다. 예수와 세례자 요한의 관계에 대해서는 다른 복음서들에 비해 상당히 더 많은 것이 기술되어 있다. 안드레의 경우에는 그가 요한의 제자였으며 다른 제자를 부르는 데 도움이 된 사람이라는 전사prehistory가 주어진다. 여기에는 단순 등장인물들—빌립, 나다나엘, 그리고 나사로—이 눈에 들어온다. 그래서 예수에게 기름을 발라 주는 장면에서 기름 바르는 일을 하는 사람은 나사로와 마르다의 누이 마리아로 (막달라 마리아가 아니라) 나타나며, 가롯 유다는 이를 꾸짖는 사람이자 이 무리의 재물을 관리하는 사람으로 표현된다. 예수가 겟세마네에서 체포되는 장면에서 우리는 제사장의 종을 공격했던 예수와 함께 있던 사람의 정체를 알게 되며(시몬 베드로), 심지어 공격을 당한 종의 이름까지도 듣게 된다(말고, 18:10).

여기에서 이 모든 '개인적인' 세부 내용들의 의미는 무엇인가? 일부 해석가들은 이런 세부 묘사를 통해 등장인물들을 개인적으로 잘 알고 있다는 것이 드러나며, 그로 인해 서사 전체의 역사성에 대한 신뢰성이 깊어진다는 주장을 펼친다. 그러나 이러한 세부 내용들은 진실에 가까운 이야기라는 외양을 부여하기 바라는 욕망의 표출이라고 이해될 수도 있다. 후자의 관점은 복음서 저자들 스스로에게 이름과 전기를 제공하는 후대 전승의 경향과 동일한 것이다. 즉, 이러한 세부 내용은 기억보다는 창작을 보여주게 된다는 것이다.

여기에서 이 문제를 단정지을 필요는 없다. 그러나 우리는 엄밀하게 전기적 세부 내용이라 부를 수 있는 맥락에서 사랑받는 그 제자라는 인물과 만나게 됨을 말할 수 있다. 그런데 불행히도 다른 전승들에서 정체가 확인되지 않는 사람들을 확인하는 경향이 이 인물에 대해서는 유지되지 않고 있다. 말하자면 그 사랑받는 제자는 익명으로 남게 된다! 한편으로 그의 정체는 분명하게 각인되고 있다. 그는 하나의 구체적인 역할과 인식 가능한 '인물상'을 부여받는다. 그는 예수와 친밀한 관계에 있으며, 베드로의 동료이고, 예수의 가족에게 받아들여지며, 몇 가지 결정적인 대목에서 그 위치를 나타내고 있다. 그러나 그에게는 이름이 주어지지 않는다.

왜 그런 인물이 만들어지는 것일까? 명백히 동성애적인 관계를 창작해 내야 하는 동기가 무엇인가? 다시 말해, 왜 이 인물은 이 텍스트에만 존재하고, 같은 종류의 다른 텍스트에는 부재하는 것인가?

공교롭게도 이런 인물을 이 복음서가 의도하는 바를 위해 창조해 내는 것보다는 다른 복음서에서 이 인물을 누락시키는 이유를 제시하는 편이 보다 수월한 작업일 것이다.

마태복음의 서사 방식에서 드러나는 기독교인들의 공동체에 대한 율법의 보다 엄격한 적용이라는 견해를 감안한다면, 그런 인물이 마태복음에서 제외되거나 억압되어 있음을 상상하는 것은 그리 어려운 일이 아니다. 마태복음은 예수가 율법을 폐지하는 것이 아니라 완성하려 한다고 말한다. 오늘날 많은 학자들이 마태복음은 토라의 정확한 해석에 관심을 가지는 바리새파 유대교 계열의 회당들이 출현하면서 이들과 갈등을 겪는 배경에서 쓰여진 것이라고 생각한다. 만일 정말로 그렇다면 마태복음의 저자는 회당 출신의 신도들을 배제하고 실제로 예수의 사형 선고를 정당화하는 것으로 비춰질 가능성이 있는 예수의 이력이 지니는 한 측면이 관심을 끌게 되는 것을 원치 않았을 것이다.[11]

누가복음은 누가 공동체의 내부자들보다는 오히려 '외부자들'을 향하고 있는 듯이 보인다. 그런 텍스트에서 예수의 이야기에서 나타나는 사랑받는 남자의 존재를 설명하는 것은 그로부터 얻을 수 있는 이점보다는 오히려 더 많은 문제를 야기하게 될 공산이 크다. 따라서 누가복음도 교의에 대한 변증이라는 과제를 '단순화' 하려는 의도로 인해 그 인물을 분명히 드러내지 않고 있다는 설명이 가능할 것이다.

마가복음의 경우 이 텍스트는 십자가 신학의 적용으로서의 순교 신학에 너무나 집중되어 있는 나머지 생애사적인 세부 내용에 관심을 가질 여력이 거의 존재하지 않는다. 게다가 순교에서 면제되었다고 생각되는 한 예수의 제자(사랑받는 그 제자로 추정되는〔요한복음 21:22〕)가 순교와 관련된 서사에서 별달리 의미 있는 역할을 수행하지 않는다. 하지만 요한복음에서는 7장에서 보게 될 것과 같이 예수가 사랑했던 그 제자와 유사한 한 인물의 흔적이 드러난다.

이런 방식으로 다른 복음서에서 이 사랑받는 제자라는 등장인물이 제거되는 이유에 대한 직접적인 설명이 가능하다. 요한복음에서 그의 존재를 설명하는 것이 가능할 것인가?

가장 간단한 설명은 복음서 저자가(저자들이) 예수의 사랑받는 자였던 한 제자를 알았고, 그(들)의 텍스트를 어떤 방식으로든 그의 증언에 기초하여 서술했기 때문에 사랑받는 그 사람이 텍스트에 존재하고 있다는 뻔한 대답일 것이다(19:35; 21:24). 그러나 이러한 주장은 요한복음의 서사 구조와 담화적 전략이 여전히 그 사랑받는 제자 또는 저자(들)/편집자(들) 중 한쪽 혹은 양쪽 모두에 의해 신학적인 동기를 부여받고 있었기

---

11) 우리는 8장에서 동-성애적 관계에 대한 요한복음의 태도에 대한 문제로 돌아가게 될 것이다.

때문에 요한복음 전체의 역사성이라는 문제를 자체적으로 해결하지 못한다.

이 복음서의 구성에 대한 문제를 제기할 때 학자들은 일반적으로 사랑받는 그 제자의 가르침이 내적으로 펼쳐지는 잘 조직된 공동체의 존재를 상정한다.[12] 이런 종류의 공동체는 예수의 고별 담화에서 나타난다. 이 텍스트가 그런 잘 조직된 '내부자들'의 공동체에서 기원한 것이라고 상정하는 것은 텍스트 내에 존재하는 사랑받는 그 제자라는 인물을 설명하는 데 도움이 된다. 엄밀하게 말해 그런 공동체 안에서 예수가 동-성애적인 애인을 가지고 있었다는 기억은 복잡하게 설명할 필요 없이 공적으로 인정될 수 있는 어떤 것일 것이다.

게다가 유대인 기독교도들이 유대적이며 반이방적인 선전의 특징이 되었던 류의 반동성애적(그보다는 반소년애적) 수사에 영향을 받았을 수도 있다고 추정한다면, 요한복음은 그런 청중을 위해 쓰이지 않았을 것으로 보인다. 이 텍스트는 유대교에 익숙하지 않은 청중을 대상으로 한다는 것을 밝히면서도 빈번히 유대적인 관습들과 관념들을 설명하고 있다. 따라서 그 저자가(저자들이) 예수와 사랑받는 자 간의 관계를 묘사함에 있어 유대적 율법의 금제로부터 받게 될 영향에 대해서는 걱정할 필요가 없었던 것이다. 심지어 가장 기초적인 유대교적 특징들마저도 잘 모를 것이라고 추정되는 청중은 일부 유대적인 선동가들의 반소년애적 수사를 거의 알지 못했고, 더더구나 그런 수사에 지배받지도 않았다. 실제로 원래의 청중은 남자들 사이의 성적인 애정을 별 문제 없는 것이라 간주했을

---

12) 레이몬드 E. 브라운(Raymond E. Brown)의 『사랑받는 그 제자의 공동체 *The Community of the Beloved Disciple*』(New York: Paulist Press, 1979)를 볼 것.

수도 있다. 이 청중은 헬레니즘 세계 전반의 특징이 되는 이러한 성애적 정향성에 대해 보다 느긋한 태도를 취했을 개연성이 크다.[13]

이제 우리는 상대적으로 폐쇄적인 공동체 내에서 그런 인물 또는 관계를 창작해 낼 이유가 있었는가를 물어볼 수 있을 것이다.

보통 그런 조건들을 떠올리게 되는 근거로는 (1) 특정한 신학적 관점을 위한 주장들을 지지하기 위해서, (2) 교회의 지도권에 대한 주장들을 지지하기 위해서, (3) 개인적인 중요성을 주장하기 위해서 등이 있을 것이다. 이 가능한 동기들에 대해서는 이전 장에서 이미 살펴보았다. 우리는 여기에서 간단히 이 동기들에 대해 다시 고찰해 볼 것이다.

이 텍스트의 이야기들이 예수의 연인의 기억들에 기초한다는 주장은 이 텍스트의 특정한 신학적 관점에 권위를 더하는 역할을 하게 되는가? 확실히 이 복음서의 많은 것들이 신학적으로 특이하다. 예수가 다른 텍스트들에서는 발견되지 않는 방식을 통해 하나님의 아들로 재현되고 있다는 것이 가장 주지할 만한 점이다. 하나님과 그의 동일성은 여기에서 다른 복음서들의 어느 서사들에서보다 훨씬 더 명확해진다. 그는 여러 가지 측면에서 보다 초월적인 인물로 그려지고 있다. 그러나 여기에서 개진된 신학적 논증들은 전체적인 기독교 공동체 내에서 떠받쳐야 할 필요가 없는 듯하다. 사랑받는 이가 절대로 이러한 신학적, 기독론적, 그리고 성령론적 담론들을 위해 존재한다고 언급되지 않는다는 사실이 우리

---

13) 바리새적 전통에 영향을 받았을 개연성이 있는 유일한 신약성서 저자는 바울이다. 그가 결혼의 의무를 거부한다는 배경을 고려해 보면 성애에 대한 그 자신의 견해들은 상당히 이단적이다. 그는 이방인들의 특징적인 불결함에 대한 유대적인 선전을 로마서 1장의 동성애적 행위와 연관지어 사용하고 있는 듯이 보인다. 그러나 그의 견해가 필연적으로 요한복음 저자(들)에게 영향을 주었다고 볼 수는 없다.

가 개진하는 논점을 더욱 단단하게 한다. 사랑받는 그 제자는 결코 그런 담론들을 제공하는 원천이 될 수 없다. 그런 담론들을 위한 자료들은 다른 제자들 중 어느 누구로부터도 유래할 수 있었을 것이다.

그렇다면 교회적 권위는 어떤가? 이 공동체는 이 제자에 대한 관계로 인해 기독교 공동체들 사이에서 확실한 우월적 지위를 얻는 것인가? 하지만 텍스트 자체가 이를 불가능하게 만든다. 특권적 지위는 의문의 여지 없이 베드로에게 주어진다. 사랑받는 그 제자에게는 어떠한 공식적인 역할도 없으며, 아직 주어지지 않은 가르침은 사랑받는 그 제자가 아니라 성령에 의해 제자들 모두에게 주어질 것이다. 심지어 그 사랑받는 자는 예수가 자신이 보냄을 받았던 것과 같이 선교사역의 임무를 제자들에게 위임할 때 그 자리에 있었다고 언급되지 않는다(20:21).

그러나 만일 사랑받는 자가 그 자신을 다른 제자들로부터 구별할 수 있는 신학적 통찰 또는 지도자적 역할도 갖지 않는다면, 그의 공동체에는 그런 인물을 만들어 내야 할 어떠한 동기도 없는 것으로 보인다.

그렇다면 사랑받는 제자가 스스로를 창작해 낸 것일까? 즉, 그는 최소한의 개인적인 가치를 스스로에게 부여하기 위해 (여하튼 어떠한 특별한 권위도 전달하지는 않겠지만) 예수에 대한 모종의 관계를 주장했던 것일까? 이런 생각은 완전히 불가능해 보인다. 예수가 그를 사랑했다는 사실 이외에 전혀 그 사랑받는 이에게 주어지는 것이 없다. 개인적 특성들에 대해서도 그는 독자들의 눈에 띄지 않는다. 도마는 예수와 함께 죽기로 했다. 베드로는 겟세마네 동산에서 예수를 지키고, 또한 무덤에 들어갈 만한 용기를 가지고 있었으며, 물가에서 예수를 향해 헤엄쳐 갔다. 나다나엘의 성격은 특히 칭찬받고 있다. 이 제자는 자신이 예수가 사랑했던 그 사람이라는 주장을 통해 어떤 개인적인 중요성을 얻게 되는가? 그리고 만일 모종의 개인적 허영이 예수와의 친밀한 관계를 창작해 내는 단계에 이르렀다면, 왜 여기에서 멈춘 것인가? 왜 어떤 특별한 지식이나 지위를 말하지 않는가? 왜 최소한 스스로에게 이름을 부여하는 문제에 있어, 밝은 곳으로 걸어 나오지 않는 것인가?

이 서사에서 이 사랑받는 이의 존재에 대한 가장 간단한 설명은 예수가 이 사랑받는 자의 사랑하는 이였다는 것, 이 사랑받는 자가 자신을 전적으로 사랑했던 그 사람과 예수를 동일시하고 있으며, 그래서 아무것도 자신을 위해 주장하지 않고, 오직 그의 사랑하는 사람에 관해 '증언하기'를 원했다는 그런 방식의 설명일 것이다.

그리고 그는 스스로가 예수의 사랑받던 사람이라는 사실을 누락시킬 수 없었을 것이다. 사랑이라는 메시지를 스스로 전달했던 그 사람 자신이 한 명의 사랑하는 자였으며, 이 은혜로운 사랑의 선택을 받았던 그 사람은 그것을 기억하는 것 이외에는 아무런 다른 일도 할 수 없었을 것이다. 그는 자신의 사랑이 진실했기 때문에 자신의 이야기에서 그 사랑을 제외할 수 없었다. 이 관계는 그 사랑하는 자를 배신하지 않고서는, 다시 말해 그 사랑의 기적을 배신하지 않고서는—말하자면 사랑은 언제나 어디에서나 진정으로 사랑받는 그들을 위한 것이라는 이 기적을 배신하지 않고서는—제거될 수 없었을 것이다.

또한 이 텍스트에 대해 혹자는 다른 방식의 접근을 시도해 볼 수도 있을 것이다. 말하자면 이 문서는 정확히 예수가 이 텍스트 자체가 가지고 있는 세계관에 속한 특정한 부분들을 표현에 옮기기 위해 동성애적 관계를 가졌음을 말한다는 주장을 시도해 볼 수도 있다는 것이다. 우리는 이미 예수와 그가 사랑한 남자 사이의 관계를 게이를 긍정하는 독해법을 통해 읽어 내는 것이 실제로 요한복음의 특정한 측면들에 대한 보다 명확한 이해를 돕는다는 것을 보았다. 예를 들어, 이런 독해 방식은 이 텍스트의 반-금욕적이고 반-가현설적anti-docetic인 시각을 강조하는 동시에 율법과 정결함 그리고 불결함의 개념들에 대해, 그리고 전통적인 행동양식에 반대하는 입장을 드러내게 된다.

그리고 혹자는 이러한 주장을 좀 더 밀고 나가 말씀의 육신이 됨을 성애라는 인간적 영역으로 옮겨 오는 것이 중요하지 않겠는가에 대해 물을 수도 있을 것이다. 이런 방식으로 이 텍스트에서 말하는 사랑에 대한 강조는 사랑이 흔히 구체적으로—즉, 사랑이 성애의 영역에서—표현된다는 것을 받아들일 것이다. 그리고 만일 이 영역이 '결혼과 가족적 가치들'에 의해 대표되는 관습성으로 되돌아가지 않으면서 다루어지기 위해서는 동-성애적 관계의 암시가 하나의 적절한 수단이 아니겠는가? 결국 그런 관계는 결혼이나 자식이 의문의 여지없이 그럴 것과 동일한 방식으로 인간을 이 세상의 영속화에 연루시키지 않는다.

이 텍스트에서 그 사랑받는 자가 언급되는 곳에 대해 이런 방식의 해석을 하는 것은 확실하게 가능하다. 그리고 이러한 해석은 사용 가능한 증거에 대한 보다 철저한 논의를 통해 다루어져야만 할 많은 문제들—예를 들어 요한복음과 다른 복음서들에서 나타나는 결혼 및 가족 제도와 예수 전승의 관계와 같은—로 향하는 문을 열게 된다.

이 텍스트를 통해 우리는 예수가 사랑한 제자라는 인물의 존재에 대해 설명하기 위해 여러 방법들이 사용 가능하다는 것을 알 수 있다. 이 논거의 본성을 역사적으로 재구성하기 위한 어떠한 시도에서도 완전한 확실성을 얻을 수는 없지만, 사랑받는 자의 존재에 대한 가장 직접적인 설명은 이 서사에서 단번에 알아볼 수 있는 것이다. 즉, 그와 예수는 연인 관계였다.

제5장
숨겨진 전승

예수가 사랑한 제자를 다루는 요한복음의 표현법에 대한 독해는 실제로 내가 제안한 것보다 더 새롭게 보일지도 모른다. 이 장에서 나는 예수와 그가 사랑한 제자 간의 관계를 게이의 독해로 불릴 수도 있을 법한 숨겨진 전승들로 관심을 돌릴 것이다. 그런 숨겨진 전승이 존재한다는 것이 드러나기 시작한 것도 근래의 일일 뿐이다. 그런 숨겨진 전승의 발굴은 게이 또는 퀴어 연구의 재탄생에서 나온 결과들 중 하나였다. 이어지는 논의에서 나는 그 작업의 결과들 중 일부를 간단히 진술하고, 그 이후의 연구들에 대해 이야기해 보려 한다. 이전 장들을 처음으로 썼을 때, 나는 그런 전승들에 대해서는 전혀 알지 못했다. 그러므로 나는 '역사로부터 숨겨진 것'을 너무나도 열정적으로 탐색했던 사람들에게 빚지고 있는 셈이다. 나는 추가 연구를 통해 내가 제시했던 방식으로 요한복음을 반영하는 더 많은 텍스트들을 찾아낼 수 있음을 믿어 의심치 않는다. 내가 해석했던 것과 같은 텍스트의 자명성을 고려한다면 그런 전승이 존재하지 않는 것이 어떻게 가능할 것인지를 이해할 수 없기에, 나는 이와 같은 텍스트들의 추가 발굴을 기대하고 있다.

에일레드와 중세

존 보즈웰John Boswell은 자신이 직접 나서 자신의 획기적인 저작 『기독교, 동성애, 그리고 사회적 관용 *Christianity, Homosexuality, and Social Tolerance*』에서 요한복음과 관련이 있는 텍스트들을 논하지는 않고 있다. 오히려 그는 "예수는 명백히 스스로 결혼을 하지 않았고, 그가 특별한 관계를 가졌던 것으로 전해지는 사람들은 모두 남자였으며, 특히 요한복음을 통틀어 스스로를 예수가 사랑했던 제자로 조심스럽게 묘사하고 있는 성 요한은 남자였다"(115)라는 언급에서 드러나는 것과 같이, 요한복음 텍스트에 대해서는 스쳐 지나가는 (그리고 상당히 물러서는 듯한) 이야기로 만족하고 있다. 그러나 이 언급에 대한 각주에서 보즈웰은 다음과 같이 보론하고 있다. "이는 후대의 게이 기독교인들에게 미치는 영향력을 상실하지 않는다. 이에 대해서는 다음을 볼 것, 225-226쪽."

그가 지시한 부분을 찾아보면, 우리는 12세기 영국의 리보Rivaux 수도원의 원장이었던 에일리드Aelred가 『자비의 거울 *The Mirror of Charity*』과 『영적인 우정에 관하여 *On Spiritual Friendship*』에서 표현했던 견해들을 논하는 부분을 접하게 된다. 여기에서 보즈웰은 예수와 그가 사랑했던 제자의 관계가 철저하게 동성애적이지만, 순결한 애정의 관계라는 에일레드의 견해를 표현하는 것으로 해석되고 있는 『자비의 거울』의 한 구절을 인용하고 있다. 보즈웰의 책에서 인용된 구절은 다음과 같다.

당신이 가장 성스러운 사랑의 친밀한 포옹으로 연합할 수 있는 그런 사람, 그 안에서 영혼이 쉴 수 있고, 그에게 당신의 영혼을 쏟아부을 수 있으며, 슬픔의 와중에도 그 안에서 달콤한 위로의 노래와 같은 평안을 얻을 수 있는 그런 사람, 그의 가장 친절하게 반기는 가슴에 기대어 너무나 많은 세상의 좌절들로부터 평화를 찾을 수 있고, 그의 사랑하는 마음을 향해 당신 스스로에게 가장 내밀한 생각들을 열어놓는 것과 같이 그런 생각들을 자유롭게 열어놓을 수 있으며, 그의 영적인 입맞춤으로 근심과 걱정의 병으로부터 치료될 수 있으며—약에 의해서와 같이—당신과 함께 울고, 당신과 함께 기뻐하며, 당신과 함께 의심하고, 당신이 사랑의 구속으로 영혼의 내실에 불러들여 몸은 부재하더라도 영혼이 거기 있어, 더욱 비밀스럽게, 더욱 기꺼이 조언을 구할 수 있는 그런 누군가, 그와 함께 단둘이 성령의 달콤함이 흘러 넘치는 가운데, 사랑의 포옹으로, 하나 됨의 키스를 통해 세상의 잡념들로부터 벗어나 평화로운 숙면 속에서 함께 쉴 수 있는 그런 누군가, 그에게 당신이 스스로를 연합하며, 영혼과 영혼을 혼합하여, 둘이 하나가 될 수 있는 그런 누군가를 가진다는 것은 이 삶에서 진정으로 매우 큰 위안이 된다.

우리는 사랑하는 사람들과 함께 있는 가운데 단지 우리의 정신으로만이 아니라 우리의 마음으로 이를 즐거워할 수 있다. 어떤 이들은 다른 이들보다 더욱 내밀하고 열정적으로 영적인 우정의 사랑스러운 유대 가운데 우리에게 연결되어 있다. 그리고 이런 종류의 거룩한 사랑은 누군가에게는 부적절한 듯 보일 수 있으나, 우리와 모든 면에서 같고, 모든 면에서 우리를 참으시고 자비를 베푸시는, 예수 자신이 사랑의 표현을 통해 그런 사랑을 거룩하게 승화하셨다. 이것은 그가 모든 사람이 아닌 한 사람을 특별한 사랑의 표시로 그의 가슴에 기대도록 하셔서, 순결한 머리가 순결한 가슴의 꽃들 (원문 그대로) 위에 기댈 수 있고, 그들이 더욱 가까워지며, 하늘의 결혼의 향기로운 비밀들이 성령의 기름 부음의 감미로운 향기를 그들의 순결한 사랑에 더욱더 풍부하게 전하도록 하셨기 때문이다.

모든 제자들이 가장 거룩한 주인의 가장 위대한 사랑의 감미로움으로 축복받았으나, 그럼에도 한 제자에게만은 이보다 더 친밀한 사랑의 표식을 특권으로 허용하셔서, '예수가 사랑했던 제자' 로 불리게 하셨다.[1]

에일레드의 후기 저작인 『영적인 우정 *Spiritual Friendship*』에서—그의 생각이 끝날 무렵 그와 가장 가까운 두 친구들과 가졌던 관계의 특성에 대해 열거하기 전에—그는 다시 예수와 '성 요한' 의 관계에 대한 이미지로 되돌아간다.[2]

또는 주 예수께서 이런 점에서 요한보다 베드로를 선호했기 때문에, 누구라

---

1) 존 보즈웰(John Boswell), 『기독교, 동성애, 그리고 사회적 관용: 서력 기원으로부터 14세기까지의 서유럽의 동성애자들*Christianity, Homosexuality, and Social Tolerance: Gay People in Western Europe from the Beginning of the Christian Era to the Fourteenth Century*』(Chicago: University of Chicago Press, 1980), 225-226쪽. 이것은 에일레드의 『자비의 거울』 3장 3절로부터 발췌한 구절에 대한 보즈웰의 번역이다. 보즈웰이 자신의 책을 저술한 이후, 『자비의 거울』은 엘리자베스 코너(Elizabeth Connor)에 의해 완역되어 미시간의 칼라마주에 위치한 시스터시안 출판사(Cistercian Publications)에서 1990년에 출간되었다. 내가 보즈웰로부터 인용한 문구는 그 번역판의 298-299쪽에 있다. 두 번역본들은 문체상으로는 다르지만 내용에 있어서는 동일하다. 이어지는 모든 인용은 시스터시안 판을 따랐다.
2) 리보의 에일레드(Aelred of Rivaulx), 『영적인 우정 *Spiritual Frienship*』(Kalamazoo, Michigan: Cistercian Pulblications, 1977).

도 그가 승격되지 않는다는 이유로 교만에 사로잡혀 있다고 말해서는 안 될 것이며, 또한 그가 베드로에게 지도자의 지위를 주었기 때문에, 그런 이유로 요한에 대한 그의 애정이 줄어들었다고 말해서는 안 된다. 예수께서는 베드로에게 교회를 맡겼고, 요한에게는 그의 가장 사랑하는 어머니를 맡겼다. 베드로에게 그는 왕국의 열쇠를 부여했고, 요한에게는 가슴 속에 있는 비밀들을 보여주었다. 베드로는 그러므로 더욱 고귀해졌으며, 요한은 더욱 확신하게 되었다 … 그러므로 "그래서 내가 올 때까지 그를 남겨둘 것이다"라는 예수의 말씀에 따라, 베드로는 사역에 노출되었고, 요한은 사랑을 위해 보존되었다.[3]

이제 우리는 에일레드의 이야기가 예수와 그가 사랑했던 제자의 관계에 대해 우리가 발견해 낸 것과 상당한 정도로 일치하고 있다는 것을 알 수 있다. 즉, 사랑받는 그 제자에 대한 사랑이 예수가 특별한 친밀함을 가지고 거의 틀림없이 사랑했던 다른 제자들로부터 그를 멀리 떨어트려 놓는다. 사랑받는 자에 대한 예수의 사랑의 표식은 "그가 모든 사람이 아닌 한 사람이 그의 특별한 사랑의 표시로 그의 가슴에 기대도록 하셨기 때문에"(『자비의 거울』, 229쪽)라는 문구에서 볼 수 있는 것과 같이 사랑받는 그 제자가 취한 몸의 자세에서 볼 수 있다. 에일레드는 예수와 그의 어머니 그리고 사랑받는 제자가 등장하는 십자가 장면을 그러한 친밀함을 통해 해석한다. "예수께서는 베드로에게 교회를 맡겼고, 요한에게는 그의 가장 사랑하는 어머니를 맡겼다."(『영적인 우정』, 125쪽)

그리고 예수와 사랑받는 자 사이에서 그가 발견하는 그런 사랑이 다윗

---

3) 『영적인 우정 *Spiritual Frienship*』, 3.117, 125쪽.

과 요나단의 관계에 빗대어 이해되어야만 한다고 말하는 것도 중요하다. 그는 이러한 동료애를 『자비의 거울』 3.29.69-71과 『영적인 우정』 2.63(84쪽) 그리고 3.92(115-116쪽)에서 '영적인 우정'의 전형으로 언급한다.

에일레드는 예수와 그의 사랑받는 제자의 관계가 일종의 결혼 관계로 이해될 수 있으며, 가히 실제적인 결혼의 전형으로 볼 수 있다는 입장을 매우 분명하게 드러낸다. 『자비의 거울』로부터의 장문의 인용구에서 에일레드는 예수와 그의 사랑받는 제자의 '둘이 하나가 되는' 것과 같은 우정에 대해 말한다. 여기에서 이것은 창세기에서 묘사되는 첫 번째 남자와 여자 사이의 관계, 즉 교회의 전통이 결혼에 대한 전형으로 취했던 것이다. 이러한 예는 하나뿐이 아니다. 『영적인 우정』에서 에일레드는 가장 친밀한 (남성) 친구들의 관계를 둘이 하나가 되는 것으로 기술하고 있다(3.48, 103쪽). 실제로 에일레드는 서로 친밀한 우정의 모델을 예수와 그의 사랑받는 자 사이의 관계 그리고 다윗과 요나단 사이의 관계에 대한 성서적 기술들로부터 유래한 것으로 기술하고 있으며, 또한 원래 다른 성들에 속한 두 사람 사이에서 의도된 관계에 대한 전형으로 보고 있다! 그는 다음과 같이 쓰고 있다.

신적인 힘Might이 이 동료들을 만들었던 것은 결코 유사하거나 동일한 질료로부터 만들어 낸 것이 아니며, 그는 자비와 우정에 대해 보다 분명한 영감으로 남자로부터 나온 바로 그 질료로 여자를 만들어 냈다. 두 번째 인간은 첫 번째 인간의 옆구리로부터 취해졌으며, 그래서 인간 존재자들이 동등하게 나란히 서게 되어 인간사에 있어 우월하거나 열등하지 않다는 것으로 진정한 우정의 특징을 삼는다는 것을 자연이 가르치게 될지도 모른다는 것은 얼마나

아름다운 일인가.[4]

그래서 에일레드가 진정한 우정에 본질적인 것으로 간주하는 평등이 여기에서 성을 가로질러 결혼 관계로 전치된다. 사랑의 예시로서의 동성애적 관계는 남자들과 여자들이 평등해야만 한다는 견해를 생산한다. 우리는 다음 장에서 사랑받는 그 제자가 등장하는 텍스트들의 동성애적 해석에 대한 모든 성애적 관계들(젠더 또는 성적 지향성에 관계없이)을 위한 의의에 대해 고찰하게 될 때 이 관념으로 돌아온다.

이 지점에서 에일레드가 예수와 그의 사랑받는 제자의 관계를 묘사함에 있어 "하늘의 혼인의 향기로운 비밀들"(『자비의 거울』)에 대해 언급할 때, 그는 실질적으로 이 관계가 모든 면에서 하나의 '완벽한 결혼'이라고 생각하고 있다.

에일레드의 텍스트에서 나타나는 '비밀들'의 공유는 성적인 행위를 대신한다. 이때 관계를 내밀하게 만드는 것은 우선적으로 비밀들의 공유일 것이다. 그래서 에일레드는 예수와 그의 사랑받는 자의 관계를 이러한 공유를 밀어넣어 해석하게 되는데, 최후의 만찬 장면으로부터 이에 대한 단초를 얻는다. 성행위를 비밀로 치환하는 것은 에일레드에게 있어 이해할 만한 것이다. 그것은 순결/금욕의 조건들하에서 친밀함을 표현하는 방식이다. 그러나 우리는 요한복음이 결코 이러한 치환을 필요로 하지 않는다는 것을 보았다.

우리는 이러한 사랑받는 제자의 이미지에 대한 전유를 어떻게 이해할 것인가? 에일레드가 우정의 적합성을 주장하기 위해 이런 이미지를 만들

---

4) 같은 책, 1.57, 63쪽.

어 사용하고 있는 목적은 특별하거나 특정한 애착이 신의 사랑을 모델로 하는 그런 종류의 사랑으로 적합하지 않다는 것을 주장하는 사랑에 대한 견해에 반대되는 견해로, 욕망과 즐거움으로 가득 차 있는 특정한 사람에게 귀속되는 우정의 적합성을 주장하기 위함이다. 에일레드가 그런 깊은 애착을 변호할 필요를 느꼈다는 것은, 그 자체로 그러한 애착들이 성적인 기반 위에 있지는 않다고 하더라도, 적어도 신학적 토대 위에 있을지도 모른다는 추측이 가능할 수 있음을 지시한다.

에일레드는 다른 텍스트들에서 그가 관조하고 있는 종류의 관계가 어떤 특정한 성애적 습속과는 양립할 수 있지만 다른 습속들과는 양립할 수 없다는 것을 분명히 알고 있었다. 에일레드는 적어도 어떤 특정한 상황 하에서는 입맞춤이나 손잡기가 자신이 옹호하고 있었던 특별한 영적인 우정에 대한 적합한 표현들이라고 가정했던 동-성애적 관계들을 높이 평가하는 그와 동시대 사람들의 의견에 동의한다. 에일레드가 죽자 곧바로 그의 전기를 썼던 작가는 그가 다른 수도원장들과는 달리 수사들이 공개적으로 손을 잡음으로써 특별한 우정을 표현하는 것을 용인했다고 전한다.[5] 다른 한편으로 그는 남성들 간의 항문 성교가 받아들일 수 없는 행위라고 본다는 견해에 반대하지 않는다. 그가 말하는 관계는 이런 의미에서 '순결한' 것이다. 그러나 에일레드의 관점에 명백히 포함된 것(입맞

---

5) "만일 한 수도승이 그의 형제의 손을 자신의 손안에 잡거나 그들이 좋아하지 않는 어떤 것이라도 말하면, 그는 수도승복을 벗겨서 내쫓는 일부 멍청한 수도원장들에게서 나타나는 학자연하는 우둔함으로 그들을 대하지 않았다. 에일레드는 그렇게 하지 않았다. 절대로." 월터 대니얼(Walter Daniel), 『리보의 에일레드의 생애 *The Life of Aelred of Riveaulx*』, F. M. Powicke 옮김 (Kalamazoo, Mich.: Cistercian Publications, 1994), 40; 『영적인 우정 *Spiritual Friendship*』에 대한 서설, 13쪽.

춤과 애무)과 명백히 배제된 것(항문 성교) 사이에는 우리가 그 위치에 대해 확신하기 어려운 다양한 성애적 행위들이 있다. 만일 그렇다면 어떤 성애적 관습이 허용, 기대, 또는 금지되어야만 하는가? 이 질문이 중요한 것은 일반적인 의미에서의 결혼에 적합한 성애적 습속의 전체가 아닌 일부가 에일레드 자신과 그로부터 사랑받는 사람들을 위해 상상했던 '하늘의 혼인'의 적합한 매개들 또는 표현들로 취해진다는 것이다. 그리고 에일레드가 이러한 관계들 속에 있는 자신과 이러한 원형을 모방하라고 그가 조언해 주었던 사람들을 위한 전형으로서 예수와 그의 사랑받는 자의 관계를 이해했다는 것은 우리의 관심을 에일레드에게로 이끌어 가기에 충분하다.

게다가 이런 방식으로 문제를 제기하는 것은 성애적 습속의 윤곽이 문화 간에, 시대 간에, 그리고 실질적으로 개인 간에 엄청나게 다르다는 것을 상기시킨다. 그 자신의 시대적, 문화적 배경에서 에일레드가 높이 평가하는 성애적 습속은 단순히 알고 지내는 정도의 사람에게는 부적합한 것으로 간주될 것이며, 구애과 결혼 이외의 이성적인 관계들에 대해서는 금지되는 것으로 간주될 개연성이 있다. 에일레드가 보기에 육체적 친밀성의 관능적인 쾌락은 예수와 그가 사랑한 제자 사이에서 나타나는 것으로 보았던 '영적인 우정'에는 부적절하다.

에일레드에 의해 승인된 성애적 습속은 다른 맥락에서라면 혐오를 불러일으켰을 것이다. 그래서 남자들이 서로 키스하고 애무한다는 것은 적어도 동성애혐오의 영역에 속하는 일부 하위문화들subcultures에 의해 매우 혐오스러운 것으로 비춰진다. 실제로 자신의 성적인 경험이 전적으로 스스로의 성과 다른 성에 속한 사람들과의 관계에서만 지속되는 사람들 중 일부는 개인적인 이유로 인해 이러한 종류의 애정 어린 감정의 표현을 혐오스럽게 바라본다. 그러므로 그들은 항문 성교는 아무렇지도 않게 여기면서 키스에 대해서는 '남자답지 못한 것'으로 생각할 수도 있다. 게일 루빈Gayle Rubin은 우리의 성애적 습속이 무엇이든 간에, 전체 인구 중 일부는 그 행위를 혐오스럽게 바라본다는 점을 관찰해 내고 있다.[6]

이러한 고찰의 지점은, 에일레드에게 있어, 예수와 그가 사랑한 남자 간의 관계가 자명하게 어떤 형태의 성애적 행위에 의해 매개되었다는 것을 상기하는 것이다. 그러나 성애적 행위가 적절한 것, 용인될 수 있는 것, 혐오스러운 것, 또는 금지된 것을 나타내는 격자 위에서 조직되는 방식은 너무나 다변적이다. 요점은 에일레드가 성애적 습속을 구조지었을 법한 그런 방식을 받아들이거나 인정하는 것이 아니라, 그것이 어떤 방식으로 구조지어졌든 간에, 오로지 우리가 여전히 성애적 행위―즉, 욕망과 즐거움의 대상이 있음에 대한 육체적 쾌락을 허용하는 행위―를 다루고 있다는 것을 인지하는 것이다.

내가 반복적으로 지적하듯이, 요한복음의 텍스트는 예수와 그가 사랑한 남자의 관계가 성애적 행위에 의해 매개되는지에 대해서 말하지 않는다. 이 텍스트를 전체적으로 받아들일 때, 그런 매개로부터 다른 어떤 것도 지시되지 않는다. 말하자면 이 복음서가 금욕적인 태도를 취한다는 것은 말해지지 않는다. 유사한 방식으로 에일레드는 이러한 관계를 모델로 하는 다른 관계들의 성애적 매개가 적절함을 상정한다. 어떤 성애적

---

6) 게일 S. 루빈(Gayle S. Rubin), "성을 생각함: 성애적 정치의 급진적 이론에 관한 노트들"(Thinking Sex: Notes for a Radical Theory of the Politics of Sexuality), 『레즈비언 및 게이 연구 독본 *The Lesbian and Gay Studies Reader*』에 실림, Henry Abelove, Michele Aina Barale, and David M. Halperin 편집 (New York: Routledge, 1993), 15쪽.

습속이 적절한지에 대한 그의 가설들은 그의 문화 또는 하위문화 내에서 그런 습속과 관련된 그 자신의 경험에 의해 그리고 의미들의 범위에 의해 형성되는, 특히 수도원 생활의 규약들에 의해 형성되는 그런 전제들이었다. 이러한 자세는 오늘날의 독자들에게도 여전히 해당될 것이다. 개인적 취향과 근대 사회의 문화적 규범들에 큰 변화가 있었음을 고려할 때, 당연히 독자들은 요한복음에서 그려지고 있으며, 또한 리보의 에일레드를 통해 매우 다른 문화적 조건들하에서 인지되고 있는 종류의 관계에 적합하다고 판단되는 성애적 행위들에 대해 상당히 다양한 양상을 보인다.

말로우와 영국의 르네상스

예수와 그의 사랑받는 제자의 관계에 대한 동성애적 해석들에 대한 숨겨진 전승의 두 번째 증거는 영국의 르네상스 시기와 크리스토퍼 말로우 Christopher Marlowe에 대한 고발들로부터 유래한다.[7] 말로우는 영국에서 셰익스피어 다음으로 유명한 시인이자 극작가였으며 심지어 셰익스피어의 희곡들 중에는 그가 쓴 이야기가 있다고도 한다. 그의 희곡 작품들인 『디도Dido』, 『영웅과 리앤더Hero and Leander』, 『티무르Tamerlaine』, 그리고 『에드워드 2세Edward II』 모두가 동성애적 주제들을 사용한다.

또한 모종의 스파이 역할을 수행하고 있었던 말로우는 술집에서 벌어

---

7) "그들 중 한 명인 크리스토퍼 말로우는 여러 가지 다른 말들과 함께 그리스도와 복음서 기록자 성 요한이 동침하는 관계였다는 것을 말했기에 무신론과 독신 혐의로 고발 당했다." 데이비드 F. 그린버그(David F. Greenberg), 『동성애의 축조 *The Construction of Homosexuality*』(Chicago: University of Chicago Press, 1988), 349쪽.

진 싸움에 휘말려 죽게 되는데, 이것은 아마도 싸움으로 위장한 암살일 개연성이 있다. 말로우의 죽음에 대한 재판에서 그에 대한 음모에 관여했던 사람들 중 한 명인 리차드 베인즈Richard Baines는 말로우를 무신론과 독신 혐의로 고발했다. 그리고 칼렌Karlen은 베인즈의 고발에 이어지는 증언에서 다음과 같이 언급한다.

그는 모이세스Moyses(모세)가 광대일 뿐이며, 그리고 W. 롤리W. Raleighs 경의 남자인 헤리엇 일가Hariots 사람이 그보다는 더 나은 광대일 것이고,

종교의 원래의 시초는 사람들을 두려움에 묶어 두기 위한 것이었으며,

그리스도는 사생아였고 그의 어머니는 부정한 여자였으며,

만일 어떤 신이나 또는 선한 종교라는 것이 있다면, 그것은 교황주의자들의 것일 터인데, 왜냐하면 신에 대한 예배가 미사의 고상함, 노래하는 사람들, 머리터럭을 밀어 버린 정수리 등등과 같은 것으로 수행되기 때문이며, 모든 개신교도들은 위선적인 멍청이들이고,

… 모든 신약성서가 추잡하게 쓰여졌으며,

복음서를 쓴 성 요한은 그리스도와 동침하는 자였고 언제나 그의 가슴에 기대어 누웠으며, 그(그리스도)는 그를(요한을) 소돔의 죄(남색)를 저지르기 위한 죄의 도구로 사용했고,

담배와 소년들을 사랑하지 않는 모든 사람들은 바보들이라고 주장했다.[8]

이 증언의 논점은 말로우의 암살이 정당한 살인이었음을 뒷받침하고자

---

8) 아를로 칼렌(Arlo Karlen), 『성애와 동성애*Sexuality and Homosexuality*』(New York: W. W. Norton, 1971), 116–117쪽.

하는 것인 듯하다! 여기에서 말로우가 예수가 사랑한 제자가 "그리스도가 동침하는 자"였다거나 또는 예수가 "그를 소돔의 죄를 범하는 죄의 도구로 사용했다"는 말을 실제로 했는지에 관한 것은 거의 문제가 되지 않는다. 정작 중요한 것은 이러한 해석의 가능성에 대한 인식이 문화적 의식의 표면 바로 아래에 있었다는 것이다.

동일한 견해에 대한 추가 암시가 말로우의 친구이자 동료 시인이었던 토마스 키드 경Sir Thomas Kyd의 고문을 통해 자백받은 증언으로부터 왔다. 앨런 브레이는 키드의 말을 인용한다. "그는 성 요한이 우리 주 그리스도의 알렉시스Alexis였다고 기록했을 것이다. 나는 경외와 전율로 그리스도가 예외적인 사랑으로 그를 사랑했다는 것을 은폐한다."9

알렉시스에 대한 언급은 기원전 1세기 무렵 로마에서 가장 유명한 시들 중 하나였던 비르길리우스의 두 번째 목가시를 지칭하는 것이다. 이 시는 알렉시스를 향한 코리돈Corydon(그리스의 이야기들에서 주로 목동에게 붙여지는 이름)의 동-성애적(소년애적) 사랑에 바쳐진 것이다.

목동 코리돈은 사랑을 불태우네
아름다운 알렉시스, 그의 주인의 기쁨에 대해.

이 시는 말로우 본인의 『그의 사랑을 갈망하는 목동 *The Passionate Shepherd to His Love*』을 비롯한 영국 르네상스 시기의 많은 시들에 대해 하나의 전범

---

9) 앨런 브레이(Alan Bray), 『르네상스기 영국에서의 동성애 *Homosexuality in Renaissance England*』(London: Gay Men's Press, 1982), 64쪽. 앨런 브레이의 *Chaucer Review* 6 (1971): 44-63쪽에 실린 "동성애적 이단"(The Homosexual Heresy)도 참조할 것.

이 되었다.[10] 브레이의 판단으로는 '소돔의 죄'에 대한 언급보다는, 알렉시스에 대한 이 언급이 말로우가 실제로 했던 말일 개연성이 크다. 왜냐하면 그런 언급은 그의 사랑받는 제자에 대한 예수의 사랑을 소돔이라는 동성애혐오적인 해석의 맥락이 아니라 동-성애적 욕망과 즐거움을 그리스적인 존중이라는 맥락에 위치시키기 때문이다.

말로우의 죽음에 대한 재판은 예수와 그의 사랑받는 제자의 관계—거기에서 그려졌던 동-성애적 사랑과 그런 독해가 받았을 공포를 인지했던—에 대한 하나의 해석의 가능성(소돔의 죄[남색] 또는 소년애라는 고전적인 관습이라는 선동적인 용어 중 어떤 것을 통해서든)을 지시한다. 심지어 영국에서 가장 저명한 문필가들 중 한 사람을 살해한 것을 정당화하기까지 하면서 말이다. 말로우에 대한 법 외부적인 처형은 동성애적 관계에 대해 텍스트 자체의 암시를 해석의 전승들에 의해서 뿐만이 아니라, 만일 필요하다면, 공포를 사용해서라도 통제했던 방식에 대한 생생한 예시로 기능한다.

크롬튼과 벤담

예수와 그가 사랑한 제자의 관계에 대한 동성애적 읽기의 숨겨진 역사를 논하기 위해 내가 추적하고자 하는 세 번째 단서는 『바이런과 그리스적 사랑: 19세기 영국의 동성애혐오』로부터 나온다.[11]

---

10) 이 시와 그것의 문화적 배경에 대한 논의에 대해서는 브루스 R. 스미스(Bruce R. Smith)의 『셰익스피어 시기 영국의 동성애적 욕망*Homosexual Desire in Shakespeare's England*』(Chicago: University of Chicago Press, 1994), 89-115쪽을 참조할 것.

이 연구에서 루이스 크롬튼 Louis Crompton은 한 개의 장을 할애하여, 1816년 무렵에 저술했던 『바울이 아니라 예수 Not Paul but Jesus』라는 가제가 붙은 제레미 벤담의 미공개 수고에 대한 논의에 바치고 있다. 제목이 지시하듯이 이 수고는 소위 더 교조적인 또는 독단적인 바울을 더 인간적인 예수에 대립시키는 19세기적 장르를 선취하고 있다.

벤담(1748-1832년)은 18세기 말에서 19세기 초까지 영국에서 가장 중요한 정치 철학자들 중 한 명이었다. 그는 매우 많은 양의 문서를 저술했지만, 출간은 주저했다. 그가 저술한 『도덕과 입법의 원리서설 The Principles of Morals and Legislation』은 1789년에 마침내 출간되었다. 벤담의 저작들을 함께 모아 프랑스어로 번역한 『입법론 Traites de Legislation』은 1802년에 프랑스에서 출간되어, 벤담의 사상이 나폴레옹 법전 the Napoleonic Code에 연관된 입법 개혁의 발전에 지대한 영향을 미치는 결과로 귀결되었다. 영국에서는 존 스튜어트 밀 John Stuart Mill에게 영향을 미쳐 영국 정부를 상당히 민주화시켰던 1832년의 개혁 법안(the Reform Bill, 하원 선거와 관련된 선거구 변경을 위한 법안. 산업혁명기에 새롭게 생겨난 도시들에 의석을 배정하고 동시에 인구가 거의 없게 되어 버린 선거구의 의석 배정을 철회하는 것을 골자로 함 역자)으로 이어졌다.

벤담은 엄청난 양의 에너지를 동성애적인 관계를 합법화하는 문제에도 사용하였는데, 그 이유는 그가 기존의 법을 시민들의 사적인 삶에 대한 정부의 근거 없는 침범으로 간주했기 때문이다. 벤담은 간접적으로 상당한 정도에 이르는 성공을 거두게 된다. 말하자면 영국보다는 외국에서

---

11) 루이스 크롬튼(Louis Crompton), 『바이런과 그리스적 사랑: 19세기 영국의 동성애혐오 Byron and Greek Love: Homophobia in Nineteenth-Century England』 (Berkeley: University of California Press, 1985).

말이다. 나폴레옹 법전은 '남색'을 합법화했고, 벤담이 영향력을 미쳤던 브라질의 사법 체계 역시 같은 길을 걸었다.

이러한 '피해자 없는 범죄들'을 폐지시키는 데 대해 벤담은 지속적인 관심을 가지고 일반적으로는 성애와 관련되며, 특정하게는 동성애와 관련되는 성서 자료들에 대해 광범위한 검토에 착수했으며, 이것이 바로 벤담이 저술한 『바울이 아니라 예수』가 다루고 있는 주제다.[12]

이 저작에서 벤담은 영국에서의 동성애 탈범죄화와 관련하여 D. S. 베일리D. S. Bailey가 150년 이후에나 착수하게 될 획기적인 작업의 대부분을 선취해 냈던 것이다. 그러나 벤담은 오히려 그보다 한걸음 더 나가고 있다. 벤담은 다윗과 요나단의 이야기에서 '남색'에 반대하던 당시의 입법 체계하에서 범죄가 될 것이 뻔한 관계가 묘사되고 있음을 추정해 냈다. 더욱더 놀라운 것은 벤담이 내가 '예수가 사랑한 제자'의 해석과 관련하여 내놓았던 제안의 상당 부분을 선취하였다는 것이다.

크롬튼은 다음과 같이 기록한다.

성 요한의 복음서를 그가 창세기를 분석했던 것과 동일한 관심으로 검토하여 … 그는 그 '사랑받는 제자'가 예수가 그에 대해 품었던 특별히 정다운 감정에 대해 말하고 있는 최후의 만찬, 십자가형, 그리고 부활의 이야기에서 모든 구절들을 발췌하고 있다. 요한은 그와 예수가 연인이라는 것을 암시하려는 의도를 가졌을 것인가? 벤담은 "단정한 취향과 자신을 존중하는 신중함이 이러한 극도로 미묘한 주제에 대한 관심을 바꾸게 만든다"는 것을 인정한다. 그러나 "인간의 행복과 중요한 진실에 대한 존중 그리고 형사 사법정의

---

12) 같은 책, 278-283쪽에서 논해지고 있음.

의 건전한 원칙들이 그가 이 문제를 자세히 검토하도록 만들었다."(크롬튼,
278쪽)

2세기가 넘는 시간 이전에 펼쳐진 말로우의 운명을 고려할 때 '자신을
존중하는 신중함'이 이러한 관계를 면밀한 조사로 이끌어 가는 것을 방
해한다는 벤담의 견해는 충분히 정당화되고도 남음이 있다. 여기에서 제
시된 것과 동일한 '자신을 존중하는 신중함'이 이 저작의 발간을 막았을
개연성이 높으며, 이후에 크롬튼이 1985년에 이 저작을 발굴해 내기 전
까지는 벤담 연구자들이 이를 은폐시키려고 했던 의도에 실질적인 영향
을 미쳤을 것이다.

크롬튼은 이 텍스트에 대한 벤담의 해석을 다음과 같이 인용하고 있다.

만일 이 구절들에서 예수가 요한에 대해 품고 있는 것으로 표상되도록 의도
되었던 사랑이 다윗과 사울의 아들 요나단 사이에서 나타났던 것으로 보이는
것과 동일한 종류의 사랑이 아니라면, 이 관계를 명시적으로 그런 정다움의
정황들과 함께 드러내는 방식으로 고찰하게 되는 대상이 무엇이었는지에 대
해 쉽게 이해할 수 없을 것으로 보인다. 여기에서 예수의 품 안에서 성 요한
이 그 대상으로 표상되도록 의도되는 그런 종류의 사랑이 다른 사도들 중 누
구라도 그 대상이 되는 사랑과는 다름을 주장하는 것은 전적으로 논쟁의 여
지에서 벗어난다. 이러한 종류의 사랑에 대해, 그것이 어떤 종류이든 간에,
예수와 요한 만이 너무나 자주 반복되고 있는 용어를 통해 말하고 있는 이 대
상이 되는 것이다.

복음을 설교함과 관련된 그의 노고에서 찾을 수 있는 찾을 수 있는 모든
우월한 가치[에 대해서]—어떠한 토대도 이러한 구별을 해 내지 못했을

것인데, 왜냐하면 이에 대해 요한복음에서는 성 요한이 성 베드로와 비교될 수 있는 어떤 것도 발견되지 않으며, 어떤 경우에도 이 거친 어부가 "예수의 품 안에 기대거나" 또는 "그의 가슴에 누워 있는 것"을 볼 수 없기 때문이다." (크롬튼, 278-279쪽)

이제 에일레드와 같이 벤담은 이 한 명의 제자에 대한 예수의 사랑이 가지는 구별성을 인지한다. 그러나 에일레드와는 달리 벤담은 (그 스스로가 평생 독신이었고, 명백히 금욕적이었음에도 불구하고) '그런 다정한 감정의 정황들'을 통해 표상되는 육체적 친밀함이 당시 영국에서 범죄시되었던 성적인 행위들을 포함한다고 추정함에 있어 어떠한 어려움도 보이지 않는다.[13]

크롬튼에 따르면 벤담은 분명히 예수가, 예언자들과 같이 그러나 많은 기독교 전승들과는 달리, 동-성애적 관계들에 대해 의혹의 시선이 보내지는 곳에 소돔의 이야기가 사용될 수 있다고 생각하지 않았다는 것을 명시한다. 그리고 그는 더 나아가 그런 관계들에 대해 언급하고 있는 '모세의' 율법(즉, 레위기)이 예수의 태도에 대해서 어떠한 효과도 가질 수 없음을 주장한다.

모세의 율법에 대해서—그 문제에 대해 관심을 가지기에 충분한 결단을 보이고 있는 그에게 있어 그 어떤 것도 예수의 눈에 모세의 율법이 사회의 복리에

---

13) 벤담이 어떤 이유로든 예수와 그가 사랑했던 제자 사이의 관계가 성적인 것으로 간주되어야만 한다는 것을 추정하고 있다는 것은 명백하다. 왜냐하면 그는 이 문제를 동-성애적 관계들의 탈범죄화에 대한 문제와의 연관 속에서 고려하고 있기 때문이다.

제대로 적응하지 못했기에, 예수에 의해 다소간에 명시적으로 (그의) 경멸의 대상으로 분명하게 선언되지 않고서는, 그의 인식 아래에서 말해지는 경우가 결코 없는, 그저 단순히 인간적인 법이었다는 것보다 분명할 수는 없다.[14]

벤담의 견해에 대한 크롬튼 자신의 평가가 오히려 상당히 조심스럽다.

기독교인은 동성애를 혐오스러운 것으로 여기므로 당연히 벤담의 복음서 독해 방식을 사용할 것을 강력하게 거부할 것이다. 확실히 그가 쌓아 올리는 증거는 연약하며 결정적인 것이 아니라 할 수 있는데, 이것은 벤담이 사법적 증거에 대해서는 당대의 선도적인 권위자였다는 것을 기억할 때 너무나 놀라운 일이다. 그러나 사람들이 믿는 것은, 특히 종교와 도덕의 문제들에 대해서 보자면, 증거에 의해 확정되는 경우가 드물다. 개인적 또는 문화적 편향이 훨씬 더 중요하다는 것이다. 1세기 또는 2세기경에 요한복음을 읽는 바울이나 레위기에 대해 무지한 그리스인이라면 요한복음의 이야기를 동성애적 로맨스로 이해했을 가능성이 상당히 높다. 마치 약간 더 많은 증거를 들어 이 그리스인이 일리아드에 나오는 아킬레스와 파트로클루스의 이야기를 동성애적인 연애로 이해했을 것처럼 말이다. 벤담의 이해는 개연적인 것도 불가능한 것도 아니다. 그러나 벤담의 이론에 대한 대부분의 반응들은 증거에 대한 반응이라기보다는 동성애에 대한 스스로의 감정을 드러내는 것이거나, 또는 그 문제에 관련된 이상, 그리스도에게 어떤 종류의 성적인 감정이라도 귀착시키는 것에 대한 감정의 표출일 것이다.[15]

---

14) 같은 책, 279쪽.
15) 같은 책, 283쪽.

크롬튼이 여기에서 스스로의 의견을 표현하는 데 보이는 신중함은 내가 "겟세마네 동산에서의 벌거벗은 청년"(이어지는 논의 참조)이라고 부르는 이야기에 대한 벤담의 언급에 대한 논의를 따라 드러나고 있다. 이 "겟세마네 동산에서의 벌거벗은 청년" 이야기는 증거적인 측면에서 보자면 예수가 사랑했던 제자에 대한 증거보다 명백히 그 설득력이 떨어진다(정경적인 마가복음의 텍스트에서 단 세 절만이 언급되고 있다는 측면에서). 게다가 크롬튼은 요한복음에 대한 독립적인 독해를 시도하지도 않는다. 그가 1985년에도 여전히 동성애혐오의 체제가 벤담의 견해로부터 스스로 거리를 두어 신중한 태도를 취하는 것은 가히 충격적이다.

그러나 벤담은 "사법적 증거에 대해서는 당대의 선도적인 권위자"로서 텍스트가 편견 없는 독자에게 무엇을 제시하는지를 분명하게 보았을 것이다.[16]

그로덱과 정신분석

게오르그 발터 그로덱Georg Walther Groddeck(1866-1934년)은 오스트리

---

16) 적어도 한 가지 측면에서 크롬튼은 결정적으로 옳다. 예수와 그의 사랑받는 제자의 관계에 대한 성적인 암시를 볼 수 있을 가능성은 실제로 어떤 종류의 성적인 감정 또는 행위를 예수에게 돌리는 것에 크게 의존한다. 다음 장에서 이에 대해 논하게 될 것이다.

17) 그로덱이 처음으로 나의 관심에 들어오게 되었던 것은 도미니끄 페르난데즈(Dominique Fernandez)의 저술 『가니메데의 납치*La Rapt de Ganymede*』(Paris: Bernard Grasset, 1989)에 대한 제임스 크리치(James Creech)의 언급을 통해서였다. 이 책은 그로덱의 책 98-99쪽을 언급하고 있다. 페르난데즈는 예수가 사랑한 제

아의 정신분석가인 지그문트 프로이트Sigmund Freud와 동시대 인물이다.[17] 심리적인 작용들을 밝혀 내는 방편으로 프로이트가 그리스 신화들을 사용하는 것을 선호했던데 반하여 (예를 들자면 오이디푸스 콤플렉스), 그로덱은 기독교의 상징 체계에 대한 긍정적인 사용을 분석의 목적으로 하는 편으로 기울었던 사람이다.

1923년 그로덱은 '그것', 또는 프로이트 심리학의 용어를 따라 영어에서 표준화된 '이드id'를 다루었던 『그것에 대한 책Das buch vom Es』[18]을 출간했다. 이 책은 그로덱이 자신을 이해하고 정신분석 과정 그 자체에 대한 이해를 추구하는 일련의 편지들로 구성된다.

〈편지 27〉에서 그로덱은 그가 인간의 정서적인 삶에 기초가 된다고 보고 있는 동성애 주제를 논한다. 그는 우리의 첫 번째 성애적 애착이 자기 자신을 향하며, 이것은 여성에게 있어 그녀의 최초의 '의미 있는 타자significant other'가 동성에 속한 개인, 말하자면 그녀의 어머니라는 의미에서 강화된다고 가정한다. 그러므로 그로덱은 설명이 필요한 것은 어떻게 일부 개인들이 '동성애적'이 되는가라는 문제에 대한 것이 아니라, 어떻게 많은 사람들이 이를 잊고 '이성애적'이 되는가 하는 문제라고 믿는다.

그로덱에게는 동성애의 우선성에 대한 근대 서구 세계의 무지가 오히려 놀라운 것이다. 마치 의도적인 무지가 서구로 하여금 목전에 있는 것

자에 대한 그로덱의 묘사를 인용한다(98쪽). 그것이 바로 숨겨진 전승이 재구성되는 순환적인 방식들이다.

18) 게오르그 발터 그로덱, 『그것에 대한 책Das buch vom Es』(Vienna : Psychoanlytisher Verlag, 1923). (그로덱은 이 '그것'이라는 개념을, 니체가 말하는 개인이 어쩔 수 없는 인성의 비의지적 측면에서 고안해 낸다. 이후 프로이트는 이 '그것'을 차용한다. 'id'는 '그것'을 뜻하는 라틴어인데 프로이트는 독일어로 das Es로 쓰고 id로 읽었다고 한다. 역자)

을 보지 못하도록 하는 것처럼 말이다. 이러한 문화적 현상에 대해 그는 다음과 같이 기술하고 있다.

복음서에서 적어도 '예수가 사랑했던' 그리고 주님의 가슴에 누워 있던 그리스도의 제자와 관련한 흥미로운 문구에 대해서는 놀라움을 금할 수 없다. 우리는 그 문구를 이해하지 않는다. 이 모든 증거에 대해 우리는 눈을 감고 있는 것이다. 우리는 거기에서 볼 수 있는 것을 보지 않으려 하고 있다.
　우선적으로 교회가 그것을 금지한다. 명백히 교회는 이런 금지를 구약으로부터 가져오는데, 구약의 전체를 관통하는 정신은 모든 성적인 활동을 아이들을 낳는 것과의 직접적인 연관 내에서 실행하는 방향을 취하고 있으며, 교회는 의도적으로 사제적인 야망의 결과 인간의 이 유전적인 본능을 죄로 만들어 상처 입은 양심 위에 군림하려고 했다. 이것은 교회에게 특히 좋은 기회를 제공하게 되는데, 왜냐하면 그것이 남성적 사랑에 대한 교회의 혐오 안에 존재하는 그리스적 문화의 뿌리를 다룰 수 있었기 때문이다.[19]

그로덱은 동-성애적 사랑의 금지가 그리스 문화의 우월성을 침식시켜 교회의 이데올로기적 이득에 봉사하고 사람들을 자연스럽고 불가피한 것에 대해 가책을 느껴야 하는 입장에 처하게 함으로써, 죄인들의 죄를 사해 주는 교회의 기능이 필수적인 것이 되도록 하는 기능을 하게 된다고 가정한다.

그럴 때 교회가 부정의injustice (불평등을 뜻하기도 함 역자) 로서의 죄에 대

---

19) 게오르그 발터 그로덱, 『그것에 대한 책 *The Book of the It*』, V. M. E. 콜린스(V. M. E. Collins) 옮김 (New York: Vintage Press, 1949), 263-264쪽.

한 성서적 견해로부터 관심을 돌려 부유하고 권력 있는 후원자들과 어울리는 일이 훨씬 수월하게 되었다는 것은 분명한 사실이다. 그리고 죄의 일차적인 장소로서의 성애의 영역에 대해 관심을 집중하는 것은 부정의에 의해 피해를 입은 사람들이, 스스로 피해를 입었음에도 불구하고, 도리어 자신들이 용서를 필요로 하는 진정한 죄인들이라고 느끼게 만든다는 것을 의미한다.[20] 전반적인 헬레니즘 문화의 성애혐오는 이런 측면에서 콘스탄티누스에 의해 공인된 교회의 이익을 위해 봉사했다. 그러나 그로덱은 동성애혐오가 이러한 성애혐오적인 지배 체제에서도 특권적인 위치를 점한다고 말하고 있다. 그로덱에게 있어 동성애적 매력의 일차성은 동성애 금지를 특히 지배 체제들에 유용한 것으로 만든다.

그러나 우리의 목적에서 그로덱의 입장을 볼 때 가장 흥미로운 것은 아마도 그가 예수와 그의 사랑받는 제자의 관계에 자명한 동성애적 측면이 있다고 보았던 것이다. 이러한 관계는 논쟁을 필요로 하지 않는다. 그저 독자의 눈앞에 제시되는 것이다. 이러한 견해는 우리가 '숨겨진 전승'에서 대면해 왔던 것에 부합한다. 분명히 말로우나 벤담에게 있어 예수와 그의 사랑받는 제자의 관계는 명백했고, 어쨌든 그들은 교회의 전통이 제공하는 눈가리개 없이 텍스트를 읽었던 것이다.[21]

---

20) 교회가 이러저러한 방식으로 죄에 대한 교의를 악용했던 방식들에 관한 논의는 『죄의 이면: 무엇인가에 대해 죄지음이라는 관점으로부터 얻는 상처 *The Other Side of Sin: Woundedness from the Perspective of the Sinned-Against*』, Andrew Sung Park and Susan L. Nelson 편집 (Albany: State University of New York Press, 2001), 109-122쪽에 실린 나의 글, "죄에 대한 교의의 재구성"(Reconstructing the Doctrine of Sin)을 참조할 것.

21) 요한복음에 대한 내 독해 방식을 기독교인들에게 이야기할 때마다 그들은 일반적으로 (그들이 게이가 아니라면) 깜짝 놀란다는 점에서 은연중 이것이 검증된다. 그러

동시대의 목소리들

'동성애의 문제'가 교회에서 보다 더 공개적인 문제가 되면서 명백한 것을 숨기는 전통의 힘은 약화된다. 그러나 아직도 여전히 게이적 해석 또는 반동성애혐오적 해석의 동시대적인 여러 목소리들이 요한복음의 이런 측면에 대해 침묵하거나 논의를 거치지 않고 이를 잊어버리고 있다. 그래서 에드워즈Edwards나 맥닐McNeil은 심지어 이런 가능성을 언급하지도 않고 있으며, 호너Horner는 불트만 가설의 특정한 형태와 우리 모두가 사랑받는 제자들이라는 교훈적인 고찰을 선호하여, 요한복음의 동성애적 측면에 대한 해석을 기각하기 위한 목적으로만 이를 언급하고 있다.[22] 넬슨Nelson 또한 우리가 앞에서 고려한 바 있는 한 가지 가능성에 대해 상당히 모호한 언급을 하고 있다.

같은 성에 속한 성인들 간의 깊은 사랑에 대해 성서적으로 긍정되는 경우들이 분명히 있다. 나는 이 경우들에 대해 성기가 연관되었다고 암시하는 것은 아니다. 나는 단순히 다윗과 요나단, 룻과 나오미, 예수와 그 '사랑받는 제자'의 관계 및 다른 사례들에서 성서가 동성에 속한 사람들 간에 발전되는 강한 정서적 유대는 축하할 일이지 두려워할 이유가 아니라는 입장을 유지하는 듯하다는 점에 주목할 뿐이다.[23]

나 내가 이에 대해 '포스트-기독교인'이라 할 수 있는 지식인들에게 이야기할 때 그들의 반응은 보통 "그런데 그거 뻔하지 않아요?"와 같은 것이었다.

22) 톰 호너(Tom Horner), 『다윗을 사랑한 요나단: 성서 시대의 동성애*Jonathan Loved David: Homosexuality in Biblical Times*』(Philadelphia: Westminster Press, 1978), 120–121쪽.

영국의 국교회는 「성애에 대한 기독교적 이해를 향하여Towards a Christian Understanding of Sexuality」라는 1984년의 문서에서 예수가 "동성애적인 경향을 보였을 수도" 있다는 것과 예수가 사랑한 제자에 대해 언급한다.[24] 확실히 이 문서는 기독교인들이 "혐오로 반응하는 경향을 지녀왔다"는 견해가 있음을 언급한다. 그러나 이 문서는 동성애혐오를 예수에게 '여자 애인들'이 있었다는 의견에 대해 사람들이 느낄 법한 그런 혐오와 함께 위치시키고 있다. 〈지저스 그리스도 슈퍼스타〉의 인기와 〈예수 최후의 유혹The Last Temptation of Christ〉의 논의가 여자 애인들을 주장하는 의견을 위한 근거자료가 될 수도 있다는 것을 언급하고 있음에도 불구하고, 이 문서는 애석하게도 동성애적 경향성에 대한 의견을 위한 근거자료에 관해서는 침묵하고 있다.

교회 참사위원 휴 몬테피오르Hugh Montefiore의 의견들이 그런 자료들 중 하나일 것이다. 1967년 8월 캠브리지의 성 마리아 대성당에서 행해진 설교에서 몬테피오르는 예수가 "결혼할 만한 그런 종류의 인간이 아니었기" 때문에 독신을 지켰다는 의견을 제시했다. 이 의견이 의미하는 바가 미국 독자들에게는 별 의미 없는 것처럼 보일지라도, 몬테피오르 자신은 그가 예수에게 죄를 돌리려는 의도가 아니었다는 것을 주장해야 할 정도의 강압적인 정서를 느꼈으며, 청중이 "이 모든 것에 대해 혐오감으로 가득 찼을" 수도 있다는 것을 인정하고, 이러한 혐오감이 '십자가의 추문'에 대한 유대인들의 그것에 비교할 만하다고 말하기까지도 한다.[25] 이 상

---

23) 제임스 B. 넬슨(James B. Nelson), 『몸 신학*Body Theology*』(Louisville, Ky.: Westminster/John Knox Press, 1990), 60쪽.

24) J. 고든 멜튼(J. Gordon Melton)의 책에서 인용됨. 『교회, 동성애에 대해 말하다 The Churches Speak On Homosexuality』(Detroit: Gale Research, 1991), 245쪽.

당히 모호한 주장은 「예수, 신의 계시Jesus the Revelation of God」라는 제목으로 이전 달에 옥스포드에서 발표되었던 글에서 보다 직접적으로 전달되었으나, 그 이후로는 공개되지 않았다.[26] 이 글에서도 몬테피오르는 예수의 독신이라는 주제로 서두를 떼고 있다. 몬테피오르는 이 사실에 대한 다른 가능한 해석들을 검토한 이후 다음과 같이 말한다.

남자들은 보통 세 가지 이유로 독신으로 남아 있게 된다. 결혼할 능력이 되지 않거나 결혼할 여자가 없는 경우 (이런 이유들로 예수의 결혼이 방해받지는 않았을 것이다), 그들의 직업에 비추어 결혼하는 것이 불편한 경우 (우리는 이미 예수의 삶에서 '감춰진 기간'에 대한 논의에서 이 가능성을 배제한 바 있다), 또는 그들이 본성적으로 동성애적이라 여성에 대해 특별한 매력을 느끼지 않는 경우이다. 이 동성애적 설명은 우리가 무시하지 말아야 할 것이다. 복음서들에 따르면 여자들은 그의 친구들이었지만 그가 사랑한다는 이야기가 전해지는 사람들은 남자들이었다. 청중이 이런 관념에 대해 혐오를 가지고 위축될 가능성도 있다. 만일 그렇다면 이런 것들이 예수가 살아 있던 시기에 유대인들이 유대 민족의 메시아가 범죄자로 로마의 십자가에 달려 죽었다는 생각이 들었을 때 받게 되었던 바로 그와 동일한 감정들이었을 것이라는 점을 고려해 보도록 해야 한다.[27]

---

25) 휴 몬테피오르(Hugh Montefiore) 편집, 『신을 위해서: 성 마리아 대성당으로부터의 설교들For God's Sake: Sermons from Great St. Mary's』 (Minneapolis: Fortress Press, 1969), 182, 183쪽.

26) 노먼 피텐저(Norman Pittenger), 『오늘 우리를 위한 예수Christ for Us Today』 (London: SCM, 1968), 101-116쪽.

27) 같은 책, 109쪽.

몬테피오르는 이어서 말한다.

만일 예수가 본성적으로 동성애적이었다면 (그리고 만일 이것이 그의 독신 상태에 대한 진정한 설명이라면) 이것이야말로 '기성 사회'와 사회적 관습의 옹호자들에게 용인될 수 없는 사람들에 대한 신의 자기 동일시라는 진일보한 증거가 될 것이다.[28]

각주에서 몬테피오르는 명백히 그의 언급들이 환기시켰을 법한 분노에 대응하고 있다.

이런 추측에 대해 전국 단위 언론이 내놓은 선정적인 보도에 이어졌던 격노에 의해 나는 전에 말했던 것에 한 가지를 덧붙이게 되었다. '동성애적'이라는 말이 인간의 본성에 대해 적용될 때 그것이 어떤 도덕적으로 함축된 의미를 암시하고 있는 것은 아니다. 그것은 단순히 어떤 형태의 개별적 특성을 말하는 기술적인 단어일 뿐이다. 그것은 결코 예수에 대해 어떤 종류의 죄성sin-fulness을 암시하거나 이를 예수에게 돌리지 않는다.[29]

"그가 사랑했다는 이야기가 전해지는 것은 남자들이었다"라는 참사위원 몬테피오르의 의견은 단지 예수가 사랑한 제자의 역할을 모호하게 언

---

28) 같은 책, 110쪽.
29) 같은 책, 109쪽. 몬테피오르는 여기에서 그가 동성애적 행위를 죄악으로 보는가 아닌가에 대해서는 이야기하지 않는 조심스러움을 보인다. 여기에서 판단이 표현되고 있는 이 신중함은 부분적으로 당시 영국에서 고조되고 있던 동성애 합법화에 대한 논쟁에 기인한다.

급한 것일 뿐이다. 여기에서 몬테피오르는 사랑받는 그 제자뿐 아니라 나사로 심지어는 '부유한 젊은 관원' 마저 떠올렸을지도 모른다.

1990년에 「변론자」라는 잡지에 실린 글에서, 말콤 보이드Malcolm Boyd 는 "예수는 게이였나?"라는 질문을 던졌다.[30] 그러나 그는 대부분의 관심을 전반적으로 예수의 성애의 문제에 집중하고 있으며, 예수가 사랑하는 제자에 대해서는 단지 암시적으로 다른 사람들의 구두상의 전달을 언급하는 맥락에서만 이야기하고 있다. 이 논설문은 예수와 그의 사랑받는 제자의 관계를 이해하는 데 있어 동성애적 의미에서의 독해를 활성화시키기보다는 이에 대해 더욱 꺼리도록 만든다.

1992년에 로버트 윌리엄스Robert Williams는 『나 있는 그대로Just As I Am』 (Harper)라는 책에서 동일한 문제에 상당한 관심을 기울인 이후, 예수가 사랑했던 그 제자에 대한 이야기들을 인용하여(116-118쪽), 「비밀의 마가복음 Secret Mark」(모튼 스미스Morton Smith가 마르 사바Mar Saba 수도원에서 발굴했다고 주장하는 문서들 중 알렉산드리아의 클레멘스가 썼던 것으로 알려진 편지들에서 언급되는 마가복음의 확장 형태로 쓰여졌다고 전해지는 문서. 역자) 118-121쪽에서 예수가 사랑한 제자의 복합적인 그림이 나사로로 구성되고 있다는 것을 언급하며, 이 문제에 긍정하는 답을 내놓고 있다. 이 연구서는 단연코 현재까지 이 관계에 대한 게이적인 독해의 가능성에 대해 가장 세부적으로 파고든 당대의 논의라 할 수 있을 것이다.[31] 그러나 윌

---

30) 말콤 보이드(Malcolm Boyd), "예수는 게이였나?", 「변론자Advocate」 제565호 (12월 4일, 1990).

31) 나는 이러한 제안에 대해 마가복음 텍스트에 기초한 일종의 '게이 로맨스'의 재구성 과정에서 윌리엄스가 언급한 바 있는 마가복음 자료에 대해 논의한 이후에, 보다 긴 지면을 할애하여 논할 것이다.

리엄스는 성서 텍스트들에 대한 조심스러운 재독해나 그의 관점에 대한 논증을 제공하지 않고 있다.

자체적으로 요한복음에만 기초를 두고 있지는 않지만, 터렌스 맥낼리의 희곡 「코르푸스 크리스티*Corpus Christi*」에 대한 언급이 또한 이루어져야만 할 것이다. 이 희곡은 텍사스주의 코르푸스 크리스티시에서 자란 예수와 유사한 인물을 묘사하고 있는데, 그는 치유자 겸 설교자가 되어 상당수가 게이들로 구성된 제자들을 거느린다. 결국 이 인물은 박해와 처형을 받게 되는데 여기에서 분명히 드러나는 것은 예수의 이미지를 게이로 재구성한다는 것이다. 이 희곡은 논란을 일으켰지만 교회에 다니는 청중들을 비롯한 젊은 청중들에게 강한 호소력을 가지는 듯하다.

예수가 사랑했던 제자에 대한 게이적인 독해의 가능성은 신학자들(과 다른 사람들)의 자발적인 태도를 통해 열리게 되어 새로운 관점에서 성서적 자료들을 재고하게 만들었다. 나는 이 논의가 이러한 과정에 도움이 되기를 희망한다. 아마도 언젠가는 기독교 전통을 고집하는 완고한 사람들도 예수와 그가 사랑한 남자의 이야기를 열린 눈으로 읽을 수 있게 될 것이다.

제6장
신학적 의의

신약성서로부터 텍스트를 분석할 때, 텍스트가 무엇을 말하는지 또는 그것이 어떤 해석을 낳을 것인지에 대해 물어야 할 뿐만이 아니라, 또한 어떤 측면에서 이 해석 자체가 그 텍스트에 연관되는 것으로 이해되는 기독교 공동체에 대해 특정한 텍스트 독해 방식이 가지게 되는 중요성의 문제를 제기해야만 할 것이다. 이 텍스트에 대한 우리의 독해는 예수가 사랑했던 제자에 관한 에피소드들이 예수와 그 제자의 관계가 성적인 표현을 포함하는 것으로 추정될 수 있는 동성애적 관계였다는 가정에 기초할 때 가장 잘 이해된다. 텍스트 독해 방식은 관련 구절들에 대해 폭력을 행사하지 않으며, 그리고 이 관계의 성애적 성격을 무시함에 의해 의미가 모호하게 되었던 많은 것들을 조명할 뿐만이 아니라, 텍스트 전체의 전반적인 세계관과 합치한다.

그러나 만일 이 소위 게이적인 텍스트 독해라는 것이 이 텍스트들에서 의미를 만들어 낸다면, 그리고 만일 다른 독해 방식들이 의미를 만들지 못하는 그런 방식을 통해 이 텍스트를 조명해 낸다면, 그런 읽기 방식은 어떤 의미에서 이 텍스트들이 신 앞에 선 인간의 상황에 대해 계시적임을 이해하는 독자들의 공동체에게 무엇을 의미할 것인가?

텍스트에 대한 이러한 읽기 방식은 어느 누구든 스스로를 이 텍스트에서 그려진 예수의 제자로 상상하는 사람에 대해 이성애적이고 동성애혐오적인 제도 및 태도를 영속화하는 것이 불가능하도록 만든다. 비록 1세기의 동-성애적 관계들과 우리가 게이 또는 심지어 퀴어라고 명명하는 21세기 초의 동-성애적 관계들 사이에는 매우 큰 문화적 차이가 존재하지만, 요한복음 텍스트는 예수가 다른 남자와 오늘날 '게이적'이라고 불릴 수도 있을 법한 관계를 맺고 있었다는 것을 말하고 있다.

게이, 레즈비언, 양성애적인 성향을 가진 그리스도인들의 포용을 반대하고, 이들을 부인하며, 이러한 관계들에 대한 열린 태도와 그 관계들에 대한 공적인 인정의 존엄성을 거부할 뿐만 아니라 이들을 기독교 공동체의 선교사역으로부터 배제하는 많은 교회들의 지속적인 태도는 교회가 예수 본인에 대해 반대하는 입장에 서게 된다는 의미에서 특히 충격적인 예가 된다. 물론 그런 반대는 교회의 입장에서 새로운 것이 아니다. 교회의 역사에서 교회는 흔히 부유하고 권력 있는 자들의 편을 들었고, 예수가 그의 형제 자매라고 불렀던 사람들에 대해서는 반대해 왔다. 교회는 다른 사람들이 그 갈릴리 사람의 길과 반대되는 것으로 인식했던 노예제와 인종주의를 지키는 보루였다. 대다수의 경우에, 교회는 남자들과 동등한 기반에서 봉사했던 여성들에 대해 지속적으로 문호를 개방하지 않았다. 예수가 이에 반대되는 입장을 취하고 있다는 복음서들의 증거에도 불구하고 말이다.

교회의 비극적인 역사는 복음서들에서 증언되는 예수의 길에 대해 교회가 반대 입장을 분명히 했던 다양한 사례들을 제공한다. 어쨌든 교회 내에서 자행되는 동-성애적 관계에 관여하는 사람들에 대한 주변화 및 비방은 예수 스스로가 유사한 관계에 관여했다는 것을 말하는 요한복음의 명백한 경향성을 고려할 때 특히 모순적이다.

게이, 레즈비언, 양성애적 성향의 기독교인들은 그들의 경험의 일부로 인식되는 그런 종류의 매혹과 욕망, 그리고 즐거움을 예수도 역시 경험했다는 주장에서 확실한 정당성을 얻게 될 것이다. 특히 교회가 직접 그들의 정당성을 무너뜨리고 모욕하는 상황을 고려하자면 말이다. 그러나 게이, 레즈비언, 양성애자 또는 트랜스젠더 기독교인들은 예수를 동정적인 대변자로 내세우기 위해 예수가 게이였다고 가정할 필요는 없다. 예수가 아프리카계 미국인들에게 인종 차별적이고 노예 소유적인 이데올로기를 통해 제시되고 있음에도 불구하고, 그들 중 많은 사람들이 결국 예수 안에서 비인간화에 맞서 투쟁하는 우군을 찾았다. 예수 전승의 공식적인 해석자들에 의해 불평등과 희생이 인가되고 있음에도 불구하고, 복음서에서 예수를 그려내는 경향은 명백히 불평등과 희생 자체에 맞서 투쟁하는 사람들에게 조력과 위안을 주는 것이다. 따라서 심지어 예수에게 예배하고 그를 따른다고 주장하는 교회 내에서조차 많은 게이 및 레즈비언들이 고통스러운 경험을 하고 있음에도 불구하고, 그들이 예수라는 인물에게 끌림을 경험하는 것은 그리 놀라운 일이 아니다. 여전히 많은 게이 및 레즈비언들이 '자유주의적인' 기독교인들의 무관심과 소심함에 의해 그리고 또한 기독교가 동성애자들 스스로의 정의와 사랑의 추구에 대해 적대적이라는 '보수적인' 기독교인의 동성애혐오적인 수사에 의해 설득당하고 있다. 예수와 그가 사랑한 남자의 관계에 대해 내가 제시하는 읽기 방식은 기독교 전체에 대해서까지는 아니더라도 예수와 그에 관한 '좋은 소식'의 재고로 향하는 길을 열 수 있을 것이다.

그러면 내가 제안하고 있는 요한복음 읽기 방식이 게이와 레즈비언 기독교인들에게만 '좋은 소식'일까? 또는 그런 읽기 방식은 실제적으로 우리의 성애적 지향성에 관계 없이 우리의 실존을 조명하는 데 도움이 될 것인가? 나는 내가 제시하는 독해가 성애적 지향성이나 선호에 상관없이 모든 사람들이 관련된 삶에 중요한 빛을 던진다고 믿는다.

그러므로 우리는 다음과 같은 질문을 하게 된다. 예수가 한 사랑받는 자the beloved의 사랑하는 이lover로서 제시되고 있다는 사실에 할당될 수 있는 역사적인 회상의 가능성을 넘어서는 어떤 중요한 의미가 이 텍스트에 있는가? 언뜻 보기에 몇 가지 난점들이 떠오른다.

첫째, 우리는 모든 사람들의 사랑하는 이로 말해질 수 있는 사람이 친밀한 의미에서 특정하게 한 사람만의 사랑하는 이로 판명되는 것이 부적절함을 생각해 볼 수 있다. 특정하게 한 사람의 사랑하는 이로서의 예수가 모든 사람들의 사랑하는 이로서의 예수와 상충하는 관계에 서게 되는가? 이 장에서 우리는 이 문제와 대면하게 된다.

또 다른 문제는 사랑의 성격(일반적인 것과 특정한 것으로서의)이 아니라 구체적인 성애적 사랑의 가능성에 대한 것이다. 이 가능성은 신의 사랑을 나타내는 사람에게 부적절하다고 여겨지는 '순결함'을 훼손하는가? 심지어 특정한 애정이 신의 사랑과 양립할 수 있다고 하더라도, 원칙적이며 또한 구체적인 성애적 사랑의 표현을 배제하지 않는 어떤 특정한 사랑이 신학적인 혐의를 받는 것으로 간주되어야만 하는가?

그러나 신의 사랑을 구현한다고 주장되는 그 사람에게 일반적인 성애적 성격을 당당히 부여할 수 있는 타당한 이유들을 찾게 된다고 하더라도, 이 관계를 동-성애적 관계가 관여된 것이라고 말하는 것은 부적절하다. 만일 예수가 성생활이라고 지칭되는 것을 행했다고 묘사한다면, 분명히 이 활동은 보다 관습적인 관계의 형태를 취했을 것이라고 보는 편이 더 타당할 것이다. 그리고 동-성애적 관계에 대한 (추정된) 주장이 이성애적 다수를 주변화시키지는 않겠는가? 여성주의 신학자들은 "남성 그리스도가 여성들을 구원할 수 있는가?"라는 질문을 던졌다. 우리도 또한 "게이 그리스도가 '스트레이트' 성향의 사람들을 구원할 수 있는가?"라는 질문을 할 수 있을 것이다.

이 장에서는 예수가 사랑하는 이였다는, 특히 다른 한 남자의 사랑하는 이였다는 주장에 대한 신학적 숙고를 통해 어떤 의미를 발견하기 위한 시도의 차원에서 이 문제들을 다루게 된다. 나는 이러한 의견들이 실질적으로 모든 제자들에 대한 예수의 의미를 조명하는 데 도움이 된다는 주장을 펼칠 것이다. 그들의 관계적인 또는 성적인 지향성이 어떻든지 간에 상관없이 말이다.

일반적인 그리고 특수한 것으로서의 사랑

우리는 모든 사람에 대한 사랑과 특정한 한 사람에 대한 사랑의 관계에 관한 보다 일반적인 문제로부터 논의를 시작할 것이다.

또 다른 연관을 통해 우리는 예수가 일종의 특수한 애착관계를 배제함을 분명히 하는 복음서 전승 방식들 중 한 가지를 탐색해야만 한다. 예수는 그의 가족들—그의 어머니, 형제들, 여동생들—이 혈족이라는 유리한 입장을 통해 그에게 어떤 특별한 관계나 특권을 주장하는 것을 거부한다. 얄궂게도 전통적인 경건함이 예수에 대해 주장한 한 가지 정서적 편애(그의 어머니와의 특별한 관계)가 예수 자신에 의해 거부된다. 말하자면 예수에게는 어떠한 관계도 지위에 따르는 것이 아니다. 여러 관계들 가운데 유일하게 인정되는 것은 공유된 의무일 뿐이다. 그가 행하는 그대로 따라 행하는—신의 지배의 도래를 고지하고 구현하는—사람들이 바로 '어머니, 형제들 그리고 자매들'인 것이다.

그러나 만일 예수 자신의 '살과 피', 즉 그의 육친이 그와의 특별한 관계를 주장하지 못한다면, 이런 전망은 다른 사람들과는 차별적으로 한 사람을 사랑함을 통해 유발되는 편애의 가능성에 대해서는 더욱더 그렇지 않겠는가? 또는 이러한 입장이 사랑하는 사람들, 부부, 심지어 가장 친한 친구들에게서 특징으로 나타나는 종류의 편향적인 선택을 배제하지는 않는가?

교회 내에서 유력한 한 전승은 모든 사람에게 가능해지고, 이웃의 이익을 구하며, 그리고 무차별적으로 이웃을 사랑하여 심지어 적까지도 사랑하는 그런 사랑이 단 한 사람을 위한 사랑과는 부합하지 않는다고 주장한다. 독신의 소명은 흔히 그런 방식으로 설명된다. 독신 선언을 택한 사람은 모든 사람을 동등하게 사랑하기 위해 그렇게 하는 것이다. 관건이 되는 것은 애초에 성애가 아니라 '편애'인 것이다.

편애의 혐의에서 자유롭고, 다른 그 누구보다 한 사람에 대한 사랑의 선택이 자유로운 신과 같은 사랑을 대표하는 사람은 누구일까?

이제 어떤 의미에서 이러한 고찰은 우리가 실제로 요한복음에서 보게 되는 것과 일치한다. 사랑받는 제자에 대한 예수의 관계가 어떤 것이었든 간에, 이 관계는 다른 사람들에 대한 예수의 사랑을 제한하는 어떤 것으로 부각되지 않는다. 가르침은 모든 사람들에게 평등하게 주어진다. 예수는 스스로를 낮추어 모든 사람의 발을 씻어 준다. 그는 동등하게 모든 사람들을 위해 죽는다. "아버지가 나를 보내신 것 같이 나도 너희를 보낸다"라는 위임은 모든 제자들에게 주어진다.

모두에 대한 예수의 사랑은 분명히 이 텍스트를 통해 드러난다. 그러나 정확하게 바로 그러한 연관 내에서 예수가 제자들 중 한 사람을 특별한 방식으로 사랑했다는 것이 암시된다.

우리는 어떠한 동기도 이 사랑에 주어지지 않는다는 점에 주목한다. 이 텍스트에는 사랑받는 그 제자의 특성에 대해 어떠한 언급도 없다. 그는 단순히 사랑받는 제자인 것이다. 그가 잘생겼다거나, 용기 있다거나, 똑똑하다거나, 예수에 대한 그의 헌신이 놀랄 만하다는 이야기는 전해지지 않는다. 그런 종류의 언급은 전혀 없다. 그는 그저 사랑받는 자이기 때문에 사랑받는 것일 뿐이다.

사랑의 행위에 대한 우리의 경험은 흔히 정확하게 이런 방식으로 일어난다. 어떤 의미에서 사랑 그 자체—사랑에 빠지는 것—는 언제나 다른 어떤 것에 대한 언급을 통해서는 설명할 수 없는 것이다. 보통 우리는 보다 친근한 '타자' 나 보다 용기 있는 또는 지혜롭거나 덕 있는 '타자' 에 대해 상상해 볼 수 있다. 우리는 이 특별한 사랑받는 자 '에게 빠지거나' 또는 그 '를 사랑한다'.

모두를 평등하게 사랑하기 위해서 이러한 사랑의 특징—우발적이고 특정한—은 모든 인류를 사랑하는 사랑, 즉 자기 이해와 자기 보존을 무시하는 사랑과는 양립 불가능한가?

정확하게 이런 방식을 통해 타자에 대한 그리고 타자에 의한 대가 없는 선택으로서 가장 독특한 사랑의 특징이 표현되는 것이 아닌가? 그리고 이것이 바로 성서가 은혜라고 이름하고 있는 것이 아닌가? 엄밀하게 말해 임의적이고 그래서 은혜로운 이 선택은 '선택받은 민족'으로서의 이스라엘이라는 실존의 토대가 된다고 전해진다. 전성기의 이스라엘은 그렇게 택함 받음이 이스라엘이 어떤 특별한 덕 또는 특별한 특권을 가진다는 의미가 아님을 알고 있었다. 이스라엘은 전성기의 그 민족이 단순히 땅 위의 여러 민족들 중 하나이고, 더 강하거나 선하지도, 결코 더 좋은 자격을 갖춘 것도 아니라는 것을 알고 있었다. 그리고 이 선택은 후대 예언자들이 분명히 드러내려고 노력했듯이 땅 위의 모든 민족들에 대한 야훼의 사랑의 도구로 선택받은 것이었다. 심지어 이런 수준의 집단적인 선택에서도 한 민족의 선택이 언제나 모든 민족들에 대한 사랑을 배제하는 것이 아니었다.

만일 특정하게 한 사람을 한 사람의 애정의 대상으로 결정하는 것이 인간 존재에 대해 본질적인 어떤 것이라면, 그런 결정의 행위가 신적인 존재에 반하는 것으로 이해되어서는 안 된다. 인간으로서의 인간은 창세기와 요한복음이 밝히고 있듯이, 신적인 것을 표상하는 것 외에 어떠한 다른 소명도 없다.

한 명의 사랑받는 자를 두었다는 예수에 대한 표상은 세계 또는 공동체를 사랑하는 것으로 그려지는 예수의 표상과 상충하지 않는다. 오히려 그것은 사랑의 특성 그 자체의 구체적인 표상으로서의 역할을 수행하며, 어떤 방식으로든 언제나 값없는 것이다.

이제 사랑받는 자와 함께 했던 것으로 표상되는 예수의 모습은 그가 신적인 사랑의 표현이자 변화된 인간적 사랑에 대한 전형임을 분명히 하는 기능을 수행한다. 사랑받는 제자에 대한 예수의 사랑은 결코 그가 사랑하는 동반자들 간의 평등함을 파괴하지 않는다. 사랑받는 제자는 단순히

'더 많은' 사랑을 받지도 않았고, 사랑받는 자로서의 지위가 공동체의 평등함을 방해하지도 않았다. 다른 한편으로 공동체에 대한 관계 그리고 세계에 대한 관계는 실제로 예수가 한 사람을 사랑하는 것을, 한 사람의 사랑하는 이가 되는 것을, 즉 가장 인간적인 형태의 사랑을 막지 않았다.[1]

육신

그러나 우리가 특별한 우정이 어떻게 모든 사람에 대한 사랑의 성격에 반하는 것이 아니라 오히려 그것을 명확하게 하고 심화시키는 역할을 하는가에 대해 이해하기 시작한다 하더라도, 우리는 여전히 이 특별한 우정이 성애적인 우정이 되거나 그렇게 이해되는 것을 긍정함에 있어 주저할 수도 있다.

예를 들어, 예수에게 애인이 있었다고 가정하더라도(일단 여기에서 아직 '동성애'가 아닌 성애에 관심을 가진다는 것을 명확히 하기 위해 막달라 마리아를 상정해 보자) 우리는 여전히 이 관계가 (성관계에 의해) 완성된 관계가 아니었을 것이라고 상상하는 방향으로 기울게 될지도 모른다.

성적인 표현 그 자체는 사랑의 가장 기본적인 성격과 양립할 수 없는 것인가? 혹 그것은 오히려 신의 사랑을 표상한다고 칭해지는 인간들 간

---

1) 이러한 주장은 예수와 그의 사랑받는 제자가 (또한 다윗과 요나단 역시) 모델이 되는 우정의 성격에 대한 에일레드의 고찰에서 선취된 것이다(이전 장 참조). 그리고 에일레드는 수도원의 일상적인 삶에서의 특별한 우정과 일반적인 우정 사이의 관계를 풀어 나가는 그런 길들이 가능하다는 것을 철저하게 입증한다. 『영적인 우정 *Spiritual Friendship*』 3. 111-27, 123-129쪽.

의 사랑에 대한 가장 명확한 표현인가?

또한 기독교적 전통의 많은 부분이 성 그 자체에 대해 의구심을 표명하고 있으며, 독신뿐만이 아니라 또한 성적인 순결을 요구하고 있다. 이와 반대의 견해를 지지하는 논거, 즉 요한복음의 주제들 중 일부를 설명하는 논거가 만들어질 수 있을까? 우리는 요한복음 텍스트의 도입부에서 예수로 소개되는 그이가 모든 것들의 시초에 창조의 행위에 관여한 그분이기도 하다는 것을 상기하게 된다. 그러므로 그는 그 자신에게로 돌아간다고 말한다. 성애도 역시 창조된 것의 일부가 아닌가? 그렇지 않다면 그것은 단지 타락한 자연의 일부일 뿐이거나, 또는 오히려 사랑에 의해 그리고 사랑을 위해 창조된 피조물의 일부로 이해될 뿐인가?

그리고 창조의 말씀이 초월적 광휘 안에 있는 창조물들로부터 분리되어 그대로 있는 것이 아니라 현실적으로 육신―사랑에 의해 그리고 사랑을 위한 피조물에 적합한 성을 포괄하는―이 된다면 창조된 육신이 수반되어야만 하지 않겠는가?

요한복음은 정말로 창세기 1장과 2장에 따를 때 그 피조물들에게 중심적인 것으로 표상되는 성을 취하지 않고서 육신을 입는 그런 성육신을 상상할 수 있었을까? 이것이 진정한 성육신인가? 심지어 이것은 구현이라고 말할 수 있는 정도라도 될 수 있을 것인가?

나는 예수가 인간이나 또는 육신이 되기 위해 성관계를 가져야만 한다는 주장을 하는 것이 아니다. 단지 성애의 배제가 원칙적으로 성육신 개념을 손상시키지 않으면서 진행될 수가 없다는 것을 말하고 있을 뿐이다. 원칙적으로 성육신을 제거하지 않으면서 동시에 성이 배제될 수 있는 유일한 방법으로 금욕적 윤리의 수용을 들 수 있다. 그러나 요한복음이나 다른 복음서들, 그리고 신약성서의 다른 어느 텍스트들도 이러한 윤리를 받아들일 수 없었다. 이들 텍스트들은 금욕주의가 현실적인 것과 인간적인 것, 그리고 육신에 대한 혐오를 감추고 있다는 것을 알고 있기 때문에, 그리고 그로 인해 창조자의 증오 심지어 인간 그 자체에 대한 증오를 감추고 있다는 것을 알고 있기 때문에, 이들 텍스트들에서는 모두 단호하게 금욕 생활에 반대하는 듯한 태도를 볼 수 있다. 이들 복음서들은 이들 간의 모든 차이에도 불구하고, 복음이나 하나님이 창조하신 피조물들의 삶에 대한 긍정에 관심을 두며, 그리고 이 피조물—어떤 상상적인 대체물이 아니라—을 하나님이 사랑하시고, 대속하셨으며, 완전하게 하셨다는 것을 주장함에 있어 동일한 입장을 보인다.

이와 같이 성애는 인간 존재의 조건하에 있는 인간적 사랑의 완성의 표현이므로, 예수를 육화된 신의 말씀으로 제시함에 있어 배제되어서는 안 된다.[2]

같은 성

우리가 성적인 친밀성을 배제하지 않고—심지어 육체적 친밀성과 '결혼과 유사한' 관계의 그림을 통해 제시되는 그런 관계에서—한 사랑받는 자의 사랑하는 이가 되는 예수의 모습을 묘사하는 것에 대해 어떠한 신학적 의미를 부여한다고 해도, 여전히 우리는 이 관계에 대한 동성애적 묘

---

2) 다른 곳에서와 같이 여기에서도 성애혐오가 명백히 동성애혐오와 강력한 동맹을 이루어 활동한다. 이 텍스트들에 대한 게이적인 읽기의 의미는 이 텍스트들이 게이적인 것이든 아니면 이성애적인 것이든 간에 기독교인들의 삶을 왜곡하는 성애혐오에 직면한다는 것이다. 그러므로 성애혐오에 대한 대응과 비판에 대응하는 게이적인 읽기의 범위는 게이 독자들뿐만이 아니라 이성애 성향의 독자들에게도 이로운 것이다.

사가 부적절하다고 생각할지도 모른다.

게다가 일부 기독교 전통의 대표자들은 특히 동-성애적 관계를 논외의 문제로 간주해 왔다. 이러한 관점들 중 일부에 대해서는 이후에 또 다른 연관관계를 통해 다루게 될 것이다. 우리는 어떤 것이라도 성적인 관계가 출산과 연관되어야만 하는 또는, 다른 측면에서, 이른바 전통적인 가족 가치라는 것을 표현하거나 지지해야만 하는 관습적 견해를 지지하는지에 대해 탐구할 것이다.

이 텍스트에서는 어떤 종류의 비관습성도 문제가 되지 않는다. 우리는 흔히 '간음'으로 알려진 성애에 대한 강박적인 표현이나 다른 사람에 대한 책임을 배신하거나 또는 이전에 선택했거나 유대를 맺은 사람을 배신하는 형태의 성애적 태도에 관심을 가지는 것이 아니다. 이런 행태는 보통 '불륜'이라 칭한다. 정확한 의미에서 보자면 여기에서 그려지는 관계는 간음도 불륜도 아니다. 여기에서 다루는 비관습성은 다른 층위의 것이다.

여기에서 그려진 사랑은 충실함과 신뢰 그리고 친밀함을 표현하며, 이런 측면에서 종종 남편과 부인의 사랑에 연관되기도 하는 것이지만, 그럼에도 이 제자에 대한 예수의 사랑은 혼인 관계의 사랑과는 다르다. 그것은 관습적으로 '이성애적인' 것이 아니라 비관습적으로(자유로운 방식으로) '동성애적인' 것이다.

여기에서 문제가 되고 있는 것을 이해하기 위해 이 관계가 관습적인 형태를 취했을 경우에 어떠한 형태를 취했을지에 대해 고려해 보자. 그런 경우 예수는 일종의 전통적인 생활 태도를 따르는 '가족적인 남자'로 그려질 것이고, 그와 모든 동족들의 전통적인 행동 양식을 구현했던 사람일 것이다.

그러나 요한복음은 다른 복음서들과 같이 예수를 모든 면에서 비관습적인 인물로 표상한다. 그의 비관습성 자체가 동시대인들의 신학적-사회적 가정들에 문제를 제기하는 기능을 수행한다. 그래서 예수는 경건하고 인격적인 고결함에 들어맞지 않는다. 그는 금식, 정결례, 성전 참배와 같은 경건함을 실천하는 예시적인 인물이 아니다. 그는 성서 해석에 대한 관습들을 수용하지 않는다. 하물며 그는 경건하고 존경받을 만한 사람들이 죄인들로부터 스스로를 구별하는 관습적인 방식들도 용납하지 않는다. 그는 먹보에 술꾼으로 악명이 높았으며, 오로지 (사회에서) 가장 평판이 나쁜 구성원들인 창녀나 (로마 제국의) 부역자들과 함께한다. 그는 자신의 의례적 정결함에 대해 신경 쓰지 않으며, 문둥병자, 시체, 생리 중인 여자를 거리낌 없이 만진다. 그리고 그는 자신의 평판에 대해 조금도 신경 쓰지 않는다. 그는 갈릴리인, 사마리아인, 죄인으로 불렸고, 심지어 "사탄과 연합한다"는 말까지도 듣는다. 실제로 그의 말씀과 행위로 인해 이런 평판들이 초래되는 것으로 보인다.

이 모든 것의 의미는 무엇인가? 명확히 복음서의 중심적인 양상들 중 한 가지는 예수가 엄밀하게 말해 정의와 관용 그리고 기쁨이라는 가치들이 표현될 수 있는 새로운 사회적 현실을 정립하기 위해 관습적인 사회 생활의 구조들을 전복시키는 사람으로 나타난다는 것이다.

니코스 카잔차키스는 예수의 '최후의 유혹'이 정확하게 전통적인 가정 생활의 유혹이었던 것으로 재현했다. 이 유혹은 사회 구조들에 대한 급진적인 대결로부터 방향을 돌려 결혼과 가정 생활이라는 사회 구조의 가장 기본적인 것을 받아들이는 것이었다.

이 책의 Ⅲ부는 예수의 메시지와 선교사역을 고찰하여, 결혼과 가정생활의 관습이라는 개념이 그의 메시지와 선교사역에 어느 정도까지 중요한 것인지에 대해 문제를 제기해야만 할 필요성을 검토한다. 결국 이러한 제도들은 있는 그대로의 세계를 영속화하는 데 있어 기본적인 것이다. 그러나 예수는 새로운 세계, 어떤 새롭고 근본적으로 다른 사회적 현실의 창시에 관심을 두고 있었다. 그러므로 예수에게 있어 결혼과 가족의 범위에서가 아닌 동성에 속한 한 사람과의 관계에서 성애적 지향성을 표현하는 것은 어떤 일정 이상의 의미를 만들어 내게 된다.

하지만 이 문제를 여기에 내버려두고 지나가버려서는 그런 의미가 만들어지지 않을 것이다. 이 관계는 이성애적 결혼으로부터 구별될 뿐만이 아니라 그 사랑받는 자와 예수의 관계가 이성애적 결혼의 관계들을 긍정적으로 조명할 수도 있기 때문이다. 우리는 이성애적 결혼 관계들에 대한 긍정적 조명이 중세의 고찰들에서 선취되었던 것을 발견한다. 리보의 에일레드는 예수와 그의 사랑받는 제자의 관계를 일종의 결혼 관계로 보았고, 바로 이런 이유로 그런 전형을 남자와 여자, 남편과 부인의 적절한 관계를 논하는 데 사용할 수 있었다. 실은 에일레드는 그런 관계들이 성적인 표현 없이 지속되는 것이 최상이라고 생각했다. 비록 남편과 부인이 성적인 관계를 가지는 것이 법적으로 허용된다고 하더라도 금욕적인 생활을 유지할 수도 있을 것이다. 그러나 예수의 관계는 남자와 부인 사이의 관계에서 성적인 관계보다 금욕생활을 우선한다고 말하지 않는다. 오히려 에일레드에게 있어 이 관계의 중요성은 진정한 상호 관계를 표현하는 우정의 실현이었다. 그러므로 그는 다음과 같이 기록한다.

두 번째 인간은 첫 번째 인간의 옆구리로부터 취해졌으며, 그래서 인간 존재자들이 동등하게 함께 서게 되어 인간사에 있어 우월하거나 열등하지 않다는 것으로 진정한 우정의 특징을 삼는다는 것을 자연이 가르치게 될지도 모른다

는 것은 얼마나 아름다운 일인가.[3]

이제 내게는 예수와 그의 사랑받는 제자 또는 다윗과 요나단의 관계(에일레드가 또한 연관하여 인용하고 있는)가 이-성애적 관계에 대한 진정한 전형으로 기능할 수 있을지도 모른다는 발상이, 즉 명백하게 심히 기묘해 보이는 이 발상이 매우 중요해 보인다. 1세기에 그랬던 것과 같이 에일레드의 시대(기원전 10세기)에도 남성과 여성의 관계에 있어 대체로 경제적 필요와 가부장적 지배에 의해 다스려지고 있었다. 그래서 이성애적 관계는 사회적이고 생물학적인 필요의 지배에 의해 속박되어 있었다. 반면 동-성애적 관계들은 자유 및 상호 관계와 같은 어떤 것을 표상할 수 있는 잠재성을 가지고 있었다.

에일레드의 시기에 즈음하여 출현하는 우아한 또는 낭만적인 사랑이라는 주제는 보통 이런 사랑의 이상을 결혼의 범위 바깥에서 구현하는 이성애적 관계에 대해서 말해야만 할 필연성을 발견했다. 그래서 서로의 욕망과 즐거움이라는 주제의 출현은 보통 혼외의 관계에서 결혼에 대립하는 자리를 차지했던 것이다. 랜슬럿Lancelot과 귀네비어Guinevere의 관계에 상반되는 아서Arthur와 귀네비어의 관계가 아마도 가장 잘 알려진 예가 될 것이다.

이 전승의 다양한 변화들을 통해 우리가 이성애적 관계들을 위한 이상으로 간주하게 되었던 것—서로의 욕망과 즐거움, 서로 충실한 교제와 우정— 은 우선적으로 동-성애적 관계들을 위한 가부장제의 조건들 아래에서 가능했다.

---

3) 『영적인 우정Spiritual Friendship』 1. 57, 63쪽.

이런 이유로 에일레드는 예수와 그의 사랑받는 이의 관계 그리고 다윗과 요나단의 관계를 사용하여 다른 방식으로는 생각할 수도 없고 그렇지 않다면 간통으로 생각할 수밖에 없는 다른 성에 속한 사람들의 관계 내에 있는 상호성에 대해 지적하고 있는 것이다.

동-성애적 관계들을 사용하여 이-성애적 관계들을 위한 상호성의 이상을 우리 시대에 재현해 내는 이러한 전승은 이-성애적 결혼을 위한 성서 텍스트로 사용되는 룻이 나오미에게 했던 말("나는 결코 당신을 떠나지도 저버리지도 않겠습니다 …")에서 이어지고 있다!

이러한 고찰의 요지는 동-성애적 관계들이 언제나 실제적으로 이-성애적 관계들보다 더 상호적이라거나 자유롭다거나 해방적이라는 이야기를 하는 것이 아니다. 자기 이해, 폭력, 폭행의 힘들을 통한 인간 관계들의 구조화는 성적 지향성을 존중하지 않는다. 그러나 동-성 간의 다감하고 성적인 관계는 이러한 구조들이 이성애를 지배하는 방식과 긴장 관계에 있는 방식들을 통해 자유와 상호성의 영역을 재현하는 역할을 수행할 수 있다.

우리는 사실상 그리스와 헬레니즘 세계에서는 동-성애적 관계들이 이-성애적 관계들을 부인하는 방식으로 자유와 상호성을 내비치는 것으로 알고 있다. 이러한 논점은 보통 동-성애적 관계를 선호하는 사람들과 이-성애적 관계를 선호하는 사람들 사이의 대화에서 드러난다. 그러나 이와 같이 그 문헌적 전승 내에서 다른 구조들은 단순히 대안적인 것들로 간주되어 왔다. 궁정연애의 전통이 시작될 시기에 에일레드가 제시했던 것은 동-성애적 관계들이 실질적으로 이-성애적 관계들의 전형으로 기능할 수 있을지도 모른다는 것―오늘날의 용어로 말하자면 동성애가 이성애를 긍정적으로 변화시킬지도 모른다는 것―이었다.

그러므로 예수가 동-성애적 관계에 있었던 것으로 그려진다는 제안은 스스로가 이런 종류의 성애적 관계들에 끌린다는 것을 아는 사람들에 대해 무한정한 중요성을 띤다. 오히려 그러한 시각은 사회적, 생물학적, 경제적 필요에 대한 구속으로부터 해방된 성애적 관계를, 그래서 이성애적 관계들 역시 변화시킬 수 있는 그러한 성애적 관계를 예기한다.

다음 부분에서 우리는 복음서들이 예수를 가부장제에 따라 결정된 결혼과 가족이라는 제도들, 그리고 출산과 성애의 연결에 맞세우는 방식들에 대해 주목하게 될 때 이 주제로 되돌아오게 될 것이다. 예수 전승에서 발견되는 이러한 제도들에 대한 비판은 이성애와 가부장제의 속박으로부터 해방된 남자들과 여자들 간에 펼쳐지는 새로운 종류의 성적인 관계에 대해서도 예수와 그의 사랑받는 제자의 관계가 하나의 전형으로 작동할 수 있을 것이라는 가정과 부합한다.

제II부

예수
전승

The Man Jesus Loved

우리는 요한복음에서 예수와 그가 사랑한 제자의 관계가 자체적으로 동성애적 해석의 여지를 더하게 된다는 것을 알게 되었다. 이것은 요한복음이 이런 측면에 대해 전적으로 특이하다는 것을 의미하는 것인가, 아니면 동성애적 해석에 부가되는 예수 전승의 다른 측면들이 있는가? 나는 정경상의 복음서들(그리고 밀접하게 관련을 맺고 있는 텍스트들)의 여러 곳에서 예수 전승은 동-성애적 사랑에 대해 긍정적인 견해를 지시하고 있다는 것을 논증할 것이다. 비록 우리가 정경상의 복음서들에서는 '예수가 사랑한 제자'에 대한 더 이상의 명시적인 언급들을 찾을 수 없는 듯 보이지만, 우리는 동-성애적 관계를 긍정적으로 보는 견해를 지시하는 여러 에피소드들을 볼 수 있다. 이러한 사실은 추가로 내가 제시했던 사랑받는 그 제자에 대한 게이적인 해석의 타당성을 입증할 것이다.

이 논의에서 나는 우선 마가복음과 함께 소위 '비밀의 마가복음Secret Mark'으로 알려진 단편들로 눈을 돌릴 것이다. 정경상의 마가복음은 겟세마네 동산에서의 벌거벗은 젊은이의 에피소드를 담고 있는 반면, '비밀의 마가복음'은 예수와 한 명의 동일한 또는 다른 '벌거벗은 젊은이' 간에 별개의 만남이 있었음을 말하고 있다. 사랑받는 제자에 관한 텍스트들에서 나타나는 정도의 명확성은 없지만, 이 인용문들은 예수 전승 내에 있는 잠재적으로 동성애적인 관계에 또 하나의 견해를 제공한다.

그런 이후에 나는 마태복음(그리고 누가복음)에 실린 백부장의 연소한 애인에 대한 이야기로 방향을 선회할 것인데, 이 이야기는 예수가 타인들의 동–성애적 관계들에 대해 열린 태도를 취했다는 것을 강력하게 암시한다. 이 논의는 성적으로 주변화된 사람들을 받아들이는 예수의 일반적인 태도에 관한 보다 광범위한 전승의 테두리 내에 백부장의 사례를 위치시킨다.

우리는 또한 성적으로 주변화된 사람들 중에서 거세된 자의 사례와 마주치게 된다. 여기에서 우리는 마태복음에 실린 거세된 자들에 관한 상투적인 언사와 아프리카로부터 방문한 어떤 환관에 관해 누가가(사도행전에서) 전하는 이야기를 살펴보게 된다. 거세된 자들에 대한 논의는 젠더 역할 기대들gender role expections과 이에 대한 불일치nonconformity의 문제로 이어진다. 이 예수 전승에 대한 개괄적 고찰은 도마복음으로부터 나온 두 개의 텍스트들을 포함하는 젠더적 불일치를 야기하는 것으로 여겨지는 여러 개의 텍스트들로 결론을 맺게 될 것이다. 이 텍스트들의 해석은 다시 우리를 예수가 사랑했던 제자에 관한 텍스트들의 배경으로 이끌어 가게 된다.

이 개괄적 고찰의 목적은 예수와 관련된 전승들에 대해 근거자료들로 간주할 수 있는 모든 서사적 텍스트들이 게이를 긍정하는 독해에 더해지는 요소들을 포함하게 됨을 보여주는 것이다. 그러므로 내가 요한복음에서 사랑받는 그 제자에 대한 준거로 제시했던 이 해석은 더 이상 유일한 것이 아니게 된다. 실제로 네 번째 복음서의 저자에 의해 재현되는 한 사랑받는 자의 사랑하는 이로서의 예수는 오로지 훨씬 더 넓은 현상에 대해 가장 개방된 형태를 선언하는 것일 뿐이다. 즉, 정도를 달리하는 예수 전승의 모든 기록들이 그를 동–성애적 관계들에 호의적인 모습으로 그려낸다는 의미에서 말이다.

제7장
마가복음

마가복음은 일반적으로 가장 초기의 복음서로 간주되며 마태복음과 누가복음의 기초 자료들 중 하나로 생각된다. 실제로 약 90퍼센트의 마가복음 텍스트가 마태복음에 편입되어 있다. 마가복음은 대중적인 문체로 쓰여졌으며, 종종 표현에 있어서는 성급하고, 논조에 있어서는 쾌활한 모습을 보이곤 한다. 지난 세기에 이 복음서의 몇 가지 구별되는 판본들이 1세기와 2세기에 유통되고 있었음이 분명해졌다. 이 복음서의 다른 판본들 가운데 논란의 소지가 가장 많이 발견된 것은 소위 '비밀의 마가복음'으로, 이 형태의 마가복음에는 우리가 성서에서 보는 서사에 특정한 몇 가지 에피소드들이 추가되어 있다.

이 장에서 나는 우선 정경적인 또는 성서상의 마가복음에서 나타나는 두 가지 에피소드를 살펴보려 한다. 그리고 '부유한 젊은 관원'의 전승으로 알려진 에피소드와 겟세마네 동산에서의 벌거벗은 젊은이에 대한 흥미로운 에피소드에 깊은 관심을 둘 것이다. 그런 이후에 나는 비밀스러운 또는 클레멘스의 마가복음Secret or Clementine Mark으로 관심을 돌려 동성애적 해석에 무게를 보태는 에피소드들에 대해서 그리고 동성애를 명백하면서도 더욱 노골적으로 드러내는 카르포크라테스의 마가복음Carpocratian Mark의 존재에 대한 언급에도 관심을 기울일 것이다.

이러한 마가복음에 대한 면밀한 검토와 해석은 복음서들 중 가장 초기에 쓰여진 이 저작에도 예수에 대한 전승들 중에서 동성애적 관계를 암시하고 있는 자료가 포함되어 있다는 것을 해명함을 목적으로 한다. 이때 마가복음에 대한 고찰은 우리가 요한복음에서 보았던 것에 대한 별개의 확인 작업이 된다. 즉, 예수 전승의 초기 전달자들이 다른 남자들에게 성애적인 애착을 보였던 것으로 그려지는 예수의 '위험스러운 기억'과 경쟁했다는 것을 확인하게 된다는 말이다.

사랑의 시선

마가복음의 한 에피소드가 신약성서에 대한 '게이적인' 읽기의 주제로 되는 모습을 거의 볼 수는 없지만, 우리가 요한복음에서 발견했던 것과 분명히 어떤 특정한 방식으로 공명하고 있다. 이 에피소드는 예수와 '부유한 젊은 관원'의 전승에서 알려진 그 사람의 만남을 기술하는 마가복음의 이야기다. 여기에서 그 이야기를 완전하게 다시 풀어내는 것이 도움이 될 수 있을 것이다.

예수께서 길을 떠나시는데, 한 사람이 달려와서, 그 앞에 무릎을 꿇고 예수께 물었다. "선하신 선생님, 내가 영생을 얻으려면, 무엇을 해야 합니까?" 예수께서 그에게 말씀하셨다. "어찌하여 너는 나를 선하다고 하느냐? 하나님 한 분밖에는 선한 분이 없다. 너는 계명을 알고 있을 것이다. '살인하지 말아라, 간음하지 말아라, 도둑질하지 말아라, 거짓으로 증언하지 말아라, 속여서 빼앗지 말아라, 네 부모를 공경하여라' 하지 않았느냐?" 그가 예수께 말하였다. "선생님, 나는 이 모든 것을 어려서부터 다 지켰습니다." 예수께서 그를 보시고, 그를 사랑하여, 말씀하셨다. "너에게는 한 가지 부족한 것이 있다. 가서, 네가 가진 것을 다 팔아서, 가난한 사람들에게 주어라. 그리하면, 네가 하늘에서 보화를 차지하게 될 것이다. 그리고 와서, 나를 따라라." 그러나 그가 이 말씀을 들었을 때, 충격을 받아 근심하면서 떠나갔다. 그에게는 재산이 많았기 때문이다. (마가복음 10:17-22)

이 만남에서 이따금 게이적인 해석의 관심을 끌었던 것은 "예수께서 … 그를 사랑하여"라는 구절이다. 마가복음에서 예수가 누군가를 사랑한다는 말이 전해지는 것은 이곳의 사례가 유일하다. 예수가 모든 사람을 사랑했다는 전통적인 관점으로부터 해석하게 된다면, 이 에피소드가 주는 충격은 상당히 감소된다. 이 견해는 설교 전통에서 공통적인 것이기는 하지만, 예수가 비정상적으로 퉁명스럽고, 종종 무례한 태도를 보이며, 보통의 경우에 초조한 상태로 묘사되고 있는 마가복음으로부터 나올 수 있는 성질의 견해가 아니다. 이러한 서사의 맥락에서 예수가 이 사람을 (또는 다른 누구라도) 사랑했다는 것은 상당히 당황스러운 이야기다. 이 구절이 요한복음 외의 정경적인 복음서들 중에서 예수가 누군가를 사랑한다고 말해지는 단 하나뿐인 예라는 것 또한 상기해 보도록 하자!

지금까지 우리는 어린 시절부터 예수가 열거한 모든 계명을 지켜왔다는 그의 주장에만 동기를 부여하며 그에 대한 예수의 사랑을 관찰해 왔는데, 이 에피소드를 동성애적으로 읽는 것을 기각할 수도 있었다. 이런 견해를 따를 때 예수의 사랑은 계명의 준수에 의해 유발되는 것으로 읽히게 된다. 그런 읽기는 당연히 신학적인 문제들을 생산해 낼 것이다(예수는 율법을 지키지 않는 사람들보다는 지키는 사람들을 사랑할 것이다). 특히 예수가 율법의 준수자들이 죄인들로 여겼던 사람들을 찾는 사람으로 기술되는 동일한 서사(마가복음)로부터 나오는 예수의 초상과 모순되는 듯이 보일 것이다(마가복음 2:15-17).

신학적으로 더욱 구미가 당기고, 해석적으로도 옹호할 만한 또 다른 가능성을 찾자면 그것은 여기에서 예수의 사랑이 평생 율법을 지켜왔던 이 젊은이가 어쨌든 '영원한 삶을 물려받기' 위해서는 다른 무엇인가가 필요하다는 것을 느끼고 예수를 찾아왔다는 사실에 의해 촉발된다고 보는 것이다. 이런 측면은 이 요청의 절박함(달려온 것, 무릎 꿇은 것)과 함께 예수가 계명을 지키는 다른 사람들 사이에서 볼 수 없었던 겸손과 간구를 예시하는 것으로 여겨진다.

이러한 해석은 분명히 매력적이지만, 이 텍스트 자체는 기묘한 방식으로 다른 방향을 지시하고 있기도 하다. 이 텍스트는 간구하는 사람의 예시적 성격과 예수의 사랑 사이에 또 다른 요소를 끼워 넣고 있다. 이 부가적인 요소는 상대적으로 거의 사용되지 않는 동사 엠블레페인*emblepein*인데, 여기에서는 '보다'로 번역되었다. 간구자의 말과 예수의 사랑 사이에 삽입된 이 '응시'는 도대체 무엇인가? 마가복음에서 이 동사는 두 가지 다른 맥락에서 나타난다. 우선은 8장 25절에서 처음에는 성공하지 못했던 맹인에 대한 치유 이야기에서 나타난다. ("걸어 다니는 나무와 같은 사람들이 보입니다.") 첫 번째 시도가 실패로 돌아가자 이 사람은 예수의 치유를 두 번째로 받아야만 했고, 그 이후에 "유심히 보았고 그의 시력이 회복되었다." 두 번째로 쓰인 곳에서, 예수가 재판을 받은 장소의 바깥에서 베드로를 알아본 한 여자가 "그(베드로)를 응시"했으며(마가복음 14:25) 그래서 그가 예수의 동료들 중 한 명인 것을 알아차렸다.

다른 맥락들 내에서의 번역이 말해주는 것과 같이 이 동사가 지시하는 것은 비상하게 집중하여 보는 또는 초점을 맞추는 응시인 것이다. 이러한 바라봄은 일상적인 것이 아니라 강렬하게 주시하는 것이다. 게다가 이 응시는 결코 '겉모습의 이면'을 보는 것을 의미하지도 않으며, 엄밀하게 말해 볼 수 있는 것을 보는 것이다. 그래서 그 여자는 베드로의 얼굴을 예수와 함께했던 사람의 얼굴로 알아본 것이고, 치유받은 눈먼 사람은 나무들로부터 사람들을 구분할 수 있는 것이다. 예수는 여기에서 간구자의 '중심을' 보는 것이 아니라 오히려 직접적으로 그의 겉모습을 보고 있는 것이며, 이러한 응시는 예수의 비범한 사랑에 보다 직접적인 이유가 된다. 여기에서 이것은 이 간구자의 선한 품성은 사랑이 그로부터 따라 나오는 것이기에 사랑의 충분 조건이기보다는 필수 조건이 된다.

이때 이 에피소드에 대한 성애적 읽기를 통하여 이 응시로부터 욕망을 일깨우고 즐거움을 예기하는 바라봄을 발견할 수 있다.[1] 이러한 예시적

---

1) 에로스가 눈을 통해 들어온다는 가정은 헬레니즘 로맨스 소설들의 표준적인 관습들 중 하나였다. 그래서 아킬레스 타티우스(Achilles Tatius)는 『류시페와 클리토폰 *Liucippe and Clitophon*』에서 "사랑의 상처는 눈을 통해서 지나간다"(1.4, 175쪽)고 말하고 있다. 저자도 시각적인 접촉 변화가 "얼마간 떨어져 있는 일종의 교미"로 정확히 추정할 수 있으며(1.9, 183쪽), 같은 구절에서 눈을 "사랑의 전달자"라고 말하고 있다. 비슷하게 헬리오도루스(Heliodorus)는 『에티오피아 이야기*An Ethopian Story*』에서 "이런 비유가 용인된다면, 격정의 화살을 바람보다 빠르게 눈을 사용해 영

인 성격과 육체적 외양의 조합에 대한 반응은 사랑받는 사람으로부터 내면적이면서 동시에 외면적인, 도덕적이면서 동시에 육체적인 아름다움이 나타나야만 한다고 생각했던 그리스와 헬레니즘 세계의 동-성적 성애에 대한 문학 전통과 전적으로 합치된다.[2]

예수의 사랑이 도덕적이고 육체적인 아름다움의 결합에 의해 유발되었다고 말하는 것은 예수가 오직 이러한 특징들을 보였던 사람들에게만 헌신적이었다는 의미가 아니다. 이 텍스트는 그의 도움을 필요로 하고 구하는 모든 사람들에 대한 그의 책임을 명확히 드러낸다. 이 사람에 대한 애착이 결코 도움을 필요로 하는 모든 사람들의 전형이 아니다. 달리 말해서 만일 마가복음에서 이 사람만을 향하는 예수 사랑의 단독성에 대해 설명하는 것이 목적이라면 실질적으로 이 에피소드에 대한 동성애적 해석이 요청된다. 만일 이 애착이 동성애적인 것이라면, 예수에게 도움을 청하러 오는 가난한 사람들이나 예수와 함께하는 그의 대역들(제자들)과 예수의 관계에 대해서도 의론의 여지가 없는 것이다.

확실히 마가복음의 서사는 이 응시를 인식함에 대해 그 성격이 동성애적인 것이라고 주장하지는 않는다. 그러나 이 에피소드는 우리가 다음과 같은 질문을 할 수 있을 정도로 충분히 암시적이다. 만일 이 강렬한 응시의 대상 그리고 예외적인 사랑이 서사자에 의해 여성으로 확인되었더라면, 독자는 이 만남의 성애적 성격을 보다 쉽게 인지할 수 있을 것인가?

혼으로 쏘아 넣는, 시각적으로 인지되는 대상들로부터 유래하는 사랑의 탄생"(3.7, 416쪽)에 대해 말하고 있다. 인용된 책의 쪽수는 B. P. 리어든(B. P. Reardon)이 편집한 『고대 그리스 소설 모음집 *Collected Ancient Greek Novels*』(Berkeley: University of California Press, 1989)에 따른 것이다.
2) 예를 들어, 플라톤의 『향연 *Symposium*』, 206b를 참조하라.

어쨌든 기독교적 전통이 성서 읽기에 대해 눈을 가리는 데 사용하는 성애 혐오가 없다면, 적어도 여러 독자들이, 아니 더 많은 사람들이 이런 의문을 품을 수 있을 것임을 나는 확신한다.

그러나 이 텍스트는 다른 남자를 강렬한 응시와 독특한 사랑의 대상으로 지시하고 있다. 이에 따라 성애혐오적인 협소한 시각에 동성애혐오가 더해지고, 그로 인해 인식의 가능성은 완전하게 닫혀 버리게 된다. 그러나 성애혐오라는 색안경이나 동성애혐오라는 눈가리개 중 어느 편도 1세기의 이방인 마가복음 독자들에게는 타당한 것으로 받아들여지지 않았을 것이다.

우리는 있는 그대로의 이 에피소드를 재고하지 않거나 그저 백안시하며 간과해 버릴 것이다. 그러나 요한복음에 나오는 다른 남자를 향한 예수의 사랑에 대한 훨씬 더 명시적인 지시를 통해 예수의 전승을 간과했던 사람들 중 일부가 이 전승에서 동-성애적 애정을 인식하고 있었다는 것이 명백하게 드러난다.

우리는 1세기의 기록에서 이 에피소드에 대한 개작의 일정한 변천사를 볼 수 있을 것이다. 나는 처음에 여기에서 예수에게 왔던 그 사람의 전승이 '젊은 부자 관원'의 이야기로 알려졌다고 말했다. 그러나 마가복음에서는 우리에게 간구자에 대한 정보가 주어지지 않는다. 우리에게 전해지는 것은 그가 "많은 것을 가졌다"는 것뿐이다.

여기에 기술된 이 젊은이에 대한 다른 특성들은 마태복음과 누가복음에서 발견되는 이 에피소드의 다른 형태들로부터 추가된 것이다. 마태복음 19:20은 우리에게 그가 젊은이였음을 말해 준다. 누가복음은 그가 젊다는 것을 말하지는 않지만, 우리에게 그가 '관원'이었다는 것과 '매우 부자'였다는 것을 말해 준다(18:23).

어쨌든 가장 흥미로운 것은 누가복음과 마태복음에서 강렬한 응시와 예수가 그를 사랑했다는 이야기가 누락되어 있다는 것이다! 이 두 복음서에서 이 이야기가 생략되어 있다는 것이 내가 제시했던 그대로 그 응시와 사랑이 서로 연결되어 있다는 인상에 더해진다는 것이다.

그렇다면 이 이야기에 대한 전통적인 서술 방식은 마태복음(젊다는 것)과 누가복음(관원이며 부자라는 것)을 조합하는 동시에, 마가복음의 문제를 일으키는 응시와 당황스러운 효과를 야기하는 사랑에 대한 이야기를 생략하는 것이다. 즉, 동성애적인 인상을 주는 이 이야기의 맥락은 이 이야기를 개작한 이야기에서 제거된다. 이미 우리는 예수 전승의 동성애적 요소들에 대해 그들 스스로 눈을 감고 있는 전통의 시각을 확인할 수 있다. 오직 마가복음의 무대 지시들과 "유심히 본다"는 말을 따를 때에만 이 맹목적인 무지를 성공적으로 극복해 낼 수 있을 것이다.

겟세마네 동산의 벌거벗은 젊은이

예수와 그가 사랑한 제자의 관계를 두고 게이를 긍정하는 숨겨진 역사에 대한 논의에서 우리는 제레미 벤담의 견해를 고찰한 바 있는데, 그는 의미심장하게 그 관계에 대한 나의 읽기 방식을 선취하고 있다. 벤담은 예수에 대한 그의 저술에서 예수 전승 내에 그에게 동성애적 관계, 또는 적어도 게이에 대한 관심으로 여겨지는 어떤 것이 포함되어 있음을 암시하던 다른 사건에 대해 밝히고 있다. 그 사건은 마가복음에서 간단히 기술된 바 있는 예수의 체포 이후에 겟세마네 동산으로부터 벌거벗은 채로 도망쳤던 한 젊은이에 대한 것이다. 이 장면을 보다 면밀하게 고찰하기 위해, 이 텍스트 전체를 인용해 보기로 한다.

그리고 그들(제자들) 모두가 예수를 버리고 달아났다.

그런데 어떤 젊은이*neaniskos*가 맨몸에*gymnou* 아마로 된 천*sindona*을 두르고, 예수를 따라가고 있었다. 그런데 그들이 그를 잡았다. 그러자 그는 아마포*sindona*를 버리고, 맨몸으로*gymnos* 달아났다. (마가복음 14:50-52)

이 젊은이에 대한 벤담 자신의 의견은 그가 키나에두스*cinaedus, kinaidos*, 즉 몸을 파는 어린 남창이라는 것이다.[3] 벤담의 견해를 어떻게 받아들여야 할까? 1817년에 벤담은 한 잡지에 실린 짧은 논평을 모호하게 인용한다.

〈먼슬리 매거진*Monthly Magazine*〉에 한 거친 논조의 짧은 논평이 실렸는데, 이 글에서 익명의 저자는 "키나에두스(즉, 어린 남창)의 에피소드"라는 구절로 언급된 킹 제임스*King James* 판(마가복음 14:51-52)의 이상한 문법에 대해 평하고 있다. 이제 벤담은 이 이론을 상기하고, 결과적으로 이에 동의한다. 그는 '젊은 남자'보다 그리스어에 더 가까운 '소년'이라는 번역을 선호하며 이 소년이 "그 사도(요한)의 지위에 대한 경쟁자 또는 후보자"였다고 말한다. 벤담은 이 소년이 실제로 '키나에두스'일 때에만 이 구절이 이해될 수 있으며, '벗겨진 의복'이라는, 즉 그의 직업에 대한 상징이 이해될 수 있다고 말한다. 벤담은 그 젊은 아이가 입었던 신도나*sindona* 또는 아마포를 품질이 좋은 값비싼 의복으로 해석하여, 그 소년과 그 아마포에 손을 댔던 남자들이 양자 모두를 일종의 횡재로 여겼을 것이라고 생각한다….[4]

---

3) 루이스 크롬튼(Louis Crompton)에 의해 보고된 것. 『바이런과 그리스적 사랑:19세기 영국에서의 동성애혐오*Byron and Greek Love: Homophobia in Nineteenth-Century England*』(Berkeley: University of California Press, 1989), 280-283쪽.

여기에서 그 벌거벗은 젊은이를 숨기거나 드러내는 임시 덮개에 방점이 찍힌다. 그 아마포는 전혀 제대로 된 옷이 아니며 일종의 천과 같은 것이다. 그것은 몸을 감싸거나 위에 걸쳐진 한 장의 아마로 된 천이다. 마가복음에서 예수의 아마포라는 것은 예수 매장 직전에 시신을 감싸는 데 사용된다(5:46).

벤담이 이 논평에 대해 내놓는 의견은 신도나와 키나에두스 또는 키나이도스라는 직업의 연관에 의존하고 있다. 이런 경우에 이 어린 남창은 간단히 신도나를 감싸고 있었을 것이다. 이런 격식에서 벗어난 방식으로 벌거벗은 몸*gymnou*을 감싸는 것 자체가 잠정적인 '고객'을 매혹시키려고 의도된 일종의 포장인 것이다.

이런 방식으로 읽게 되면, 이 젊은이가 덮고 있다가 버린 아마포는 이 젊은이의 벌거벗음을 독자들의 시선에 노출시켜 이 젊은이가 동성애적 관심의 대상이 되고 있음을 말할 뿐 아니라, 이 젊은이가 로마제국 내에서 동성애의 합법화 및 제도화의 주요 수단들 중 하나였던 매춘제도에 속해 있다는 것을 보여준다. 이 제도의 실체는 남창들이 자신들을 위한 공적인 휴일을 가졌고, 심지어 매음굴들로부터 나오는 세금이 몇 세기 이후 제국의 기독교인 황제들에게 중요한 세입 자원이 되었다는 사실에서 드러난다.[5] 하지만 나는 아마포를 두르는 것과 남창 또는 키나에두스가 되는 것 사이에 어떤 일정한 관련성이 있음을 실증할 수 없었다. 그러한

---

4) 같은 책, 281쪽.

5) 존 보즈웰(John Boswell), 『기독교, 동성애, 그리고 사회적 관용: 서력 기원으로부터 14세기까지의 서유럽의 동성애자들*Christianity, Homosexuality, and Social Tolerance: Gay People in Western Europe from the Beginning of the Christian Era to the Fourteenth Century*』 (Chicago: University of Chicago Press, 1980), 77쪽.

관련성이 입증되지 않는다면, 벤담이 근거자료로 제시하는 것은 뿌리를 잃고 공중에 떠버리게 된다. 그러나 여전히 이 텍스트가 동성애적 해석을 부추긴다는 벤담의 의견에 대한 유효성은 그대로 남는다.

벤담의 의견에 대해 어떻게 생각해야 할 것인가? 첫째, 마가복음의 이야기로 돌아가는 것이 한 가지 유용한 방법이 될 것이다. 이 사건은 다른 복음서들에는 기록되지 않고 마가복음에만 실린 몇몇 이야기들 중 하나다.[6] 유일하게 마가복음에만 기록되었다는 사실과 함께 이 에피소드의 특이함은 교회 전승에서 상당히 초기로부터 이 사건에 대해 많은 주석가들이 (요한 마가로 추정되는) 마가복음의 저자를 서사 속에 끼워넣어 이 복음서의 저작을 그에게 돌리기 위해 재구성된 것이라고 추정해 왔다는 것이다. 현대의 성서 해석가들은 더 이상 이 의견을 수용하지는 않지만, 여전히 이 에피소드로 인한 당혹을 감추지 못한다.

이 에피소드가 난해한 것은 그것이 한 이름 없는 젊은이를 예수와 매우 밀접하게 연관시키고 있기 때문이다. 이 젊은이는 예수의 제자들 중 유일하게, 심지어 예수가 예루살렘의 지배자들이 보낸 무리에 의해 잡힌 직후에도, 예수를 따랐다는 이야기가 전해진다. 다른 제자들과는 달리 그는 예수가 사로잡히기 전까지 도망가지 않고, 단지 그가 예수와 함께 붙잡힌 이후에야 달아난다.

이 젊은이(또는 젊은 성인)는[7] 예수와 가까이 관련되어 있고, 분명히 드

---

6) 마태복음이 마가복음의 90퍼센트를 포함하고 있다는 것을 상기할 것.

7) 에바 칸타렐라(Eva Cantarella)는 적어도 고대 시대의 그리스에서 네아니코스 (neanikos)라는 용어가 젊은 성인 남성을 지칭하며, 일반적으로 18세에서 24세 또는 심지어 30세의 성인까지도 지칭할 수 있다는 것을 입증한다. 칸타렐라, 『고대 세계에서의 양성애*Bisexuality in the Ancient World*』(New Haven: Yale University Press, 1992), 28-48쪽.

러나는 용기에서 다른 예수의 제자들과 구분될 뿐 아니라, 그의 벌거벗은 몸에 대해서는 묘사를 위한 특별한 관심이 기울여지고 있다. 요컨대 이 서사는 그의 벌거벗은 몸을 처음에는 아마포에 덮혀진 것으로 그리고 이후에는 벗겨진 것으로 언급함으로써, 대제사장이 보낸 무리가 그의 옷을 벗기기 전부터 이미 그의 옷을 벗기고 있다. 여기에서 사용된 벌거벗음*nudity*에 대한 용어는 김노스*gymnos*로, 단순히 신체*soma* 또는 육*sarx*을 언급하는 것이 아니라, 헬레니즘의 세계에 사는 청년들이 옷을 입지 않은 채로 강건한 육체의 능력을 연마하고 과시하던 장소인 김나지움 *gymnasium*, 또는 누디토리움*nuditorium*(연무장)에 그 이름을 부여했던 벌거벗음을 언급하는 것이다. 고대 시대의 그리스와 이후의 헬레니즘 세계에서 김나지움은 동성애와 소년애적 유대에 있어 특권적인 장소였다. 이 젊은이의 벌거벗음은 남자들의 동성애적 시선이 모이는 초점이 되는 것이다.

이 중 어느 무엇도 마가복음이 헬레니즘이라는 이방인 독자들의 눈에서 벗어날 수 없었을 것이다.[8] 게다가 마가복음을 읽는 보다 보수적인 유대인 독자들은 분개했을 것이 확실하다. 김노스에 대한 언급과 그에 따른 김나지움에 대한 암시는 분명히 이 젊은이를 헬레니즘 문화의 매혹과 연

---

8) 그러므로 라틴어로 저술을 남긴 키케로(Cicero)와 그리스어로 저술을 남긴 플루타르코스(Plutarch)는 젊은이들의 사랑이 김나지움이라는 제도를 통해 만들어졌고 아울러 퍼지게 되었다고 주장한다. 키케로의 논평은 『고대 세계에서의 양성애』 97쪽에서 칸타렐라에 의해 인용되어 있다. 플루타르코스의 견해는 『사랑에 관한 대화*Dialogue on Love*』(Erotikos) 751F에서 발견된다. 최근에는 윌리엄 암스트롱 퍼시(William Armstrong Percy)가 소년애와 김나지움의 연관에 대한 광범위한 토대를 『고대 그리스의 소년애와 교육*Pederasty and Pedagogy in Archaic Greece*』(Champaign-Urbana: University of Illinois Press, 1996), 98-116쪽에서 밝힌 바 있다.

관시키는 방식이다. 마카비서 상(1 Maccabees, 성서의 외경들 중 하나. 말라기서의 시대와 신약성서 시대 사이의 이스라엘 역사를 다룬 책. 마소라 본문에는 포함되지 않으며, 구약성서의 그리스어 번역본인 70인역에만 수록. 공동번역에서 찾을 수 있음 역자)에서 우리는 악명 높은 안티오쿠스 에피파네스 Antiochus Epiphanes(기원전 167-164년) 치하에서 진행되었던 헬레니즘화 정책이 예루살렘에 헬레니즘 문화의 상징인 김나지움 건설을 수용하라는 많은 사람들의 요구에서 시작되었다는 사실을 전해 들을 수 있다.

그때에 율법 없는 자들이 이스라엘로부터 나와 많은 사람들을 악한 길로 꾀어 말하기를, "가서 이방인들과 계약을 맺자…"고 하였다. 이 제안이 그들을 기쁘게 하였고, 사람들 중 일부는 간절한 마음으로 왕(안티오쿠스 에피파네스)에게 나아갔다. 왕은 그들이 이방인들의 관습을 준수할 수 있도록 허가했다. 그래서 그들은 이방의 관례에 따라 예루살렘에 김나지움을 지었고, 할례의 흔적을 지웠으며, 거룩한 계약을 저버렸다. 그들은 이방인들과 함께 그들 자신을 팔아 넘기고 악을 행하였다. (마카비서 상 1:11-15)

이 이야기는 야손Jason의 정치적 음모가 김나지움의 설립으로 이어지는 것으로 그려지고 있는 마카비서 하에서 더 자세히 묘사된다.

만일 그(안티오쿠스 왕)의 권위에 의해 연무장과 그 연무장을 위한 젊은이들의 조직, 그리고 예루살렘 사람들을 안디옥의 시민으로 등록할 수 있도록 허가가 떨어진다면, 이것에 더하여 그(야손)는 일백오십 (달란트)를 지급하기로 약속했다. 왕이 이를 승인하고 야손이 직위(대제사장)에 올랐을 때, 그는 즉시 그의 동포들을 그리스의 생활 방식으로 전환하도록 했다. … 그는 재빨리 김나지움을 요새 아래에 건설했고, 젊은이들 중 가장 고귀한 자들에게 그리스식 모자를 쓰도록 권장했다. (마카비서 하 4:9-10,12)

예루살렘 내의 김나지움 건설은 헬레니즘의 문화적 지배와의 타협을 추구했던 유대인들에 의해 범해진 무도한 행위들 중 하나였는데, 이것이 무도한 행위로 이해되는 이유는 김나지움이 벌거벗은 젊은이의 문화를 상징했기 때문이다. 이에 의해 암시되는 메시지는 보수적인 성향을 띠는 유대 전통의 옹호자들에게는 거의 환영받지 못했는데, 마가복음에서는 이들의 대표자들이 예수와 그 벌거벗은 젊은이를 붙잡는 모습이 그려지고 있다.[9]

그렇다면 이 벌거벗은 젊은이는 마카비 항쟁의 상속자들이 너무나도 경멸했던 소년애적 문화라는 생활양식을 받아들인 헬라화된 유대인을 대표하는 것인가? 그렇다면 결론적으로 그는 정확히 예수에 관한 복음을 받아들이고 선포하게 된 헬레니즘화된 유대인들을 대표하는가? 여기에서 우리는 여자들이 예수의 시신에 기름을 바르려고 무덤에 갔을 때, 그들이 그곳에서 만났던 한 젊은이를 상기해야만 한다. 시신 대신에 그들은 십자가에 달렸던 이의 부활에 관한 복음을 고지하는 '하얀 겉옷'을 걸친

---

9) 우리는 또한 김나지움에 들어간 사람들이 육체의 벌거벗음으로 인해 갑작스럽게 자신들의 할례받은 성기의 모양새가 다르다는 것을 인식하게 되었다는 점에 주목할 수 있을 것이다. 그래서 그들은 보다 명확하게 그리스적인 육체의 아름다움의 개념들에 순응하여 할례를 원상태로 돌리기를 원한다("할례의 흔적을 지웠다", 마카비서 상 1:15a). 이와 비슷하게 마가복음에서 예수의 제자들은 마치 그들이 이방인들이 되려고 하는 것처럼 구별되는 유대교의 관습을 저버린다고 비난받는다(마가복음 2:18에서는 금식에 대해, 마가복음 2:28에서는 안식일 준수에 대해, 마가복음 7:2 이하에서는 의례적인 씻기에 관해).

(16:5) 한 젊은이를 만나게 된다(16:6-7).

여기에서 젊은이의 벌거벗은 육신은 독자에게 세례 의식을 말하는 것으로 볼 수 있는데, 이런 해석은 적어도 3세기 무렵의 일부 지역들에서는 세례받을 사람들이 의복을 벗고, 맨몸으로 물에 들어갔다가 나오면서 하얀 옷을 입는 방식으로 세례 의식을 진행했던 것과 연관되어 있었다. 이에 대한 평가를 위해서는 몇 가지 특정한 난점들이 해결되어야 하겠지만, 어쨌든 그럴 가능성이 있다. 우선 마가복음은 자체적으로 제의적인 세례에 대해 관심을 보이지 않는다. 마가복음이 관심을 보이는 유일한 세례는 예수와 함께하는 순교라는 세례다. 그러므로 예수의 순교는 그의 세례를 받는 것에 대해서 또는 그가 마시는 잔을 받는 것에 대해서 예수가 야고보와 요한을 향해 했던 말씀을 통해 예견된다(마가복음 10:38-39). 여기에서 세례를 받는 것과 예수의 잔을 받는 것은 모두 성사의 집례가 아니라 순교를 나타내고 있는 것이다. 비록 동산의 젊은이는 도망했지만, 적어도 어떤 상징적인 방식으로 예수의 운명에 동참하고 있으며, 무덤에서 나타난 젊은이는 십자가형을 당한 이의 자리에서 발견되고 있다. 마가복음이 제의적인 세례보다는 순교에 관심을 가진다는 인식으로 인해 이런 관점에서 벌거벗은 젊은이에 관련된 에피소드를 이해할 수 있을지도 모른다. 그렇다면 마가복음이 세례의 의미가 순교라는 것을 강조하고 있음에도 불구하고, 마가복음은 왜 바울이 세례에 대해 말할 때와 같이 소마라는 용어를 사용하기보다는 김노스라는 용어를 사용해야만 했을까? 왜 여기에서 강조점이 벌거벗음에 놓이게 되는가?

여기에서 해결해야만 할 다른 문제는 벗은 채로 세례를 진행하게 되는 관습의 기원에 관련된다. 우리는 히폴리투스Hippolytus로부터 이 관습이 3세기 무렵에 실행되었음을 알 수 있다.[10] 그러나 1세기에는 어떤 방식으로 세례 의식이 진행되었는지에 대해 알 수 있을까? 우리에게는 벌거벗은 육신이 로마의 히폴리투스(235년쯤)보다 150년 이전의 세례 의식에 관련된다고 추정할 수 있는 충분한 근거가 있는가?[11]

만일 세례에 관습이 정립될 수 없다면, 우리에게는 예수가 수난을 당하는 결정적인 순간에 위치한 헬레니즘의 소년애 문화인 동성애적 태도를 전형적인 그 인물(그 벌거벗은 젊은이)을 통해 분명히 받아들였다는 암시가 남게 된다. 아울러 예수와 이 젊은이의 특별히 가까운 관계에 대한 암시도 남게 된다.

이 장면은 상당히 정확하게 요한복음에 나오는, 예수가 사랑한 제자의 상황과 병렬 관계에 있다. 그 제자 또한 수난 서사의 구조에서 소개되고 있다. 말하자면 요한복음에서 그는 십자가 앞에 서 있다. 마가복음에서 이 벌거벗은 젊은이는 예수와 함께 있다가 거의 붙들릴 뻔했다. 그리고 마가복음은 이 젊은이가 등장하는 두 경우 모두에서 이 젊은이를 소년애 문화를 지닌 세계 내에서 동성애적 애정을 암시하는 방식으로 기술한다. 물론 정경적인 마가복음에서 이 인물의 존재는 요한복음상의 친밀한 이야기보다 훨씬 더 '빠르게' 그리고 암시적으로 스쳐 지나간다. 이러한 차이는 두 저작이 대상으로 하는 상당히 다른 성격의 청중들과 관련되어 있을 것이다. 결론적으로 마가복음은 준-공공적quasi-public(마가복음이 단지 하나의 공동체를 위해 쓰인 것이 아님을 뜻함 역자) 서사인 반면, 요한복음은

---

10) 『사도 전승Apostolic Tradition』 21.3, "그리고 그들은 옷을 벗어야만 한다"(세례를 위해서), 그리고 21.11, "그리고 그들이 벌거벗은 채로 물에 서 있게 한다." 『로마의 성 히폴리투스의 사도 전승 논집The Treatise of The Apostolic Tradition of St. Hippolytus of Rome』, Gregory Dix Henry Chadwick 편집 (London: SPCK, 1968), 33-35쪽을 볼 것.

11) 클레멘스(Clement)는 이런 관행에 대해 모르고 있었다. 각주 21 참조.

명백히 밀접하게 짜여진 독자 집단을 위한 것이었다.

마가복음 텍스트에는 예수에 관한 전승에서 동성애적 요소들에 대한 두 가지 암시적인 에피소드가 있는 것으로 보인다. 그러나 이 텍스트 그 대로라면, 이 에피소드들은 서로 연관이 없는 듯하다. 이 텍스트들은 전에 우리가 요한복음에서 조우했던 자료에 대한 부분적인 반향 이상의 것을 제공하지 않는다.

비밀의 마가복음: 그 집안에 있는 벌거벗은 젊은이

마가복음의 짧은 이야기들이 그럴듯한 단초가 될 수는 있겠지만, 일부 독자들에게는 그 이야기들의 의미에 관해 단정적인 결론을 내리기에는 너무나 빈약한 것으로 보일 수도 있다. 실제로 심지어 오늘날의 거의 모든 신약성서에 대한 게이적인 해석을 위한 시도들조차도 이에 대해 침묵으로 일관하고 있다. 그러나 적어도 소위 '비밀의 마가복음'이라는 텍스트는 이러한 연관을 통해 논급되어 왔다.[12]

1958년 예루살렘 교외의 마르 사바Mar Saba에 위치한 동방정교회 수도원에서 이때까지는 알려지지 않던 알렉산드리아의 클레멘스Clement of Alexandria가 쓴 편지(200 C.E. 무렵으로 추정)의 18세기 사본이 발견되었는다. 거기에서 모튼 스미스Morton Smith는 '비밀의 마가복음'이라 불리는 자료를 발견하게 된다. 이어서 스미스는 이 편지에 대한 광범위한 분석과

---

12) 예를 들어 톰 호너(Tom Hornor)의 『다윗을 사랑한 요나단: 성서 시대의 동성애 *Jonathan Loved David: Homosexuality in Bible Times*』(Philadelphia: Westminster Press, 1978), 118-121쪽과 로버트 윌리엄스(Robert Williams)의 『나 있는 그대로 *Just As I Am*』(New York: HarperCollins, 1992), 118쪽 이하를 볼 것.

주석을 모아 출간했다. 이 텍스트는 격렬한 학문적인 논쟁의 대상이 되었지만, (예수 세미나의 회원들을 포함한) 많은 학자들은 이 기록물을 진본으로 받아들였으며, 심지어 이것이 신약성서에서 볼 수 있는 마가복음보다 더 초기의 마가복음이라고 보기도 했다. 학자들은 마가복음이 몇 가지 다른 형태로 유포되었다는 것을 오래전부터 알고 있었다. 예를 들어, 오래된 마가복음의 번역본들은 16장 8절 이후에 소위 긴 결말을 보이며, 8절에 이어 9-20절을 더하고 있다. 하지만 마가복음의 다른 판본들은 (8절 이후에) 두 절로 구성된 결말을 가지고 있었고, 가장 오래되고 믿을 만한 필사본들은 8절에서 종결되는 형태로 발견되었다. 그래서 오늘날 대부분의 번역본들은 8절에서 종결을 짓고 다른 형태의 결말들(짧은 결말과 긴 결말)은 각주 형태로 첨부한다. 명확히 우리는 마가복음의 세 가지 다른 형태들과 경쟁해야만 한다. 그러나 이 클레멘스의 편지는 이 복음서의 결말에 의해 구별되는 것이 아니라, 예수와 벌거벗은 젊은이의 관계에 대한 도발적인 자료의 존재 여부에 따라 구별되며 적어도 두 가지 새로운 형태들이 있음을 말한다.

클레멘스의 편지는 독자에게 마가복음의 또 다른 형태가 이 젊은이와 예수의 관계에 관한 자료 가운데 특히 수치스러운 자료를 포함하고 있음을 경고하기 위해 쓰여진다. 클레멘스는 이 다른 형태의 자료를 카르포크라테스 분파 Carpocratians (카르포크라테스를 추종하던 영지주의 분파. 예수의 비신성, 계급에 상관없는 여성과 재산의 공동소유, 성적으로 자유분방한 생활을 주장함 역자)에게 돌리고 있는데, 이 집단은 영향력을 확장하고 있던 주류 또는 가톨릭 교회의 성애 혐오증을 거부했던 것으로 보이며, 그 귀결로 그들의 방탕한 견해와 행위들에 대한 비난을 받게 되었다.[13]

클레멘스는 알렉산드리아에서 일반적으로 이 벌거벗은 젊은이에 대해 알려진 것보다 더 많은 이야기를 포함하고 있는 판본을 사용하고 있으며, 이 형태의 마가복음이 '완전함으로 나아가고 있는' 사람들을 위한 비의적인 가르침에 사용된다는 것을 인정하고 있다. 그러나 이러한 형태의 마가복음은 클레멘스가 편지에서 서술했던 모든 자료들을 포함하지는 않으며, 분명히 마가복음에 카르포크라테스 분파가 도입했을 것으로 추정되는 '뻔뻔스러운 거짓말들'도 포함하고 있지 않다. 외설적인 부분들을 제거하기 위해 클레멘스는 그가 알고 있는 텍스트에 무엇이 있는지를 드러내게 된다.

그리고 그들은 베다니로 갔는데, 이미 오라비가 죽어 버렸던 어떤 여자가 있었다. 그리고 그 여자가 예수에게 와서 그 앞에 엎드려 말했다. "다윗의 아들이여, 우리에게 자비를 베푸소서." 그러나 제자들은 그녀를 꾸짖었다. 그리고 예수는 화를 내며, 그녀와 함께 무덤이 있는 동산으로 향했고, 즉시 무덤으로부터 큰 울음 소리가 들렸다. 그리고 예수는 무덤의 근처로 다가가서 무덤의 입구로부터 돌을 굴려서 치웠다. 그리고 그 즉시, 그 젊은이가 있던 곳으로 들어가서는 손을 내밀어 그의 손을 붙잡아 일으켰다. 그러나 그 젊은이는 예수를 올려다보며, 그를 사랑했고, 그와 함께 있어 주기를 간청하기 시작했다. 그리고 그들은 무덤 밖으로 나가 그 젊은이의 집으로 향하였는데,

---

13) 카르포크라테스 분파에 대한 논의를 위해서는 모튼 스미스(Morton Smith)의 『알렉산드리아의 클레멘스와 마가의 비밀 복음서*Clement of Alexandria and a Secret Gospel of Mark*』(Cambridge, Mass : Harvard University Press, 1973), 266-278쪽을 볼 것. 또한 고전기독교 도서관의 헨리 채드윅(Henry Chadwick)이 편집한 『알렉산드리아의 기독교*Alexandrian Christianity*』(Philadephia : Westminster Press, 1954), 24-29쪽 역시 참조.

그가 부유했기 때문이었다. 그리고 6일 후에 예수는 그에게 무엇을 해야 할 것인지를 말해 주었고, 밤이 되자 그 젊은이는 (그의) 벌거벗은 (몸)에 아마로 된 천을 걸치고 그에게로 왔다. 그리고 그는 그 밤을 예수와 함께했는데, 그때 예수는 그에게 하나님 나라의 비밀을 가르쳤다. 그런 연후에, 그는 일어나 요단강의 건너편으로 돌아갔다.

"그리고 야고보와 요한이 그에게 왔다"라는 내용이 나오며, 그리고 그 부분 전체에 이어 이러한 (말들이) 이어지고 있습니다. 그러나 "벌거벗은 (남자)와 벌거벗은 (남자)가 함께"라던가 당신이 나에게 편지로 썼던 다른 것들은 찾을 수가 없었습니다.

그리고 "그리고 그는 여리고로 들어가고,"라는 말씀 뒤에 (비밀 복음서는) 단지 "그리고 예수가 사랑했던 그 젊은이의 여동생과 그의 어머니 그리고 살로메가 거기 있었으나, 예수는 그들을 맞아 주지 않았다"라는 구절이 더해져 있을 뿐입니다.[14]

우리는 우선 영원한 생명을 물려받기를 구하며 예수에게 왔던 그 사람과 예수가 일으켜 세운 그 젊은이의 연관에 주목하게 된다. 클레멘스의 마가복음에 나오는 "그가 부유했다"는 말은 예수가 되살린 젊은이를 "그가 많은 것을 가졌기 때문에" 울며 떠나갔던 그 사람에게 연결시키고 있다.

또한 부활의 에피소드가 영원한 삶을 유전받기를 구했던 그 사람의 이

---

14) 모튼 스미스(Morton Smith)의 『비밀의 복음서: 비밀의 마가복음의 발견과 해석 *The Secret Gospel: The Discovery and Interpretation*』 (New York: Harper & Row, 1973), 16-17쪽.

야기와 이미 또 다른 용어적 관련을 맺고 있음을 알 수 있다. 그 서사에서 우리의 관심을 이끌어 내는 동일한 문구―"유심히 보아, 그를 사랑했다"―가 이 부활 서사에서도 발견된다. 그러나 여기에서 이 젊은이는 예수를 유심히 바라보고 *emblepein* 그를 사랑한다. 예수가 그를 사랑한 것이 아니라 말이다.

그때 죽음으로부터 일으켜진 젊은이는 바로 전에 이야기한 젊은 부자 관원의 서사에서 예수가 그의 간청자에게 보냈던 응시와 사랑을 즉각적으로 되돌려 준다. 클레멘스의 마가복음에서 이 두 응시는 오직 슬퍼하며 떠나갔던 그 사람과의 만남을 통해 도입되는 소유에 대한 주제에 이어지는 교훈적 담화 자료에 의해서만 중단될 뿐이다(22절). 그러므로 23-31절은 소유에 대해 직접적으로 다루고 있는 반면, 32-34절은 종교적 권위자들에 의해 거부되어 권력 당국에 넘겨지고(수난 예언), 이어서 부활하게 되는 그 사람의 운명을 다루고 있다(10:34). 클레멘스의 마가복음에서 이 구절에는 바로 젊은이의 부활이 뒤따른다. 그러므로 두 만남은 서로 밀접한 근접성 내에서 이어지고 있는 것이다. 예수의 동경하는 바라봄과 그 젊은이의 감사하는 바라봄은 서로에게 응답하고 있다. 여기에서 예수의 사랑은 많은 재산을 가졌으나 죽음을 맛봄으로 인해 모든 것을 잃었고, 그가 영원한 생명을 물려받기 위한 길을, 즉 죽음을 넘어선 생명의 길을 가르쳐 달라고 간구했던 사람(예수)에 의해 죽음으로부터 생명으로 되돌려진 그 젊은이에 의해 사랑으로 응답된다.

클레멘스의 마가복음에서 그 젊은이의 부활 서사는 예수와 그 젊은이의 한 걸음 더 나아간 관계에 대한 이야기로 이어진다.

그러나 그 젊은이는, 예수를 올려다보며, 그를 사랑했고, 그와 함께 있어 주기를 간청하기 시작했다. 그리고 그들은 무덤 밖으로 나가 그 젊은이의 집으로 향하였는데, 그가 부유했기 때문이었다. 그리고 6일 후에 예수는 그에게 무엇을 해야 할 것인지를 말해 주었고, 밤이 되자 그 젊은이는 (그의) 벌거벗은 (몸)에 아마로 된 천을 걸치고 그에게로 왔다. 그리고 그는 그 밤을 예수와 함께했는데, 그때 예수는 그에게 하나님 나라의 비밀을 가르쳤다. 그리고 그런 연후에, 그는 일어나 요단강 건너편으로 돌아갔다.

이 에피소드는 부활한 그 사람의 이야기를 정경적인 마가복음에서 찾을 수 있는 겟세마네 동산에서의 벌거벗은 젊은이의 이야기에 연결시킨다. "그 젊은이*neaniskos*는 벌거벗은 몸*gimnos*에 아마로 된 천*sindona*을 걸치고 그에게로 왔다." 이 세 단어들 즉 젊은이, 벌거벗은 몸, 아마로 된 천은 정경상의 이야기에서도 볼 수 있는데, 여기에서는 이 세 단어가 한 구절에 들어가 있다. 그렇다면 클레멘스의 요한복음은 겟세마네의 벌거벗은 젊은이에 대해 하나의 확실한 전사*prehistory*를 가지게 된다. 밤중에 그의 벌거벗은 몸 위에 아마포를 두르고 예수와 단둘이 '하나님의 왕국의 신비'에 대해 가르침을 받던 사람에 대해서 말이다. 그 장소(베다니 외곽) 그리고 시간(밤)이 겟세마네에서 이후의 에피소드에서 일어나는 일과 정확하게 일치한다.

아무튼 클레멘스에 따를 때, 알렉산드리아에서 보존된 마가복음 사본의 동성애적 요소들은 더욱더 분명하게 전달된다. 예수와 그 젊은이는 이제 서로 사랑하게 되어 예수는 그 젊은이를 집으로 데려가고, 그 후에는 밤중에 그 젊은이가 예수에게 간다. 이 후자의 만남에서 독자는 아마포를 걸친 젊은이의 벌거벗은 몸으로 시선을 집중하게 된다. 우리가 정경상의 이야기에서 보았던 동성애적 측면은 여기에서 훨씬 더 분명하게 드러나게 된다.

게다가 겟세마네 동산에서의 에피소드는 이제 훨씬 더 큰 타당성을 얻는다. 예수와 함께 붙들린 그 젊은이가 예수에게 보이는 충성은 그와 예수 사이에서 자라났던 단독적인 애착에 기반한 것이다. 그들 사이의 친밀함은 예수의 체포 장면에서 드러나는 충성심을 설명한다. 동성애적 애착을 느끼는 친구들 간의 충성심은 소년애적 로맨스의 주요한 요소이며, 적어도 그러한 로맨스가 이상화된 문학적 표현들에서는 유효한 것이다. 그것은 이미 헬레니즘 문학에서는 상투적인 것이 되어 버린 아킬레스 Achilles와 파트로클루스Patroclus의 관계에 대한 동성애적 해석에 기입되어 있다.[15]

클레멘스의 편지에 따르면, 정경에는 없지만 알렉산드리아에서는 알려져 있었던 또 다른 에피소드가 있다.

그리고 "그리고 그는 여리고로 들어가고,"라는 말씀 뒤에 (비밀의 복음서는) 단지 "그리고 예수가 사랑했던 그 젊은이의 여동생과 그의 어머니 그리고 살로메가 거기 있었으나, 예수는 그들을 맞아 주지 않았다"라는 말씀이 더해져 있을 뿐입니다.

이 문구와 이 젊은이에 관한 이전의 자료(그의 부활과 그에 대한 가르침)는 오직 야고보와 요한의 하나님 나라에서의 영예로운 자리에 대한 문제

---

15) 만일 겟세마네 동산에서 있었던 젊은이의 사건이 비밀의 마가복음에 나오는 자료와 연관되어 읽힌다면 매춘 제도에 대한 암시가 배제될 것이라는 벤담의 의견에 주목해야만 할 것이다.

제기에 의해서만 분리되어 있을 뿐이다. 이 짤막한 이야기에서 우리는 오직 예수에게 죽은 오라비를 도와달라고 간청했던 그 젊은이의 여동생이 지금 '그의 어머니와 살로메'를 대동하고 예수를 찾아와 여리고로 왔다는 이야기만을 전해 듣게 된다. 이 어머니를 예수의 어머니로 생각할 것인지 아니면 그 젊은이의 어머니로 생각할 것인지를 결정하는 것은 어려운 문제다. 하지만 이 여동생이 마치 도움을 청할 어머니가 없는 것처럼 이미 그 젊은이를 대신하여 행동하고 있고, 또한 마가복음에서 예수의 어머니에 대한 유사한 에피소드를 볼 수 있다는 점으로 미루어(3:31-35), 예수의 어머니를 의미한다고 보는 편이 타당할 것이다. "예수가 그들을 볼 것을 거부한" 이유는 전해지지 않지만, 가족적 유대에 대한 예수의 거부는 정경적인 마가복음에도 잘 정립되어 나타난다.[16]

어떤 경우로 미루어 보더라도 그 여동생은 예수와 그 젊은이를 따라 여리고로 온 것으로 보인다. 그 젊은이가 예수와 함께 있다는 것은 예수와 함께할 수 있도록 해 달라는 그 젊은이의 간청(그의 소유를 팔아서 거기서 나온 재물을 가난한 사람들에게 나누어 주라는 이전에 그가 거부했던 조건들을 이제 따를 준비가 된 것으로 보이는)과 처음에는 그의 집으로 가고 이후에는 밤에 '하나님 나라의 신비'에 대해 가르침을 받는 과정 중에 있었을 것으로 여겨지는 간청을 예수가 허락했던 것으로부터 추측할 수 있다. 이 여동생은 삶을 되찾게 되었지만, 예수와의 동행으로 인해 이제 다시 잃어버리게 된 그녀의 오라비를 되찾기 위한 무익한 시도로 예수를 따라

---

16) 이에 대한 완전한 이야기를 보기 위해서는 이후에 전개될 3부를 읽을 것. 우리는 여기에서 클레멘스가 그 텍스트를 인용하고 있지만, 예수와 살로메 사이에 일어났을 법한 만남과 대화를 생략하는 요약의 형식으로 이 텍스트를 제공하고 있다는 스미스의 견해 역시 주목할 수 있을 것이다.

갔던 것일까? 아니면 그녀는 여기에서 또 다른 위험—그녀의 젊은 오라비가 예수가 그 자신의 말씀으로 이 젊은이가 따르도록 유혹하고 있는 듯 보이는 순교의 운명을 공유할 것이라는—을 감지한 것은 아닌가?

또한 우리는 이 젊은이의 여동생과 (예수의) 어머니 그리고 살로메가 함께 여리고에 있었다는 대목에서 잠시 멈추게 된다. 살로메는 정경적인 복음서들 중 오직 마가복음에서만 언급되는데, 여기에서 그녀는 예수의 처형 현장에 있던 여러 다른 여자들 중 한 명이었으며(마가복음 15:40), 빈 무덤(마가복음 16:1)과 거기에서 예수를 대신하여 조우했던 신비스러운 젊은이*neaniskos*를 목격한 세 명의 증인들 중 한 사람이다.

하지만 우리는 살로메가 2세기의 카르포크라테스로 대표되던 기독교에 대한 자유분방한 해석을 위한 자료를 제공하는 인물로 판명된다는 것을 알고 있다.[17] 그러므로 성적인 자유의 사도로 주장되는 살로메는 여기에서 예수가 사랑했던 젊은이와 연관되고 있는 것이다.

지금까지 우리는 클레멘스에게 알려진 마가복음의 사본과 알렉산드리아에 있던 다른 사본들에 대해 살펴보았는데, 이것들은 공적으로 유통되

---

17) 그래서 오리게네스(Origen)는 『켈수스를 논박함*Against Celsus*』 5권 62절에서 "게다가 켈수스는 일부 마르셀리안들(Marcellians)이, 마르셀리나(Marcellina)로부터는 그렇게, 그리고 살로메로부터는 하르포크라티안이라 불렸다는 것을 알고 있다." (『니케아-이전의 교부들*Ante-Nicene Fathers*』, 4:570). 도마복음에는 성애적인 대면을 암시할 수도 있는 예수와 살로메의 대화를 기술하고 있는 에피소드가 있다. "예수가 말했다. '두 사람이 한 침상에 기대어 있을 것인데, 한 사람은 죽을 것이고, 한 사람은 살 것입니다.' 살로메가 말했다. '선생님 당신은 누구란 말입니까? 당신은 마치 누군가 대단한 분으로부터 오기라도 한 것처럼 나의 침상에 오르고 나의 테이블에서 먹었습니다'"(도마복음 61:1-2). 번역문은 로버트 J. 밀러(Robert J. Miller)가 편집한 『복음서 전집*The Complete Gospels*』(Sonoma, Calif.: Polebrebridge Press, 1992)에서 인용한 것이다.

는 마가복음의 사본과는 확연히 구분되는 것이다. 그러나 클레멘스의 편지는 그의 독자에게 이 사본에 대한 정보를 제공하는 것이 아니라, 그가 카르포크라테스 분파의 추종자들에게 돌리고 있는 다른 사본에 대해 경고하기 위해 기록된 것이었다.

카르포크라테스의 마가복음

클레멘스는 카르포크라테스의 마가복음의 내용에 대해 모호한 이야기를 하고 있을 뿐이다.

그러나 "벌거벗은 (남자)와 벌거벗은 (남자)가 함께"라던가 당신이 나에게 편지로 썼던 다른 이야기들은 찾을 수 없었습니다.

이 단편들을 발견했던 모튼 스미스는 다음과 같이 추측한다.

율법으로부터의 자유는 육체적 연합을 통한 영적인 연합의 완성으로 귀결되었을 수도 있다. 이것은 확실히 여러 형태의 영지주의적 기독교에서 일어났던 일이며, 이런 일이 얼마나 이른 시기로부터 시작되었는지에 대해서는 전해지는 바가 없다. (『비밀의 마가복음*Secret Mark*』, 113-114쪽)

육체적 연합을 통한 영적인 연합의 달성은 예수 전승에 대한 게이 친화적인 읽기를 시도했던 다른 사람들에 의해서도 주지된 바 있다.[18] 육체적인 관계의 완성에 대한 노골적인 암시는 클레멘스의 마가복음이 아니라 카르포크라테스의 마가복음에 귀속되며, 이것이 클레멘스가 그에게 자문을 구하고 있는 독자에게 경고하고 있는 비밀의 마가복음이라는 판본인 것이다. 클레멘스는 우리에게 카르포크라테스의 마가복음에서는 다수의 부가적인 문구들이 나타나며, 여기에는 추정컨대 신도나(아마포)를 두른 그 벌거벗은 젊은이가 예수와 함께 밤을 보내던 동안에 일어난 일에 대한 설명으로 보이는 "벌거벗은 남자와 함께 있는 벌거벗은 남자"가 포함된다. 즉, 신도나(아마포)가 벗겨지고, 예수가 입고 있었던 것이 무엇이건 간에 그 의복 역시 벗겨졌다는 것이다. 스미스는 여기에서 벌거벗은 젊은이와 벌거벗은 예수가 함께 있었다는 것은 '육체적인 결합'과 관련될지도 모른다고 말한다. 보다 상세한 논문에서 스미스는 이 의견을 진척시키지 않을 뿐만이 아니라 이를 실질적으로 철회하는 듯하다.

카르포크라테스 분파에게는 성적인 방종에 대한 평판이 있으며 (부록 A 참조), 이 더 긴 텍스트에서 나온 부분은 한 젊은이가 (그의 벌거벗은 몸 위에 한 장의 천을 걸치고) 예수에게 왔고 그와 함께 밤을 지새웠기 때문에, 카르포크라테스 분파는 클레멘스가 짚어서 이야기했던 동성애적 관계를 승인하게 될 어떤 자료(벌거벗은 자와 벌거벗은 자가 함께)를 이 텍스트에 삽입할 기회를 포착했다는 것을 상상하기가 쉽다.

그러나 클레멘스는 이 부가적인 자료가 성적으로 거슬리는 것이라는 말을 명시적으로는 하지 않고 있는데, 만일 이 자료가 그런 성격을 가지고 있었다면, 그렇다고 말할 기회를 놓칠 가능성은 거의 없었을 것이다.[19]

---

18) 호너(Hornor)의 『다윗을 사랑했던 요나단 *Jonathan Loved David*』, 120쪽 참조. 호너는 성애적 결합의 암시를 거부하는 듯하다.
19) 스미스(Smith), 『알렉산드리아의 클레멘스 *Clement of Alexandria*』, 185쪽.

여기에서 우리는 스미스가 단순히 학문적인 독자에 대해서 몸을 사리고 있는 것은 아닌지 하는 의문을 가지게 된다. 비밀의 마가복음이 그 자체로 포함되어 있는 클레멘스의 편지는 카르포크라테스 분파의 마가복음의 추가 부분에 대해 "계명의 좁은 길로부터 음탕하고 육체적인 죄의 한정 없는 심연으로 방황하는" 자들에 의해 더해진 것으로 기술하고 있으며, 이 자료가 "그의(카르포크라테스의) 불경스럽고 음탕한 가르침에 따라 해석되었고, 게다가 완전히 뻔뻔스러운 거짓말들을 흠 없이 거룩한 말씀에 섞어 말씀을 오염시켰다"고 말하고 있다.[20]

기독교의 성서 해석에 동성애혐오를 처음으로 도입했던 장본인인 클레멘스는 예수와 벌거벗은 젊은이의 이야기에서 육욕에 대한 카르포크라테스 분파의 암시에 대해 격분하여 말하고 있는 듯이 보인다.[21]

그러나 앞에서 보았듯이 정경상의 마가복음에 실린 자료가 이미 동성애적 관계들을 제시하고 있다. 클레멘스의 마가복음 내에 있는 자료는 추가적으로 예수와 그 젊은이 사이의 동성애적 애착에 대해 암시하고 있다. 카르포크라테스의 마가복음은 그것이 동성애적 관계를 더욱더 명시적으로 드러나게 하며 따라서 '완전해지는 도정에 있는' 자들에 대한 가르침을 해명할 길을 찾는 것이 더욱 어렵게 될 수밖에 없다는 의미에서 클레멘스가 제시하는 마가복음 자료로부터 구분된다. 우리는 여기에서 종류의 차이가 아닌 정도의 차이를 다루고 있는 것이다.

---

20) 스미스(Smith), 『비밀의 복음서 *Secret Gospel*』, 14, 16쪽.

21) 만일 히폴리투스(Hippolytus)의 『사도 전승 *Apostolic Tradition*』 21.11에 기록된 것과 같이 옷을 벗고 행하는 세례 형식이 클레멘스에게 알려졌다면, 왜 그가 이러한 세례의 관행이라는 측면에서 그것을 재해석하기보다는, 오히려 "벌거벗은 남자가 벌거벗은 남자와 함께"라는 문구를 기각하는 방향으로 흐르게 되는지에 대한 이유가 분명치 않다.

비밀의 마가복음에 대한 논의에서 모튼 스미스는 기독교가 금욕적 전통을 가진 헬레니즘 세계의 엄혹한 영향하에 들어가게 되면서, 점증적으로 주변화되고, 결국에는 제거되는 운명에 처했던, 예수로부터 유래하는 '성적으로 자유로운' 전승의 존재를 정확하게 그리고 요긴하게 지적해내고 있다. 클레멘스는 오히려 금욕화 경향에 대한 주요한 옹호자들 중 한 사람이었다.

특히 스미스는 신약성서 서신서 가운데 기독교를 좀 더 성적으로 자유롭게 보는 견해와 싸우는 것 같은 성서 구절을 다수 인용한다. 이러한 성적인 자유에 반대하는 전승은 복음서들 내에 포함된 예수 전승과 지속적으로 커져가는 긴장 관계에 놓여 있으며, 결과적으로 기독교의 금욕적인 형태와 성적으로 자유로운 형태들 간의 분리를 지탱하고 있는 바울의 서신들과의 긴장 역시 커져가고 있다.

2세기 말엽과 3세기 초, 성적으로 자유로운 기독교의 형태(들)은 카르포크라테스 분파와 관련되어 있으며, 클레멘스가 이들 그룹에 대해 알렉산드리아에 유포된 마가복음보다 더 긴 형태의 판본에 손을 댔다고 주장하는 자들이었다.

만일 예수가 사랑한 그 제자와 관련된 에피소드들에 대한 우리의 해석이 정확하다면, 복음서에서 소중하게 간직되고 있는 '술꾼이자 먹보'로서의 예수에 대한 기억과 함께 한 남자 또는 젊은이를 사랑하던 사람으로서의 예수에 대한 기억도 존재했을 것이다. 이러한 기억들은 예수에 대한 '성적으로 자유로운' 해석들에 신뢰성을 부여했을 것이고, 동일한 전승에 대한 금욕적이고 율법적인 해석들에 불안을 초래했을 것이다. 이에 대해 금욕적인 그리고 율법적인 견해들을 옹호하던 사람들은 성적으로 자유로운 견해들을 지지하는 듯한 문서적 근거들에 대한 삭제 또는 재해

석을 바랐을 것이다.[22]

카르포크라테스 분파의 마가복음은, 적어도 클레멘스의 관점에서 보자면, 예수를 동-성애적 행위에 연결 짓고 있는 전승들을 포함하고 있었던 것으로 보인다. 이러한 연관은 최소한 몇 가지 형태의 동-성애적 욕망과 실천에 대한 금지를 십계명에 도입하려는 지경까지 이르렀던 클레멘스에게는 용인할 수 없는 바였을 것이다.[23]

여기까지 나는 성적으로 자유로운 형태의 기독교가 예수 전승의 어떤 특정한 양상에 뿌리를 두고 있었다는 견해를 수용했다. 그러나 성적인 자유주의libertinism(이 단어는 원래 17-18세기의 자유사상을 지칭하는 것이지만 이 책의 맥락은 2-3세기의 상황에 대해 논하는 것이므로 자유사상으로 옮기기보다는 맥락에 맞춰 '성적인 자유주의'로 옮겼음. libertine에 대해서도 유사한 고려에 의해 '성적으로 자유로운' 정도의 의미로 옮겼음 역자)는 흔히 관찰자의 관점에 따라 달라지게 된다. 즉, 법적이거나 도덕적인 또는 금욕적인 해석가가 자유뿐만이 아니라 '어떠한 것도 다 허용되는 것'으로서의 방종으로 향하는 다른 입장에서 보게 되는 것은 오히려 삶을 지배하는 원칙들이 규칙과 법규가 아니라 사랑과 정의라는 강력한 주장일 수도 있다는 것이다.[24] 그러므로 카르포크라테스 분파는 기독교 역사에서 종종 나

---

22) 어쩌면 실질적으로 영지주의적 견해들에 연관된 것으로 추정되는 것만큼이나 이런 이유로 인해 많은 교회들이 요한복음을 정경에 포함시키는 데 반대했을 것이다.

23) "너는 살인하지 말라, 너는 간음하지 말라, 너는 소년들을 유혹하지 말라, 너는 훔치지 말라, 너는 거짓 증언하지 말라"라는 구절이 『니케아 이전의 교부들Ante-Nicene Fathers』, 2:202 "이교도에 대한 권고"(Exhortation to the Heathen) 10장에 실려 있다.

24) 이레네우스(Irenaeus)의 『이단 논박Against Heresies』 내에서 진행되는 카르포크라테스 분파에 대한 공격에서 이에 대한 증거를 찾을 수 있다. 거기에서 이레네우스는

타나는 멸시받는 집단들처럼, 오직 그들을 비난했던 사람들이 말하는 엄격한 도덕주의 또는 금욕적 생활을 고수하지 않았다는 이유만으로 방탕하다는 비난을 받았을 수도 있다.

어쨌든 내가 벌거벗은 젊은이에 관한 에피소드(들)에 대해 제시했던 해석은 다른 방식으로 사실상 예수 전승으로부터 유래되었을 모든 사랑의 윤리의 폐지를 상징하고 있다고 생각되지는 않는다.

마가복음 조합하기

우리는 마가복음 서사와 이 복음서가 다루는 주제들 전체에 대한 자료의 적합성과 관련하여 몇 가지 관찰을 행함으로써 이 마가복음 자료에 대한 고찰을 결론지을 수 있을 것이다.

우리가 동성애적 해석을 암시하는 것으로 보았던 정경상의 마가복음에서 나온 자료(사랑의 시선, 동산에서의 벌거벗은 젊은이)는 마태복음과 누가복음으로부터 제거되기에 충분할 정도로 동성애를 암시하고 있었다. 그러나 하나의 전체로서의 마가복음에서 이 자료는 있는 그대로 어떻게 설명되어야만 하는가? '예수가 사랑한 그 제자'에 대한 전승을 인정하지 않았다면, 우리는 이 에피소드들이 단지 막연히 불편하다고 생각할지도 모른다.

단지 영혼의 윤회에 대한 가르침뿐만이 아니라 그들의 문란한 행동에 대해서도 비난한다. 더욱이 이레네우스는 그들의 가르침이 "우리는 실제로 믿음과 사랑으로 구원을 얻었으나, 다른 모든 것들이 그 본성상 중요치 않음에도, 인간의 의견에 의해 평가된다. 이들 중 어떤 것은 선하고 어떤 것은 악하며, 본성에 의해 정말로 악한 것은 없다는 그런 의견에 대해서 말이다." (I권. xxv. 5) 『니케아-이전의 교부들』, 1:351.

"예수는, 유심히 보아, 그를 사랑했다"라는 문구는 동성애적 애착 내에 위치될 때 더욱 이해하기 쉬운 듯하다. 그러나 이 문구가 자체적으로 어떻게 그 서사에서 마가복음 자체의 주제들을 진척시키게 되는지에 대해 이해하는 것은 어려운 일이다. 기껏해야 그것은 마가복음에 채용된 서사가 보이고 있는 '모험 서사' 형태와 그런 서사의 이야기들 중 하나를 연결시킬 뿐이다. 모험의 도정에서 만난 누군가에 대한 영웅의 동성애적 애정과 같은 방식으로 말이다.

그래서 예수가 그 남자에 대해 동성애적으로 강하게 끌린다고 가정하더라도 그 관계는 정경적인 복음서에서는 그 이상의 진전을 보이지 않는 것이다. 게다가 정경적인 마가복음은 우리에게 (오직 '그'라는 대명사로만 언급되는) 이 남자를 겟세마네의 벌거벗은 젊은이와 연관 지을 근거를 거의 제공하지 않는다.

겟세마네 동산의 벌거벗은 젊은이 에피소드는 사실 요한복음의 사랑받는 제자 전승과 연관시키면 손쉽게 설명이 가능함에도 불구하고 여전히 풀리지 않은 채 이 전승에 대한 메아리 형태로 남아 있다. 그러나 그것은 요한복음의 그 부분 전체에 대해 괄호 치는 방식으로 수난 서사 속에 동성애적 관심이 가능하도록 그 대상을 위치시킨다. 이런 경우에 벌거벗은 젊은이의 에피소드는 빈 무덤과 그 장소에서의 한 젊은이의 (재)출현에 의해 보충된다.

클레멘스의 마가복음으로부터 나온 자료는 정경상의 마가복음에서 이 에피소드들을 연결하고 해석하는 역할만을 수행하는 것이 아니라, 이 에피소드들이 전체 마가복음의 서사적 전개에 보다 단단하게 고정되도록 한다. 이런 방식으로 간구하는 자와의 만남이 마가복음 서사의 마지막 부분의 주제들과 분명하게 연결 고리를 가진다. 따라서 자발적 가난보다

비자발적 가난을 더 받아들이기 어려운 젊은이의 무능력이 자기도 모르게 그를 죽음으로 이끈 것이다. 이 부분에 나오는 예수의 가르침에서 재산(과 가족적 유대)의 포기는 필연적으로 기꺼이 죽겠다는 자발성을 포함하는 순교의 전략을 실행하기 위한 예비 단계가 된다.

이런 맥락에서 '신의 통치라는 신비스러운 교훈'은 예수가 이미 다른 제자들에게 주었던 교훈과 마가복음이 독자들에게 준 교훈에 의해 그 젊은이가 예비적인 지식을 가지도록 기능하고 있다(예를 들어, 마가복음 4:11 이하).

이제 겟세마네 동산의 벌거벗은 젊은이가 보인 충성심은 그들의 관계가 동성애적 애착을 가진 파트너 관계였음을 적절히 보여주는 충성심이다. 반면에 이방인 독자는 이 서사에서 동성애적 연애 관습이 부분적으로 있음을 확인할 뿐이다. 이에 따라 예수의 초상은 마가복음에서 나타나는 예수의 매우 퉁명스러운 성격에 대한 묘사에서 결여되는 매력을 심리적으로 획득하게 된다.

예수와 이 젊은이의 관계는 이 서사와 동성애적 관계의 관습을 인식하고, 이에 대해 공감하는 태도를 보이는 독자들 사이의 연결을 더욱 타당한 것으로 만들며(이는 결코 헬레니즘 세계의 '게이' 독자들에게 한정되는 것이 아니다), 동시에 죽음과 부활, 충성과 순교, 그리고 헌신과 용기라는 마가복음 서사의 핵심 주제들을 명시적으로 드러내는 것이다.[25] 이러한

---

25) 정경적인 마가복음의 기본적인 메시지와 관련된 독해들에 대해서는 체드 마이어스 (Ched Myers)의 『강한 남자 구속하기: 마가복음의 예수에 대한 정치적 읽기 *Binding the Strong Man: A Political Reading of Mark's Story of Jesus*』(Maryknoll, N. Y.: Orbis Books, 1988)와 허먼 웨첸(Herman Waetjen)의 『권력의 재배열: 마가복음에 대한 사회 정치적 읽기 *A Reordering of Power: A Socio-Political Reading of Mark's Gospel*』(Minneapolis: Fortress Press, 1989)를 참조할 것. 테오도르 W. 제

독해 방식에 있어서 실질적으로 클레멘스의 마가복음에서 유래한 자료는 정경적인 마가복음 자체에서 여전히 찾을 수 있는 전승에 남아 있는 단편들보다 정경상의 마가복음 서사에 더 잘 통합된다.

클레멘스의 마가복음과 정경적인 마가복음의 관계는 이 단편들을 발견했던 모든 스미스가 제시하는 해석에도 의문을 던지도록 한다. 비밀의 마가복음에 대한 스미스 자신의 해석은 입문 의식과 세례의 기능을 강조한다.[26] 그의 해석은 다음과 같다.

그러므로 바울이 주는 세례와 세례자 요한이 주는 세례 사이의 차이들로부터, 그리고 정경상의 복음서들과 비밀의 마가복음에서 드러나는 흩어져 있는 암시들로부터, 우리는 예수의 세례, 즉 '하나님 왕국의 신비'에 대한 그림을 구성할 수 있다. 그것은 선택받은 제자들에 대해, 단독으로, 그리고 밤 시간에 걸쳐, 거행된 물 세례였다. 제자들이 입는 복장은 나신 위에 걸치는 아마로 된 천이었다. 이 천은 아마도 물에 몸을 담그게 되는 제대로 된 세례를 위해 벗겨지게 되는데, 이것은 지금 예비적인 정화로 간소화되었다. 그 이후에, 알려지지 않은 의식을 통해, 제자는 예수의 영에 의해 사로잡히게 되고 예수와 연합하게 된다. 그와 함께하는 자는 환상을 통해 예수의 천국으로의 승천에 참여하여, 하나님의 나라에 들어가게 되고, 그에 의해 이 세계를 위해 제정된 율법으로부터 자유로워졌던 것이다.

닝스(Theodore W. Jennings)의 『십자가에 달린 자의 반란*The Insurrection of the Crucified*』(Chicago: Exploration Press, 2003) 또한 참조할 수 있다.

26) 클레멘스의 편지는 세례에 대해 어떠한 언급도 하지 않고 있으며, 비밀의 마가복음 텍스트가 클레멘스에 따를 때, 단순히 세례를 받는 사람들이 아니라 완전한 사람들을 위해 보존되었던 것이므로 세례를 의도하고 있다고 보는 것은 불가능하다.

내가 논급한 그대로 스미스는 비밀스러운 지식으로의 입문이라는 주제에 가장 큰 관심을 보인다. 그리고 이것은 클레멘스가 말하고 싶은 것이기도 했을 것이다. 분명히 클레멘스는 깨달음(인식)을 진정한 가르침을 받은 기독교인의 특징으로 간주했다. 게다가 스미스는 전통적인 마술의 가능성들에 대해 관심을 가지며, 여기에서 그러한 입문 의식의 가능성을 식별해 낸다.[27]

그러나 그 의식이 원래 귀속되었다고 논해지는 정경상의 마가복음의 맥락에서 고찰해 본다면, 스미스의 비밀의 마가복음에 대한 해석에 심각한 문제들이 제기될 수 있을 것이다.

우리는 이미 마가복음이 절대로 컬트적인 세례 의식과 관련되지 않는다는 점에 대해 수차례 주지한 바 있다. 마가복음은 예수의 순교에 대한 모방으로서의 세례 문제에 훨씬 더 많은 관심을 보이는 듯하다(마가복음 10:38-40). 비밀의 마가복음에 나오는 '하나님 나라의 신비에 대한 가르침'에 관한 에피소드는 이에 대한 강조에 모순되지 않는다. 실제로 이 에피소드는 "대제사장들과 서기관들에게 넘겨질 것이고, 그들에 의해 사형이 선고되고, 이후에 이방인들에게 넘겨져, 모욕과 침 뱉음을 당하고, 매를 맞고 그리고 죽임을 당할 것이지만, 3일 후에는 다시 일어설 것"(마가복음 10:33-34)인 '사람의 아들'의 운명을 말하는 예수 자신의 이야기들의 관점에서 본다면 매우 자연스럽게 해석되는 방식이다.

더욱이 '신적인 지배의 비밀'은 마가복음에서 비의적인 가르침을 전제하지 않고 있음이 드러난다. 오히려 마가복음은 제자들과 독자들에게 예

---

27) 모튼 스미스(Morton Smith), 『마술사 예수*Jesus the Magician*』(New York: Harper & Row, 1978).

수의 갈릴리 선교사역과 마가와 마가복음의 독자들에게 알려진 헬레니즘 세계의 달라진 정황들 내에 위치된 제자들의 선교사역의 연관을 드러내기 위한 도구가 된다. 또한 비밀의 마가복음에 대한 가장 자연스러운 독해는 정경상의 마가복음의 문제틀을 통해 제공된다. 이 경우 예수가 선교사역의 거의 말기에나 만나게 된 이 새로운 동료는 그의 첫 제자들이 이미 교육받았던 것과 동일한 방식으로 속성 교육을 받고 있는 것이다.

마지막으로 여기에서 제시되는 마술적 행위들에 대한 주장은 비밀의 마가복음의 에피소드들이 정경상의 마가복음에 의해 제공되는 맥락에서 읽혀질 경우 적절하지 않을 것으로 보인다. 후자는 실질적으로 예수와 관련된 이야기들에서 '속임수와 같은' 마술적 행위들이 되는 듯하다. 예를 들어, 회당장 야이로의 딸의 부활의 이야기에서 우리는 처음에는 마술적 주문과 같이 들리는 (그리고 마가복음의 헬레니즘 세계의 독자들에게는 그렇게 들렸을) '달리다굼Talithacum' 이라는 말을 듣는다. 그러나 이 말에는 "소녀야, 일어나라"라는 너무나 세속적인 번역이 뒤따라서 일정 이상 희극적인 효과를 만들어 낸다. 헬레니즘 세계의 여느 모험 이야기들과 마찬가지로 마가복음은 다른 관습들과 함께 마술 이야기들이라는 관습을 따른다. 그러나 마가복음은 이러한 관습을, 예수를 마술사로 그려 내기 위한 용도가 아니라 마술을 풍자하는 방식으로 사용한다. 그러므로 스미스의 마술적인 입문에 대한 범주들의 사용은 여기에서 서로에게 매혹되어 함께 침대로 향하기 전에 서로를 이해하게 되었다는 의견과 같은 훨씬 더 인정할 수 있을 만한 상황에 비할 때 논점에서 벗어나 있는 듯이 보인다.

이러한 고찰들은 비밀의 마가복음에 대한 스미스의 해석이 부적절하다는 것을 보여주기에 충분하지만, 이로 인해 비밀의 마가복음의 신뢰성이 훼손되지는 않는다. 확실히 일부 학자들은 애초에 스미스가 세례 입문을 통해 예수와의 마술적인 동일시로 들어가게 된다는 자신의 견해를 뒷받침하기 위해 비밀의 마가복음의 단편들이 실려 있는 클레멘스의 편지들을 만들어 냈을지도 모른다고 생각하기도 했다. 그러나 우리의 고찰에서 드러나고 있듯이, 마술적인 입문 과정과 세례를 제시하고자 하는 것이 스미스의 의도였음에도, 비밀의 마가복음의 자료는 특이하게도 스미스 자신의 추가적인 해석적 전략들에 잘 들어맞지 않는 부분이 있다. 이때 그의 해석에 대한 비판은 비밀의 마가복음 자체에 대한 신빙성을 강화하는 기능을 하게 될 뿐이다.

마태복음과 누가복음의 연관

우리는 이미 마태복음과 누가복음이 자체적인 서사에서 정경상의 마가복음에 실린 동성애를 암시하는 에피소드들을 삭제하고 있음을 확인했던 바 있다. 그렇다면 이 복음서들은 비밀의 마가복음에서의 부가 자료와 어떤 친화성을 드러내고 있지는 않은가? 여기에서 이후에 제시되는 네아니스코스에 대한 언급으로부터 두 가지 흥미로운 증거가 수면 위로 떠오른다. 신약성서에서 이 단어의 사용은 상당히 드물다. 마가복음에서 이 단어는 오직 정경상의 마가복음 그리고 클레멘스의 편지에서 언급된 바 있는 마가복음에 기초한 동성애적 로맨스의 재구성 내에서 적합성을 보이는 자료만 존재한다.

마태복음에서 이 단어는 예수에게로 와서 영원한 생명을 구했던 그 사람에 대한 이야기에서만 사용된다(마태복음 19:16-30). 우리가 보았듯이 이 단어는 여기에서 정경상의 마가복음이나 또는 클레멘스의 마가복음에서는 발견되지 않고 있으며, 이후에 우리가 부활의 대상으로서의 그 젊은이와 조우하게 될 때 다시 나타난다.

왜 마태복음은 어디에서도 이 단어를 사용하지 않고 있음에도 불구하고 그 간구자의 정체를 한 젊은이로 확인하고 있는 것인가? 한 가지 가능한 설명은 마태복음이 비밀의 마가복음의 전승을 알았고, 그 서사로부터 간구자의 이야기를 반복해서 하는 이야기 내에 이 호칭을 옮겨 넣었다는 것이다. 그러므로 마태복음은 이 서사 전승의 흔적들을 제거하는 바로 그 과정에서 비밀의 마가복음에 대한 의도하지 않은 증언을 담고 있는 것이다.

네아니스코스 *neaniskos* (젊은이) 라는 단어는 놀랍게도 누가복음에서 누가복음 7장 11-17절에 이야기된 한 젊은이의 부활에 대해 단 한 차례 나타날 뿐이다. 여기에서 비밀의 마가복음에서와 같이 한 여성 친족의 (여기에서는 여동생보다는 어머니) 탄식이 예수를 그 자신이 젊은이 *neaniske* 라고 부른 그 사람을 위한 행동으로 끌어들인다. 게다가 이 에피소드의 마지막 부분은 이상하게도 예수가 이 사역의 시점에 있어야 할 갈릴리가 아닌 유대 지역에 예수의 소문이 퍼졌다는 이야기를 명백히 하고 있다(7:17). 이 위치는 비밀의 마가복음에서의 부활 에피소드가 전개된 장소와 일치한다. 다른 복음서들과의 여러 가지 차이들이 서사를 통해 드러나고 있다. 누가복음 서사에서 그 젊은이는 이미 무덤에 있는 것이 아니라, 무덤으로 옮겨지고 있으며, 예수와 이 젊은이 사이에서 어떠한 연결 관계도 이야기되지 않는다. 어쨌든 이 부활 서사는 제거된 비밀의 마가복음의 제거된 서사에 부분적으로 기초했을지도 모른다.[28] 누가복음도 다시 한

---

28) 우리는 누가복음의 부활 에피소드가 '게이적 독해' 의 대상이 되는 백부장의 종의 이야기 다음에 제시된다는 사실에 주목할 수 있을 것이다(8장 참조).

젊은이에 대한 예수의 동성애적 애정에 관한 비밀의 마가복음의 전승에 대해 의도하지 않은 증언을 담고 있다고 볼 수 있는 것이다.

요한복음

그 젊은이의 부활에 대한 클레멘스 마가복음의 이야기는 요한복음의 나사로 부활 이야기와 강력한 병행구를 이룬다. 물론 차이도 있다. 마가복음에는 마리아와 마르다 또는 나사로의 이야기가 전해지지 않는다. 비밀의 마가복음에는 무덤으로부터 큰 울음소리가 난다. 이에 반해 요한복음에서 큰 울음소리를 내는 사람은 예수였다. 요한복음에서는 나사로가 무덤에서 걸어 나오지만, 비밀의 마가복음에는 예수가 들어가 그 젊은이를 자신의 손으로 일으킨다(야이로의 딸〔마가복음 5:41〕 그리고 시몬의 장모〔마가복음 1:31〕의 경우에 그랬던 것과 같이). 비밀의 마가복음 이야기에서는 그 젊은이가 예수를 사랑했다는 것이, 그리고 요한복음의 단편에서 예수가 그 젊은이를 사랑했다는 것이 전해진다.

스미스는 마가복음 그리고 비밀의 마가복음과 연관된 요한복음 사이에서 잠정적인 연결 가능성에 대해 주목하지만, 예수가 사랑한 그 제자에 대한 연관에 대해서는 어떠한 이야기도 하지 않는다.[29] 예수가 사랑했던 그 제자의 정체에 대한 논의에서 우리는 나사로와 안드레가 이 인물로 확인될 수 있는 가능성이 가장 크다는 것을 알게 되었다. 만일 우리가 분명하게 요한복음과 병행되는 문서로서의 클레멘스 마가복음에 의미 있는 무게를 싣게 된다면, 클레멘스 마가복음에서 예수가 사랑했던 그 젊은이

---

29) 스미스, 『비밀의 복음서 *Secret Gospel*』, 45-62쪽.

가 요한복음에서 나사로의 경우와 같이 예수에 의해 일으켜졌으므로, 예수가 사랑한 제자는 나사로로 밝혀질 것이다.

그렇다면 비밀의 마가복음에 나오는 벌거벗은 젊은이의 에피소드를 예수가 사랑했던 그 제자에 대한 요한복음의 전승에 어떻게 연관 지을 것인가? 두 가지 선택적 대안이 가능하다. 그 벌거벗은 젊은이는 우리가 요한복음에서 예수가 사랑한 제자라고 알고 있는 그 인물로 확인되거나 또는 그가 벤담의 저작에서 나오는 "그 사도와의 경쟁의 상황에 있는 경쟁자 또는 후보"(즉, 요한복음의 예수가 사랑한 제자)라는 것이다.[30]

만일 우리가 전자의 견해를 받아들인다면, 마가복음의 젊은이는 (그 또한 일으킴을 받았던) 나사로로 확인되는 것으로 여겨질 것이고, 따라서 그가 '예수가 사랑한 그 제자'가 될 것이다. 즉, 마가복음과 요한복음은 동일한 한 사람에 대해 결정적으로 상이한 형태의 서사들을 가지고 있는 셈이 된다. 즉, 예수의 죽음 직전에 성애적 관계를 맺었던 부활한 젊은이(마가복음) 그리고 예수가 사랑했고(요한복음 11:3) 또한 예수의 마지막 나날들과 연관된 서사에서 주요 인물로 두각을 나타내는 나사로라는 두 인물에 대해서 말이다. 실제로 겟세마네에서의 그 젊은이에 대한 체포는 요한복음 12:10-11의 "대제사장들은 나사로도 죽이려고 모의하였다. 그것은 나사로 때문에 많은 유대 사람이 떨어져 나가서, 예수를 믿었기 때문이다"라는 의견과도 잘 들어맞는다.

이에 대한 다른 대안은—두 구별되는 인물들을 생각해야 하고, 예수가 그들 각자와의 성애적 관계로 들어가게 된다는—가능성이 떨어지는 듯이 보인다. 이것은 예수의 애정 생활에 어떤 일부일처제와 같은 것을

---

30) 크롬튼, 『바이런*Byron*』, 281쪽.

귀속시켜야만 하기 때문이 아니라 대체로 이 관계들이 각각의 서사들을 통해 동일한 지점에서 나타나기 때문이다.

그래서 정경상의 마가복음(겟세마네의 벌거벗은 젊은이), 죽음에서 일으켜지고 이후에 하나님의 통치의 신비에 대해 가르침을 받기 위해 벌거벗은 젊은이의 모습을(그의 아마포로 된 천 아래에) 이야기하는 클레멘스의 마가복음, 그리고 성적인 관계의 완성에 대한 명백한 지시를 담고 있는 카르포크라테스의 마가복음 모두가 어쩌면 요한복음에서 예수와 그가 사랑한 제자 사이에 존재하는 것으로 제시되었던 그런 종류의 관계의 흔적들을 가지고 있을지도 모른다. 마가복음에 대한 세 가지 형태 모두가 간접적으로 다른 남자를 사랑하는 사람으로서의 예수의 기억을 증언하고 있다.

클레멘스의 마가복음과 카르포크라테스의 마가복음에서 묘사되는 동성애적 관계와 예수가 사랑했던 그 제자에 관한 전승들 사이에 존재하는 연결 관계의 가능성이 최근 로버트 윌리엄스Robert Williams에 의해 도발적인 방식으로 전개된 바 있다.[31] 비록 윌리엄스가 이러한 자료들에 대한 비판적인 탐색을 생산해 내거나 동성애적 해석의 적합성에 대해 광범위한 주장을 의도한 것은 아니지만, 어쨌든 그는 이 자료들 간의 관계를 직관적으로 확인해 낸다.

윌리엄스의 절차는 여기에서 우리가 단순히 '부유한 젊은 관원'과의 조우에서 시작하여 그의 부활로 이어지는 동성애적 연애소설의 그림을 그리는 것으로 생각했던 마가복음과 요한복음의 자료들 내의 모든 에피소드들을 함께 묶어 내는 것인데, 이 젊은이의 부활은 '예수가 사랑한 제

---

31) 윌리엄스, 『나 있는 그대로*Just As I Am*』, 122-123쪽.

자' 로서의 나사로의 부활과 일치한다. 이 젊은이는 이후에 겟세마네 동산에서 벌거벗은 채로 도망치는 그 사람이며, 예수의 십자가 옆에서 그리고 그 이후로도 모습을 드러낸다.

단순히 모든 것을 뭉뚱그리고 이 다양한 요소들을 조화시키는 방식으로 진행되는 윌리엄스의 절차는 별개의 전승들에서 유래하는 자료들을 비교하는 난점과 함께 별개의 다른 전승들로부터 오는 요소들의 조합에 대한 위험을 인식하는 학자들에게 좋은 인상을 주지는 못할 것이다. 그러나 윌리엄스의 방법은 전체 이야기를 소설의 형태로 재구성하여 그가 분명하게 설정했던 과제, 즉 독자들이 학문적인 재구성에 대해서는 확인 불가능한 직관의 수준에서 이야기한다는 것과는 잘 들어맞는다.[32]

그러나 우리는 보다 학문적인 방법으로 예수 전승들이 초기 단계에 예수 자신이 다른 남자와 동성애적 애정 관계를 가지고 있었다는 위험한 기억과 경쟁해야만 했다는 것에 대한 확인 자료로서 요한복음과 마가복음 전승의 자료들을 사용할 것이다. 이 서사에서는 유사성뿐만이 아니라 차이들마저도 예수에 대한 기억들에서 동성애적 애착에 대한 가능성을 확인하게 된다.

위험한 기억

이제 이 기억은 기독교인 독자들이 기존에 알려진 헬레니즘의 지적인

---

32) 윌리엄스의 의도는 로버트 고스(Robert Goss)에 의해 『행동에 나선 예수*Jesus Acted Up*』(San Francisco: HarperSanFrancisco, 1993), 214, n. 59에서 지적되고 있다. 로버트 고스는 윌리엄스가 사망 전에 소설의 수고를 완성했다고 내게 말해 주었다.

전통의 영향하에서 금욕적이고, 성애혐오적이며, 반소년애적인(또는 우리가 현재 말하는 것과 같이 동성애혐오적) 관점으로 이동하게 되면서 실질적으로 '위험한 기억'[33]이 되었다. 예수 전승의 반성차별주의적이며 반가부장제적인 요소들이 점차 제거되거나 반대로 해석되었던 것과 같이, 그리고 예수 전승의 경제적·정치적 근본주의가 유사한 방식으로 해석학적 속임수에 종속되어야만 했듯이, 예수와 다른 남자(또는 젊은이)의 관계에 대한 위험한 기억 역시 사라져야만 할 운명에 처했던 것이다.

클레멘스의 마가복음은 우리에게 이러한 소거가 행해졌던 방식에 대한 단서를 제공한다. 클레멘스의 마가복음은 소년애적 해석을 받아들일 여지가 다분해 보이는 것을 제거할 뿐만이 아니라, 비밀스럽고 알레고리적인 해석을 사용하여 철학적 깨달음으로 이끄는 가르침을 목적으로 하는 남아 있는 자료를 보존하기도 한다. 이 알레고리적인 해석은 이 경우에 예수와 그 젊은이의 관계가 지니는 동성애적 성격으로부터 예수의 도덕적인 완전함에 대한 동화라는 관념으로 관심을 돌리게 되는데, 이 예수의 도덕적 완전성은 진정한 기독교의 영지자(비밀스러운 인식에 이른 자 역자) 또는 현인의 성격을 규정했던 것이다. 동시에 클레멘스는 그가 젊은이들의 타락 또는 유혹이라고 칭하는 것에 대한 금지를 계율에 추가하고, 한발 더 나아가 예수 전승의 동성애적인 측면들로부터 관심을 다른 곳으로 돌려놓는다.

비밀의 마가복음의 동성애적 요소들에 대한 은폐는 동성애적인 내용을

---

33) 데이빗 스미스(David Smith)가 옮긴 『역사와 사회 내의 신앙: 실천적인 근본적 신학을 향하여*Faith in History and Society: Toward a Practical Fundamental Theology*』(New York: Seabury Press, 1980)에서의 요한 밥티스트 메츠(Johann Baptist Metz)가 말하는 의미에서.

우리가 신약성서에서 대할 수 있는 단편들(사랑의 시선, 겟세마네 동산에서의 벌거벗은 젊은이)로 격하시킨 형태를 띠면서 마가복음의 공식적인 유포를 통해 촉진된다.

마태복음과 누가복음은 정경상의 마가복음의 이야기에서 당혹스러운 동성애적 단편들을 인지하고 해당 단편들을 이 복음서들의 재진술에서 제거한다. 비록 비밀의 마가복음에 대한 인식의 가능성을 드러내지 않는 것은 아니지만 말이다(네아니스코스[젊은이]에 대한 언급).

이러한 비밀의 휘장은 요한복음의 등장으로 순식간에 찢겨 나가게 되는데, 이 복음서는 이러한 상황들의 전개로부터 고립된 작은 공동체에 의해 만들어졌으며, 예수와 관련된 전승들에 기초해 있는 동성애적 요소들을 다른 관점으로부터 드러내고 있었다.

동성애혐오적인 전통의 노력으로 인해 한 남자의 사랑하는 이로서의 예수에 대한 위험한 기억은 감춰져 왔다. 반동성애혐오적 해석의 작업은 다시 한번 이 휘장을 찢어 내야만 한다.

정경적인 마가복음, 클레멘스의 마가복음, 그리고 카르포크라테스의 마가복음이 벌거벗은 젊은이와 관련된 에피소드(들)에 대한 해석에 대해 제공하는 자료들은 확실히 예수가 사랑한 그 제자(요한복음)에 대해 비교해 보거나 또는 우리가 잠시 후 돌아보게 될 다른 자료들에 비교해 보면 상당히 빈약하다. 이 논거의 본성에 대한 해석에 요구될 수 있는 것은 전적으로 자료에 폭력을 행사하지 않으면서도 문서 증거에 대해 설명해야만 한다는 것이다. 벌거벗은 젊은이에 대한 '게이적인' 독해를 제안함에 있어 나는 이러한 해석이 오직 하나뿐인 가능한 해석의 방식이라고 보지 않으며, 그저 있는 그대로의 문서 증거에 적합하다고 생각할 뿐이다.

제8장
백부장의 젊은이

우리는 마태복음과 누가복음이 마가복음에 대한 편집 과정에서 예수와 한 익명의 젊은이 사이의 동성애적 관계에 대한 모든 인용문들을 제거했음을 보았다. 두 복음서는 "예수는 그를 유심히 보고, 그를 사랑했다…"라는 문구를 '부유한 젊은 관원' 이야기로 알려진 전승으로부터 제거한다. 게다가 두 복음서 모두 겟세마네 동산에 있던 벌거벗은 젊은이의 에피소드를 제거하며, 동산에 있던 이 젊은이에 관한 에피소드에 이어진 에피소드가 될 수 있었던, 예수의 무덤에 나타난 익명의 젊은이의 존재를 삭제한다. 그러나 우리는 이러한 편집 작업이 비밀의 마가복음 내에 있는 그 젊은이와 관련된 자료에 대한 부분적인 정보를 드러내는 듯하다는 점에 대해 고찰했다. 이 편집 작업의 결과 이들 복음서들이 제시하는 형태의 마가복음 전승으로부터 예수와 한 젊은이의 동성애적 관계에 대한 암시가 삭제된 것이다.

그러나 마태복음과 누가복음에 동성애적인 내용이 전무하다고는 말할 수 없다. 비록 이들 복음서들이 예수 자신에 대한 묘사에서 동성애적 주제들을 제거한 듯이 보이지만, 두 복음서 모두 명백히 예수로부터 명백히 긍정적인 반응을 끌어내는 또 다른 동성애적 관계의 흔적을 담고 있다. 이 에피소드는 '백부장의 소년 애인' 이야기라고 명명할 것이다.

톰 호너Tom Horner는 자신의 책 『다윗을 사랑한 요나단Jonathan Loved David』에서 백부장의 '젊은이'에 대한 치유 과정을 그리고 있는 마태복음의 이야기가 백부장과 그 젊은이의 관계에 대해 언급하는 것으로 이해할 수 있으며, 적어도 초기 기독교 공동체의 일부 사람들은 이들의 관계가 성행위를 포함하는 것으로 이해했을 것이라는 의견을 제시한다. 호너는 예수가 '동성애적 관계들'에 대해 '적대적이지 않았을 것'이라는 암시들을 복음서들이 포함하고 있다고 가정한다. 그는 다음과 같이 자신의 논의를 이어간다.

첫 번째 증거는 백부장에게 딸린 노예를 치유한 이야기 내에 있는 잠재적인 동성애적 모티프이다(마태복음 8:5-13 그리고 누가복음 7:1-10). 내게는 언제나 이 로마의 관리가 이 젊은이에 대해 단순한 종을 향한 일반적인 관심 이상을 나타내고 있는 듯이 보였다. 누가복음은 여기에서 **둘로스**doulos라는 노예를 나타내는 일반적인 단어를 사용하지만, 마태복음은 **파이스**pais라는 '소년', 또는 특정한 맥락에서 '어린 하인'을 나타내는 단어를 사용한다. 하지만 파이스는 그리스 문화에서 나이에 관계없이 두 사람의 관계에서 상대적으로 나이가 어린 친구를 —또는 연인을 —지칭하는 데 사용하기도 했던 단어다.[1]

이러한 의견을 어떻게 이해해야만 할 것인가?[2]

'백부장의 소년 애인' 이야기에서 한 가지 이상한 점은 그 이야기가 정확하게 마태복음/누가복음에 공통적으로 등장하는 치유/퇴마 에피소드지만, 마가복음에서는 발견할 수 없다는 것이다. 전반적으로, 마태복음과 누가복음에 공통적이면서 마가복음에서 발견되지 않는 자료에 대해서 학자들은 두 복음서 저자들이 마가복음의 자료를 사용하는 방식에 비교할 수 있을 법한 자료 추출 방식을 Q문서라는 가설적 자료에 대해 취하여 끌어낸 것으로 지시된다.

사실상 이 가설적 근거자료에 속하는 모든 자료들이 예수의 담화, 비유, 또는 가르침들을 구성한다.[3] 백부장의 젊은이(또는 노예)의 치유에 관련된 에피소드는 Q문서의 재구성에서 나타나는 하나뿐인 의미 있는

---

1) 길버트 허트(Gilbert Herdt)가 편집한 글 모음집 『세 번째 성, 세 번째 젠더: 문화와 역사의 성적인 이중 형태성을 뛰어넘어 *Third Sex, Third Gender: Beyond Sexual Dimorphism in Culture and History*』 (New York: Zone Press, 1944)를 볼 것.

2) 예를 들어 존 J. 맥닐(John J. McNeil)의 『교회와 동성애자 *The Church and the Homosexual*』 (Kansas City, Mo.: Sheed, Andrews, and McMeel, 1976), 65쪽 톰 호너(Tom Hornor)의 『다윗을 사랑한 요나단: 성서 시대의 동성애 *Jonathan Loved David: Homosexuality in Bible Times*』 (Philadelphia: Westminster Press, 1978), 124쪽; 로버트 윌리엄스(Robert Williams)의 『나 있는 그대로 *Just As I Am*』 (New York: HarperCollins, 1992), 59-60쪽을 볼 것. 이 자료에 대한 가장 광범위한 사용은 낸시 윌슨(Nancy Wilson)의 『우리의 부족: 퀴어에 속한 사람들, 신, 예수, 그리고 성서 *Our Tribe: Queer Folks, God, Jesus, and the Bible*』 (San Francisco: HarperSanFrancisco, 1995), 120-131쪽에서 찾을 수 있음. 이 책은 또한 거세된 자들에 대해 언급하는 모든 성서적 텍스트들을 다루고 있는 유용한 부록을 포함하고 있다. 같은 책, 281-285쪽.

3) 게르하르트 키텔(Gerhard Kittel) 편집, 『신약성서 신학사전 *Theological Dictionary of the New Testament*』, 제프리 W. 브로밀리(Geoffrey W. Bromily) 옮김 (Grand Rapids: Wm. B. Eerdmans, 1964), 2:767.

치유 서사이다.[4] 이 에피소드는 마태복음과 누가복음 양자 모두에서 마태복음의 산상수훈 형태로 가장 잘 알려진 예수의 첫 번째 집중적인 담화에 대한 각 복음서의 결론부에 위치한다. 이들 두 복음서에서 이 에피소드는 명백하게 이방인으로 알려진 사람이 예수의 치유 능력의 대상이 되는 첫 번째 사례다.

심지어 내용에 대한 고찰은 차치하고서라도 이 에피소드는 상당히 놀라운 것이다. 그 내용에 포함된 폭발할 가능성이 있는 동성애적 특징들을 공개적으로 드러난 특징들에 더할 때, 이 이야기는 우리의 목적에 대해 훨씬 더 중요한 의미를 띠게 된다.

우리는 이 이야기의 각각의 다른 형태를 고찰하게 될 것인데, 마태복음으로부터 시작하여 요한복음에서 어렴풋이 유사성이 드러나는 병행구를 찾아보고, 그 이후에 이 이야기가 예수 전승의 동성애적 주제들에 대해 말하는 것에 대해 고찰해 볼 것이다.

마태복음

우선 이 이야기를 '마태복음에서 찾을 수 있는 형태'로 상기해 보는 것이 좋겠다.

예수께서 가버나움에 들어가셨을 때, 한 백부장이 다가와서, 그에게 간청하여 말하기를 "주님, 내 파이스[*pais*(소년)]가 중풍으로 집에 누워서 몹시 괴

---

4) 1절로 된 치유에 대한 언급은 (마태복음 12:22와 누가복음 11:14) 두 사례 모두 예수가 바알세불(Beelzebub)과 연맹을 맺고 있는지에 대한 논쟁(마가복음에서 유래한)으로 들어가는 도입부로 사용된다.

로워하고 있습니다" 하였다. 예수께서 "내가 가서 고쳐 주마" 하고 말씀하셨다. 백부장이 대답하여 말하였다. "주님, 나는 주님을 내 집에 모셔 들일 만한 자격이 없습니다. 그저 말씀만 해주십시오. 그러면 내 파이스[*pais*(소년)]가 나을 것입니다. 나도 상관을 모시는 사람이고, 내 밑에도 병사들이 있어서, 내가 이 사람더러 가라고 하면 가고, 저 사람더러 오라고 하면 옵니다. 또 내 [*doulos*(종)]더러 이것을 하라고 하면 합니다." 예수께서 이 말을 들으시고, 놀랍게 여기셔서, 따라오는 사람들에게 말씀하셨다. "내가 진정으로 너희에게 말한다. 나는 지금까지 이스라엘 사람 가운데서는 아무에게서도 이런 믿음을 본 일이 없다. 내가 너희에게 말한다. 많은 사람이 동과 서에서 와서, 하늘 나라에서 아브라함과 이삭과 야곱과 함께 잔치 자리에 앉을 것이다. 그러나 이 나라의 아들들은 바깥 어두운 데로 쫓겨나서, 거기에서 울며 이를 갈 것이다." 그리고 예수께서 백부장에게 "가거라. 네가 믿은 대로 일이 될 것이다" 하고 말씀하셨다. 그런데 바로 그 시각에 그[*pais*(소년)]가 나았다. (마태복음 8:5-13)

이 이야기에서 나는 괄호 속에 그리스어 텍스트에 나타나는 단어들을 바꾸어 집어넣었다. 왜냐하면 NRSV는 '하인'이라는 단어를 사용하여 이 이야기의 마태복음 형태를 누가복음에서 발견되는 비슷한 이야기와 일치시키려고 시도하기 때문이다.

백부장의 관심의 대상에 대해 마태가 사용한 파이스*pais*라는 단어와 관련한 호너의 의견은 어떤가? *pais*라는 단어가 소년애적 관계를 암시하고 있는 것으로 이해된다는 것은 참인가?

이 말은 '소년애perderasty'라는 단어를 구성하는 두 어원들 중 하나다. 다른 어원은 '애인'을 뜻하는 에라스테스[*erastes*](eros에서 유래된)이다.

'소년애' 라는 용어는 '젊은이에 대한 사랑' 을 의미하며 헬레니즘의 세계에서는 남성의 동성애적 관계를 나타내는 기술적인 용어였다. 이러한 관계들은 유대인 및 이교도 포교에서 이방 세계의 전형적인 '악습' 으로 간주되었다.[5] 그리스어를 쓰는 세계에서 이 파이스*pais*라는 용어는 동-성애적 관계에서 사랑받는 남자에 대해 통상적으로 사용되던 것이었다.[6]

관습적으로 남성으로부터 사랑받는 자의 이상적인 형상은 그보다 어린 남성이지만, 이런 관습이 언제나 지켜졌던 것은 아니다. 이런 상황은 지금까지도 훨씬 더 나이가 많은 여자를 '소녀girl' 로 부르거나 나이에 상관없이 여성적인 애정의 대상을 '여자 친구girl friend' 로 부르거나 남성적인 대상을 '소년 친구boy friend' 라고 부르는 습관과 어느 정도 유사성을 가진다. 그러므로 헬레니즘 세계에서는 '소년' 의 문자적인 의미에도 불구하고, 이런 방식으로 지칭되는 '사랑받는 자' 는 미성년이 아니다. 즉, 사랑

---

5) 데이비드 F. 그린스버그(David F. Greenberg)의 『동성애의 구성*The Construction of Homosexuality*』(Chicago: University of Chicago Press, 1988), 199-202쪽과 로빈 스크로그(Robin Scrogg)의 『신약성서와 동성애*The New Testament and Homosexuality*』(Philadelphia: Fortress Press, 1983), 81-98쪽을 참조할 것.

6) 그래서 그리스의 동성애에 대한 획기적인 논의에서 K. J. 도버(K. J. Dover)는 그리스어에서 영어로 옮기는 문제를 다음과 같이 논하고 있다. "그리스의 동성애에서 같은 연령대에 속하는 파트너들 간의 상호 욕망은 거의 알려지지 않았기 때문에 사랑에 빠진 사람의 육체적 능동성(bodily activity)과 사랑에 빠지게 된 사람의 육체적 수동성(bodily passivity) 간의 구분은 가장 큰 중요성을 띠게 된다. 여러 맥락에서 그리고 시라는 거의 변하지 않는 맥락에서 수동적인 파트너는 *pais* 즉, '소년' (복수 *paides*)이라 불리며, 이 단어는 또한 '아이', '아들', '딸', 그리고 '노예' 에게도 사용된다. 동성애적 관계에서 pais는 종종 한창 때에 달한 젊은이를 가리키는 데 사용되기도 한다(도자기 그림들을 살필 때 의심의 여지가 없다)." K. J. 도버(K. J. Dover)의 『그리스의 동성애*Greek Homosexuality*』(New York: Vintage, 1978), 16쪽. 한 주석에서 도버는 소녀 또는 딸을 호칭하기 위해 *pais*를 사용한 경우는 오래되었거나 드문 경우이며, 기원전 5세기 이후에는 사라졌다는 것을 명시한다. 같은 책, 7, n. 31.

받는 사람은 그가 완전히 어른이라고 하더라도 보통 '소년'으로 불린다
는 것이다.[7] 그래서 이 이야기에 대한 마태복음의 형태에서 *pais*라는 용
어에 대한 가장 좋은 번역은 '남자 친구'일 것으로 보인다. (그러나 일러두
기에서 밝혔듯이 이 boyfriend라는 말이 이 책에서 사용되는 방식을 고려하여
'소년 애인' 등의 역어를 사용할 것이다 역자)

또한 아마도 마태복음에서 사용된 구성, 즉 호 파이스 무*ho pais mou* (나의
소년)가 백부장과 그의 관심의 대상 간의 관계를 추가로 강조하여 관심을
끌게 될 것이고, 이런 '소년 애인'이라는 번역이 더욱 정당화된다.

그러나 어떻게 이런 이야기가 율법의 완성을 강조하는 마태복음에 자
리 잡을 수 있었던 것일까? 마태복음 저자는 이런 소년애적 관계를 알아
차리지 못한 채 그대로 지나쳤던 것인가? 처음에는 이러한 고찰이 이 관
계에 대한 소년애적 해석의 가능성을 배제하는 듯 하지만, 사안은 보이
는 것처럼 그리 단순하지만은 않다.

사실상, 마태복음은 몇몇 시사점에서 보수적인 감수성에 대해서라면
다른 복음서들에 비해 더 충격적인 측면이 있다. 소위 현자들의 이야기

---

7) 존 보즈웰(John Boswell)은 다음과 같이 쓰고 있다. "성적으로 성인이 되었는가 하
는 측면에서 보자면 로마의 저술가들에 의해 로마군에 복무하고 있는 군인들은 여전
히 '소년들'로 분류되고 있었다. 그런 경우에 '소년'이라는 단어가 의도하는 것은 아
마도 시간적인 의미에서의 미성년에 관한 것이라기보다는 젊음의 아름다움에 대한
암시일 것이다. 다른 민족 출신의 저술가들은 특히 로마 남자들이 성애적 행위를 더
나이 많은 젊은이들에 한정하고 있는 것에 대해 비판한다." (존 보즈웰, 『기독교, 동
성애, 그리고 사회적 관용: 기독교 태동기로부터 14세기까지의 서유럽의 동성애자들
*Christianity, Homosexuality, and Social Tolerance: Gay People in Western Europe
form the Beginning of the Christian Era to the Fourteenth Century*』(Chicago:
University of Chicago Press, 1980), 81쪽. 또한 위에 제시된 K. J. 도버의 그리스의
도자기 그림들에 대한 주석에서 나온 인용구를 참조하라.

와 마태복음이 제시하는 형태의 수로보니게 여인의 이야기는 두 가지 충격적인 예시를 제공한다.

마태복음 2장의 전체를 차지하고 있는 동방박사의 이야기는 크리스마스의 단골 메뉴가 되는 전승이다. 그러나 마태복음에서 그들은 왕이라 칭해지지 않고, 그들이 세 명이었다는 이야기도 없으며, 부가된 그들의 이름과 인종에 대한 전설적인 내용들도 주어지지 않는다. 텍스트가 다루고 있는 것은 실제로 동방으로부터 온 마법사들의 모습이다. *magi*라는 단어는 마법사를 지칭한다. 즉, 이스라엘 민족은 접촉이 금지되어 있는 동방 사회의 힘 있는 계급인 점성술사들*magi*에 대한 것이다. 그들은 페르시아의 영향이 미치는 시기에 등장하며 (바빌로니아 포로기 이후) 예언자들은 그들을 두려움과 혐오로 대한다. 그들은 이스라엘에 혐오스러운 모든 것을 대표한다. 랍비들은 "점성술사로부터 배우는 자는 죽어 마땅하다"라고 가르쳤다.[8] 따라서 그들을 예수에게 처음으로 예물을 바친 자들로 재현하는 것은 상당한 위험을 감수해야만 하는 일이었다. 명백히 마태는 전통적인 종교적 감수성을 위반하는 것을 두려워하지 않는다.

수로보니게 여인의 이야기는 유사한 시사점을 제공한다(마태복음 15:21-28, 마가복음 7:24-30 대조). 마가복음에서는 이 여인을 그리스인이라 말하고 있지만, 마태복음에서 이 여인은 가나안 사람, 즉 당연히 바알 숭배자로 그려진다(수로보니게라는 말은 Syrophoenician, 즉 시리아 및 페니키아 계열의 인종을 지칭함. 바알은 이들의 민족신. 역자). 다시 한번, 율법과 예언자들로부터 이교적인 의식을 수행하는 자들과의 접촉을 피하

---

8) 게르하르트 키텔(Gerhard Kittel) 편집, 『신약성서 신학사전*Theological Dictionary of the New Testament*』, 제프리 W. 브로밀리(Geoffrey W. Bromily) 번역 (Grand Rapids: Wm. B. Eerdmans, 1964), 5:358.

라는 강요에 의해 교육받은 사람들의 감수성에는 어떤 것도 이보다 더 모욕적일 수가 없다. 게다가 율법에서 가나안 사람들은 성적인 일탈을 실행하는 자들로 간주되며 (아마도 다산 숭배 의식에 대한 이야기일 것이다), 남성 및 여성의 제의적 매춘의 근원으로 간주된다. 실제로 여기에서 이 여자에게 사용된 개라는 단어(*kunariois*)는 신전 창녀들을 달리 이르는 말이다(신명기 23:18, 계시록 22:15)!9

이 이야기는 성적이고 제의적인 형태의 난행에 대한 암시로 진행되면서도 이 여자를(예수가 아니라) 이방인들에 대한 사역과 관련한 통찰의 근원으로 만들고 있다.

그러므로 소년애적 관계에 대한 암시는 사실상 마태복음의 목적과 매우 잘 들어맞는다. 헬레니즘 세계에서 유대인은 이방인을 마술, 우상숭배, 그리고 소년애에 빠진 사람들로 파악하고 있었다. 점성술사의 이야기에서 마태복음은 이야기 서술에 마법사들을 집어넣었다. 그리고 가나안 여자의 이야기에서는 한층 더 분명하게 '우상숭배자'를 도입했다. 그 백부장의 소년애적 관계에 대한 암시는 유사한 방식으로 백부장이 이방인-임을 강조하는 기능을 한다. 정확하게 이 백부장이 이방인이라는 것은 그들 스스로가― '동쪽과 서쪽에서 온' 사람들이 아니라―아브라함과 믿음의 조상들과 함께 만찬에 참여하게 될 것이라고 생각하는 '왕국의 아들들'과의 대조를 위해서 반드시 필요하다.

그런 방식으로 말해진 이 이야기는 예수가 성전에서 대제사장들과 장

---

9) 옛날에는 신명기와 계시록의 인용구들이 '남색자'를 언급하는 것으로 오역되었다. 데릭 셔윈 베일리(Derrick Sherwin Baily)의 『서구 기독교 전통에서의 동성애 *Homosexuality in the Western Christian Tradition*』(London: Longmans, Green, 1955), 41-45쪽을 볼 것.

로들에게 했던 "세리들과 창녀들이 너희들보다 먼저 천국에 들어갈 것이다"(마태복음 21:31, 32)라는 말씀의 이방인들에 대한 형태로 간주해 볼 수도 있다. 창녀들과 연관된 말씀은 마태복음에만 유일하게 나타나며, 31절과 32절에서의 '세리들과 창녀들'이라는 용어들의 반복은 그 말씀에 보다 큰 관심을 불러일으킨다. 이 말씀에서 문제가 되는 것은 이스라엘 민족 가운데 수치스러운 자들이 세례자 요한에게 즉각적으로 반응할 준비가 되어 있기 때문에 하나님 나라에 먼저 들어간다는 것이다. 그리고 백부장의 이야기에서 문제가 되는 것은 행실이 좋지 않은 이방인이 왕국에 들어간다는 것이다. 백부장이면서 소년애자인 그는 세리(압제자의 하수인)와 창녀(성적으로 행실이 좋지 않은 자)의 특징들을 조합하고 있다. 이러한 조합은 백부장 이야기의 마태복음에 실린 형태가 창녀들과 세리들에 관련된 말씀과 병행구가 된다는 것을 확인하는 데 도움을 줄 것이다. 이에 대한 증거는 마태가 백부장과 그 젊은이의 관계가 소년애적이었다는 것을 읽어 주기를 바라는 것과 같다.[10]

전통적인 감수성을 뒤집어 놓는 마태복음의 성향에 대한 또 다른 예증은 예수의 가계도에서 발견된다. 여기에서 마태복음은 조상들의 명단에서 특별히 다말, 라합, 룻, 그리고 '우리아의 아내'(밧세바) 등 네 명의 여자들을 언급한다. 이들 중 최소한 세 명은 떳떳하지 못한 인물들로 간주될 수 있다. 다말은 첫 남편이 죽은 후에 다른 아들을 남편으로 주겠다

---

10) 우리는 같은 구절들의 집합에 거세된 자들에 관한 예수의 말씀(마태복음 19:11-12)을 집어넣어야 한다. 이 말씀은 신명기 23:1의 "고환이 터졌거나 남성의 부분이 잘린 사람은, 주의 총회에 들어오지 못한다"는 금기를 전복하려 하고 있다. 환관에 대한 예수의 말씀은 다시 한번 예수를 성적으로 주변화된 사람들 편에 확고하게 위치시키고 있다. 다음 장에서 진행되는 이 텍스트에 대한 논의를 참조할 것.

고 약속했으나 이를 지키지 않았던 시아버지 유다를 (신전) 창녀로 가장하여 유혹한다(창세기 38:6-30). 예수의 혈통은 여기에서 삼중으로 부정한 관계임이 강조되고 있다. 그 관계는 근친상간적이며(시아버지와 며느리), 창녀와의 관계, 그리고 제의적 매춘, 즉 우상숭배와 연관되기 때문이다. 그녀의 쌍둥이 아들들은 이처럼 완전히 부정한 결합에서 태어난 것이다.

라합에 대한 언급은 연대기적 회고에 의한 것인데, 그녀는 구약성서와 신약성서에서 단순히 창녀 라합으로 알려져 있을 뿐이다(여호수아 2:1-21, 6:22-25; 히브리서 11:31; 야고보서 2:25). 이미 다말에 대한 언급에서 선취된 매춘의 이미지에 이방인의 정체성 아니 실제로는 가나안 사람의 정체성(그러므로 수로보니게의 가나안 여인을 선취하는)이 더해진다.

솔로몬의 어머니가 된 우리아의 아내는 물론 밧세바를 말하는 것이다. 그녀는 다윗이 그녀의 남편 우리아를 죽임으로써 은폐하고자 했던, 왕이 자행한 강간/유혹의 희생자이다.

룻에 대한 설명이 남아 있다. 분명히 그녀가 모압인이라는 사실은 수치로 간주될 수 있는데, 왜냐하면 이 사실만으로도 그녀와 그녀의 자손을 이스라엘 사람들로부터 배제하기에 충분하기 때문이다. 신명기 23장 3절에 따르면 모든 모압인의 후손은 '십대에 이르기까지' 잘라내야 하는 것으로 기술되고 있는데, 이것은 명백히 룻과 보아스 이후 삼대에 해당하는 다윗을 포함하는 경우일 것이다. 그런데 이런 이야기는 다른 여자들과는 달리 그녀가 성적으로 의심스럽지 않다는 것을 의미하는가? 그것이 아니라면 마태복음은 나오미와 룻의 관계에 관한 이야기에서 모종의 성애적인 배경을 감지해내고 있다는 것인가?

우리가 이 마지막 이야기에 대해 뭐라고 생각하든지 간에, '엄격한' 것으로 보이는 마태가 복음서의 서사 내에 성적으로 낙인 찍힌 사람들과 이방인들을 위한 공간을 만들고 있음이 드러난다.

이런 맥락 가운데 백부장의 '젊은이'의 이야기를 위치시킨다면, 우리는 마태가 어떻게 소년애적 관계를 암시하는 이야기를 옮겨 오거나 심지어 만들어 냈을 것인가에 대해 보다 쉽게 이해할 수 있다.[11] 마태복음은 이어지는 가계도로부터 이방인들과 성적으로 주변화된 사람들을 하나님의 목적에 따라 메시아 예수 안에서 성취되는 서사 안에 포함시키고자 하는 의도를 강하게 천명한다. 그래서 마태복음은 예수의 메시아로서의 활동에 대한 서사의 시초에 이 백부장과 예수가 만난 이야기를 배치하고 있는 것이다. 정확히 그는 백부장으로서, 이방인으로서, 그리고 소년애자로서 하나님의 민족 가운데 '내부자들'이 거부한 그 사람에게 그가 응답하게 한 치유에 대한 희망을 보여주고자 하는 목적에 봉사한다. 그래서 그 백부장도 심지어 하나님의 민족의 전통을 수호하는 자들이 수치를 당하게 되는 상황에서도 하나님의 목적들이 결실을 맺게 될 방식을 보여주는 극적인 표징이다. 소년애자(소아 성애자)로서 이 백부장은 복음에 대한 마태의 서사가 전하는 논점을 대표한다.

---

11) 앞에서 전개된 예수가 사랑한 그 제자에 대한 논의에서 나는 마태가 유대인 독자들 또는 구약성서를 알고 있는 독자들 가운데 예수의 율법의 완성에 대한 문제들을 제기하기 위해 그런 모습을 제거하지는 않았을 것이라는 의견을 제시했다. 우리는 지금 마태가 맹목적으로 율법의 규범들을 (자신의) 서사에 적용하지 않는다는 것을 보았다. 그러나 마태는 어쩌면 사랑받는 제자의 이야기를 몰랐거나, 예상되는 독자들에게 이러한 관계로 인한 과도한 편견을 심는 것을 피하기 위해 이 관계를 기록하지 않는 편을 선택했을 수도 있다. 그러나 이때에도 그는 일반적인 의미에서 백부장과 그의 '소년 애인' 간의 소년애적 특징들을 존속시키거나 또는 더욱 강조함으로써 성적으로 주변화된 자들에게 더 큰 자리를 내어 주고 있는 것이다.

누가복음

누가복음에 실린 이 이야기의 형태에서 우리는 백부장을 만나지 못한다. 그는 유대인 장로들을 보내 예수에게 그를 대변하도록 한다. 장로들은 그가 회당을 지어 주었고 존경할 만한 사람이라고 주장한다. 예수는 이에 대한 응대로 그 집으로 향하려 하지만, 백부장의 '친구들'은 예수에게 더 이상 가까이 오실 필요가 없다고 말하고, 이어서 권위에 대한 이야기를 반복한다. 누가복음에서는 아브라함에 대한 언급 및 몇 가지 세부 내용이 누락되어 있지만, 백부장의 중재자들이 집으로 돌아갔을 때, 그들은 그 종이 건강을 되찾았음을 전해 듣게 된다(누가복음 7:1-10).[12] 여기에서 '종'(노예doulos)이라는 단어는 치유의 대상이 되는 사람에 대해 네 차례나 사용되고 있다.[13]

이 이야기에 어떤 것을 더 보탤 수 있을까? 누가는 그의 서사에 이상적인 독자의 '거울'을 위치시키는 서사 방식을 사용하고 있다. 누가는 이 서사를 하나님의 친구(데오빌로Theophilus)에게 편지로 쓰고 있다. 백부장은 '신을 경외하는 자'로 그려지고 있다. 즉, 스스로 회당에 입회하였고, 엄밀하게 아직은 유대교로 개종한 것은 아니지만 유대교의 강력한 후원자였던 한 이방인으로 묘사되고 있다는 말이다. 만일 누가가 실제로 이런 방식으로 구성된 청자에게 편지를 쓰고 있는 것이라면, 그는 파이스 *pais*라는 말이 명백히 '동성애적' 해석으로 흐를 가능성이 크다는 점을 알

---

12) 아브라함의 후손들에 대한 이야기, 특히 불과 유황에 대한 이야기는 마태가 여러 이야기들에 부가하는 특징적인 요소이다.
13) 호너의 『다윗을 사랑한 요나단』 122쪽에서 말하는 것과 같이 세 차례가 아니다.

았을 것이고, 파이스를 보다 모호한 둘로스라는 말로 바꾸어 주는 것이 중
요하다고 보았을 것이다. '신을 경외하는 자'는 소년애적 행위를 이방적
인 죄악으로 규정하는 유대적인 특징을 받아들였던 이방인이었을 것이
다. 그래서 신을 경외하는 자는 스스로 그런 것이든 또는 유대교의 가르
침에 따라서든 어느 편으로라도 이런 행위를 거부했던 이방인들에 속했
을 것이다. 누가복음에는 '신을 경외하는' 독자의 상황을 반영하는 이야
기에서 이 관계의 소년애적 성격을 강조하고 싶지 않았을 법한 분명한 동
기가 있다. 게다가 소년애적으로 이해될 수 있는 관계에 관여하고 있는
사람이라면 유대인 장로들에 의한 추천을 받는 것은 거의 불가능했을 것
이다.

우리는 누가복음의 용어*doulos*가 성적인 관계의 암시를 제거하지 않는
다는 점에 주목한다. 그런 암시는 단지 이 가능성을 전면에서 어느 정도
뒤로 밀어내고 있을 뿐이다. 로마 시대에 남성의 성애적 지향성에 대해
허용된 분출구들 중 한 가지는 남자 노예였다(보다 정확하게는 일반적으로
나이가 어린 노예).[14] 그러므로 누가복음에 사용된 용어가 성적인 관계를
배제하지는 않지만, 마태복음의 용어가 이 가능성을 상당히 더 첨예한
쟁점으로 이끌어 가는 듯 보인다.

우리는 백부장의 관심의 대상이 누가복음에서 네 차례나 둘로스로 지
칭되고 있지만, 한 차례 파이스로 언급되기도 한다는 점에 주목한다. 이
용어는 백부장(유대인이 아닌 사람)의 '친구들'이 백부장을 직접 언급할
때 나타난다(7:7). 누가복음은 또한 백부장을 위해 다리를 놓았던 유대

---

14) 보즈웰(Boswell)의 『기독교, 동성애, 그리고 사회적 관용*Christianity, Homosexu-
ality, and Social Tolerance*』, 78쪽, 그리고 그린스버그(Greensberg)의 『동성애의
구성*The Construction of Homosexuality*』, 120쪽을 참조할 것.

인들의 중개를 통해 앞의 다른 경우들에서는 변경되었던 파이스라는 용어의 언급을 그대로 남겨 두었다. 그래서 이 이야기에 등장하는 유대인들은 이 관계를 한 명의 어린 종과 그의 주인 사이의 관계로 보고 있는 반면, 이방인들은 보다 편하게 '소년 애인'을 의미하는 문제가 될 만한 용어를 사용하는 것이다.

누가복음에서 이 백부장이 그 종과 맺은 관계의 종류는 그 종이 백부장에게 '소중하다고' 말하는 이야기의 발단부에서 암시된다. 여기에서 사용되는 단어는 엔티모스*entimos*다. 어떤 이들은 여기에서 '값비싼' 또는 '귀중한'이라는 의미를 제시하였지만, 이런 번역을 지지하는 어떠한 근거도 존재하지 않는다. 내가 판단하기에, 신약성서에서 엔티모스에 대한 유일한 의미는 '명예로운', '존경스러운'(높은 지위에 있는 사람들에 대해서와 같이) 또는, 특히 가깝거나 친밀한 친구들 사이에서와 같이, '소중한'이다. 신약성서나 70인역(기원전 2-3세기 경에 알렉산드리아에서 번역된 구약성서의 그리스어 번역본. **역자**)에서는 이 단어에 대한 어떠한 용례에서도 '귀중한' 또는 '값비싼'이라는 의미가 허용되지 않는다.[15]

왜 누가는 이 이야기에서 동성애적 요소들의 의미를 희석시키고 있는 것일까?

우리는 누가복음이 마태복음과 같이 이스라엘의 희망에 대한 완성으로서의 예수상을 그리는 데 관심을 가진다는 점에 유념해야만 한다. 마태는 예수에게 충성스러운 유대인 공동체가 유대-기독교인들을 배제하던 1세기 말엽의 회당들에 대응하여 율법에 대한 올바른 재해석과 선지자들

---

15) 신약성서에 나타나는 몇 안 되는 다른 예들은 누가복음 14:8; 빌립보서 2:29; 그리고 베드로전서 2:4, 6이다.

을 대표한다고 논증하는 데 관심을 가지고 있었다. 마태복음은 이 복음서 내에서 회당의 특징으로 묘사되고 있는 축자적인 율법 적용에 동의하지 않는다. 그보다 마태는 율법과 예언자들이 당연히 정의와 자비에 관심을 기울이고 있다는 것을 말하려 한다. 그러므로 마태복음은 일관되게 하나님의 민족이라는 정체성을 제한하려는 시도에 반대하며, 율법을 재해석한 예언자와 같이 이방인에 대한 한결 같은 개방적 방침을 재현한다.

반대로 누가는 예수와 그의 제자들을 성전 경배와 회당 참여를 비롯한 유대교의 전통을 보다 더 존중하는 모습으로 그려낸다. 이에 대해 우리는 사도행전에서 드러나는 바울 본인의 바리새적 정통 신앙과 정통적인 실천의 방침(디모데에게 할례를 행할 정도로)에 누가의 묘사를 더할 수 있을 것이다. 이방인들에 대한 선교는 누가에게 절대적인 중요성을 지니는 주제인 한편, 여전히 예수의 선포에 대한 유대 권력 당국의 무반응에 의해 강제되는 것으로 나타난다.

그래서 누가는 이방인들에 대한 개방성을 다른 이야기들에서 더욱 명백히 드러나는 단절로 표상하기보다는 유대교의 전통들에 대한 연속성 내에서 그려내기를 바란다. 이런 관점이 예수 전승의 보다 분열적인 측면들을 감소시키려는 누가복음의 경향을 설명한다. 이러한 접근과 일관되는 방식으로 누가는 이방인 개종자들을 될 수 있는 한 유대교와 밀접하게 연결되어 있는 것으로 나타내며, 그래서 그 백부장을 가능한 한 유대적인 인물로 만들어 내는 경향(그와 종/젊은이의 관계가 가진 소년애적 성격을 최소화시키는)을 보이는 것이다. 그러므로 누가는 이방인에 대한 포교 활동의 이야기를 제거하는 것이 아니라, 백부장과 그의 소중한 젊은이의 관계가 가지는 동성애적 내용을 축소함으로써 이 이야기를 이방인–유대인(이방인이지만 유대교의 가르침에 충실히 따르는 자를 말함 역자)의 전형에 순응하도록 만드는 방식을 선택한다.

누가복음에서 이 에피소드에 바로 이어지는 에피소드는 나인이라는 성에 사는 과부의 아들의 부활에 관한 것이다. 우리는 이 이야기가 동성애적 주제들이 명백히 드러났던 비밀의 마가복음으로부터 알려진 전승을 수정한 것일 수도 있는 가능성에 대해 살펴본바 있다. 그때 두 경우에서 누가는 예수와 관련된 기억에서 완벽한 성공을 거두지는 못했지만 여러 동성애적 주제를 소거하려고 시도했다.

요한복음

호너는 요한복음에 이 이야기의 세 번째 형태로 보이는 것이 있음을 간파해 내지 못한 듯하다. 이 에피소드는 예수가 이전에 물을 포도주로 바꾸는 기사를 일으켰던 가나로 돌아갔을 때 발생한다. 이번에는 백부장 대신에 '왕의 관리basilikos'가 등장하며, 가버나움이 아니라 가나에서 벌어진다. 마태가 파이스 그리고 누가가 둘로스를 사용하는 곳에서, 요한은 일반적으로 위오스uios(아들)와 파이스의 지소어diminutive(원래의 말보다 더 작은 것을 지칭하는 말 역자)인 파이디온paidion을 사용한다. 마태복음이나 누가복음과는 달리 이 간청자가 유대인이 아니라는 것에는 크게 강조점이 찍히지 않는다. 만일 요한이 마태복음이나 누가복음에 실린 같은 이야기를 알고 있었다면, 그는 이러한 측면을 축소시키고 이 이야기를 '소년' 또는 종이 아닌 가족들 중 한 명에 대한 이야기로 방향을 돌렸을 것이다. 세 이야기들은 원격적인 치유에 대해, 그리고 또한 다른 여러 치유 서사들의 공통적인 주제, 즉 믿음의 역할에 대해 강조하고 있다. 세 이야기 모두 이 이야기를 서사의 초기 단계에 배치하여 이 이야기에 어떤 특

정한 중요성을 부여한다.[16]

이 이야기에 대한 요한복음 형태는 구체적으로 그 관리의 아들로 확인되기 때문에 소년애적 관계를 배제하는 듯이 보인다. 우리는 마태가 암시하는 듯 보이는 관계를 요한이 제거했다고 가정해야만 할 것인가? 이런 설명은 요한복음 서사의 여러 에피소드들이 드러내는 충격적인 성격에 비추어 볼 때, 개연성이 떨어지는 것으로 보인다. 여기에서는 두 가지 다른 설명 방식이 보다 그럴듯해 보인다. 첫째, 요한은 마태복음 형태의 이야기를 알지 못했다. 우리가 보았듯이, 마태는 그 이야기를 그가 알고 있었던 전승보다 더 암시적이거나 충격적으로 풀어내야만 할 이유가 있었을 것이다. 요한복음 역시 다른 전승들에 있는 이야기들의 특성들을 혼합하는 방식으로 에피소드들을 재구성하는 경향을 강하게 드러낸다. 이런 방식의 혼합은 죽어 가는 딸을 위해 예수에게 사람을 보낸 회당 지도자의 이야기와 혼합되어 일어났을 것이다(마가복음 5:21; 누가복음 8:40-56; 마태복음 9:18-26).

그러한 혼합은 아들의 부활(*pais*를 딸로 보거나 노예로 보는 것도 아닌 야이로의 서사로부터)보다는 바실리코스 *basilikos*(유대인의 아르콘 *archon*[지배자]도 이방인 백부장도 아닌 헤롯 왕의 신하)와 치유(백부장의 서사로부터)라는 표상으로 귀결된다. 따라서 그 서사는 단적으로 요한이 결말과 연결된 주제들(나사로의 부활, 또는 사랑받는 자의 출현)을 암시하지 않고서도

---

16) 마태복음에서 이 기적이 눈에 띄는 이유는 이방인들에 대한 이 기적이 선교의 징조를 보일 뿐만이 아니라, 예수의 두 번째 기적이기 때문이다. 요한복음에서 이 치유 기사는 예수가 나타냈던 '두 번째 징조'로 확인된다. 누가복음에서 이 기적은 세례자 요한의 사자들이 묻는 "당신이 오실 그분이십니까?"라는 질문에서 정점에 이르는 일련의 이야기들의 발단이 된다.

몇 가지 이야기들을 하나로 묶어내는 길을 발견했다는 이야기가 될 것이다.

해석

이러한 분석으로부터 우리는 우선 마태복음 형태의 백부장의 젊은이에 대한 치유 에피소드가 백부장과 이 젊은이의 소년애적 관계를 암시한다고 말할 수 있을 것이다. 마태복음 형태가 누가복음이나 요한복음의 이야기보다 더 '역사적'인지에 대해 결정하기는 어렵다.[17] 앞에서 보았듯이, 우리는 그저 각 복음서 자체의 신학적 관점에 기초하여 각 형태의 이야기들의 특이성들에 대해 말할 수 있을 뿐이다. 정말로 일어났던 일에 대한 모든 질문들에 관해, 내 자신이 선호하는 대답은 그저 나는 모른다는 것을 인정하는 것이다.

그러나 마태복음 형태의 이야기는 백부장과 그 젊은이 사이의 소년애적 관계를 의도적으로 암시하는 것으로 읽어야만 한다. 이것은 동성애를 긍정하는 해석에 대해 어떤 의미를 지닐 것인가? 또는 독자가 '게이'인지 아닌지에 상관없이 복음서를 이해하는 데 어떤 의미가 있을 것인가?

내가 보기에 예수가 사랑하는 자(또는 우리가 말하듯이 그의 애인)를 위한 백부장의 도움 요청에 반응한다고 추정하거나 심지어 이를 단언하는 것은 이 텍스트에 어떠한 폭력도 행사하지 않는 듯하다. 다른 경우들에서와 같이 이 경우에 있어서도 예수는 그의 도움을 청하는 사람들의 삶의 방식이나 또는 배경에 대해 묻지 않는다. 누구든 자신이 예수의 도움을

---

17) 호너는 『다윗을 사랑한 요나단』 122쪽에서 마태복음의 이야기의 우선성을 제시한다.

받을 만한 자격이 있는가를 보일 필요가 없고, 필요한 것이 있다면 그것은 도움을 원하는 자 스스로가 예수의 반응을 요구하는 것일 뿐이다.

게다가 예수는 그 어디에서도 성적인 '난잡함'에 대해 신경질적인 반응을 보이지 않는다. 그가 동성애적인 또는 그보다는 소년애적 관계를 특히 어려워했다는 가정은 심지어 겉으로 보기에도 불합리하다.

여기에서 전통적인 기독교적 텍스트 해석 방식들에 푹 빠져 있는 독자라면 백부장이 신앙의 모델로 표상되기 때문에 소년애자로 간주할 수 없다고 여길 것이다. 이 결론에 대해 이 텍스트가 우리에게 무얼 말하려고 하는지 살펴보도록 하자.

백부장의 믿음은 복음서의 앞부분에 나오는 예수에게 치유를 구하러 온 다른 사람들의 믿음과 다르지 않다. 그들의 신앙의 성격은 특정한 교의적 내용이 아니라, 그보다는 건강과 완전함에 대한 뻔뻔스러운 욕망에 의해 결정된다. 그 무례함, 조급함 그리고 이 욕망을 위해 모든 것을 잃게 될 각오를 하는 것이 예수가 여기저기에서 '믿음'이라고 부르는 것이다.

백부장의 경우, 소년/애인에 대한 그의 관심이 이 믿음의 동기가 되었고, 그를 추동하여 지역을 순회하는 유대인 치유사를 찾아가도록 했다. 그의 관심은 그런 평판이 좋지 않은 반려자와 동석하는 것을 목격당하거나 어떤 한 유대인으로부터 그의 애정 생활에 대해 질책받는 것을 그가 주저함에도 불구하고 그런 주저함을 극복하게 한다. 이 백부장은 그가 아끼는 그 사람이 치유될 수 있다는 것, 그리고 그의 마비가 '하나님의 뜻'이 아니라 극복될 수 있는 것이며, 또한 극복되어야만 한다는 확신을 표현하고 있다. 이 이야기 내에서 그의 믿음은 하나님 나라의 도래에 대한 예수의 선포에 대한 예증과 같다. 왜냐하면 예수의 관점에서 볼 때 이것은 병과 광기에 대한 극복을 수반하기 때문이다.

이제 백부장은 이방인에 특징적인 방식으로 명령과 복종의 위계라는 측면에서 그의 확신을 표현한다. 하지만 예수는 이 전체적인 세계관에 대해 첨예하게 비판적인 입장을 취할 것이다. "너희가 아는 대로, 민족들을 통치하는 사람들은 그들을 마구 내리누르고, 고관들은 세도를 부린다. 그러나 너희끼리는 그렇게 해서는 안 된다"(마태복음 20:25-26). 예수는 원칙적으로 백부장의 세계관의 기초가 되는 권위의 개념 자체를 차단한다.

이야기는 여기에서 한 걸음 더 나아간다. 왜냐하면 백부장은 예수가 마귀들의 지휘자라고 생각하기 때문이다. 소년 애인의 고통을 표현하기 위해 쓰여진 그리스어 단어들은 이 젊은이가 악한 영들에 의해 고문을 당하고 있다고 말한다. 이 용어는 또한 거라사의 귀신들린 자에 대한 이야기와의 연관 내에서 사용된다(마태복음 8:29; 마가복음 5:7; 누가복음 8:28; 마태복음 18:34도 볼 것). 그러므로 백부장은 예수가 부하들인 마귀들을 부려서 이 젊은이에게서 떠나게 하여, 그를 고통으로부터 구할 수 있다고 생각한다. 우리가 알고 있듯이 다른 이들도 예수에 대해 같은 생각을 하고 있었다. 서기관들과 바리새인들은 예수가 바알세불과 연맹을 맺었다고 비난했다(마태복음 9:34; 12:24). 그들은 이러한 연관을 통해 예수가 마귀들과 병에 대해 다스릴 능력을 가지게 된다고 생각했던 것이다. 백부장은 이러한 시각을 공유하는 듯 보인다. 그러므로 우리는 백부장의 믿음이 예수에 대한 그의 믿음이나 예수의 권위가 가지는 특성과 관련된다고 상정하기 힘들다.

그렇다면 백부장의 믿음은 무엇인가? 비록 그가 예수가 어디에서 권능을 받았는지에 대해서는 예수의 적들과 동일한 생각을 하고 있을지 모르나, 백부장은 이 권능에 대해 매우 다른 태도를 취했다. 서기관들은 이런 견해를 사용하여 예수의 정신과 영혼에 대한 치유가 지니는 의미를 깎아내린다. 백부장은 그 권능이 그의 소년 애인의 치유에 사용되기를 바랐던 이상 그 권능이 어디에서 왔는지에 대해 상관하지 않는다. 서기관들은 치유에 대해 관심이 없었다. 그들은 심지어 그 젊은이의 병이 하나님의 뜻이라고 상상할 수도 있었다. 그러나 백부장은 그것이 누구의 뜻인지는 관심이 없었다. 그는 그의 사랑하는 이를 위한 치유와 온전함을 원했고 갈망했다. 그리고 그는 그것을 얻기 위해서라면 모든 것을 걸고 무엇이라도 할 것만 같았다. 이런 욕망으로 그는 행동한다. 그는 종교적인 유대인들이 소년애에 대한 관념을 전적으로 비난하며, 그가 경험하는 종류의 사랑에 대해 어떠한 이해도 동정도 없다는 것을 알고 있다. 그러나 그는 거리로 나서 한 유대인 치유사를 찾고, 거절과 조롱의 위험을 무릅쓰고 그가 사랑하는 소년 애인을 위해 도움을 청한다.

백부장은 이 남자에 대한 소문을 들었을 것이다. 아마도 그가 능력 있는 마술사라고 말이다. 그런 사람들은 가볍게 찾아가기 어렵다. 그들은 위험하다. 만일 이 예수라는 자가 백부장이 생각하는 듯 보이는 그대로 마귀들을 다스린다면, 그는 실질적으로 매우 위험한 사람이다. 그러나 담대한 사랑과 꺼지지 않는 희망에 의해 추동되어 백부장은 그가 사랑하는 그 사람을 위해 이 모험적인 만남을 감행하려 한다.

이때 백부장의 믿음은 그가 사랑하는 자의 치유와 온전함에 대한 머릿속의 관념이 아니라 가슴속의 욕망을 지칭한다. 예수는 이런 믿음에 무조건적으로 응답한다. 이 백부장의 사랑하는 젊은이에 대한 걱정과 대담한 기대가 예수의 행동을 끌어낸 백부장과 그의 젊은이 이야기의 변형들은 이 두 사람이 어떻게 표현되었는지에 상관없이 중심적인 논점을 만드는 데 도움을 준다. 그 관심이 종이나 아들 또는 젊은 애인을 위한 것인지에 상관없이, 이 이야기의 중요한 측면은 한 사람이 위험을 감수하도록 하고, 희망에 전염되어 행복에 대한 갈망으로 손을 뻗어 내밀고, 병과 광기 그리고 마비를 인정하기를 거부하며, 신적인 권능이 불행의 편에 있는 것이 아니라 오히려 온전함의 편에 있다고 생각하도록 이끈다. 예수는 이러한 가능성을 믿음이라고 부른다. 이 믿음이—율법적인 순응이나 제의적인 정결, 교의적 전통, 간구자의 도덕적인 올바름이 아니라—예수가 행하는 기적의 놀라움과 경이를 불러일으킨다. 왜냐하면 이런 기적이 하나님의 나라가 실제로 가까이 왔다는 것을 보여주기 때문이다.

결론

마태복음에 실린 백부장의 소년 애인의 치유 서사는 뚜렷이 소년애적 관계에 대한 예수의 용인이, 심지어는 공모가 있는 것으로도 읽힐 수 있을 것이다. 실제로 이러한 독해는 마태복음에 어떠한 폭력도 가하지 않을 뿐만이 아니라 서사에서 종종 무시되고 있는 차원에 관심의 초점을 맞춘다. 특히 성적으로 주변화된 사람들의 역할에 대해서 말이다. 마태복음의 이러한 지평에 관심을 가짐으로써 우리는 이 서사의 이미지를 도덕적이고 율법적인 이미지로 만들어 내는 일방적인 왜곡으로부터 이 복음서를 구해 낼 수 있게 된다. 실제로 예수에 대해 성적으로 주변화된 사람들에 대한 근본적인 동정을 통해 재현하는 마태의 묘사는 게이 독자들뿐만이 아니라 정상적인 독자들에게도 영향을 미쳐 왔다. 이러한 해석을 '좋은 소식'이라고 받아들이는 사람은 결코 게이나 레즈비언 독자들에 한정되지 않는다.

그리고 이런 독해 방식의 도전은 단지 전통적인 성적 도덕성의 '보수적인' 지지자들에게만 향하는 것이 아니다. 심지어 게이 공동체에 속해 있거나 이에 동정적인 '자유로운' 독자들도 이 서사에서 소년애적(소아 성애적)인 관계가 그려지고 있음으로 인해 혼란스러울 수도 있다. 우리 자신의 시대에 문화적인 그리고 도덕적인 모범이 되어 버린 동성애적 관계의 형태는 '성인들의 합의'를 통해 이루어지는 관계, 즉 나이나 지위가 동등한 사람들 간의 합의에 의한 관계이다. 이런 관계는 분명히 마태복음이나 누가복음의 용어들로 알 수 있는 관계와는 다른 것이다. 그러나 두 경우의 복음서 형태를 모두가 지시하는 것은 이 관계에 대해 '파트너들'의 지위나 나이가 중요하다는 것이 아니라 (하물며 젠더를 고려할 때), 오히려 서로에 대한 관심의 깊이가 중요하다는 것이다. 최소한 마태복음을 기초하여 매춘 행위자들이나 불평등하다고 추정되는 사람들 간의 성적인 관계를 다시 주변화하는 방향으로 성적인 윤리를 발전시키는 것은 불가능하다.

여기에서 나는 특히 헬레니즘적인 악덕이 쓰여진 목록에 실린 용어들에 대한 스크로그스Scroggs의 해석을 따라, 그 용어들이 '성인들의 합의'에 의한 모범적인 관계들이 아닌 소아 성애적이거나 매춘적 관계들을 지칭한다고 주장하고 싶은 사람들에 대해 생각하고 있다.[18] 이러한 접근은 어떤 특정한 관계들과 도덕적인 유죄 판결에 면죄부를 주기 위해, 너무나도 쉽게 다른 관계들에 낙인을 찍고 재주변화하는 방식으로 흐르게 된다. 이러한 과정은 단지 동성애혐오적이며 이성애 중심적인 해석 방식들

---

18) 스크로그스(Scroggs), 『신약성서와 동성애 *The New Testament and Homosexuality*』, 126-129쪽, 138-139쪽.

의 희생양 만들기 경향을 답습할 뿐이다. 게일 루빈Gayle Rubin이 또 다른 연관에 대해 주지하듯이, 우리들 중 누구의 성애적 행위도 상당수의 다른 사람들에 의해서는 혐오스러운 것으로 간주될 것이다.[19] 문제는 "어떤 것도 괜찮다"는 말을 하는 것이 아니라, 오히려 윤리적인 판단들을 윤리적인 범주에 근거하여 내리는 것이다. 즉, 연인들의 지위보다는 주변화된 사람들과의 연대 그리고 관계의 질에 대한 관심에 대해서 말이다.

19) 게일 S. 루빈(Gayle S. Rubin), "성에 대해 생각하기: 성애적 지향성에 대한 급진적 이론을 위한 주석들"(Thinking Sex: Notes for a Radical Theory of the Politics of Sexuality), 『레즈비언 및 게이 연구 독본The Lesbian and Gay Studies Reader』, Henry Abelove, Michele Aina Barale, 그리고 David M. Halperin 편집 (New York: Routeldge, 1993), 15쪽.

제9장
당혹스러운 젠더

흔히 이성애적 구조에 혼란을 초래하는 동-성애적 관계의 한 가지 요소는 이성애 중심적이며 남성 중심적인 제도들을 떠받치는 젠더 역할들을 뒤섞어 버리는 동-성의 성적 표현이 인지되는 경향이다. 물론 동-성애적 관계는 젠더 정체성들을 반영하고, 실질적으로 지지하도록 양식화된다. 이러한 양식은 고전 시대의 아테네, 스파르타 또는 테베의 군대 내에서 권장되었던 군사적인 동-성애 관계들, 또는 뉴기니 부족민들의 입문적 의식들에서 나타나는 제도화된 소년애를 위한 이데올로기적 정당화의 경우에서 실제로 드러난다. 그러나 보다 공통적인 전망은 동-성적 성애가 한 사회의 젠더 범주들을 전복하거나, 혼란스럽게 하고, 심지어 '제3의 성'을 구성한다고 간주하는 것이다.[1]

이 장에서 우리는 로마와 팔레스타인 지역 그리고 헬레니즘 세계의 젠더 범주들을 전복하는 것으로 나타나는 예수 전승의 양상들로 눈을 돌리게 될 것이다. 예수 전승에 존재하는 이러한 요소들은 예수와 관련된 전승들 내에 있는 동-성적 성애의 위험한 기억에 대한 인상을 지지하는 경향이 있다.

우리는 이 장에서 두 가지 종류의 자료들에 한정하여 고찰하게 될 것이다. 첫 번째는 환관들과 관련된 자료인데, 이것은 통상 게이 친화적인 해석을 통해 현대의 '동성애자들'과 유사한 사람들의 존재를 지시하는 데 사용된다. 두 번째 종류의 자료는 젠더 범주들을 뒤집는 것으로 보이는 담화들과 극적인 에피소드들로 구성되어 있다.

우리는 또한 한눈에 알 수 있는 어떤 특정한 경향에 주목할 것인데, 이것은 아마도 바울로부터 시작되며 사목적 서신서들에서 분명히 표현되고 있는 엄격한 젠더적 역할에 대한 기대들을 기독교에 재기입하려는 의도를 가진 것으로 보인다. 그리고 이러한 경향은 이후의 기독교적 동성애혐오의 출현과 연결되는 방향으로 이동하게 된다. 이 동성애혐오와 젠더 역할 강화의 연합은 오직 젠더 역할 전복과 예수 전승의 동-성적 성애에 대한 위험한 기억 사이의 개연적인 연결을 강조하게 될 뿐이다.

거세된 남자들

마태복음에 실린 환관(거세된 남자)에 대한 담화에서 예수가 취하는 태

---

1) 길버트 허트(Gilbert Herdt)가 편집한 글 모음집 『세 번째 성, 세 번째 젠더: 문화와 역사의 성적인 이중 형태성을 뛰어넘어 *Third Sex, Third Gender: Beyond Sexual Dimorphism in Culture and History*』(New York: Zone Press, 1944)를 볼 것.

도와 한 아프리카인(에티오피아인) 환관에 관한 에피소드에서 사도행전의 저자가 이 환관에 대해 취하는 태도는 반동성애혐오적인 성서 해석가들로부터 점증적인 관심을 얻고 있는 예수 전승의 한 양상이다.

이 자료는 보통 성적으로 권리를 박탈당하고 비난받는, 그래서 유사하게 비난당하고 주변화되는 게이 남성들과 레즈비언들을 포함하는 선례를 제공하는 것으로 해석된다.[2]

이 자료들이 어떻게 해석되는지를 살펴보기 위해서는 먼저 거세된 남자가 어느 정도까지 또는 어떤 방식으로 오욕을 입는지를 살펴보는 것이 도움이 될 것이다. 또한 우리는 고대 시대에 거세된 자가 어느 정도까지 동성애적 행위들에 관련되어 있었는지를 살펴볼 것이다. 그리고는 마태복음에 실린 예수의 담화를 살펴본 뒤 사도행전에 나오는 에티오피아 환관과 관련된 서사에 대해 다루게 될 것이다.

배제와 포함

신약성서의 거세된 남자들(환관들)에 대한 태도는 흔히 구약성서의 태

---

2) 예를 들어 존 J. 맥닐(John J. McNeil)의 『교회와 동성애자 *The Church and the Homosexual*』(Kansas City, Mo.: Sheed, Andrews, and McMeel, 1976), 65쪽; 톰 호너(Tom Hornor)의 『다윗을 사랑한 요나단: 성서 시대의 동성애 *Jonathan Loved David: Homosexuality in Bible Times*』(Philadelphia: Westminster Press, 1978), 124쪽; 로버트 윌리엄스(Robert Williams)의 『나 있는 그대로 *Just As I Am*』(New York: HarperCollins, 1992), 59-60쪽을 볼 것. 이 자료에 대한 가장 광범위한 사용은 낸시 윌슨(Nancy Wilson)의 『우리의 부족: 퀴어에 속한 사람들, 신, 예수, 그리고 성서 *Our Tribe: Queer Folks, God, Jesus, and the Bible*』(San Francisco: HarperSanFrancisco, 1995), 120-131쪽에서 찾을 수 있음. 이 책은 또한 거세된 자들에 대해 언급하는 모든 성서적 텍스트들을 다루고 있는 유용한 부록을 포함하고 있다. 같은 책, 281-285쪽.

도와 대비된다. 그러나 실상은 구약성서에는 다양한 관점들이 존재한다. 유대교의 일부 전승들은 거세된 남자들을 배척한다. 그러므로 신명기 23장 1절은 "고환이 터졌거나 남성의 일부분이 잘린 사람은, 주의 총회에 들어오지 못한다"고 단언하고 있다. 이러한 견해는 후대에 제시된 "아이들을 가지는 것은 모든 이스라엘 사람들의 의무이다"라는 랍비적 견해와 일치하는 듯 보인다.[3] 아이를 가질 수 없는 사람은 이스라엘의 집에서 배제된다는 것이다.

그러나 신명기와 기독교 초기의 유대교 회당 지도자들(회당장들)의 견해는 결코 이스라엘의 전승들에서 지지되는 이 문제에 대한 유일한 견해가 아니었다. 예언자적 전승에서 우리는 예레미아를 마른 저수조에 감금된 상태에서 구해 주는 역할을 하는 어떤 에티오피아인 환관(에벳멜렉 Ebedmelech)을 발견하게 된다(예레미아서 38:7-13).

게다가 우리는 심지어 바빌로니아 포로기 동안 쓰여진 한 시에서 '거세된 남자들에 대한 복음'을 보게 된다.

… 거세된 남자가 '나는 마른 장작에 지나지 않는다'
하고 말하지 못하게 하여라.
이러한 이들에게 주께서 말씀하신다.
나의 안식일을 지키는 거세된 남자들,
나를 기쁘게 하는 일을 선택하고, 나의 언약을 철저히 지킨 자들에게
나는 나의 집에 그리고 나의 성 안에,

---

3) 게르하르트 키텔(Gerhard Kittel) 편집, 『신약성서 신학사전 *Theological Dictionary of the New Testament*』, 제프리 W. 브로밀리(Geoffrey W. Bromily) 옮김 (Grand Rapids: Wm. B. Eerdmans, 1964), 2:767.

기념물이나 아들들과 딸들보다 훨씬 더 좋은 이름을 줄 것이다.

나는 그들에게서 잘려나가지 않을 영원한 이름을 줄 것이다.

(이사야서 56:3-5)

그리고 예수 시대 직전에 기록된 솔로몬의 지혜서(70인역에 수록된 외경. 공동번역에서 찾을 수 있음. 역자)에서 우리는 유사한 선언을 듣게 된다.

또한 그 손이 율법을 어기는 행위를 하지 않고,

그리고 주님께 대항해 사악한 것들을 꾸미지 않은 환관(거세된 남자)들은 축복을 받을 것이다.

그의 충실함에 대하여 특별한 은혜가 보일 것이며,

주님의 성전에서 큰 기쁨의 자리가 주어질 것이다.

(지혜서 3:14)

여기에서 정의로운 환관의 운명은 비록 생물학적으로는 열매를 맺을 수 있지만 윤리적으로는 메마르고 불의한 자들의 운명과 대비되고 있다.

우리는 분명히 고대 이스라엘의 문헌에서 정반대의 경향성들이 작동하고 있음을 보게 된다. 한편으로 우리는 환관을 배제하는 방향으로 기우는 출산과 정결(흠 없음으로 이해되는)에 대한 관심을 보게 된다. 다른 한편으로는 이러한 전승을 전복시키려는 의도로 내세워지는 환관이 하나님의 민족으로부터 잘려 나가는 것이 아니라 정의로운 행위를 통해 이에 포함될 수 있다는 주장을 보게 된다. 이러한 반대 경향성들의 존재는 사실상 전통의 다른 부분들에서 드러나는 사안들에 대한 '성서적 견해' 또는 '유대적 견해'의 특성을 규정하는 데 주저하게 만든다.

예수 전승은 분명히 이사야서와 지혜서(다른 경우라면 매우 다른 종류의 두 가지 전승이 되는)와 같은 편에 서서 신명기의 거세된 남자들에 대한 배제에 대항한다. 예수는 일부 해석가들이 성급하게 정식화 하듯이, 단순하게 스스로를 '유대적 율법'에 대항하는 위치에 놓고 있는 것이 아니다. 오히려 예수와 초기 기독교는 이스라엘의 전승들 중에서 선택적으로 일부는 인정하고 다른 것들은 거부하고 있는 것이다.

그리고 이야기는 거기서 끝나지 않는다. 이후 초기 기독교의 전개 과정에서는 거세된 남자를 사제 직위로부터 배제하는 신명기적 입법으로 돌아간다.[4] 유대교와 기독교의 대조보다는 오히려 예수, 이사야서 그리고 지혜서를 한편에 두고, 신명기와 『사도적 규약들 *Apostolic Constitutions*』을 다른 한편에 두고 대조하게 된다.

이것은 게이에 대해 긍정적인 예수 전승의 요소들을 논의함에 있어, 우리가 고대 이스라엘에서도 뿌리를 가지고 있었으며, 그때도 반대를 받았던 전승을 논하고 있다는 것에 대한 경고로 기능한다. 그 다음에 이어지는 반대는 유대교로부터 오는 것이 아니라 기독교 자체의 내부로부터 오는 것이다.

고대 사회의 거세된 남자

거세된 남자들과 관련된 신약성서 서술들의 배경을 이해하기 위해서는 단지 이스라엘의 전승들뿐만이 아니라 규범적인 유대교와 '보편적인' 기독교 형성에 배경이 되었던 고대의 보다 광범위한 헬레니즘 문화에서 나타나는 거세된 남자들의 처지를 고려할 필요가 있다.

---

4) 『사도적 규약들 *Apostolic Constitutions*』, 47, 21-24쪽.

우리가 이스라엘의 전승에서 고찰했던 거세된 사람들에 대한 부정적인 담화들과 긍정적인 담화 전체를 통해, 주요 논점은 그들이 자손을 가질 수 있는 능력이 없다는 것이다. 이 조건은 그들을 하나님의 민족의 삶에 참여하는 데 부적합하게 (그리고 손상된 상태로) 만든다. 또한 그들의 상태는 그들이 신의 은혜에 적합한 수혜자가 되도록 하는데, 이것은 놀라운 일이며, 자손을 신의 은총의 표징이 된다고 생각했던 사람들에게 수치를 주는 것으로 표상된다. 두 경우 모두에서 관건이 되는 것은 자손을 생산할 수 있는 능력의 부재다.

이러한 자손 생산의 무능력은 실제로 헬레니즘 세계 전반에서 환관을 (거세된 남자) 특징짓는 요소였다. 그들은 왕실 또는 제국의 사업에 믿을 수 있는 행정 관리로 쓰임 받았는데, 이는 이들이 자국의 왕조나 제국에 대해 경쟁자가 될 수 있는 어떤 것(혈통)을 정립할 수 없다는 이유로 인한 것이었다. 이런 이유로 환관들은 보통 고대 사회에서 상당한 권력을 유지했다(창세기 39; 다니엘서 1:3 이하 예레미아서 38:7; 유딧서 12:11).

거세는 한 사람을 궁정에서의 특정한 책임에 적합하게 만드는 것 이외에 또 다른 목적으로도 행해졌다. 그것은 젊은이의 양성적인 아름다움을 연장하기 위한 방편이었던 것이다. 근대 초기에 어린 아이들이 목소리의 순수함을 보존하기 위해 거세되었던 것과 같이—18세기에 파리넬리 Farinelli와 같은 오페라의 대스타를 만들어 냈던 것은 전설로 남아 있다—'수염 없는 젊은이'의 다른 특징들이 거세를 통해 보존될 수 있었던 것이다. 거세된 젊은이들은 어른이 될 때까지 소년애적 관심의 대상이 될 만한 외양을 유지했을 것이다.

고대 사회의 가장 유명한 고급 매춘부들 중 일부는 거세된 남자들이었다. 예를 들어, 알렉산더 대왕은 젊은 페르시아인 환관 바고아스 Bagoas에게 평생에 걸친 애정을 보였던 것으로 알려져 있다. 네로는 자신의 노예들 중 한 명이었던 스포루스Sporus에 대한 사랑에 빠졌는데, 그는 이후에 아름다움을 간직하기 위해 거세되었다. 네로는 그런 연후에 이 사랑받는 자와 공개적으로 결혼했고, 이 사람은 더욱더 아름다워지고 그 아름다움은 오래 지속되었다.[5]

그래서 거세된 자들은 고대 사회에서 남성 매춘부들로 명성을 얻었다. 버려진 남자 아이들과 노예들에 대한 거세는 실제로 그리스 및 로마 문화의 중요 부분을 이루었던 남창 매음굴들을 채우는 주요한 수단들 중 하나였다. 성적인 목적으로 노예들을 거세하는 것은 (소년애를 실행하던) 하드리아누스 황제에 의해 C. E. 2세기 초에 형법으로 금지되었다.

내가 지적한 대로 사춘기에 이르기 이전에 고환이 손상되어 거세되는 남자는 2차적인 남성적 특징들이 발전하지 않게 된다. 이러한 상태는 연장된 형태의 젊음 가운데 아름다움의 이상형으로 간주될 수 있었고, 또한 남자의 '여성화'나 남자의 '트랜스젠더화'로 비춰질 수 있었다. 상당히 젠더를 의식하는 후기 고대 사회의 분위기에서는 다른 남자들과 성적인 관계를 맺을 때 수동적인 (또는 '여성적인') 역할을 선호하는 사람들이 거세된 자들로 기술되었다. 이 경우에 거세된 자가 되는 것은 문자적인 의미만큼이나 상징적인 의미를 담고 있을 수 있다.

우리는 또한 키벨레 여신the godess Cybele의 광적인 남자 신도들이었던

---

5) 문헌은 종종 이 거세된 사람들이 '수동적인' 성애적 파트너들이었다는 것에 대한 확신을 주지만, 이것은 결코 필연적으로 사실이 아니다. 어쨌든 거세된 자들이 항문 삽입을 비롯한 능동적인 성역할을 하는 경우가 종종 있었다. 하지만 이런 귀결은 보증될 수 없으며, 보다 극심한 남성의 절단은 당연히 거세된 자의 성애적 역할을 제한했다.

갈리*galli*에 대해서도 언급해야만 한다. 이 무리들은 제의적인 열광 중에 스스로를 거세했다. 그린버그Greenberg는 그들에 대해 다음과 같이 말한다. "갈리 무리들은 여자들처럼 차려 입고 지방을 돌아다녔다. 스스로를 채찍질하고, 구걸하며, 그리고 춤추면서.『황금 당나귀』로도 알려진『변형담』에서 아풀레이우스Apuleius는 그들의 갈망을 채워 줄 정력적인 젊은 농부들을 구하는 갈리 무리를 그리고 있다. 사모사타의 루키아누스Lucianus Samotensis는『루키우스, 또는 당나귀 *Lucius, or the Ass*』(아풀레이우스의 황금 당나귀의 요약 형태로 알려진 약간은 다른 형태의 결말을 가진 이야기. 역자)에서 비슷한 이야기를 하고 있다."[6]

통속적으로 상상되는 것과는 달리 자손을 생산할 수 있는 능력의 부재는 결코 거세당한 남자를 성행위로부터 배제하지 않는다. 고환이 손상되면 정자의 생산은 중단되겠지만, 다른 한편으로 그에 의해 성기와 관련된 성애적 능력이 손상되는 것은 아니다. 실제로 보디발Potiphar이 환관이었으며, (히브리어 성서에 환관을 뜻하는 사리스〔סריס〕는 신하로도 번역이 되지만 우선적으로 거세의 의미를 가지고 있음 역자) 그의 아내가 요셉을 유혹하려고 했다는 이야기를 전해 듣게 된다(창세기 39:1, 6-20)!

알린느 루셀Aline Rousselle은 갈리에 대해, 그들은 "고환을 제거한 이후에도 여전히 욕망을 느끼고 발기가 가능했으며, 전립선과 정낭으로부터 사정할 수 있는 능력이 있었다"고 말하고 있다.[7] 루셀은 또한 "갈리들이 매

---

6) 데이비드 F. 그린버그(David F. Greenberg)의 『동성애의 구성 *The Construction of Homosexuality*』(Chicago: University of Chicago Press, 1988), 98쪽.

7) 알린느 루셀(Aline Rousselle)의 『포르네이아: 후기 고대 시대의 욕망과 육체에 관하여 *Porneia: On Desire and the Body in Late Antiquity*』, Felicia Pheseant 옮김 (Oxford: Blackwell, 1988), 122쪽.

우 적극적인 성생활을 영위했다는 평판"에 대해 언급한다.[8]

그린버그는 또한 소아시아 전 지역에서 거세된 '신전 남창들'이 처했던 여건에 대해 관심을 보인다.[9] 그린버그는 이 다산 숭배 의식을 담당했던 자들의 역할은 그들이 헌신하는 여신에게 바치기 위한 정액을 담아 두는 용기였다는 주장을 펼친다.

고대 사회에서 거세된 자들의 역할들에 대한 이 장에 제시된 간단한 고찰은 거세의 관습과 연관된 의미들의 광범위한 배열을 제시한다. 이들이 고대 사회에서 수행했던 가장 주목할 만한 역할들 중에는 궁정 관리, 남창, 정부 그리고 '신전 남창' 등이 있었다. 우리는 이러한 배경에, 그리고 또한 구약성서 텍스트들에 대한 고찰을 통해 제공되는 배경에 반대하여 거세된 자들을 다루고 있는 신약성서 구절들을 이해해야만 한다.

마태복음

이런 배경을 염두에 두고, 신약성서에서 언급되는 거세된 자들에 대한 논의로 눈을 돌려보자. 무엇보다 우선 마태복음 19장 10-12절에 기록된 하늘의 통치에서 거세된 자들과 관련된 예수의 담화를 다루어야 한다. 이 담화는 마태복음의 예수의 가계도에서 나타나는 다말이나 라합에 대한 언급이나 또는 창녀들이 존경받을 만한 자들에 앞서 하나님의 나라에 들어간다는 언급과 같이 마태복음에서만 나타나고 있다. 그러므로 거세된 자들에 대한 담화는 성적으로 주변화된 사람들에 대한 마태의 관심에서 부분적으로 드러나는데, 이러한 관심은 이전 장에 기록된 백부장의

---

8) 같은 책, 123쪽.

9) 그린버그(Greenberg), 『동성애의 구성 *The Construction of Homosexuality*』, 101-106쪽.

'소년 애인'에 대한 해석에서도 중요하게 작용했다.

거세된 자들에 관한 담화는 순서상 앞에 실린 세 복음서들에서 공통적으로 나타나는 금지, 즉 이혼의 금지에 대한 마태복음 형태의 담화에 부가된다(마태복음 19:3-9; 마가복음 10:1-12; 누가복음 16:16-18).[10] 재혼이 간음이라고 하는 진술은 다음과 같은 대화를 촉발한다.

제자들이 예수께 말했다. "만일 그것이 한 남자와 한 여자에게 있어 참이라면, 결혼을 하지 않는 편이 나을 겁니다." 그러나 예수는 제자들에게 말씀하셨다. "모두가 이러한 가르침을 받아들일 수 있는 것은 아니며, 오직 타고난 자들만이 받아들일 수 있다. 태어날 때부터 고자인 자들이 있고, 다른 사람들에 의해 거세된 자들이 있으며, 하늘 나라를 위해 스스로를 거세한 자들이 있기 때문이다. 이를 받아들일 수 있는 자는 누구라도 받아들여라."(마태복음 19:10-12)

우리는 이미 이 담화가 마태복음에만 있다는 것을 알고 있다. 그러나 심지어 여기에서도 마치 그 논평들을 터놓고 유포시키기에는 성격상 너무나 분명하게 추문이 될 만한 내용이라도 되는 듯 조심스럽게 보호되고 있다.

우선 제자들과의 대면이 이혼에 대한 담화와 상당히 어색한 연결을 제시하고 있음을 알 수 있다. 비록 재혼의 간음적인 성격과 거세된 자가 되는 일의 연결 관계를 추정해야 하겠으나, 몇 가지 근거에 관해서 이 연결고리는 기묘한 모양새를 취하고 있다. 우선 재혼과 관련된 예수의 말씀

---

10) 추가적인 논의는 III부의 〈결혼〉에 대한 장에서 찾을 것.

에 대한 자연스러운 확장은 이혼하지 말라거나 이혼을 하더라도 재혼하지 말라는 것이어야 한다. 마가복음 형태에서의 이 이야기의 '교훈'은 이런 방식으로 남아 있다. 이혼과 재혼에 관한 마태복음 형태의 이 말씀은 어떻게 보더라도 결혼을 하지 않는 편이 낫다는 제자들의 견해를 도출할 수 있을 정도로 심각한 것이 아니다. 사실상 이 담화에 대한 마태복음 형태는 마태가 명시적으로 '부정함을 제외하고는'이라는 예외를 허용했기 때문에 마가복음보다 그 정도가 약하다.

로마법에서 정숙하지 못한 부인과 이혼하지 않으면 부인을 창녀로 거리에 내보내는 죄로 인정되었기에 이혼하는 것은 선택이 아니라 의무였다는 의미에서, 이러한 면제는 로마의 법적 상황에 부합하는 것이었다.[11]

그러므로 이혼에 관한 담화는 결혼하지 않는 편이 낫다는 반응을 유발할 만큼 심각한 것은 아닌 듯하다. 이러한 관심은 결혼을 하지 않았던 것이 명백한 예수와 바울 그리고, 추정컨대 1세기의 이들의 제자들 중 일부에게 특징이 되는 어떤 것이기 때문에 실제로 별개의 문제가 된다. 즉, '결혼하지 않음'이 이혼과 재혼에 대한 말씀으로부터 온 것이 아니라, 예수에 대한 모방으로부터 온 것으로 보인다는 말이다.

그러나 만일 제자들의 발언과 예수의 선행하는 말씀들 사이의 연결 관계가 박약하다면, 그들이 말하는 것과 예수가 거세된 자들에 대해 말하는 것 사이의 연결 관계 역시 그럴 것이다. 왜냐하면 결혼하지 않는 것과 거세되는 것 사이에는 필연적인 연결 관계가 없기 때문이다. 보디발과 요셉의 경우가 보여주는 것과 같이, 환관들(거세된 자들)은 결혼할 수 있었으며, 헬레니즘 세계에서도 잘 알려진 다른 예들을 찾을 수 있다.

---

11) 루셀, 『포르네이아*Porneia*』, 87-92쪽.

이후 제자들이 제기한 문제에 의해 이혼에 관련된 담화와 거세된 자들에 대한 담화 사이에 놓이는 다리는 어딘지 어색해 보인다.

게다가 마태복음에는 거세된 자들과 관련하여 기묘하고 수치스러울 수도 있는 것으로 신중하게 선이 그어진 거세된 자들에 관한 담화가 있다. 예수는 "모두가 이러한 가르침을 받아들일 수 있는 것은 아니며, 오직 타고난 사람들만이 받아들일 수 있다"는 말로 시작하여 "이를 받아들일 수 있는 자는 누구라도 받아들여라"라는 말로 끝을 맺는다.

이러한 조심스러운 말씀은 거세된 자들과 관련된 담화에 괄호를 치게 된다(bracket, 판단 중지를 나타냄 역자). 이것은 비범한 형태의 괄호 치기이며, 그리스어로 보자면 더욱 그럴 것이다. "모든 사람이 이 말씀을 붙잡는(*xorousin*) 것은 아니다" 그러니 "붙잡(을 수 있)는 자는 그것을 붙잡으라". 마태는 여기에서 다이나마이트를 다루고 있다는 것을 잘 인식하고 있으며, 그래서 극도로 조심하는 태도를 취하고 있는 것이다.

그 담화 자체는 그렇게 태어난 자들, 타인에 의해 그렇게 된 자들, 그리고 '하나님 나라를 위해' 스스로 그렇게 된 자들로 세 가지 종류의 거세된 자들에 대해 말한다. 거세된 자들에 대한 논의에 따르자면 세 범주들 중에 두 번째 범주만이 다소 자명한 것이다. 우리가 보았듯이 사춘기 이전의 남자 노예들을 매춘의 목적으로 거세하거나 또는 사춘기 이후의 남자들을 제의적 목적으로 거세하는 것은 헬레니즘 세계에서는 잘 확립되어 있는 풍습이었다. 어떤 경우에도 거세가 성애의 종말을 의미하지는 않았다. 그리고 거세가 필연적으로 결혼에 대한 영향으로부터 벗어난다는 의미에서 독신으로 이어지지도 않았다.

세 번째 범주는 헬레니즘 세계의 갈리에 대한 경우에 대해 그리고 어쩌면 다른 신비적 제의에 참여하는 사람들에 대해서도 부합할 것이다. 자기 거세는 일종의 생식적 능력에 대한 봉헌 또는 희생제의였다(루셀, 125-26). 이 행위 역시 필연적으로 성적인 활동의 종말을 수반하지 않으며, 실제로 갈리의 성적인 욕구는 명백히 전설적일 정도로 왕성한 것이었다.

첫 번째 범주는 매우 놀라운 것이다. 문자 그대로 이것은 "어머니의 태로부터 그렇게 태어난" 사람들을 말하는 것이다. 이 경우에 대해 거세 이외의 어떤 것이 언급되고 있다. 그러나 그것은 무엇인가? 우리는 여기에서 생식의 능력이 없는 양성 구유를 생각해야 하는가? 극적인 효과가 그보다 떨어지는 선천적인 생식 불능의 형태에 대해 생각해야 하는가? 오직 첫 번째 범주 만이 헬레니즘 세계에 알려진 범주와 일치한다. 어떤 사람들은 배타적인 동-성애적 정향성이라는 측면에서 정의되는 이 범주가 근대적인 동성애 범주에 상당하는 것을 지칭한다고 볼 수 있다는 의견을 제시한다. 이런 경우에 있어 동성에 속한 다른 사람과의 성적 충족에 대한 배타적 정향성이 생식이라는 측면에서 한 사람을 거세된 자로 만들게 되는 것이다.

이러한 사람들에 대한 범주가 헬레니즘 세계의 담론에서 인정받고 있었는지 아니면 의심받고 있었는지에 대한 논쟁이 지속되고 있다. 확실히 동-성애적 행위에 대한 표준적인 견해는 그것이 양성 간의 행위를 배제하지 않는다는 것이었다. 오늘날 우리가 양성애라고 부르는 것은 훨씬 더 기대할 수 있는 행위의 전형이었다. 그러나 이것은 고대 사회가 오직 동성에 속한 개인을 통해 성적인 충족을 찾는 방향으로 기우는, 상당히 배타적인 정향성에 대해 전적으로 생소했다는 의미로 받아들여서는 안 된다.[12]

그래서 선천적으로 거세된 자들에 대해서, 우리에게 남은 선택지는 양성의 생물학적 특성들이 뒤섞여 있는 양성 구유자들 또는 (아마도 그럴 개연성이 떨어지겠지만) 그의 성행위가 오로지 동-성애적 행위에만 관여하는 것으로 알려졌던 소수의 사람들뿐이다.

양성 구유자들과 동-성애적 습관에만 관여하는 사람들, 그리고 매춘의 목적으로 거세된 남자들과 종교적 열광에 휩싸여 스스로를 거세한 사람들을 한데 묶어 내고 있기에 예수의 담화는 수치스러운 것이다. 예수의 여러 다른 담화들과 같이 이 담화는 하나님 나라와 명백히 불합리한 또는 탈법적인 행위를 감히 연결시키는 것이기에 가히 충격적이라 할 수 있다.[13]

명백하게 성적인 부적합성의 영역으로의 유입이라는 측면에서 이 담화를 볼 때, 마태복음의 다른 곳에서 나타나는 방침과 일관성을 이룬다.

예수의 말씀은 보통 독신에 대해 직접적으로 말하는 방식을 통해 이러한 부적합성으로부터 정화된다. 독신을 권장하는 것은 헬레니즘 세계에서, 심지어 유대교에서도 결코 가능한 것이 아니다.[14] 만일 독신이 중심 논점이라면 예수의 담화들은 재혼이 아니라 가족을 저버리는 일에 연관되는 편이 더 자연스러울 것이다(예를 들어, 마태복음 10:37 또는 10장과 11

---

12) 이에 대한 논의는 『역사로부터 숨겨진: 과거의 게이와 레즈비언 교정 *Hidden from History: Reclaiming the Gay and Lesbian Past*』〔마틴 듀버만(Martin Duberman), 마사 비시너스(Martha Vicinus) 그리고 조지 천시(Jr. George Chauncy) 편집〕(New York: Meridian, 1989), 17-36쪽에 실린 "혁명들, 보편들, 그리고 성적인 범주들"(Revolutions, Universals, and Sexual Categories)에서 찾을 것.

13) 로버트 C. 태네힐(Robert C. Tannehill)의 『그의 입의 칼 *The Sword of His Mouth*』(Philadelphia: Fortress Press, 1975).

14) 피터 브라운(Peter Brown)의 『육체와 사회: 초기 기독교의 남자들, 여자들, 그리고 성애적 거부 *The Body and Society: Men, Women, and Sexual Renunciation in Early Christianity*』(New York: Columbia University Press, 1988).

장에서 논의된 텍스트들을 볼 것). 실제로 L. 윌리엄 컨트리먼L. William Countryman은 이 말씀의 의미를 추론하여 "예수는 그때, 그의 이혼에 대한 금지가 가족을 효과적으로 해체시키고 모든 남자들을 거세된 자들로 만들게 된다는 것을 인정했는데, 이것은 그러한 금지가 가부장적 가족 구조에서 남자들의 지위를 유지하는 데 필수적인 권위를 박탈할 것이기 때문이었다"라고 말한다.[15] 컨트리먼의 관점에서 보자면 이 담화는 예수의 제자들이라는 특별한 부류를 언급한 것이 아니라, 모든 사람이 가부장적 가족 구조에서 그들의 역할을 포기한다는 의미로 말한 것이다.

마태복음의 이 말씀은 가족 구조를 거부했던 예수의 제자들과 헬레니즘 세계에서 낙인찍히거나 주변화된 무리들을 단적으로 연관시키는 것이다. 즉, 동성애자들, 양성 구유자들, 동-성애적인 남창들, 또는 키벨레 여신에게 헌신하며 그들의 왕성한 성적인 욕구로 악명이 높았던 갈리 무리들에 대해서만 독점적으로 말이다.

여러 세기가 지나는 동안 주변적이거나 경계적인 지위는 부차적이고 창피한 것으로 확인되기보다는 오히려 영적인 우월성의 상징이 되었고, 결과적으로 문외한에 대한 영적인 지배권을 행사할 수 있는 지위로 나아가는 통행증이 되었을 것이다.

그러나 이러한 전개는 몇 세기가 지나서야 드러나 비로소 결실을 맺게 될 것이었고, 그래서 이런 관점을 1세기 초의 팔레스타인이나 또는 1세기 후반의 마태복음 독자의 배경에 비추어 독해해서는 안 된다.

예수의 말씀은 그의 제자들을 흔히 놀림감이 되었던 성적인 소수자들

---

15) L. 윌리엄 컨트리먼(L. William Countryman)의 『먼지, 탐욕, 그리고 성애*Dirt, Greed, and Sex*』(Philadephia : Fortress Press, 1988), 176쪽.

과 연관 짓게 했다. 가장 주변적인 자들과의 이러한 연대는 예수 전승의 진정한 특징이며, 이러한 연대의 폐기는 그들이 "주님, 주님" 하며 부르짖는 이에 대한 교회의 배신을 확인할 수 있는 척도가 된다(마태복음 7:21).

사도행전

결혼과 가족 제도에 대해 마태보다 훨씬 더 노골적인 반대를 보이는 누가는 우리가 마태복음에서 찾은 거세된 자들과 관련된 담화를 기록으로 남기지 않았다. 이러한 사실은 백부장의 소년 애인에 대한 우리의 논의로부터 누가복음에 대해 예상할 수 있는 것과 일관적이다. 즉, 기독교인들에 대한 어떤 이유 없는 주변화가 나타나지 않는다는 점에 대해서 말이다. 그 대신 누가는 사도행전에서, 누가복음의 백부장과 같이, 유대적인 관점에서 볼 때, 가능한 한 최대의 존경을 받을 만한 인물이었던 한 환관에 대해 이야기하고 있다.

사도행전이 대체로 베드로와 바울의 활동에 대해 다루고 있기는 하지만, 예루살렘 바깥에서 수행된 최초의 활동은 빌립에게로 돌려진다(8:4-13). 최초로 개인적인 개종을 거친 인물인 빌립이 처음에는 한 '천사'에게, 그리고 이후에는 '성령'에 이끌려 한 에티오피아인 환관을 만나게 되는(8:26-39) 이 에피소드는 어떤 의미에서 보자면 베드로를 통한 로마 백부장의 개종을 선취하고 있으며, 아울러 이와 병행하는 이야기로 우리에게 전해진다(10:1-11:18). 에티오피아 출신의 관리와 '이탈리아 출신의' 관리에 대한 이 두 개종의 에피소드들은 '땅끝까지 이르는' 복음의 확장을 예기한다(각각 아프리카에서 유럽까지의 확장).

이 두 관리들은 오직 누가의 서사에서만 등장하는 신을 경외하는 자—유대교에 대한 강한 이끌림을 느낀 이방인들—로 제시된다. 에티오피아인 환관의 경우에 "그는 경배를 위해 예루살렘에 왔고 … (그리고) 이사야 선지자의 예언을 읽고 있었다"고 전해진다. 이 환관은 그가 읽고 있었던 것으로 인해 당황하는 모습을 보이는데, 이것은 그가 유대인이 아니라는 묘사에 대한 추가 지시라 할 수 있다. 그가 예루살렘에 '경배하기 위해'(*proskunason*) 왔다는 것은 필연적으로 정상적인 성전 참배를 의미한다기보다는 경의를 표하는 차원에서 취해진 행위로 볼 수 있다(사도행전 10장 25절의 베드로에 대한 백부장의 행동 역시 동일한 측면에서 설명된다).

누가복음에서 본 것과 같이, 백부장과의 만남에 관한 선행적인 에피소드가 있었다(7:1-10). 주지한 바와 같이 이 에피소드에 대한 누가복음 형태는 백부장과 그의 '소중한 종'(또는 '소중한 젊은이')의 관계가 지니는 소년애적 성격에 대해 완전하지는 않지만 부분적으로 은폐하는 연막을 치고 있다. 이어서 사도행전에 나타나는 백부장의 이야기에는 어떠한 종류의 소년애적 관계 또는 성적인 주변성에 대한 암시도 없다. 그러나 그 에티오피아인 개종자—사도행전에서 베드로에 의해 개종된 백부장을 예기하는—는, 다른 의미에서 성적으로 주변적인 인물이다. 그러나 우리가 누가로부터 기대했던 그대로, 그 무엇도 공공연하게 드러나는 창피스러운 것은 없다.

이 환관이 읽고 있던 이사야서는 특별히 신의 통치 안으로 환관(거세된 자)을 포함시킨 바로 그 예언자의 책이다. 더욱이 이 환관이 곰곰이 생각하고 있었던 그 문구는 거세된 자로서의 그의 처지에 잘 연결될 수 있었던 구절이었다.

그의 굴욕 가운데 정의가 그에게 부인되었으니
누가 그 세대를 이야기하랴?

(여기에서 에티오피아의 궁정 장관이 읽고 있었던 것은 70인역의 이사야서 53:7-89 ^{역자})

"에티오피아 여왕 간다게Candace의 궁정 내시이며, 그 여왕의 모든 재정을 관리하는 사람"(8:27)으로서 그는 상당한 직책을 맡은 사람이었다. 그러나 엄밀하게 말해서 그 또한 생식적 불능으로 인해 그런 직책을 맡게 되었고, 따라서 우선 노예가 된 연후에 거세되어 변덕스러운 주인들을 섬기게 된 사람들에게 너무나 흔하게 주어지는 몫이었던 그런 굴욕을 경험했을 것이다.

평생에 걸친 굴욕과 주변화(이에 대해 궁정 재정 담당관으로서의 그의 지위도 전적으로 보상하지 못했을) 가운데 이 환관은 자신이 존경받는 자들과 권세자들에 의해 굴욕을 당하고 주변화되었던 인물인 예수에 대한 '좋은 소식'을 받아들일 만한 처지에 있었다. 그런 인식을 통해 이 아프리카인 환관은 예수와 그의 길에 보다 친밀하게 연합할 수 있을 정도로 감동하여 세례를 구하게 된다. 이와 같이 예수와 연합한 이 사람은 빌립과는 다른 길을 가게 되었으나, "즐거워하며 그의 길을 떠나갔다."(8:39)

동성애혐오적인 해석의 결과로 성적인 소수자들은 주변화되고 부끄러움을 당해야 했을 뿐만 아니라, 또한 그런 해석을 통해 '모든 땅'을 향한 복음 전파가 의미를 얻게 됨으로 얻게 될 이 기쁨을 금지당하게 된다.

그렇지만 사도행전에 보존된 이 이야기는 이 에티오피아 환관이 식민주의나 인종 차별 환경에 놓인 아프리카인인지 아닌지, 또는 이성애 중심주의와 동성애혐오의 환경에서 성적으로 주변화되었는지 안 되었는지에 관계없이, 그와 동일시되는 사람들이 인간과 신의 교제의 역사 내에서 그들 자신의 의의를 인식할 수 있도록 하는 결과를 가져왔다.

젠더를 가로질러

우리는 환관(또는 거세된 자)의 지위가 젠더 역할들의 안정화에 대해, 특히 로마 및 헬레니즘 세계의 남성 우월적인 사회에 너무나 중요한 것인 남성적 젠더 역할들의 안정화에 대해 위협이 된다는 점에 주목했다. 성적인 목적을 위해 사춘기 이전에 거세되었던 소년들에게서는 남성성의 2차적 특징들이 발달하지 않는다. 이러한 관습은 그들의 소년적인 아름다움을 연장하며, 다른 사람들의 즐거움을 위해 그들을 여성화시키는 경향이 있었다. 이와 비슷하게 제의적인 목적에 따라 거세당한 사람 또한 여성화된 것으로 이해될 수 있었는데, 왜냐하면 이러한 남성은 제의적인 '창녀'처럼 정액의 수집을 위한 용기가 될 것이기 때문이었다. 매우 젠더화된 후기 고대 사회에서 거세를 통해 만들어진 트랜스젠더는 이 사회에서 가장 당혹스러운 측면들 중 하나였다. 그러므로 예수와 그의 제자들에 관련된 전승들에서 환관들(거세된 자들)에 대한 긍정적인 언급은 이러한 문화에 속한 세계의 젠더적 기대들의 붕괴를 암시한다.

하지만 거세된 자들에 대한 이 긍정적인 언급들은 예수 및 그의 제자들에 관한 전승들을 통해 젠더 역할들이 불안정화되는 유일한 측면이 아니었다. 실제로 몇 가지 측면에서 예수 전승은 유대 및 로마 제국의 헬레니즘 세계의 젠더 정체성들에 대한 공격이 된다.

젠더 역할들을 불안정하게 만들고 실질적으로 전복하는 한 가지 방법은 상당 부분 여성학적 성서 해석학의 주제였다. 현재 학자들은 일반적으로 예수 전승들이 1세기 유대 및 로마 사회에서 진행되었던 관습적인 여성 역할에 대한 기대에서 해방되는 것에 대한 증거를 적어도 부분적으로 보여준다는 점을 인정하고 있다. 분명히 예수의 방랑적인 여행길에 남자들뿐만이 아니라 여자들도 따라나섰다는 지시(누가복음 8:1-3), 그들이 익숙한 가정생활의 반복적인 일상을 뒤로하고 떠나도록 고무된다는 지시(누가복음 10:38-42), 한 여자가 십자가의 길에 대한 그녀의 인정에 있어 모범으로 지목되었다는 지시(마가복음 14:3-9), 예수의 처형과 죽음 그리고 장례의 장면에서 언제나 여자들이 선택되었다는 지시, 그리고 그들이 예수의 부활에 대한 일차적 증인들이며 소식을 전하는 자들이었다는 지시는 1세기의 젠더적 역할 기대와의 근본적인 단절을 의미한다.

이 연구의 Ⅲ부에서 우리는 젠더적 역할들을 허무는 또 다른 자료들을 검토할 기회를 가지게 된다. 즉, 예수 전승들이 젠더 역할들의 봉사에 의해 지탱되던 결혼과 가정이라는 제도들을 붕괴시킨다는 것을 뒷받침하는 자료들에 대해서 말이다. 젠더 범주들을 전복하는 예수 전승의 세 번째 일반적인 차원은 고대 사회 및 근대 문화에서 드러나는 과잉적 남성성과 너무나 흔하게 연관되는 폭력과 지배의 길에 대한 거부다. "다른 뺨을 돌려대라"(마태복음 5:39)라는 말씀처럼 자신의 명예를 위협하는 폭력에 대한 비폭력적 대응에 관련된 마태복음의 충고는 마가복음과 마태복음에 공통적인 예수의 가르침에서 가장 명료하게 표현된 바 있는 남성 중심적 지배 추구에 대한 거부라는 측면에서 훨씬 더 급진화되고 있다.

너희가 아는 대로, 민족들을 다스린다고 자처하는 자들은, 그들 위에 군림하고, 고관들은 그들 위에 있는 폭압자들이다. 그러나 너희끼리는 그렇게 해서는 안 된다. 너희 가운데서 누구든지, 위대하게 되고자 하는 사람은 너희를 섬기는 사람이 되어야 하고, 너희 가운데서 누구든지, 으뜸이 되고자 하는 사람은 모든 사람의 종이 되어야 한다. (마가복음 10:42-44; 마태복음 20:25-27)

초기 예수 운동의 특징들은 명백히 상대적으로 완고한 젠더 범주들과 이에 대한 1세기 사회—유대나 로마를 막론하고—의 기대들을 무너뜨리는 방향으로 움직인다. 다른 텍스트들은 이러한 젠더 역할들에 대해 한층 더 직접적이거나 또는 예리한 공격을 나타낸다. 그 이후 우리는 두 개의 에피소드들을 보게 되는데, 하나는 마가복음(과 누가복음)으로부터 나온 것이고, 다른 하나는 요한복음에서 나온 것이다. 이들 두 에피소드들은 이러한 특징들의 일부를 극적으로 드러내며 예수 전승에서 동-성애적 행위에 대한 위험한 기억을 가장 강하게 암시하는 서사 문서들로 되돌아가게 된다. 이 검토로 예수 전승에 대한 우리의 논의는 완전한 순환에 이르게 된다.

도마의 복음서

우리는 먼저 이미 이전부터 그 존재가 알려져 있었으나 실제로는 1945년에야 이집트의 나그 함마디Nag Hammadi에서 발견된 두루마리 자료들의 일부로 발견되었던 도마복음으로 관심의 방향을 돌리게 된다. 이 문서는 예수의 담화들로 이루어져 있으며 디두모라 하는 유다 도마Didymos Judas Thomas 또는 (예수의?) 쌍둥이 유다의 저작으로 추측되는데, 이 사람은 요한복음으로부터 도마 또는 디두모로 알려지는 인물이다(두 이름 모두 쌍둥이를 의미한다). 이어지는 문서들 중에서도 특히 『도마행전*Acts of Thomas*』은 초기 기독교 전승에서 에디오피아와 인도에 복음을 전했다는 공로가 돌려지는 이 인물이 기록했거나 또는 그와 관련이 있다.

이 문서의 가치에 대한 현재의 평가는 스티븐 데이비스Stevan Davies에 의해 상당히 잘 표현되었는데, 그는 다음과 같이 쓰고 있다.

미국의 학계에서는 도마복음이 공관복음과는 독립적으로 기록된 문서이며 1세기 중후반 무렵에 편집되었다는 것에 대한 합의가 새롭게 떠오르고 있다. 이 문서는 대체로 Q문서와 동등한 정도의 가치를 지니는 예수의 가르침들에 대한 1차적인 원천 자료이며, 아마도 마가복음이나 요한복음 이상의 가치를 가질 것으로 추정된다. 오늘날 역사적 연구에 진지하게 관심을 가지는 많은 학자들이 예수의 담화들에 대한 가장 기원적인 형태들의 확정을 통해, 또는 예수의 비유들에 대한 검토를 통해, 공관복음들을 참조하는 것만큼이나 서슴없이 도마복음을 참조하고 있다.[16]

이러한 견해는 부분적으로 헬무트 쾨슬러Hemut Koestler가 정경상의 복음서들에 수록된 담화들에, 즉 예수의 담화들에 병행하는 도마복음에 기록된 많은 담화들에 대해 내놓았던 언급에 의존하며, "도마복음은 거의 언제나 전승적인 담화의 기원적인 형태를 보다 잘 보존했던 것으로 보인다."[17]

따라서 이 문서는 정경도 아니고 그런 이유로 가르침에 대한 근거자료로서는 전통적인 교회에 대해 구속력을 가지지도 않겠지만, 그럼에도 불구하고 최초의 예수 전승의 양상들을 규명하거나 확장하는 데 있어 가치를 매길 수 없는 도움을 제공한다. 우리는 여기에서 그런 목적으로 도마복음을 사용하게 되는 것이다.

---

16) 스티븐 데이비스(Stevan Davies)의 "복음서의 기독론과 기원론"(The Christology and Protology of the Gospel), 「성경 문학*Journal of Biliblical Literature*」지 111, 4권 (Winter 1992) : 663-664쪽.

17) 제임스 M. 로빈슨(James M. Robinson)이 편집한 『나그 함마디 문헌집*The Nag Hammadi Library*』(New York : Harper & Row, 1988), 125쪽.

우리가 이 연구에서 집중해 왔던 동성애의 요소들을 위치시키기 위한 하나의 전반적인 배경으로 복음서에 대한 하나의 성애학erotics을 전개한다는 측면에서 도마복음에 대한 면밀한 검토는 상당한 보상을 받게 될 것이다. 그러나 여기에서 우리 스스로의 고찰은 후기 고대 사회의 젠더적 범주들을 명백히 침식하는 담화들에 대해 한정될 것이다.

앞으로 살펴보게 될 첫 번째 담화는 도마복음의 종결부에서 나오는 것이며 이 텍스트의 몇 안 되는 실질적인 대화들 중 하나이다.

시몬 베드로가 그들에게 말했다. "(막달라) 마리아가 우리를 떠나게 하자. 여자들은 생명을 얻을 자격이 없다."
예수께서 말씀하셨다. "내 자신이 그녀를 남자가 되도록 이끌어, 그녀 또한 너희 남자들을 닮은 살아 있는 영이 되도록 할 것이다. 스스로를 남자로 만드는 모든 여자는 하늘의 왕국에 들어갈 것이다."(담화 114) [18]

이 짧은 대화에서 드러나는 베드로의 태도는 나그 함마디 '문서들'에서 나오며 다른 문헌에도 수록되어 있는, 소위 '마리아의 복음서Gospel of Mary'라는 문서에서 베드로가 예수로부터 중요한 가르침들을 받았던 마리아를 야비하게 대하는 태도에 대해 레위로부터 책망을 당하는 장면과 상당히 유사하다.[19]

어떤 의미에서는 이 담화가 도마복음에서 가장 명료하다고 할 수 있는데, 그 이유는 이 담화에 배경이 제공되고 있기 때문이다. 이것은 막달라 마리아가 부활 이후 복음의 선포라는 남자들의 일을 부여받게 된 것과 관

---

18) 『나그 함마디 문헌집』, 138쪽.

련이 있다. 다른 복음서들이 예수의 주위에 있던 여자들의 역할을 최소
화하고 있지만, 여성학적인 해석의 결과 이런 전환이 밝혀지게 되었다.
그렇다면 이 담화는 많은 학자들이 예수의 태도로 상정하는 것에 부합
한다.

　이런 연관 내에 마리아가 남성화될 것이고 여자들이 일반적으로 남성
이 될 것이라고 말하는 것은 처음에는 사회 내에서의 남성의 지위에 높은
가치를 매기는 듯이 보인다. 그러나 우리는 예수가 모든 형태의 가부장
적 위계 질서에 대해 비판적이었다는 것을 알고 있다. 따라서 이 텍스트
가 의미하는 것은 마리아는 제자가 될 자유를 얻고 여성의 일에 얽매이지
않는다는 의미에서 남성이 된다는 것이다. 이런 의미에서 이 담화는 예
수 전승의 다른 양상들과 전적으로 궤를 같이하고 있으며, 누가복음
10:38-42에 기록된, 베다니의 마리아와 마르다를 예수가 만났던 이야기
가 이에 대한 예로 제시될 수 있다. 그러나 추가적인 정황들은 그들 스스
로의 특권을 지키고자 하는 남성들의 상실감을 드러내고 있다. 왜냐하면
이 담화는 지금 부활 이후에 막달라 마리아가 사도의 직위를 받게 된 것
을 말하고 있기 때문이다.

　물론, 레즈비언들이 예수가 여기에서 권하는 것을 행한다는 것—즉,
그들이 스스로 남자가 되어 젠더 불일치gender nonconforming에 관여한다는
것—은 정확히 레즈비언들에 대한 해묵은 공격의 지점이다. 결과적으로,
우리가 여성적 동성애에 대한 숨겨진 역사를 찾을 때, 정확하게 이런 류

---

19)　'마리아의 복음서'에 대해서는 로버트 J. 밀러(Robert J. Miller)가 편집한 『복음서
　　전집 *The Complete Gospels*』(Sonoma, Calif.: Polebrebridge Press, 1992), 351-
　　360쪽 또는 『나그 함마디 문헌집』, 523-527쪽을 볼 것. 이 텍스트는 마리아의 복음
　　서 10:1-10.

의 젠더 불일치의 증거를 찾는 것이다. 또한 우리는 기독교 유럽에서 이런 활동이 극단적인 방식으로 처벌될 수 있었다는 것을 상기한다.[20]

어떤 경우에도 예수가 자신을 따르기를 원했던 모든 여자들에게 권하는 듯이 보이는, 스스로 남성적 태도를 취하는 행위는, 그때나 지금이나 적어도 가부장제에는 너무나 중요한 젠더 역할에 대한 명백한 전복이었다. 그러나 예수는 이런 역할들을 전복하는 한 가지 방식으로는 만족하지 않는다. 마리아와 관련된 (그리고 확장을 통해 모든 다른 여성 제자들에게 관련되는) 이 담화는 이 텍스트 훨씬 앞에 나오는 예수의 다른 담화를 통해 더욱 급진적인 맥락에 놓이게 된다.

너희가 둘을 하나로 만들 때 … 그리고 남자를 여자로, 하나이며 같은 것으로 만들 때, 그래서 남자가 남자가 아니고 여자 또한 여자가 아니게 될 때 … 그때 너희는 (왕국에) 들어가게 될 것이다. (담화 22) [21]

여기에서 예수는 남성과 여성 모두에게 젠더 역할의 전복을 권고한다. 이러한 전복은 신명기로부터 나오는 이에 관련된 말씀에서 표현되는 것과 같은 젠더 역할들에 대해 "여자는 남자의 옷을 입지 말고, 남자는 여자의 옷을 입지 말아라. 주 너희의 하나님은 이렇게 하는 사람을 싫어하신다"(22:5)는 말씀과 같은 규범적인 유대교의 시각에 직접적으로 반하는 것이다.

---

20) 『역사로부터 숨겨진 *Hidden from History*』, 67-75쪽에 실린 주디스 C. 브라운 (Judith C. Brown)의 "중세 및 초기 근대 유럽의 레즈비언적 성애 지향성"(Lesbian Sexuality in Medieval and Early Modern Europe)을 참조.
21) 『나그 함마디 문헌집』으로부터의 번역.

같은 율법이 하나님 앞에서 거행되는 이스라엘의 성회에서 거세된 자들을 배제하며(23:1), '부정한 연합에서' 난 자들(23:2)과 남자 및 여자 신전 매춘부들을(23:11) 낙인찍는다. 그러므로 거세된 자들을 배제하는 이와 동일한 전승이 또한 젠더 역할 불일치를 배제한다는 것이다.[22]

결코 로마 제국의 헬레니즘 세계에 사는 이방인들이라고 해서 젠더 역할 불일치에 대한 당혹스러움이 덜한 것이 아니었다. 그러므로 예수의 태도는 이방인들의 입장에 반대될 뿐 아니라 새롭게 떠오르는 유대교의 가부장제적 이데올로기들에 대해서도 반대 입장에 서는 것이다.

마가복음과 누가복음: 물동이들

예수와 관련된 서사들에서 젠더 역할의 전복이 어떤 방식으로 삽입되

---

22) 우리가 거세된 자들에 대한 신명기의 태도가 이스라엘 민족에게 중요한 전승들에 의해 취해진 태도의 전부가 아니라는 것을 발견했던 것과 같이, 그렇게 또한 우리는 유대 전통의 모든 지류들이 젠더 역할의 불일치에 대해 부정적이었다고 가정해서는 안 된다.

사무엘상에서 나오는 다윗의 이야기에서 우리는 다소나마 다른 태도를 발견하게 된다. 거기에서 다윗은 아브넬을 죽인 것에 대해 요압을 저주한다. "오직 그 죄는 요압의 머리와 그 아버지의 온 집안으로 돌아갈 것이다. 앞으로 요압의 집안에서는, 고름을 흘리는 병자와, 나병환자와, 물레가락을 잡는 자와(새번역에는 '지팡이를 짚고 다니는 다리 저는 사람과'로 되어 있음 역자), 칼을 맞아 죽는 자들과, 굶어 죽는 사람이 끊어지지 않을 것이다."(사무엘하 3:29) 이 저주의 목록에는 한 가문에서 발생할 수 있는 불행들이 총망라되어 있으며 이들 중에는 젠더 역할에 관한 것도 들어 있다. 그리고 이것은 여성의 사회적 젠더 역할을 받아들이는 남자를 의미하는 듯이 보인다. 이런저런 방식으로 트랜스젠더적 인물이 되는 것에 대해 드물거나 또는 비난할 만한 어떤 것이라 여기지 않고, 단지 삶에서 흔히 발생하는 불행들 전부 중 하나라고 볼 뿐인 것이다. 전사(warrior)에게 있어 이런 방식으로 자신의 아들들 중 하나를 잃게 되는 것은 칼에 의해 또는 병에 의해 한 아들이 쓰러지는 것과 같이 집안을 약화시키는 것으로 여겨진다.

어 있는지에 대해 살펴보기 위해 우리는 먼저 마가복음에 실린 한 흥미로운 에피소드에 주목할 것이다. 예수는 제자들과 함께하는 그의 사역의 마지막 저녁에 있었던 유월절 의식을 준비하기 위해 제자 두 사람을 보내면서 그들에게 "물동이를 지고 가는 한 남자를 만나게 될 것인데, 그를 따라가라"(마가복음 14:13; 누가복음 22:10 참조)고 말한다. 이런 방식으로 이 두 이름 없는 사도들 또는 제자들은 그들의 무리가 예수를 죽이기 위해 모의하는 지도자들의 도시 한가운데에서 안전하게 모이기에 적합한 장소를 발견하게 되었다.

우리의 관심을 끄는 한 가지 세부적인 내용은 물동이를 지고 가는 그 남자에 대한 것이다. 모튼 스미스는 "물을 옮기는 것은 여자들의 일이었고, 그러므로 이 말은 '립스틱'을 칠하고 다니는 남자를 찾아라'라는 말과 같은 것이었다"고 말하고 있다."[23] 만일 스미스의 의견이 정확하다면, 그리고 그것이 상당히 타당한 것으로 드러난다면,[24] 우리는 이 당황스러운 이미지의 의미를 어떻게 이해해야만 하는 것인가?

우리는 이 에피소드가 더욱이 마태복음에 의해 반복되지 않는(누가복음에서는 반복되고 있음에도) 마가복음 서사의 다른 요소들 중 하나라는 점에 주목한다. 이 마가복음의 이야기가 마태복음 편집에서 사라진 것에는 우리가 앞에서 살펴보았던 '부유한 젊은 관원'과 관련된 이야기에 나오는 '사랑의 시선' 그리고 겟세마네 동산에 있던 벌거벗은 젊은이와 같

---

23) 모튼 스미스(Morton Smith)의 『비밀의 복음서: 비밀의 마가복음의 발견과 해석*The Secret Gospel: The Discovery and Interpretation of Secret Gospel According To Mark*』(New York: Harper & Row, 1973), 80쪽.

24) RSV에 대한 옥스포드 주석판(Oxford Annotated edition)에서 누가복음 20:10에 대해 확인하는 주석을 볼 것.

은 여타의 서사적 에피소드들과 유사한 점이 있다.

그 중요성을 명확하게 하기 위해, 이 이야기가 예수가 예루살렘의 성안으로 타고 들어가기 위한 나귀를 얻는 일과 관련하여 마가복음 11장 1절 이하에서 예수가 제자에게 내리는 지시에 대해 이항적인 유사쌍을 이루고 있다는 점을 상기하도록 하자. 두 경우 모두 두 익명의 제자들이(누가복음에서는 베드로와 요한이) 수수께끼와 같은 임무를 띠고 간다. 그들에게는 마치 비밀스러운 임무에 대한 지시처럼 들리는, 찾아야 할 표지들과 말해야 할 암호와 같은 것들이 주어진다. 두 경우 모두 제자들은 지시받은 그대로 행했고 예수가 말해 주었던 그대로 일이 진행된다. 일차적인 수준에서, 예수가 내리고 제자들이 그대로 따랐던 이 기묘한 지시에 관한 이야기들은 독자들에게 그가 스스로 무엇을 하고 있는지 알고 있었다는, 즉 예수의 지시들이 이상하게 보이더라도, 그를 신뢰할 수 있다는 안도감을 전달한다. 이 서사 전체에서 이러한 안도감은 권력의 중심으로 치고 들어가는 예수의 전략을 신뢰할 수 있음을 분명히 나타내고 있는 것처럼 보인다. 심지어 그의 방법이 그 자신의 처형 또는 제자들에 대한 박해로 귀결될지라도 말이다.

마가복음 서사의 유사쌍들은 흔히 예수의 선교사역에 대한 이방 및 유대적 배경을 보여주는 역할을 하는 경향을 보인다. 그래서 마가복음에서 군중을 먹였던 두 기사는 한 번은 유대인 지역에서(6:30-44) 그리고 한 번은 이방인 지역에서(8:14-21) 번갈아 가며 이러한 배경을 나타내고 있는 것이다. 이 경우에 있어 유대 및 이방적 요소들이 서로 완전하게 분리되지 않으며, 오히려 초기 공동체의 이중 문화적인 현실이 강조된다.

나귀를 얻는 사례에서 준비되고 있는 극적인 사건은 예수의 추종자들이 그를 다윗의 후손으로 환호할 때 왕과 같이 나귀를 타고 예루살렘으로

입성하는 장면이다. 그리고 방을 얻게 되는 사례에서 관건이 되는 것은 박해와 죽음의 위협하에서 유월절의 구원을 예견할 수밖에 없는 유대인 들에게 고유한 여건들하에 있던 노예들이 바로(파라오)의 이집트로부터 해방되었던 일을 기념하기 위해 적대적인 지역 한가운데 있는 공간을 얻 으려 한다는 것이다. 첫 번째, 제자들이 끌고왔던 그 나귀는 다른 자(예 수)에게, 다시 말해 유다의 나귀를 얻게 된 자에게 유다의 지배권이 넘어 간다는 것을 표상할 것이다(창세기 49:10-12). 물동이를 옮기는 남자의 경우, 어쩌면 확연하게 젠더에 대한 이교적인 전복이 될 수도 있으며 (어 떤 특정한 감수성의 관점에서 보자면), 그리고 이때 이것은 살과 피에 의한 상징이 수반되는 예수와 그의 제자들의 확연히 비정통적인 식사를 통해 종교적으로 존중받는 유월절 의식의 전복을 예기하거나 반향하고 있을지 도 모른다는 것이다.

어떤 경우에도 여기에서 젠더적 관습들을 비웃고 있는 그 사람(물동이 를 지고 가는 그 남자에 대해 말하는 것임 역자)은 이 공동체 자체의 전복적인 실천에 융합되어 있다. 그는 존경받는 사람들의 종교적이고 이데올로기 적인 관습을 스스로 위반하고 있는 자들을 피난처로 안내하는 역할을 자 처한다.

물동이를 옮기는 남자의 사례에서 젠더 역할들의 전복은 마가복음에서 그리고 특히 누가복음에서, 여자들에게 우선적인 지위를 부여하고, 가족 적 가치들을 폐기하며, 남성 중심적인 지배 체제를 거부하는 다른 서사 들에서도 드러나는 것과 같은 전복적 경향과 일치한다.

잠깐 동안 등장하는 젠더가 전환된 이 인물은 이 공동체가 따르는 길의 상징으로 기능한다. 기독교가 그 자체를 사회적으로 존경받을 만한 것으 로 만들게 되면서, 이 물동이를 지고 가던 남자와 같이 이성애 중심적인 사회 질서의 젠더 역할을 전복하는 모든 인물들에 대해 등을 돌리게 된 것은 복음서의 증거에 비추어 모순적인 결과이며, 그저 간과하고 지나갈 만한 소소한 일이 아니다.

요한복음: 발을 씻김

마가복음(그리고 누가복음)에서 제시되는 물동이를 지고 가는 남자에 대한 간략한 이야기는 사랑의 시선의 에피소드나 또는 겟세마네 동산의 벌거벗은 젊은이의 에피소드와 비슷한 형태로 제시된다. 즉, 마치 마가복음 저자가 이 예수와 관련된 위험한 기억의 구성 요소들에 대해서 인지하지 못하는 사람들에게는 아무런 경고도 하지 않으면서, 알고 있는 독자들에게는 은밀한 윙크를 보내고 있는 것처럼 빠르게 흘러가 버리거나 간과되기 쉽다는 말이다.

그러나 요한복음은 예수와 이름 없는 한 추종자 간의 성애적 관계에 대한 보다 개방적인 묘사를 제시한다. 어쨌든 제4복음서에서 나타나는 이런 동–성애적 측면에 대한 상당한 수준의 개방성은 눈앞에 있는 것을 보기를 거부하는 전통에 의해 은폐된다(그로덱).

예수의 젠더 역할 기대에 대한 경멸 역시 동일한 취급을 받게 된다. 요한복음에서 제시되는 이러한 젠더 역할들의 전복이 다른 복음서들에서는 예수와 제자들의 ‘최후의 만찬’에 관한 장면에서 교체되어 나타나고 있는 극적인 에피소드를 통해 발생하게 된다. 바로 예수가 제자들의 발을 씻겨 주는 장면에서 말이다.

유월절 전에, 예수께서는 이 세상을 떠나 아버지께로 가야 할 때가 된 것을 아시고, 세상에 있는 자기의 사람들을 사랑하시되, 끝까지 사랑하셨다. 저녁을 먹을 때에, 악마가 이미 시몬의 아들인 가룟 사람 유다의 마음속에 예수를 팔아 넘길 생각을 집어 넣었다. 예수께서는 아버지께서 모든 것을 자기 손에 맡기신 것과 자기가 하나님께로부터 왔다가 하나님께로 돌아간다는 것을 아시고, 잡수시던 자리에서 일어나서 그의 옷[25]을 벗고, 수건을 가져다가 허리에 두르셨다. 그리고 대야에 물을 담아다가, 제자들의 발을 씻으시고, 그 두른 수건으로 닦아 주기 시작하셨다. 시몬 베드로에게 이르셨을 때에, 베드로가 예수께 "주님, 주님께서 제 발을 씻기시렵니까?" 하고 말하였다. 예수께서 그에게 대답하셨다. "내가 하는 일을 지금은 네가 알지 못하나, 나중에는 알게 될 것이다." 베드로가 다시 예수께 말하였다. "아닙니다. 제 발은 절대로 씻지 못하십니다." 예수께서 대답하셨다. "내가 너를 씻겨 주지 않으면, 너는 나와 상관이 없다." 그러자 시몬 베드로는 "주님, 내 발뿐만 아니라, 손과 머리까지도 씻어 주십시오" 하고 말하였다. 예수께서 그에게 대답하셨다. "이미 목욕한 사람은 온 몸이 깨끗하니,[26] 씻을 필요가 없다. 너희는 깨끗하다. 그러나 다 그런 것은 아니다." 예수께서는 자기를 팔아 넘길 사람을 알고 계셨다. 그러므로 '너희가 다 깨끗한 것은 아니다' 하고 말씀하신 것이다.

예수께서 제자들의 발을 씻어 주신 뒤에, 옷을 입고 식탁에 다시 앉으셔서, 그들에게 말씀하셨다. "내가 너희에게 한 일을 알겠느냐? 너희가 나를 선생님 또는 주님이라고 부르는데, 그것은 옳은 말이다. 내가 사실로 그러하다. 주이며 선생인 내가 너희의 발을 씻어 주었으니, 너희도 서로 남의 발을 씻어 주어야 한다. 내가 너희에게 한 것과 같이 너희도 이렇게 하라고, 내가 본을 보여준 것이다." (요한복음 13:1-15)

---

25) NRSV는 온건하게, 그래서 부정확하게, 이 말을 '겉옷' 이라고 번역한다.

26) 일부 사본에는 '발밖에는' 이라는 문구가 삽입되어 있다. (새번역은 '발밖에는' 이라는 문구를 넣고 있음 역자)

이 텍스트에서 일어나는 젠더적 전복에 대해 관심을 돌리기 전에, 우리는 일반적인 특징들에 대해 확실히 알고 있는지에 대해 상기해야만 한다.

첫째, 이 텍스트는 예수와 그의 제자들의 저녁식사를 먼저 서술하고 있는 반면, 공관복음에서는 그 저녁식사에 부여하는 의미가 발을 씻기는 행위로 대체된다. 다른 복음서들에서 이 만찬은 제자들에 의해 반복되어야만 하며, 따라서 성찬식이라는 기독교 전례의 특징적인 의식의 기초가 되는 활동이라 할 수 있다. 그러나 요한복음은 이 만찬을 영속시키라는 어떠한 지시도 포함하지 않고 있다. 오히려 서로의 발을 씻어 주는 행위가 제자들에게 특별한 의무로 부과된다.

또한 우리는 이 발을 씻기는 장면이 예수가 사랑했던 그 제자의 등장 바로 앞에 위치하고 있음에 주목한다(13:23 이하). 이 두 요소들을 연결시켜 유다의 배신을 예견하게 되는데(13:2, 11, 18-19, 21, 27), 이것은 예수가 사랑했던 그 제자의 등장을 위한 계기가 된다. 17장의 끝부분까지 연장되어 나타나는 이 부분 전체에 대한 전반적인 주제는 제자들에 대한 예수의 사랑일 것인데, 이 사랑은 제자들의 발을 씻김을 통해 극적으로 구현되고, 제자들 중 단 한 사람에 대한 예수의 특별한 사랑으로 균형을 잡게 된다.

이제 우리는 이와 같이 정확하게 중요한 의미를 담고 있는 맥락 내에서 예수가 그의 제자들의 발을 씻겨 주는 장면을 보게 된다. 그러나 어쩌면 이 장면에 대해서 가장 놀라운 것은 일반적으로 가장 중요한 특징이 되는 부분을 간과해 왔다는 것이다. 예수의 행위가 가지는 급진성에 대해 주목할 때, 일반적으로 여기에서 예수가 노예와 같이 행동하고 있다는 의미에서 자기를 낮추고 있음을 알게된다. 하지만 이러한 가정에 대한 어떠한 텍스트에 기반한 근거도 없다. 이런 논점을 살펴보기 위해서라면,

한 사람이 다른 사람의 발을 씻어 준다는 이야기가 있는 텍스트들을 고려해 보면 된다. 성서상의 문헌 어느 곳에서도 다른 사람의 발을 씻어 주는 사람으로 나타나고 있는 것은 여성이다.

1. 첫 번째 예는 다윗에 관한 이야기에서 나온다. 실질적으로 사무엘상 25장의 전체는 나발의 아내 아비가일에 대한 다윗의 유혹과 연관된다. 이 이야기는 나발의 죽음 직후 다윗이 그의 수하들을 보내 아비가일에게 청혼하는 장면에서 절정에 이른다. 그녀의 반응은 다음과 같다. "아비가일이 일어나, 얼굴이 땅에 닿도록 절을 한 다음에 말하였다. '당신의 종은 내 주인의 종들의 발을 씻기는 여종입니다(새번역: 이 몸은 기꺼이 그분의 종이 되어, 그를 섬기는 종들의 발을 씻겠습니다).'"(사무엘상 25:41) 70인역(구약성서에 대한 그리스어 번역판)에서, 발*podas*과 관련된 모든 씻기는 동작에 사용되는 동사 *niptein*는 본인이 그 또는 그녀 자신의 발을 씻는다는 것을 지시한다(창세기 18:4; 19:2; 24:32; 43:24; 사사기 19:21; 사무엘하 11:8; 아가서 5:3). 환대의 행위는 이러한 목적을 위해 물을 제공하는 것으로 이루어진다.

2. 두 번째 예는 누가복음 7장에 나오는 여자의 이야기에 대한 것이다. "예수의 등 뒤로 발 곁에 서더니, 울면서, 눈물로 그의 발을 적시기 시작하였다. 그리고 머리카락으로 닦고, 그 발에 입을 맞추고, 향유를 발랐다."(7:38)

3. 세 번째 예는 다른 복음서에 나오는 이야기에 대한 요한복음 서술 형태에서 나온다(마가복음 14:3-9; 마태복음 26:6-13). 요한복음에서는 이 이야기가 나사로의 여동생과 관련된다. "마리아가 매우 값진 순 나드 향유 한 근을 가져다가 예수의 발에 붓고, 자기 머리털로 그 발을 닦았

다.”(요한복음 12:3)

4. 마지막으로 디모데전서에서 우리는 한 공인된 과부에 대한 서술과 마주치게 된다. “그녀는 착한 행실을 인정받는 사람이라야 하는데, 자녀를 잘 기르며, 나그네를 후대하며, 성도들의 발을 씻어 주며, 어려움을 당한 사람을 도와 주며, 모든 선한 일에 몸을 바친 사람이라야 합니다.”(디모데전서 5:10) 요한복음에서 서로의 발을 씻어 주라는 남자들에 대한 명령에도 불구하고, 디모데전서는 여자들이 성도들의 발을 씻어 주는 사람이 되는 구태의연한 행동양식으로 돌아간다.

발을 씻는 행위자가 자신의 발을 직접 씻는 것이 아닌 모든 경우에 있어 (앞에서 제시된 경우) 발을 씻는 행위를 하게 되는 행위자는 여성이다. 다른 사람들의 발을 남자가 씻어 주는 유일한 사례가 바로 예수의 사례이며, 그는 제자들의 발을 씻어 주며 서로에게 똑같은 일을 하라고 요구한다.

이제 요한복음의 서사에서 이 문제의 중심에 있는 젠더 역할의 전복에 대해 어떻게 이해해야 할 것인가?

우리는 우선 이 에피소드의 위치가 마가복음과 누가복음에서 나오는 물을 지고 가는 남자에게서 받았던 인상과 상당히 일치함에 주목한다. 그것은 즉, 예수의 제자들의 마지막 모임에 대한 예비적인 사건으로 일어난다는 것이다. 이 세 복음서들 모두에서 남성적 젠더 역할들에 대한 위반은 기독교 공동체에 특유한 식사 의례의 서사에 연결된다.

마가복음과 누가복음에서는 이 식사 자체를 그 기원으로 삼는 믿음의 공동체가 구별적인 의례적 식사를 통해 추모하게 될 사건으로 강조하고 있다. 그러나 요한복음에서 이 식사는 발을 씻기는 행위(그리고 그에 이은 예수가 사랑한 그 제자의 등장)에 의해 완전히 빛이 바랜다. 예수가 (제자

들의) 발을 씻기는 행위, 즉 그가 여자들의 일을 행한 것은 그를 기억함에
있어 그리고 그의 명령에 대한 순종에 있어 모방되어야만 할 것이다. 이
런 방식으로 젠더 범주들을 위반하는 행위를 통해 이 공동체는 그를 선생
으로 그리고 주님으로 인정해야만 한다.

예수가 선생(스승)이며 주님이라는 것은 이 서사에서 그가 어디에서
왔는지 그리고 어디로 갈 것인지에 대해 그가 알고 있다는 언급과 연결된
다. 즉, 그의 세속적인 구조들에 대한 초월은 젠더 범주들의 전복에서 표
명된다. 그래서 예수의 '신적인' 정체성은 가장 비밀스럽게 강제되던 세
속적인 사회 제도, 즉 젠더 역할 기대를 무시함을 통해 표현된다.

젠더 역할의 전복은 보통 그 성격상 신성한 것으로 간주된다. 어쩌면
이에 대한 가장 유명한 예증은 북아메리카 원주민들 중 여러 부족들 중에
존재했던 '버다치berdache'(전형적으로 여성의 일과 복식을 받아들이는 남성
들)라는 관습일 것이다.[27] 이와 유사한 어떤 것이 인도의 '히즈라hijra'[28]
와 이 장의 앞부분에서 다룬 바 있는 갈리에게서 나타난다[29]. 버다치와
같은 형태의 제도들에 대한 논리는 젠더 범주들의 혼합이 이 범주들에 대
한 초월뿐만이 아니라 이 범주들이 지배하는 인간의 사회적인 세계에 대
한 초월을 제시한다는 것으로 보인다.

---

27) 월터 L. 윌리엄스(Walter L. Williams)의 『영과 육: 미국 인디언 문화의 성적인 다
양성 *The Spirit and the Flesh: Sexual Diversity in American Indian Culture*』
(Boston: Beacon Press, 1986).

28) 헤르트의 『제삼의 성, 제삼의 젠더』, 373-417쪽에 실린 세레나 난다(Serena
Nanda)의 "히즈라들: 인도의 대안적 성과 젠더 역할"(Hijras: An Alternative Sex
and Gender Role in India).

29) 다른 예시들은 그린버그의 『동성애의 구성 *The Construction of Homosexuality*』 56-
65쪽에 언급되어 있음.

예수의 행위는 이런 의미에서 볼 때 결코 신의 '아들' 로서의 그 자신에게 제한되고 있는 것이 아니다. 오히려 그의 모범은 모든 제자들을 위해 세워진 것이다. 즉, 그들에게 이러한 젠더적 정체성에 대한 무시를 정확하게 모방하라고 명령하는 것이다. 이런 방식으로, 그들도 또한 바람/성령과 같은 사람들이 된다. 즉, 위로부터 난 사람들이기에 세상이 그들에 관해서는 어디로부터 와서 어디로 가는지 알지 못하는 그런 사람들이 된다는 말이다(요한복음 3:8, 13:3과 비교).

예수의 행위와 그에게 속하기를 구하는 자들에 의한 그의 행위에 대한 모방은 앞에서 우리가 도마복음으로부터 고찰했던 담화를 준수하는 것이 된다. 거기에서 예수는 마리아에게 (그리고 하늘 나라에 들어가고 싶어 하는 다른 여자들에게) '남성' 이 되라고 말했다(도마복음 114번 담화). 그리고 여기 요한복음 서사에서 예수와 그의 (남성) 제자들은 다시 '여성' 이 된다. 이런 방식으로 남자가 아닌 남자에 대한 또는 여자가 아닌 여자에 대한 도마복음의 담화(22번 담화)는 예수의 제자들 모두에 대해 구체적으로 표현된다.

정확하게 너무나도 강렬하게 젠더적 전복으로 점철되는 이런 맥락에서 우리는 예수가 사랑했던 그 제자를 만나게 된다. 우리는 이미 이 관계가 명백히 감정적이고 육체적인 친밀성을 통해 특징지어지는 성애적 관계라는 것을 살펴본바 있다. 그런 동-성애적 관계들은 흔히 남성적 젠더의 특권을 훼손한다는 의심에 의해 비난받게 된다. 이러한 혐의 또는 의심을 벗어나는 한 가지 길은, 고대 아테네의 이데올로기 또는 일부 뉴기니 부족민들의 관행에서와 같이 동-성애적 관습을 남성적 특권에 대한 입문과 연결시키는 것이다. 그 외에도 동-성애적 습속은 테베, 스파르타, 또는 일본의 사무라이 규약의 군사적 결사들에서 드러나는 과잉적인 남성성에 대한 가치들과 연결될 수 있다. 그러나 요한복음에서는 훨씬 더 급진적인 방식을 따른다. 말하자면 요한은 요한복음에 제시된 예수와 그의 사랑하는 이와의 동–성애적 관계를 남성성의 실행과 연결하는 것이 아니라 오히려 그에 앞서 이 역할을 결정적으로 전복해 내고 있는 것이다. 그런 이후에야 우리는 예수와 그가 사랑한 남자의 동–성애적 관계를 접하게 된다. 그 결과 남성적 젠더의 특권과 동–성애적 행위의 친밀성이 드러내는 전복성은 이 복음서의 핵심인 사랑이라는 가치의 구현에 대한 구체적인 표징이 된다.

젠더적 분쟁

예수 전승의 요소들에서 나타나는 젠더 범주들에 대한 전복은 초기 기독교 공동체 전체의 특징은 아니었다. 실제로 이미 바울의 문서들에서 규범적인 유대교와 이교적인 로마 문화 양자 모두가 공유하는 젠더 역할 기대에 대해 기독교를 점증적으로 순응시키는 형태의 반동적인 전승이 있었음을 알 수 있는데, 이러한 전승은 이후의 기독교 공동체 내에서 지배적인 위치를 점하게 된다.

바울 서신에서 나타나는 이러한 접근법을 둘러싸고 있는 특정한 배경이 있다. 바울이 "더 이상 … 남자도 여자도 없습니다. 그리스도 예수 안에서 여러분 모두는 하나이기 때문입니다"라고 단언하는 (또는 독립적으로 현존하는 한 전승과 일치하는) 갈라디아서 3장 28절의 세례 신학은, 도마복음의 담화에서 드러나는 젠더적 전복과 상당히 부합하는 듯 보인다.

담화 22: "너희가 둘을 하나로 만들 때 … 그리고 너희가 남자와 여자를 하나이며 같은 것으로 만들 때, 그래서 남자가 남자가 아니고 여자가 여자가 아니게 될 때 … 그때 너희는 (왕국에) 들어가게 될 것이다."(『나그 함마디 문헌집』)

갈라디아서의 구절들은, 이것이 바울의 견해를 반영하는 것이든 혹은 공동체의 견해를 반영하는 것이든 간에, 우리가 예수 전승에서 대했던 요소들과 정합성을 보인다.

그러나 문제는 여기에서 끝나는 것이 아니다. 고린도전서의 한 모호한 구절에서 바울은 어느 정도 젠더 역할의 구분을 허용하는 듯이 보인다. 그는 명시적으로 여자들이 공공장소에서 기도할 때 수건으로 머리를 덮어야만 하며, 남자들은 그러지 말아야 한다는 것과 남자들은 머리를 짧게 해야 하고 여자들은 머리를 길게 해야만 함을 단언한다(고린도전서 11:2-16). 여기에서 바울의 논의는 양성 간의 근본적인 구별의 적합성과 이러한 '자연'적인 차이들(14절) 또는 보편적인 관습 양자 모두에 기초하고 있다.

훨씬 더 놀라운 것은 바울이 같은 편지에서 이후에 공동체의 삶에서 여성의 침묵을 용인하고 있는 듯이 보인다는 것이다(고린도전서 14:34-35). 고린도전서 11장에 나오는 이 구절이 사실상 여자들이 회중에서 말한다는 것을 전제하고 있는 듯이 보인다는 사실에도 불구하고 (그렇게 하면서도 여자들은 젠더적 표지들을 준수해야 하지만), 여기에서 바울은 회중의 삶에서 여자들이 말하는 것이 허용되지 말아야 한다는 입장을 고수하는 듯하다. 젠더 역할의 구분이 젠더적 억압이 되는 것이다.

고린도전서 14장과 갈라디아서 3장 28절 간의 명백히 상반되는 이야기들 또는 심지어 고린도전서 11장에서 전제된 상황으로 인해, 고린도전서 14장의 회중 가운데 여자들의 침묵을 말하는 텍스트는 흔히 규범적인 유대교와 로마의 이교적 관습에 대한 순응이 훨씬 더 많이 진행되었던 후기 바울 공동체 전승들로부터 유래하는 후대의 삽입구라고 추정되어 왔다.[30]

바울이 쓴 것으로 알려졌지만, 그의 사후에 쓰여진 것이 거의 확실한 것으로 보이는 한 편지로부터 이러한 순응주의적 전통의 진행에 대한 하나의 방증을 찾을 수 있다.

그러므로 나는, 남자들이 화를 내거나 말다툼을 하는 일이 없이, 모든 곳에서 거룩한 손을 들고 기도하기를 바랍니다. 또한 여자들은 소박하고 정숙하게, 단정한 옷차림으로 자기를 단장하십시오 …

여자는 조용히, 완전한 순종으로 배우도록 하십시오. 나는, 여자가 가르치거나, 남자에 대한 권위를 가지는 것을 허락하지 않습니다. 여자는 조용해야 합니다. 아담이 먼저 지음을 받고, 그 다음에 하와가 지음을 받았습니다. 그리고 아담이 속은 것이 아니라, 여자가 속아 죄를 범한 자가 된 것입니다. 그러나 여자가 믿음과 사랑과 거룩함을 지니고 정숙하게 살면, 아이를 낳는 일로 구원을 얻을 것입니다.(디모데전서 2:8-15)

여기에서 우리는 젠더 역할의 순응에 대한 주장이(디모데전서 2:8-9) 손쉽게 여자들의 종속에 대한 그리고 남성의 젠더적 특권의 옹호에 대한 정당화로 이어질 수 있는 방식을 보게 된다(디모데전서 11-12).

의문의 여지 없이 고대의 기독교 발전 과정에 있어 우위에 있는 것은

---

30) 이에 대해서는 닐 엘리엇(Neil Elliot)의 『바울의 해방: 신의 정의와 그 사도의 정치 *Liberating Paul: The Justice of God and the Politics of the Apostle*』 (Maryknoll, N. Y.: Orbis Books, 1994), 52-54쪽.

예수 전승보다는 바울적인 그리고 유사 바울적인 전승이다(Ⅲ부에서 우리는 결혼 및 가족적 가치들이라고 칭해질 것과 관련된 두 가지 전승들 간에 유사한 긴장이 있음을 알게 될 것이다). 너무나 빈번하게 보게 되는 것과 같이, 보다 급진적인 예수 전승의 요소들이 기독교를 후기 헬레니즘 세계의 선량한 문화 및 사회적 가치들에 편입시키기를 선호하는 경향에 의해 단적으로 압도되고 종국에는 침묵당하는 지경에 이르게 된다. 그 결과 기독교는 스스로를 사회적 질서에 무리를 일으키지 않는 젠더적 역할 순응이라는 기존 사회질서를 수호하는 보루로 변모하여 예수로부터 유래하며 그에게 영광을 돌린다고 주장하는 공동체 내에서 예수 전승 그 자체가 주변화되는 것을 용인하게 된다.

결론

우리는 거세된 자들(환관들)과 관련된 자료와 젠더적 범주들을 뒤집는 담화들 및 행위들 양자 모두에 비추어 예수 전승에서 드러나는 젠더 역할 전복을 어떻게 이해해야만 할 것인가? 물론 우리의 상황과 후기 고대 사회의 상황 사이에는 매우 현저한 차이들이 존재한다. 젠더적 역할들은 오늘날 다른 방식으로 양식화되며, 이러한 역할들의 동-성애적 행위들에 대한 관계 또한 다른 방식으로 구성된다. 분명히 고대 사회나 또는 오늘날의 상황에 대해 거세된 자들이 동성애자들이라고/이었다고 말하거나 또는 젠더적 역할의 전복이 변함없이 동-성애적 행위에 관련된다고/되어 왔다고 말하는 것은 사안을 너무나 단순하게 보는 것이다. 그러나 그때도 지금과 같이 동-성애적 행위는 젠더적 역할 순응에 의해 방어되는 남성적 특권에 대해 의문을 제기할 수 있었고, 이러한 순응의 필요성은 동-성 간의 성애적 행위들을 비방하는 한 가지 방식으로 사용될 수 있었다.

예수 전승에 대한 고찰로부터 우리는 젠더 역할들의 신성함이 예수 전승들에 대한 관계를 완전히 은폐하지 않고서는 동-성 간의 성애적 행위들에 반대하는 논거로 주장될 수 없다는 것을 알았다. 실제로 예수 전승은 젠더 역할들을 전복함에 있어 '동성애'가 과거에 그랬던 것이나 또는 현재 그런 것보다 훨씬 더 잘 부합한다. 특히 이러한 역할들에 의해 옹호되었던 남성적 특권을 전복함에 있어서 말이다.

확실히 관습적인 젠더 역할들이 억압적이라는 것을 아는 사람들은 예수 전승이 그들에게 놀라울 정도로 힘을 주는 이야기를 하고 있음을 알게 된다. 현대적인 말로 해서 '트랜스젠더'가 된 사람들은 예수 전승들에서 존중받게 될 수 있음을 발견할 것이다. 젠더와 관련된 사회적 관습들에 의문을 제기하는 사람들의 존재 자체에 대립하여 기독교 문화와 문명의 수호를 자처하던 사람들에 의해 그들에게 너무나도 많은 치욕이 쌓여 왔음에도 불구하고 말이다.

또한 트랜스젠더들을 주변화함으로써 존중받는 지위라는 외양을 얻고자 하는 게이 및 레즈비언 공동체에 속한 사람들에게 한 가지 중요한 경고가 가해질 것이다. 결국 현대의 '게이 해방'은 여장 남자들(drag queens, 복장도착자를 말함)—대개 게이 공동체에서조차도 경멸의 대상이 되는—에 대한 경찰의 희롱으로 인해 발생했고 이들에 대한 희롱을 금지하는 방향으로 해결되었던 스톤웰 폭동Stonewell riots으로부터 유래한다. 그러나 이런 결과와는 상반되게도 많은 게이들이 자기 자신들의 해방의 전위에 섰던 이들에 대한 주변화를 지속하고 있다. 그러나 이런 것도 기독교 스스로가 젠더 역할 일치에 기댈 만한 동맹군이 되었던 것보다 더 모순적이지는 않을 것이다.

하지만 예수 전승에서 나타나는 젠더 역할 전복의 의미는 게이와 레즈비언 그리고 트랜스젠더들을 대면하는 문제들에만 국한되지는 않는다. 우리의 세계에서 변화를 추구하는 가장 강력한 운동들 중 하나는 여성들이 너무나 오랫동안 기독교 자체와의 공모 관계에 제한되었던 젠더적 역할이라는 구속복으로부터 탈출할 가능성을 발견하고 있다는 것이다. 이에 대응하여 많은 남자들이 젠더적 역할 일치에 의해 옹호되어 왔거나 그럴 것으로 추정되는 남성적 특권이 그들에게도 사실상 일종의 감옥이었다는 것을 발견하고 있으며, 이제 그로부터의 탈출을 상상하는 일이 가능해지고 있다.

우리가 고찰해 왔던 텍스트들은 예수 전승이 젠더적 역할 순응에 대한 지지와 너무나 연관이 적었던 탓에 예수와 다른 한 남자의 관계에 대한 위험한 기억을 오랫동안 유지할 수 있었다는 것을 보다 타당하게 할 뿐만이 아니라 또한 이성애 중심적이며 동성애혐오적인 공식적 해석들이라는 거친 바윗돌들 밑에 너무나 오랜 세월 동안 묻혀 있었던, 모든 사람들을 위한 해방적 잠재성을 들춰낸다.

제 III 부

결혼 및 가족적 가치들

동-성 간의 성애에 대한 예수 전승의 개방적 태도를 은폐해 왔던 방식들 중 하나는, 일반적으로 동-성 간의 성애에 적대적인 것으로 인식되는 결혼 및 가족 가치들을 지지하는 기독교적 전승의 전유를 통하거나, 또는 보다 특수하게 예수 전승의 전유를 통하는 것이다.

고대 세계에서 동-성 간의 성애는 일반적으로 결혼 및 가족에 대한 지배적인 제도들에 대한 모순을 수반하는 것으로 간주된다. 예를 들어 아테네의 남성 시민들은 그들이 사회적으로 동-성애의 용인된 형태들(소년애 등)에 관여하고 있거나 혹은 관여하고 있지 않음에 관계없이 남편과 아버지의 역할들을 수행했을 것이다. 로마 문화에 대해서도 상당히 유사한 이야기를 할 수 있다.

그러나 로마의 경우에는 사회의 특정 영역에서 동-성애가 로마의 가장이 가져야 할 엄숙한 자기 통제, 즉 가정과 제국의 효과적인 통제에 필수적인 것으로 간주되는 자기 통제와 모종의 긴장 관계에 서게 된다는 주장을 통해 동-성애 비판이 모습을 드러냈다. 동성애와 로마 제국의 세계에서 발현하기 시작한 가족 및 국가적 가치들의 강제 사이에 잠재하는 불화에 대한 인식은 오늘날 보편적인 견해가 되었다.

'동성애 문제'가 사회와 교회들에서 다루어지는 방식들 중 하나는 동성애적 행위, 관계, 또는 동성애자들에 대한 인정이 가족 가치들의 전복으로 귀결될 것이라고 주장하는 것이다. 최근의 미국 대통령 선거전에서 우리는 종교적 우파가 그들에게 용인될 수 없는 삶의 형식에 대한 선택으로 간주되는 것에 대한 공격의 토대가 되고 있는 가족 가치라는 표어를 어떤 방식으로 사용하는지 살펴본바 있다. 이런 입장은 완전한 평등을 추구하는 여성들, 존엄성과 완전성 등을 위해 투쟁하는 게이 및 레즈비언들에게 낙인을 찍게 된다.

물론 우리는 게이 및 레즈비언들을 옹호하기 위해 '동성애자들'이 좋은 아들들과 좋은 딸들, 그리고 좋은 남편들이 될 수 있고, 동성애자들로도(오지와 스티브Steve 또는 헤리엣과 제넷Janet으로도) 오지와 해리엣Ozzie and Harriet과 같은 문화적인 도상학의 모델들로부터 거의 구분할 수 없는 가족을 구성할 수 있다는 주장을 통해서 방어적인 전략을 시도해 볼 수도 있을 것이다. (「오지와 해리엣의 모험the Adventures of Ozzie and Harriet」은 미국에서 50년대를 풍미한 라디오 및 TV극. 전형적인 미국 가정의 일상을 보여주는 시트콤이었음. 여기에서 저자가 오지와 스티브 그리고 헤리엣과 제넷이라는 가상의 제목을 말하는 것은 동성애적 가정을 미국 가정의 전형으로 내세우는 방식으로 동성애를 옹호할 수도 있다는 말을 하기 위한 것 ^{역자})

그러나 여기에서 '전통적인 가족'이 가부장제뿐만이 아니라 이성애 중심주의를 방어하는 보루가 되고 있기 때문에, 나는 그 이상의 어떤 것이 문제가 되며 보다 급진적인 전략이 추구되어야만 한다고 믿는다. 게이를 긍정하는 신학과 윤리학에는 이성애 중심주의와 동성애혐오를 생산하고 재생산하는 가치들과 구조들의 체제가 지니는 헤게모니에 도전할 책임이 있다.

여기에는 게이를 긍정하는 신학에 대한 문제와 동성애혐오의 극복 이상의 것이 관련된다. 가족이 폭력과 학대의 무대가 되며, 개인에 대한 폭력과 개인의 삶에 대한 왜곡의 무대가 되는 측면들에 대한 인식이 점증적으로 늘어가고 있다. 심리 치료의 출현은 많은 사람들에게 가족 생활의 강압적이고 왜곡적인 기능을 노출시켰다. 이처럼 증가하고 있는 자녀 및 배우자 학대에 대한 사회학적 지식은 가족이 늙은이와 젊은이, 남자와 여자, 게이와 스트레이트 모두를 포괄하는 막대한 수의 인간 존재자들의 행복에 위협이 된다는 것을 보여준다.

그러나 가족이 어떤 방식으로든 성서적 윤리의 핵심에 있다는 가정이 우리가 이러한 제도에 대한 급진적인 비판을 개진하지 못하도록 하고 있다. 확실히 근대적 시기에 교회들은 스스로를 보편적으로 결혼 및 가족 가치들의 버팀목으로 그려내고 있었다. 이럴 때 교회 내부로부터 또는 기독교 신학의 내부로부터 나오는 것으로 간주되는 결혼 및 가족 가치들을 공격하는 것은 사실상 거의 불가능한 것처럼 보인다.

하지만 이성애 중심주의의 헤게모니에 도전하기를 두려워하지 않으며 '결혼 및 가족 가치들'이라는 헤게모니에 과감히 도전하는 '게이를 실증하는' 해석학으로부터 본질적인 도움을 얻을 수 있을 것이다. 이어지는 논의에서 나는 예수 전승이 우리가 복음서에서 찾을 수 있는 것과 같은

형태 그대로의 결혼 및 가족 가치들에 대해 근본적인 비판을 던지고 있음을 논증하려 한다.[1]

그 다음으로 제시되는 가족 가치들에 대한 고찰에서 나는 우선 복음서들이 예수를 근본적으로 가족이라는 제도에 반대하는 입장에 서 있는 것으로 나타나는 방식들을 다루게 된다(10장). 이러한 반대는 사회적인 현 상태의 유지를 매개하고 강제하는 모든 구조들 즉, 신의 정의, 관대함, 기쁨의 통치가 세계에 실현될 때 사라져 버리게 될 사회적인 세계에 대한 예수의 심오한 비판으로부터 유래하는 것으로 드러난다.

11장에서 나는 결혼 그 자체에 대한 예수의 태도로 관심의 방향을 돌려 가족의 시작으로 이해되는 결혼제도에 대한 예수의 태도와 인간적인 행복을 축하하는 것으로 제시되는 혼인 잔치에 대한 예수의 태도 사이에 존재하는 대립적 양상을 보여 줄 것이다. 이러한 주제는 12장에서 성애적 활동의 목적이 출산인지 여부를 깊이 따지는 것으로 귀결되는데, 이러한 견해는 예수 전승에서뿐만이 아니라 신빙성이 있는 바울 서신들의 견해에서도 찾을 수 없는 것이다.

예수 전승이 근본적으로 결혼 및 가족 가치들에 대해 비판적이라는 의견은 바울과 이후의 신약성서 서신서 저자들로 대표되는 초기 기독교의 다양한 전개 방향들과 갈등 관계에 놓이게 된다. 그러나 고대의 일부 가

---

1) 로즈마리 뤼터는 기독교가 예수 전승에서뿐만이 아니라 바울에게서도 어느 정도까지는 식별 가능한 이 문제들에 대한 입장에도 불구하고 그 스스로를 '결혼 및 가족 가치들'과 결합시키게 되었던 측면에 대해 중요한 책을 저술했다. 로즈마리 래드포드 뤼터(Rosemary Radford Ruether)의 『기독교 그리고 근대적 가족의 제작: 지배적인 이데올로기들, 다양한 실체들 *Christianity and the Making of the Modern Family: Ruling Ideologies, Diverse Realities*』(Boston: Beacon Press, 2000)을 볼 것. 특히 예수에 대해서는 25–28쪽, 바울에 대해서는 28–31쪽 참고.

치들에 대한 바울의 부분적인 수용이나 후기 바울의 높은 가치평가로 인해 이러한 가치들을 일관되게 전복해 내고 있는 예수 전승의 이야기들이 지니는 급진성이 흐려지도록 허용해서는 안 된다.

신약성서에 있는 특정한 가족 가치들에 대해 평가하는 것과 노예제도에 대한 묵인 사이에 놓인 병렬 관계에 대해 주목함으로써 복음서 전승의 가족 구조들에 대한 비판이 어떻게 보다 광범위한 관련성을 가지게 되는지를 드러냄에 있어 일정 이상의 도움을 얻을 수 있다(13장).

'결혼 및 가족 가치들'에 대한 고찰은 이러한 제도들의 자명성에 대한 호소가 예수 전승의 동-성애의 요소들을 모호하게 하거나 또는 오늘날의 동-성적 성애에 대해 오명을 씌우는 데 사용될 수 없다는 것을 입증한다. 동-성적 성애가 이러한 제도들의 자명성이나 또는 이 제도들의 주장들의 절대성을 무너뜨리는 정도에 이르기까지, 그런 형태의 성애는 복음서에 포함된 예수 전승에 부합한다. 아무튼 이러한 고찰들은 내가 제시해 왔던 복음서에 대한 게이를 긍정하는 방식의 재독해를 추가적으로 실체화하게 된다.

제10장
가족에 대한 비판

우리는 우선 예수 전승 내에 있는 가족 제도 비판으로 눈을 돌리게 될 것이다. 모든 복음서들에서 예수는 이 제도와 그 가치들에 대해 확고한 비판의 입장을 견지하고 있는 것으로 나타난다.

예수의 입장을 분명히 드러내기 위해 나는 마가복음과 그 자료들에 대한 마태복음과 누가복음에서의 전유를 살피는 것으로 이 고찰을 시작할 것이다. 이후에 우리는 마태복음과 누가복음에 공통적인 자료들(학자들이 공통적으로 언급하는 'Q'라고 지칭되는 초기 담화들의 근거자료에 대해)과 함께 이 복음서들 각각에 수록된 자료들로 관심을 돌릴 것이다. 우리는 또한 예수가 가족을 옹호했다는 인상을 만들어 내는 데 사용되는 텍스트들과 아이들 그리고 고르반corban(봉납물)에 대한 텍스트들을 살피게 된

다. 마지막으로 우리는 앞의 세 복음서들의 관점에 병행하는 요한복음의
텍스트들에 대해 고찰할 것이다.

　동성애와 가족 가치들 사이에 모순이 존재함에도 불구하고 우리는 예
수 전승이 단호하게 후자의 가족 가치들에 반대하는 입장을 취한다는 것
을 보게 될 것이다. 이 텍스트에 대한 한 연구에 따르면 예수 전승이 생물
학적인 가족에 대해 취하는 태도로부터 동-성애적 관계들을 폄하한다는
어떠한 근거도 찾아볼 수 없다.

마가복음

　마가복음은 가족 비판이라는 주제를 담고 있으며 동시에 마태복음과
누가복음에 의해 다른 방식으로 전유되고 발전되는 네 구절을 제공한다.

새로운 가족(마가복음 3:21, 31-35; 마태복음 12:46-50; 누가복음 8:19-21)

　마가복음에서 가족이라는 주제는 3장에서 서술된 바 있는 예수의 가족
이 죄인들과 그의 주위에 몰려든 가난한 사람들 틈에서 그를 끌어내려고
하는 장면에서 뚜렷하게 제시된다. 마가복음에서 종종 보게 되는 경우와
같이, 이 서사는 예수와 그의 가족에 대한 이야기가 예수가 바알세불과
연합하고 있다고 가정하고 예루살렘에서 내려온 서기관들의 이야기를
'식빵'처럼 둘러싸고 있는 샌드위치 구조를 보인다. 이런 샌드위치와 같
은 기법은 예수가 출생한 가족과 예수의 종교 및 사회적 문화에 대한 지
도자들 간의 연결 고리들을 강조하는 역할을 한다. 예수의 가족들과 종
교 지도자들은 모두 그들 자신의 관점에서 예수가 미쳤다고 믿는다. 이
두 대면의 장면은 예수의 갈릴리 사역의 서장을 종결 짓고 있다. 여기에

서 우리는 예수의 가족에 대한 대면에 집중하려 한다.

　예수는 곧 파송할 12인의 제자를 막 뽑은 참이고, 이 사람들의 명단은 '그를 배신하게 될' 가룟 사람 유다의 이름으로 끝나고 있다.

　예수께서 집에 들어가시니, 무리가 다시 모여들어서, 예수의 일행은 음식을 먹을 겨를도 없었다. 예수의 친척들이 그를 붙잡으러 나섰는데, "예수가 정신 나갔다"는 소문이 돌았기 때문이다. (마가복음 3:19b-21)

　그때에 예수의 어머니와 형제들이 찾아와, 바깥에 서서, 사람을 들여보내어 예수를 불렀다. 무리가 예수의 주위에 둘러앉아 있다가, 그에게 말하였다. "보십시오, 선생님의 어머니와 형제들과 누이들이 바깥에서 선생님을 찾고 있습니다." 예수께서 그들에게 대답하셨다. "누가 내 어머니이며, 내 형제들이냐?" 그리고 주위에 둘러앉은 사람들을 둘러보시며 말씀하셨다. "여기 내 어머니와 내 형제들이 있다! 누구든지 하나님의 뜻을 행하는 사람이 곧 내 형제요 자매요 어머니다." (마가복음 3:31-35)

　그의 가족들의 부름에 대한 예수의 반응은 '정신 나갔다'는 의혹을 경감시키기 위해 계산된 것으로 보인다.[1] 하지만 그의 반응은 우리가 '본래의 가족'이라고 부르는 것과, 정의와 관대함 그리고 기쁨의 통치에 속한 제도가 될 하나님의 뜻에 헌신하는 사람들로 구성된 새로운 '가족' 사이

---

1) 마태복음과 누가복음 모두 예수가 '정신 나갔다'는 가정을 생략하고 있다. NRSV는 이러한 가정을 예수의 가족에게서 '사람들'에게로 빗겨 나가게 하고 있지만, 그리스어 텍스트는 단지 '그들'이라는 말을 사용할 뿐이다. 다른 주제(가족보다는 사람들)의 도입은 정당화되지 않고 있다. 예수가 정신 나갔다는 것은 가족들이 예수를 잡으러 나서게 된 동기가 된다. 가족의(자신의) 의견은 그가 바알세불(Beelzebul)과 연합하고 있다는 종교적 권위자들의 견해와 유사하다.

에 확연한 경계선을 긋고 있다.

밝혀지는 그대로 이러한 구분은 이미 이 복음서 텍스트에서 예수를 따르기 위해 일과 가족의 유대를 등진 첫 제자들의 부름을 통해 예표된 바 있다(마가복음 1:16-20). 그러므로 야고보와 요한에 대해 우리는 그들이 "배에서 아버지와 고용된 사람들을 두고 떠나, 그를 따랐다"(1:20)는 이야기를 전해 듣게 된다. 이 서사에서 양자 택일—하나님의 뜻이냐 아니면 본래의 가족이냐—이 이루어지고 있는 것이다.

예수가 인정하는 유일한 친족적 유대는 하나님이 뜻하시거나 또는 목적하시는 그것을 수행하는 가운데 공유된 선교사역에 대한 유대뿐이다. 모든 다른 유대는 폐기된다. 예수와 함께 서는 그 누구라도 그의 어머니다. 예수가 하는 그대로 행하는 바로 그 사람이 그의 누이가 된다. 그 누구도 아닌 하나님이 원하시는 것을 하는 그 사람이 예수의 형제인 것이다.

그리고 무엇이 하나님의 뜻인가? 여기에서 특별한 종교적 의무들에 속한다고 주장되는 것은 아무것도 없다. 오히려 예수는 구체적으로 내쳐진 자들이 친구를 얻게 되고, 매맞은 자가 치유되고, 악귀에 사로잡힌 자가 온전한 정신으로 돌아오는 신의 뜻을 보여주었다. 그리고 이런 일을 하는 그 누구라도 예수의 형제, 어머니, 그리고 누이인 것이다.

혈연적 유대는 중요하지 않다. 같은 자궁을 공유했던 형제들과 그를 낳아 준 그 여인은 예수와의 동행에 대해 다른 모든 사람들과 동일한 권리를 가지게 되며, 동일한 조건 위에 서게 된다. 즉, 하나님의 뜻대로 행하는 것, 다시 말해 창조 세계를 다시 온전하게 함을 배우고 있는 그의 주위 사람들과 함께함에 있어 동일한 권리를 가지며 동일한 조건에 서게 되는 것이다.

고향: 마가복음 6:1-6; 마태복음 13:53-58(누가복음 4:16-30 참조)

마가복음과 마태복음에 공통적인 두 번째 에피소드는 예수가 자신의 '고향'으로 돌아갔을 때 벌어졌던 일과 관련된다.

예수께서 거기를 떠나서 고향에 가시니, 제자들도 따라갔다. 안식일이 되어서, 예수께서 회당에서 가르치기 시작하셨다. 많은 사람이 듣고, 놀라서 말하였다. "이 사람이 어디에서 이런 모든 것을 얻었을까? 이 사람에게 있는 지혜는 어떤 것일까? 어떻게 이런 능력 있는 일들이 그 손으로 일어나고 있는가!"

"이 사람은 마리아의 아들 목수가 아닌가? 그는 야고보와 요셉과 유다와 시몬의 형이 아닌가? 또 그의 누이들은 모두 우리와 같이 여기에 살고 있지 않은가?"

그러면서 그들은 예수로 인해 깜짝 놀랐다. 그래서 예수께서 그들에게 말씀하셨다. "예언자는 자기 고향과 자기 친척과 자기 집 밖에서는, 존경을 받지 않는 법이 없다." 예수께서는 거기에서, 다만 몇몇 병자에게 손을 얹어서 고쳐 주신 것밖에는, 아무 기적도 일으키실 수 없었다. 그리고 그들의 믿지 않음에 놀라셨다. (마가복음 6:1-6)

예수는 '고향에서' 평범한 장인(목수)이며 상당히 큰 가족의 일원으로 알려져 있었다. 친숙한 그런 사실들로부터 어떠한 비범한 것도 기대되지 않는다. 실제로 이 안정된 지역 공동체의 입장에서 볼 때, 예수는 '낙오자'며, 집과 일 그리고 가족을 떠나 떠돌아다니는 방랑자였을 것이다. 가족들은 예수가 미친 것으로 보았으며(3:21), 이번에는 그런 시선에 대해 그가 자신의 방랑자이자 낙오자인 친구들을 편들어 가족들을 거부했다.

그의 친구들의 무리 중에는 접촉해서는 안 될 자들, 공인된 미치광이들, 그리고 평판이 좋지 못한 자들이 포함되어 있었다. 하나님을 두려워하는 고향 사람에게서 기대할 수 있는 바와 같이, "그들은 예수로 인해 깜짝 놀랐다"(마가복음 6:3).

이에 대한 대응으로 예수는 모든 세대의 경험과 잘 부합하는 모순적인 문구를 말하고 있다. 특징적으로 예수는 스스로 다른 역할이 아닌 선생이자 예언자의 역할을 주장한다. 이런 맥락에서 '예언자'는 오직 텅 비어 버린 전통들을 대담하게 뒤집는 말을 하는 사람(아모스나 호세아와 같이), 그리고 능력 있는 일을 행하는 사람(엘리아나 엘리사와 같이)을 의미할 뿐이다. 예수의 소명은 이런 방식에 있어서는 그의 전임자들과 동일한 것이며, 더 나아가 그의 제자들과 완전하게 공유하고 있는 것이었다(3:14-15).

가족과 친숙한 것 사이의 연결 고리—본래의 가족 그리고 급진적인 전환에 대한 현 상태의 저항—가 명확해지고 있다. 그러나 이러한 급진적인 전환은 정확하게 예수의 선교사역과 메시지가 구현하고 선포하는 것이다.

예수의 고향 에피소드에 대해 누가가 제시하는 형태는 예수가 자신의 사역을 시작하는 설교로 그리고 처음에는 이에 대해 청자들의 인정을 이끌어 냈던 것으로 잘 알려져 있다(누가복음 4:14-30). 그러나 엘리아와 엘리사의 업적에 대한 예수의 말씀에 대한 반응은 마가복음이나 마태복음에 기록된 것과 같은 고향 사람들의 '불신'을 훨씬 넘어서는 것이다. 누가복음에서 그들은 실제로 예수를 그 자리에서 죽이려고 한다.

그들이 이 말씀을 들었을 때, 회당에 모인 모든 사람들은 모두 격노로 가득 찼다. 그들은 들고 일어나서, 예수를 동네 밖으로 몰아내, 그들의 동네가 있

었던 산의 벼랑에까지 이끌고 가서, 거기에서 그를 내던져 버리려고 하였
다. (누가복음 4:28-29)

이런 반응은 단지 고향 사람들이 그들에게 친숙하다고 여기는 것으로
부터 새로운 것을 인식하지 못함에서 오는 것이 아니다. 여기에서 예수
의 말씀에 대한 반응은 또한 자민족 중심주의에 의해 촉발되며, 이것은
이 이야기의 후반에 나타나는 예루살렘의 권위 있는 자들의 반응을 미리
보여주는 것이기도 하다. 예수를 로마의 점령군에게 끌고 가서 그들이
처형하도록 했던 바로 그러한 반응을 말이다.

가족을 떠남: 마가복음 10:28-31; 누가복음 18:28-30; 마태복음 19:27-30
예수의 선교사역과 이 시기의 친족 관계 사이에 존재하는 상반적인 차
이는 먼저 원래 예수 자신의 가족과 그가 주위에 모으고 있던 새로운 가
족 사이의 차이에서 펼쳐졌고, 다음으로 원래의 가족을 통해 그가 평가
되는 고향이라는 친숙한 구조 안에서의 무능력한 선교사역에서 드러났
다. 지금은 예수의 대역들 또는 제자들에게서 동일하게 드러나는 상반적
인 차이를 분명히 해야 할 때다.

베드로가 예수께 말씀드렸다. "보십시오, 우리는 모든 것을 버리고 선생님을
따라왔습니다." 예수께서 말씀하셨다. "내가 진정으로 너희에게 말한다. 나
를 위하여, 또 복음을 위하여, 집이나 형제나 자매나 어머니나 아버지나 자
녀나 논밭을 버린 사람은 누구라도, 박해를 받겠지만, 지금 이 세상에서는
집과 형제와 자매와 어머니와 자녀와 논밭을 백배나, 그리고 오는 세상에서
는 영생을 받지 못할 자가 없을 것이다.

"그러나 첫째가 꼴찌가 되고 꼴찌가 첫째가 되는 사람이 많을 것이다."(마가복음 10:28-31)

제자들이 예수와 그의 사역에 대해 매우 제한적으로 이해하고 있었음에도 불구하고, 그들은 최소한 제자 됨의 요건들에 대해 무엇인가를 이해하고 있었다. "보십시오, 우리는 모든 것을 버리고 선생님을 따라왔습니다"라는 베드로의 언명에 나오는 '우리'는 예수를 따르는 모든 이들을 포함하는 것이며, 결코 12명으로 한정되는 무리를 지칭하는 것이 아니다. 예수와 함께하던 사람들은 모든 것을 떠나왔고, 재산과 가족적 유대로부터 벗어난 사람들이다. 여기에서 가족적 유대가 '집'에서 시작되어 '땅'으로 끝나는 일련의 물질적인 것들 사이에서 '샌드위치와 같이 끼어 있다는 점'에 주목할 필요가 있다. 가족적인 항들—형제들 또는 자매들, 어머니, 아버지, 자녀들과 같은—의 개입은 따라서 소유라는 경제적인 영역 내에서 세계의 안정과 등치로 놓이게 된다.[2] 여기에서 문제는 애정의 유대를 폐기하는 것이 아니라 세계 내에서 개인의 삶을 안정시키는 경제 및 사회적 실체로서의 가족을 폐기하는 것이다.[3]

예수의 약속은 소유와 가족 유대를 거부했던 사람들에 대한 것이다. 그 약속은 이러한 소유들을 거부했던 그 사람들이 '백배'로 보상받는다는 것이다. 그것은 형제들과 자매들을 떠난 자들이 수백의 형제와 자매를

---

2) 이러한 경제적 소유에 대한 가족 관계의 단정적인 설명은 L. 윌리엄 컨트리먼(L. William Countryman)의 『먼지, 탐욕, 그리고 성애*Dirt, Greed, and Sex*』(Philadephia : Fortress Press, 1988), 168-189쪽에 나와 있다.

3) 누가복음은 마태복음과 마가복음의 공통 목록인 '부인'을 추가한다. 이것은 제도로서의 결혼을 일관성 있게 반대하는 누가복음의 입장과 잘 부합한다.

얻는다는 것이다. 그래서 어머니와 자녀들을 떠난 자들은 수백의 어머니들과 자녀들을 얻게 될 것이다.

우리는 이 약속의 내용을 어떻게 이해해야만 하는가? 예수의 가족에 대한 에피소드에서 우리는 가족에 대한 부인과 새로운 가족의 부여 양자 모두가 의미하는 바를 알게 된다. 예수가 스스로 이런 방식으로 자신의 어머니와 형제들 그리고 누이들에 대한 특별한 권리를 거부했다는 것은 그와 함께 있는 '백배의' 어머니들과 형제들 그리고 누이들인 군중에서 찾을 수 있다. 그러므로 제자들이 얻는 자매들과 형제들은, 예수가 그랬던 것과 같이, 그들이 공유하는 사역에서 만나는 사람들이 된다. 여기 바로 보이는 곳에 선교사역의 공동체에 속한 입양된 친족들이 있다. 그들은 구시대의 혈연적 유대를 뒤로하고 새로운 시대의 동반관계를 얻는다. 명백히 예수는 그 또는 그의 제자들이 떠났던 생물학적인 친지들의 수에 대해 백배를 받는 이야기를 하고 있는 것이 아니다. 예를 들어, 그런 백 명이나 되는 '어머니들'을 얻는 것이 무엇을 의미할 것인가? 육체적인 친족 관계의 거부는 '입양된' 친족을 받는 것과 연결되는데, 이것은 정확하게 선교사역의 경험과 부합한다. 즉, 가난한 자들 그리고 고통받는 자들과의 연대로 들어가는 자들이 수백의 자매들과 형제들 그리고 어머니들을 얻는다는 것이다.[4]

우리는 제자들이 아버지들을 떠났다는 이야기를 보지만, 아버지들을

---

4) 제자들은 또한 아이들을 '백배'나 얻게 될 것이다. 명백히 그들이 명백히 생물학적 자손을 백배나 얻게 된다는 것이 아니다. 오히려 그들의 선교사역으로 다산의 열매를 맺게 될 것이며, 둘씩 짝지어 보낸 사람들의 선교가 "열매를 맺고 증식하라"는 명령에 부합하게 될 것이다. 우리는 이러한 다산이라는 주제를 12장에서 출산이라는 제명하에 고찰하게 된다. 많은 아이들이라는 약속은 또한 이 장에서 논의되는 아이들과 관련된 가르침과도 연관된다.

얻는다는 이야기는 보지 못한다. '백배' 보다 더 적은 수의 아버지라도 말이다. 그들이 얻는 부모는 오직 어머니들인데, 이것은 가부장제의 구조를 폐기하려는 예수 전승의 경향성과 일치한다.[5] 가부장제의 기초가 되는 부성에 대한 권리와 그에 대한 주장은 폐기된다는 것이다.

적대: 마가복음 13:12; 마태복음 24:21; 누가복음 21:16

마가복음에 나오는 가족에 관한 마지막 말씀은 13장의 '종말론적 담화'에서 나온다. 이 담화는 최후의 분쟁이라는 주제를 예고하며, 예수의 제자들에게 이 분쟁이 그들과 관련될 것이라고 경고한다. 그들은 종교 및 정치적으로 권위 있는 자들의 반대에 직면하게 될 것이다. 게다가 이 분쟁은 다음과 같은 방식으로 그들을 '향하게 될' 것이다.

형제가 형제를, 아버지가 자식을 넘겨주고, 자식이 부모를 거슬러 일어나 부모를 죽일 것이다. 너희는 내 이름 때문에 모든 사람에게서 미움을 받을 것이다. 그러나 끝[목적지]까지 견디는 사람은 구원을 받을 것이다. (마가복음 13:12-13)

복음에 대한 충성을 통해 도입되는 위기는 하나님 나라에 대한 종교와 정부라는 공적인 제도의 적대감을 개방하는 데서 그치지 않는다. 가족 제도 또한 파괴된다. 가정적인 평온함을 연출하는 장면 내에 분쟁과 배신이 내부적으로 폭발된다는 것이다.

---

5) 이러한 경향은 마태복음에서 "누구도 너의 아버지라 부르지 말라"는 명령으로 강조된다. 이 책의 183-184쪽을 볼 것.

마가복음은 예수 운동과 본래적 가족에 대한 권리 주장 사이에 매우 분명한 대립선을 긋고 있다. 이러한 대립은 우선 집을 떠나 예수를 따르는 귀결로 나타나며, 이후에 예수가 자신의 본래적 가족의 권리를 거부할 뿐만 아니라, 그들 스스로를 하나님 나라의 도래와 동일시하는 모든 사람들에 의해 구성되는 새로운 가족의 정립을 지향하고 있는 것을 알게 될 때, 명시적인 가르침의 주제가 된다. 삶을 '길들이는' 구태의연한 형태의 가족제도는 신의 통치의 도래에 의해 지시되는 현실 전환의 구체화를 불가능하게 하는 것으로 표상된다. 그러므로 예수의 모든 제자들을 향한 가족적 유대에 대한 단절의 요구는 마가복음 10장 29-31절에서 이 단절이 상실을 의미할 뿐만 아니라 수많은 어머니들과 자매들, 형제들, 그리고 자녀들과 함께 구성하는 새로운 가족을 얻는 것을 의미하는 약속과 함께 제시되고 있다. 마지막으로 우리는 하나님의 지배에 대한 충실함이 본래의 가족에 대한 완전한 적대를 의미하며, 가족의 우선권이 새로운 인류(사람의 아들)의 정의와 관대함 그리고 기쁨의 신적인 지배에 대한 충실함에 의해 파괴되었다는 것을 듣게 된다.

마태복음과 누가복음은 마가복음으로부터 예수의 길과 가족 제도 사이의 이러한 엄혹한 대립의 방향을 전환시킨다. 그리고 그 대립에 마태복음과 마가복음 저자들은 예수에 대해 기억된 자료들로부터 새로운 요소들을 첨가한다.

Q자료

마태복음과 누가복음에 공통적으로 나타나는 마가복음 자료에 부가된 요소들 중에서 우리는 마가복음에서는 발견되지 않는 마태복음과 누가복음에 공통적인 담화 자료들을 보게 된다. 전통적인 학문은 현재 마태복음과 누가복음에 공통적인 자료가 마가에게는 알려지지 않았고 이들 복음서 저자들에게만 알려진 자료로부터 온 것이라는 입장을 고수하고 있다. 많은 학자들이 이 자료에서 예수와 관련된 기독교 공동체의 가장 초기의 기억을 표상한다. 특히 강력한 논거를 지닌 주장이 있을 것으로 보고 있다.

죽은 자들

각각의 복음서에서 예수를 따르게 된 지 얼마 되지 않은 누군가가 예수에게 "먼저 내가 가서 아버지를 장사 지내도록 허락해 주십시오"라고 말하고, 이에 대해 예수가 "죽은 자들이 그들 자신의 죽은 자를 장사 지내도록 내버려 두어라"라고 말하는 장면이 나온다(마태복음 8:21-22; 누가복음 9:59-60). 여기에서 예수를 따르는 것은 가족의 책임들 중 가장 단순하고 자연적인 것을 완수하는 일과 현저하게 대립하는 위치에 있다. 두 복음서 모두에서 이 말씀은 "여우도 굴이 있고, 하늘을 나는 새도 둥지가 있으나, 인자는 머리 둘 곳이 없다"는 말씀에 이어지고 있다. 이 인자 또는 '사람'에 관한 말씀은 명확히 예수를 따르게 될 모든 사람들을 지칭하는 것이다. 말하자면 그들은 집이 없을 것이며, 특히 가족을 잃게 될 것이다.

여기에서 주제가 되는 것은 독신에 대한 것이라기보다는 오히려 아버지에 대한, 또는 우선 작별을 고해야만 하는 집에 있는 사람들에 대한 가족적 유대를 이야기하는 것이다. 이런 측면에서 우리는 굴 또는 둥지가 독신자 숙소가 아니라 안전과 관련된 장소—가족의 부양 그리고 가족적 유대, 책임 그리고 구속과 연관된 안전—라는 것을 상기해야만 한다.

누가복음에서 죽은 자들에 대한 말씀에 따라 나오는, "주님, 내가 주님을 따라가겠습니다. 그러나 먼저 집안 식구들에게 작별 인사를 하게 해 주십시오"라는 요구에 대한 대답이 이러한 논점을 더욱더 명확하게 만들고 있다. 예수의 대답은 단호하다. "누구든지 손에 쟁기를 잡고 뒤를 돌아보는 사람은 하나님의 나라에 합당하지 않다." 여기에서 가족에 대한 관심은 이 사람을 하나님 나라에 들어갈 자격이 없는 자로 만드는 행위, 즉 뒤돌아보는 행위인 것이다.

여기에 반대 의견을 제기하는 사람들은 사랑의 강한 의지로 예수를 따르면서도, 자신의 가족에 대한 관계와 책임에 대해 상당 정도까지 타협하는 듯하다. 하지만 예수는 조금이라도 이러한 욕망들에 대해 균형을 잡으려고 하는 어떠한 시도에 대해서도 반대한다.

따라서 예수를 따르는 것 또는 틈입하는 신의 통치의 선포에 대한 응답이 더 나은 가족 관계를 만들어 내지는 않는다. 오히려 예수의 선포에 응답하는 것은 원칙적으로 그리고 절대적으로 가족적 유대에 반대하는 것을 의미한다.

'Q' 자료로부터의 담화들 및 누가복음에 의해 이들 담화에 부여된 배경에서 제자들이 집과 가족을 떠난 것은 우연적인 것이 아니라 본질적인 것이다. 그러므로 마가복음 10장 29절에서 제시되는 제자들이 실제로 집과 가족을 떠났다는 베드로의 이야기는 훨씬 더 큰 타당성을 얻게 된다. 게다가 예수 자신의 가족과의 대립은 단순한 오해의 소치로 이해될 수 없으며, 오히려 모든 사람이 따라야 할 전범을 세우는 것으로 이해될 수 있다.

분쟁

마태복음과 누가복음에서 상당히 유사한 형태를 보이는 담화는 그 다음의 가족의 분쟁과 관련된다. "내가 땅 위에 평화를 주러 온 줄로 생각하지 말아라. 평화가 아니라 칼을 주러 왔다. 나는 아들이 제 아버지를, 딸이 제 어머니를, 며느리가 제 시어머니를 거슬러서 갈라서게 하러 왔다. 사람의 원수가 제 집안 식구일 것이다"(마태복음 10:34-36; 누가복음 12:51-53 참조).

이 텍스트는 마가복음에서 박해의 시기(마가복음 13장)에 관련하여 우리가 대면했던 텍스트와 가장 근접하게 부합한다. 그러나 여기에서는 박해의 특수한 상황보다는 하나의 일반적인 원칙이 강조되고 있다. 아버지에 대해 아들을 갈라서게 하는 것은 또한 죽은 자들에 관한 이전 담화에서 제시되었던 잠재적인 분쟁의 상황을 일반화한다.

이 담화는 또한 여자의 상황을 보다 강하게 강조한다. 두 가지 이유가 여자에게 돌려지며, 남자에게는 단 한 가지 이유가 돌려지고 있다. 게다가 며느리와 시어머니에 대한 언급은 결혼 관계에 얽힌 분쟁을 암시한다. 어쨌든 우리는 여기에서 결혼하지 않은 여자들(어머니와 딸)과 결혼한 여자들(시어머니와 며느리) 양자 모두가 얽힌 상황들을 대하게 된다.

이 담화는 예수가 어떠한 측면에서도 가정적인 조화를 증진하거나 가족관계를 개선하고자 하는 의도를 가지지 않는다는 것을 명확히 한다. 오히려 그가 계획하는 의도("나는 왔다")는 이러한 가정家庭의 영역 내에 불화를 불러일으키는 것이다.

강화된 분쟁

마태복음은 앞에서 제시된 진술로부터 분쟁의 상황을 추가적으로 강조하는 담화로 이어간다. 누가복음에도 유사한 담화가 있지만 이 담화는 다른 맥락에 위치한다. 하지만 이 담화들이 현저하게 다르기 때문에 우리는 마태복음으로부터 논의를 시작해 보기로 한다. "나보다 아버지나 어머니를 더 사랑하는 사람은 내게 적합하지 않고, 나보다 아들이나 딸을 더 사랑하는 사람도 내게 적합하지 않다. 또 자기 십자가를 지고 나를 따르지 않는 사람도 내게 적합하지 않다. 제 목숨을 찾는 사람은 목숨을 잃을 것이요, 나를 위하여 제 목숨을 잃는 사람은 목숨을 찾게 될 것이다"(마태복음 10:37-39).

십자가에 관한 담화(물론 마가복음에도 있는)는 최소한 가정적 화합의 전복에 대한 담화들을 위한 기초에 속하는 어떤 것을 제시한다.

불행히도 이 진술의 첫 부분은 통상 부모와 자녀를 사랑하는 것이 예수를 사랑하는 것과 쉽게 양립할 수 있으며, 실제로 예수의 길과 사역에 대한 충실한 지지를 보이는 방식이라는 견해를 인가하는 것으로 해석된다. 물론 그런 해석에 따르면 이전에 위치한 구절들이 말했던 모든 것과 실제로 마태복음이 가족관계에 대해 말하고 있는 것임이 분명한 모든 것을 무시해야만 한다. 이런 해석은 오직 이성애 중심주의에 한정되며, 실제로 가부장주의적인 해석을 지지해 왔을 뿐이다. 마태복음의 배경에서 이 담화는 예수의 "더 사랑하는"이라는 말이 자기 자신에 대해 그리고 자기 자신을 형성하는 가족 제도에 대해 근본적인 구조들과의 분쟁으로 들어가게 됨을 의미한다는 것을 명확히 한다.

하지만 누가복음의 담화는 예수에 대한 타협주의적인 오해를 만들어내기가 훨씬 더 어렵게 한다.

누구든지 내게로 오는 사람이, 자기 아버지나 어머니, 아내나 자식, 형제나 자매뿐만 아니라, 심지어 자기 목숨까지도 미워하지 않는다면, 그 사람은 내 제자가 될 수 없다. 자기 십자가를 지고 나를 따르지 않는 그 누구도 내 제자

가 될 수 없다.(누가복음 14:26-27)

도마복음에도 유사한 담화가 있다.

예수께서 말씀하셨다. "누구라도 아버지와 어머니를 미워하지 않는 자는 내 제자가 될 수 없으며, 누구라도 형제들과 자매들을 미워하지 않고, 내가 바라는 것과 같이 십자가를 매지 않는 자는 내게 속한 사람이 아니다."(담화 55번)

만일 도마복음으로부터 나온 이 담화가 일부 사람들이 추정하는 것처럼 보다 '초기적'인 형태라면, 마태복음과 누가복음은 아이들에 대한 언급을 추가했고, 누가복음은 아내에 관한 언급을 더했던 셈이 된다. 우리가 앞으로 보게 될 것과 같이, 누가복음은 결혼 관계에 대해 다른 복음서들보다 더 비판적인 태도를 취한다.

하지만 중요한 논점은 가족 구성원들에 대한 대립이 가지는 급진적 성격이다. 가족 구성원들은 어떤 사소한 오해로 인해 분별을 모르는 적으로 돌변하지는 않을 것이다. 오히려 예수의 제자가 능동적으로 가족에게 등을 돌려, 사랑보다는 증오를 공유하는 관계를 만들어 내는 것이다.

여기서 정말로 문제가 된다고 여겨지는 것은 가족과 가족 구성원들이 그들 자신의 이해 관심을 규정하는 방식이다. 제자가 등을 돌리게 되는 것은 바로 이러한 이해 관심이다. 이런 의미에서, 제자는 가족을 미워하며 가족으로서의 가족이 주는 최대의 이익으로 여겨지는 것에 대한 반대 입장에 서게 되는 것이다. 말하자면, 사람들이 자기 자신의 이익으로부터, 즉 자기 보존에 대한 스스로의 욕망으로부터 등을 돌린다는 의미에서 스스로를 미워한다고 말할 수 있는 것과 같이 말이다. 엄밀하게 말해서 만일 권위 있는 자들을 부추겨 그 자신을 십자가에 매달게 할 정도로 그들의 분노를 고의적으로 끌어내고 있는 이를 따르는 위험한 일을 하고자 한다면, 이 제자는 자기 보존에 대한 관심을 거부해야만 한다.

어머니와 아버지에 대한 증오는 이때—이러한 입장을 출발점으로 삼아서—인간 존재자로서의 그들을 향한 적의가 아니라 정확하게 어머니와 아버지를 향한 적의인 것이다. 즉, 특별한 권리와 기대 그리고 요구에 따른 가족 구성원들로서의 그들의 역할에 대한 적의라는 말이다. 이러한 가족의 특수한 입장은 급진적으로 그리고 근본적으로 반대되며, 이러한 반대하는 태도는 형제들과 자매들에 대해서도 동일하게 유지된다. 가족 구성원들로서의 그들은 단호하고 가차없는 반대 입장을 취해야만 할 특수한 성실함을 주장한다. 아마도 이러한 권리는 자신의 자녀들에 대해 가장 명백할 것이다. 분명히 예수는 아이들 자체에 대해서는 높은 가치를 부여하지만, 여기에서 모든 아이에 대해 대립되는 '내 아이'에 대한 특수한 관계에 있어서는 대립적인 입장을 취하고 있다. 다른 모든 관계들에 대립되는 이러한 관계의 특수한 권리주장에 대해서는 이의를 제기해야만 한다는 것이다.

한 아이가 '나의 아이'라고 상정하면, 이것은 근본적으로 그 가족 안에서 상당한 정도의 파괴성이 발생하는 원천이 된다. 우선 그러한 견해는 한 사람이 자신의 아이를 돌보기 위해 다른 모든 아이들의 필요를 무시할 수 있도록 한다. 만일 내가 재력을 가지고 있다면, 이런 방식으로 나는 이 아이에게 가진 모든 것을 퍼부을 수 있을 것이고, 다른 사람들이 나에 대해 아무런 권리도 주장할 수 없다고 생각하게 된다. 그러나 여기에서는 이보다 훨씬 많은 것이 진행되고 있다. 한 특정한 아이가 나의 아이라는 생각은 내가 이 아이에 대해 비이성적인 요구를 하도록 만든다. 이 특정한 개인이 아이라는 것만으로는 충분치 않다. 이 아이는 또한 한 어머니 또는 아버지로서의 나의 야망을 실현할 도구가 되어야만 한다. 이 아이는 나의 미래, 내 삶의 연장이 되어야만 하는 부담을 져야 한다. 그런 이유로, 너무나 일반적으로 가정은 아이들에게 가장 위험한 장소가 된다.

마태복음과 아버지들

가족과 소유를 포기함에 대한 담화에서(마가복음 10:29-31) 제자들은 아버지를 떠나라는 말을 듣지만, 이에 대해 다시 '백배'로 돌려받을 것이라는 말은 없다. 이 생략은 고의적인 것으로 간주될 수 있다.

마태복음에서 우리는 이 복음서에만 특유하게 나타나는 한 담화에서 이 고의적인 생략에 대한 추가적인 해명을 대하게 된다.

그러나 너희는 선생이라는 칭호를 듣지 말아라. 너희의 선생은 한 분뿐이요, 너희는 모두 학생이다. 또 너희는 땅에서 아무도 너희의 아버지라고 부르지 말아라. 너희의 아버지는 하늘에 계신 분, 한 분뿐이시다. 또 너희는 지도자라는 칭호를 듣지 말아라. 너희의 지도자는 메시아 한 분뿐이시다. 너희 가운데서 으뜸가는 사람은 너희를 섬기는 사람이 되어야 한다. 자기를 높이는 사람은 낮아지고, 자기를 낮추는 사람은 높아질 것이다. (마태복음 23:8-12)

제자들에 대한 예수의 계획은 명확히 그들 사이에서 명예의 폐지를 수반하며, 따라서 위계적인 관계들의 폐지까지도 수반한다. 이런 연결 관계에서 예수는 누구라도 '아버지'라 부르는 것을 금지하며, 그러므로 생물학적인 아버지를 비롯한 어떠한 인간 존재의 측면에서도 부성에 대한 권리주장과 그에 따른 권위의 주장에 대한 인정을 금지한다.

'신의 부성'이 가부장제를 떠받치는 데 봉사한다는 것은 빈번히 주장된 바 있다. 확실히 이런 일이 기독교의 역사에서 언제나 반복되어 일어났다. 그러나 엄밀히 말해서 예수 전승은 신에 대해 아버지(또는 하늘에 계신 아버지)라는 호칭을 사용하여 가부장제적인 지배를 전복한다. 예수의 담화는 이런 측면에서 상당히 급진적이다. 왜냐하면 겉으로만 보아도 "너희 아버지에게 영광을 돌리라"는 명령에 정면으로 도전하는 태도를 보이기 때문이다.

마태복음에서 예수에게 돌려지는 이 담화는 모든 위계적 관계들을 폐기한다는 맥락에서 명백히 인간적인 부성을 훼손하며, 뒤이어 가부장제의 근본을 침식한다. 가족적 구조의 이러한 측면은 최소한 예수가 그 도래에 대해 선포하고 구현하는 데 관심을 가졌던 신의 통치에 속하는 가치들에 완전하게 반대되는 것이다.

누가복음과 어머니들

누가복음에도 마리아의 역할을 포함하는 생물학적 모성의 중요성을 암시적으로 붕괴시키는 것에 대해 고유한 에피소드가 있다. "예수께서 이 말씀을 하고 계실 때에, 무리 가운데서 한 여자가 목소리를 높여 그에게 말하기를 '당신을 밴 태와 당신을 먹인 젖가슴은 참으로 복이 있습니다!' 하였다. 그러나 예수께서는 '오히려, 하나님의 말씀을 듣고 지키는 사람이 복이 있다' 하고 말씀하셨다"(11:27-28).

누가복음이 마리아를 이 복음서의 서장으로 기능하는 출생 서사의 중심에 위치시키며, 다른 복음서들에 비해 마리아에게 훨씬 더 많은 관심을 둔다는 사실에도 불구하고, 누가복음은 그녀의 역할이 생물학적인 기반에 기초하고 있는 이상 그 중요성을 격하시키고 있다. 이 담화에서 예수를 낳은 어머니로서의 마리아에게는 어떠한 특별한 영광스러운 자리도 주어지지 않으며, 오히려 그러한 영광스러운 자리는 오로지 신의 말씀을 듣고 지키는 자에게 돌아갈 뿐이다. 이러한 범주들은 누가복음에만 나타나는 것이 아니다. 마리아는 정확히 말씀을 듣고 지키는 사람으로 표상된다(1:38, 46-55; 2:19, 34-35, 51). 이 서사에서 영광을 받게 되는 인물로 그려지는 그녀의 자리는 '어머니'로서가 아니라 믿는 자로서의 자리이며, 이것은 누가복음 8장 19-21절에 제시되는 가족과 관련된 예수의 담화가 보이는 의도와 정확하게 일치한다. 그의 유일한 '어머니와 형제들 그리고 누이들'은 '하나님의 말씀을 듣고 그것을 행하는 자들이다'.

이런 방식으로 누가복음은 마리아에 대한 관심을 전반적으로 가족관계의 붕괴와 일관적인 것이 되도록 하는데, 이것은 또한 가족 제도 전체에 대해서도 그렇다.

공관복음들의 요약

우리는 가족 제도의 유대에 대한 이 근본적인 의심을, 그리고 이에 대한 명백한 적대를 어떻게 설명해야만 하는가? 여기에서 우리는 앞에서 고찰된 누가복음 구절로부터 우선적인 도움을 얻을 수 있다.

누구든지 내게로 오는 사람이 자기 아버지나 어머니, 아내나 자식, 형제나 자매뿐만 아니라, 심지어 자기 목숨까지도 미워하지 않는다면, 그 사람은 내 제자가 될 수 없다. 자기 십자가를 지고 나를 따르지 않는 그 누구도 내 제자가 될 수 없다. 너희 가운데서 누가 망대를 세우려고 하면, 그것을 완성할 만한 비용이 자기에게 있는지를, 먼저 앉아서 셈하여 보아야 하지 않겠느냐? 그렇게 하지 않아서, 기초만 놓은 채 완성하지 못하면, 보는 사람들이 그를 비웃으며, 말하기를 '이 사람이 짓기를 시작만 하고, 끝내지는 못하였구나' 할 것이다. 또 어떤 임금이 다른 임금과 싸우러 나가려면, 이만 명을 거느리고 자기에게로 밀고 들어오는 자를 만 명으로 당해 낼 수 있을지를, 먼저 앉아서 헤아려 보아야 하지 않겠느냐? 당해 낼 수 없겠으면, 그가 아직 멀리 있는 동안에, 사신을 보내서 화친을 청할 것이다. 그러므로 이와 같이, 너희 가운데서 누구라도, 자기 소유를 다 버리지 않으면, 내 제자가 될 수 없다. (누가복음 14:26-33)

가족적 유대의 거부는 명백히 오래된 것으로부터 새로운 것으로의 전환이라는 관점을 통해 이해된다. 그런 거부는 특히 여기에서 예수가 시작하는 새로운 질서와 예수의 사역에서 제자들이 예수의 대역으로 소환되는 그 새로운 질서에 대한 봉사를 위한 헌신에서 문제가 된다. 가족과 소유를 뒤로하고 떠나는 것은 예수의 메시지에서 결코 우연적이거나 또는 주변적인 것이라 할 수 없다. 자기 이해, 가족, 소유를 거부하고 십자가를 택함을 통해 삶 그 자체를 부인하는 것은 복음서들에서 그려지고 있는 그대로 제자 됨에 의해 치러야 할 대가 중에서 중요한 부분을 차지한다.

그러나 우리는 여전히 어떻게 이러한 요구가 있을 수 있는지에 대해서 당혹해 할 수도 있을 것이다. 가족 제도는 어떤 측면에서 우리가 예수를 따르는 것을 막는가? 우리는 예수의 가족 가치의 전복에 대한 공관복음 전승을 최초로 논의하기 시작했던 마가복음 구절로 되돌아감으로써 이에 대한 이해에 부분적인 도움을 얻을 수 있을 것이다. 그 구절은 참된 가족에 대해 그리고 오래된 가족의 혈연적 유대와 새로운 가족의 연대를 통한 유대 사이의 상반적인 차이를 다루었다.

이 부분의 맥락이 현재 우리의 목적에 대해 결정적인 중요성을 가진다. 예수의 가족들이 그가 '정신이 나갔다'고 믿고 예수를 제지하기 위해 달려온 후, 즉각적으로 다음과 같은 구절이 따른다. "예루살렘에서 내려온 서기관들은, 예수가 바알세불에 들렸다고 하고, 또 그가 귀신의 두목의 힘을 빌어서 귀신을 내쫓는다고도 하였다"(마가복음 3:22).

예수의 대응은 서기관들이 예수가 악마적인 권세들과 연합하였다는 것이 맞다 손 치더라도, 그의 치유와 축귀 행위들이 여전히 이러한 권세들에 대한 지배의 종말과 신의 통치의 틈입을 드러내고 있음을 논증하는 것이다.

예수의 친족들과의 사건은 '예루살렘에서 온 서기관들'과의 사건에 의해 중단된다. 이 이야기들은 샌드위치와 같은 구조로 전해지는데, 이것은 사건들 간의 관계에 우리의 관심을 끌어내는 마가복음의 방식이다. 여기에서 예수의 친족들과 예루살렘으로부터 온 서기관들은 양자 모두 예수에 대해 막연하게 그가 미쳤다는 동일한 진단을 내린다. 예수의 광기는 정확히 그가 관습적인 의미의 질서—한편으로는 가족에 의해 그리고 다른 한편으로는 예루살렘으로부터 내려온 종교적 권위자들에 의해 재현된 질서—바깥에 서 있다는 것을 의미하는 그런 측면에서의 광기인 것이다.

가족 제도의 안정성은 직접적으로 종교적이고 사회적인 제도들과 연결고리를 가진다. 실제로 우리는 가족이 기초가 되고, 이 위에서 종교가 기초적인 삶의 사회적 구조들(문화적, 사회적, 정치적, 그리고 경제적)의 상부구조 및 이데올로기가 된다고 말할 수 있을 것이다. 가족은 이러한 가치들이 주입되는 장소이며, 종교는 이를 검증하고 확인하는 양식이다. 예수의 개방적인 우정, 연대 그리고 관대함으로 이루어진 새로운 사회적 질서의 구현은 가족과 종교가 봉사하고 보호하는 사회적 세계를 파괴한다. 이들 양자의 입장에서 볼 때, 예수는 불경하다. 예수는 '미친' 놈일 뿐이다.

새로운 세계의 창조는 우리를 오래된 세계에서 가장 본질적인 사회적 구조에 대한 모순으로 이끌어 간다. 즉, 가족이라는 구세계의 종묘판으로 말이다.

반대 경향들

예수와 가족 제도 사이에 명확하게 대립을 위한 선을 긋고 있는, 우리가 이미 고찰한 바 있는 자료들에 더해, 추가적으로 두 구절들이 흔히 이러한 동일한 제도들에 대한 보다 수용적인 태도를 제시하고 있다고 언급된다. 이 구절들은 아이들에 대한 담화와 '고르반corban'(성전에 바칠 봉납물)과 관련된 언쟁에 대한 부모들의 의무를 논급하는 담화다. 우리는 이 두 구절을 각각 고찰하여 예수 전승이 어떤 의미에서 가족 제도를 옹호하고 있다는 것을 상정할 수 있는 어떠한 근거라도 존재하는지에 대해 살펴볼 것이다.

아이들

우리는 첫 세 복음서들에 공통적으로 나타나는 아이들에 관련된 담화로 눈을 돌리게 된다. 앞에서와 같이 우리는 마가복음의 이야기 형태를 논의의 기초로 삼게 될 것이다. 마가복음 10장 30절에 나오는 아이들을 떠나거나 또는 자기 자신의 아이들을 부인하는 것과 관련된 담화는 아이들 일반에 대한 냉담한 태도를 제시하는 것으로 곡해될 수 있다. 이 해석은 같은 구절의 아이들을 백배나 받게 된다는 약속과 관련하여 이미 반박된 바 있다. 이 상황은 아이들과 관련된 특수한 텍스트들을 고찰할 때 추가적으로 해명될 것이다. "그리고 아이 하나를 데려다가 그들 가운데 세우신 뒤에, 그를 껴안으시고서 그들에게 말씀하셨다. '누구든지 내 이름으로 이런 아이들 가운데 하나를 환영하면, 나를 환영하는 것이요, 누구든지 나를 환영하면, 나를 환영하는 것 이상으로 나를 보내신 분을 환영하는 것이다'"(마가복음 9:36-37; 또한 마태복음 18:2-5; 누가복음 9:47-48을 볼 것).

세 복음서 모두에서 이 이야기는 하나님 나라 가운데의 '위대함'에 관한 제자들의 논의 내에 있다. 예수는 여기에서 그에 대한 관계의 표징으로 가장 약한 것에 대한 배려의 중요성을 강조하고 있다. 이 경우에 문제가 되는 것은 약한 자들로서의 아이들에 대한 태도다. 그래서 다른 담화들에서 제시되는 자기 자식의 유기는 결코 모든 아이들에 대해 적대적 관계를 장려함을 암시하지 않는다. 더 정확히 말하자면 이 차이는 소유의 대상이 되며 세계 내에서의 안정을 보장하는 수단이 되는 아이들(나의 자녀들)과 이들에 대한 보호와 감싸 안음이 하나님 나라의 가치에 있어 필수불가결한 표현인 연약한 아이들 사이에 존재한다.

그 차이는 있는 그대로의 아이들(약한) 그리고 소유물로서의 아이들(부모들을 세계에서 안전하게 해 주는) 간의 차이인 것이다. 이 구별의 지점은 '내' 아이들과 다른 아이들 간의 차이를 향한다. 문제는 내 아이들에 대한 관심이 다른 아이들에 대한 무관심을 낳게 되는가 하는 것이다.

이러한 구분이 폐기되는 곳에서 어떤 아이라도 태생에 상관없이 예수의 제자에게는 진정한 배려의 대상이다. 왜냐하면 예수의 제자가 어떤 아이라도 반기고 감싸 안을 때 이 제자는 예수가 보낸 아이를 환영하는 것, 말하자면 이 제자는 하나님을 품에 안는 것이 되기 때문이다.

이러한 선포는 첫 세 복음서에 공통적인 아이들에 대한 또 다른 담화에 의해 추가적으로 해명된다.

사람들이, 아이들을 예수께 데리고 와서, 쓰다듬어 주시기를 바랐는데, 제자들이 그들을 꾸짖었다. 그러나 이것을 보시고, 예수께서 노하셔서 제자들에게 말씀하셨다. "아이들이 내게 오는 것을 허락하고, 막지 말아라. 하나님의 나라는 이런 사람들의 것이다. 내가 진정으로 너희에게 말한다. 누구든지 아이와 같이 하나님의 나라를 받아들이지 않는 사람은 거기에 들어가지 못할 것이다." 그리고 예수께서는 아이들을 껴안으시고, 그들에게 손을 얹어 축복하여 주셨다. (마가복음 10:13-16; 마태복음 19:13-15; 누가복음 18:15-17 을 볼 것)

하나님 나라의 도래는 여기에서 아이들에 대한 책임과 동일시된다. 왜냐하면 특별히 그들에게 정의와 관대함 그리고 기쁨의 지배가 향하고 있기 때문이다.

마가복음에서 나타나는 예수의 격노는 하나님의 나라가 어른들을 위한 것이라 간주하고, 그에 따라 아이들을 예수에게서 분리하고자 하는 제자들을 향하고 있다. 예수는 이런 정서를 바라지 않는다. 다시 한번 우리는 하나님의 나라가 이들 인간 존재자들 중 가장 약한 사람들을 특별히 배려한다는 이야기를 듣게 된다.

예수의 명백한 가족 유대에 대한 부인은 결코 있는 그대로의 아이들에 대한 부인으로 이어지지 않는다. 실제로 아이들에 대한 예수의 태도는 이들에 대해 보인 예외적인 온유함에 의해 강조되는데, 이것은 그의 적수들을 향하는 분노뿐만이 아니라 그의 성인 제자들을 향하는 훨씬 더 현저하게 드러나던 분노와도 극명한 차이를 보인다. 그러나 예수가 드러내는 아이들에 대한 현저한 배려는 어떤 측면에서도 가족 제도—아이들이 제도의 영속화를 나타내는 그런 측면을 포괄하는—에 대한 예수 전승의 급진적인 대립과 모순되지 않는다.

고르반

예수 전승에서 가족을 향한 태도와 관련하여 살펴보게 될 마지막 텍스트는 부모들과 관련된 것이다. 이 텍스트는 제자들의 종교적 전통과 사회적(민족적) 관습에 대한 경시가 계기가 되어 발생한 언쟁의 외중에 등장하게 된다.

그리고 예수께서 그들에게 말씀하셨다. "이사야가 너희 같은 위선자들을 두고 적절히 예언하였다. 기록된바,

'이 백성은 입술로는 나를 공경해도, 마음은 내게서 멀리 떠나 있다.

이들은 헛되이 나를 예배하며, 사람의 충고를 교리로 가르친다.'

너희는 하나님의 계명을 버리고, 사람의 관습을 지키고 있다."

또 그들에게 말씀하셨다. "너희는 너희의 관습을 지키려고 하나님의 계명을 잘도 저버린다. 모세가 말하기를 '네 아버지와 네 어머니를 공경하여라' 하고, 또 '아버지나 어머니를 욕하는 자는 반드시 죽을 것이다' 하였다. 그러나 너희는 말한다. 누구든지 아버지나 어머니에게 말하기를 '내게서 받으실 것

이 고르반(곧 하나님께 드리는 예물)이 되었습니다' 하면 그만이라고 말한다. 그러면서 아버지나 어머니에게 그 이상 아무것도 해 드리지 못하게 한다. 너희는 너희가 물려받은 관습을 가지고, 하나님의 말씀을 헛되게 하며, 또 이와 같은 일을 많이 행한다."(마가복음 7:6-13; 마태복음 15:3-6을 볼 것. 누가복음에는 병행구가 없음.)

여기에서 문제가 되고 있는 것이 무엇인지 보기 위해서 우리는 예수가 대립각을 세우고 있는 것이 인간적인 필요에 대해 방해가 되는 종교적인 관행(고르반)이라는 점에 주목해야만 한다. 여기에 신중한 관심을 기울일 필요가 있는데, 이것은 용어의 반전 때문이다. 우리는 '하나님의'와 '사람의'라는 문구들로 이 담화에 대한 고찰을 시작한다. 우리는 후자(인간적 전통)보다는 전자(신의 명령)를 존중한다. 이때 성스러움/세속적임의 구분으로 보이는 것이 전도된다. 하나님께 속한 것은 인간적 필요에 대한 배려, 즉 이에 대한 관심이다. '인간에게' 속한 것은 '종교'(고르반)에 대한 관심과 배려다. 신의 명령은 인본주의적 책무를 지시하고 있는 반면, 인간적 전통은 종교적 책무를 지시한다. '하나님께' 속한 것은 세속적인 인본주의이며, '인간에게' 속한 것은 종교적인 경건함이라는 것이다.

그래서 마가복음에서 예수는 '종교'가 인간적인 발명품이며(포이어바흐), 그것이 우리가 타자의 필요와 고통을 보고 이에 반응하는 것을 막는 기능을 수행한다는 주장을 펼치게 된다. 예수의 이러한 비판적 논평은 하나님이 종교가 아니라 정의를 요구하신다는 선지자적 시각의 급진적인 맥락에서부터 나온다.

이 담화의 맥락은 우리가 그것을 가족적 구조들의 정당성을 주장하는 데 사용할 수 없다는 것을 의미한다. 예수는 결코 그의 제자들에게 그 (자신의) 부모를 공경하라고 요구하지 않는다. 그보다는 오히려 전통을 옹호하는 자들 자신이 어떻게 연로한 사람들에 대한 책임을 무시하기 위한 방편을 찾아나가는가에 대해 주목한다. 이때 예수가 하고 있는 대답의 요지는 전통을 옹호하는 자들에게는 제자들이 전통을 따르지 않는다고 비난할 수 있는 근거가 없으며, 이것은 그들의 전통이 하나님이 정말로 요구하는 것, 즉 인간적인 필요를 배려하려는 것에 대한 침해이기 때문이다.

그러므로 우리는 우리가 아이들과 관련하여 맞닥뜨렸던 것과 유사한 상황에 들어서게 된다. 예수는 사람들을 불러모아 곤궁에 빠진 연약한 인간 존재자들에 대해 관심을 가지도록 한다. 내 아이들을 부인하는 것과 마찬가지로 내 부모를 거부하는 것은 타자들의 약함에 대한 냉담한 무시 또는 책임으로부터의 회피를 정당화하는 것으로 이해되어서는 안 된다. 오히려 예수는 책임의 영역을 넓혀 모든 아이들과 모든 부모들(또는 연로자들)을 포함하도록 한다. 엄밀하게 이런 방식으로 배려와 책임의 영역을 확장하는 것으로 인해, 예수의 가르침은 가족이라는 제도와의 근본적인 분쟁으로 돌입하게 된다. 자기 자신의 것(아이, 어머니, 형제자매)과 타자들 간의 구분을 강제하는 이 제도와의 분쟁으로 말이다.

요한복음

요한의 복음서는 첫 세 복음서들과는 대조적으로 가족 제도에 대해서는 뚜렷한 침묵을 지킨다. 가족 제도는 대체로 단적으로 무시될 뿐이다. 그러나 이 복음서가 이 제도를 어떤 방식으로든 지지한다거나 또는 당연한 것으로 받아들이는 것으로 해석되어서는 안 된다. 오히려 그 사랑받던 제자의 공동체에게 가족이라는 오래된 제도는 중요하지 않았던 것처럼 보인다. 이런 견해는 우리의 주제와 어느 정도 관련이 있다고 볼 수 있는 몇 개 되지 않는 구절들, 즉 탄생과 관련된 구절 그리고 예수와 그의 어머니에 관련된 구절에서 명확해진다.

두 경우에서 요한복음은 탄생을 가족과 연결될 수 있는 하나의 과정으로 언급한다. 두 경우 모두 탄생은 저자(들)와 예수에게 중요한 의미를 가지는 어떤 특정한 탄생과 대비된다. 우리는 이 서사에 대한 서언에서 다음과 같은 이야기를 듣게 된다. "그러나 그를 맞아들인 사람들, 곧 그 이름을 믿는 사람들에게는, 하나님의 자녀가 되는 특권을 주셨다. 그들은 혈통으로나 육정으로나, 사람의 욕망으로 나지 않고, 하나님께로부터 났다"(1:12-13).

출산과 성애의 문제와 관련하여 다시 고찰하게 될 이 구절은 결혼 및 가족 제도의 목적으로 흔히 간주되는 '자연출산'을 믿는 자와 신의 출산을 믿는 자를 극명하게 대조시킨다.

두 번째 문구는 예수와 니고데모 간에 있었던 3장 1-14절에 나오는 두 가지 탄생에 대한 대조에 연관된다. 여기에서 다시 한번 이 대조를 통해 자궁으로부터의 탄생과 예수가 '하나님 나라를 보기' 위해 필수적이라고 말하는 신의 탄생 간의 상반되는 차이가 강조된다. 예수에 따르면 이 구절은 자궁을 통한 탄생이 폐지된다는 맥락에서 볼 때, 절대로 결혼 및 가족 제도를 정당화하는 것으로 받아들일 수 없다.

우리는 또한 공관복음서들에 나오는 '고향' 에피소드와의 병행구를 보게 된다. 여기에서 관건은 예수의 탄생지로의 문자적인 의미로의 회귀가 아니라 예수의 본래의 가족들을 알고 있기 때문에 생기는 불신이다. "말하기를 '이 사람은 요셉의 아들 예수가 아닌가? 그의 부모를 우리가 알지 않는가? 그런데 이 사람이 어떻게 하늘로부터 내려왔다고 하는가?' 하였다"(6:42).

예수의 가족들을 안다는 것은 여기에서 다른 복음서들과 동일한 기능을 가지게 되는데, 말하자면 믿음을 불가능하게 하는 것이다. 가족의 친숙함이 근본적인 변환의 기대를 불가능한 것으로 만드는 것이다.

요한복음은 또한 예수의 형제들과 관련한 한 에피소드를 서술하고 있는데, 이 서사는 그들 사이가 소원하다는 것을 강조한다. '수장절'을 지내기 위해 예루살렘에 갔던 일에 얽힌 한 언쟁에서, 예수의 형제들이 그에게 가서 그의 사역을 공적으로 선언하라고 다그친다. 예수는 이를 거부한다(그의 "때가 아직 이르지 않았다"). 그리고 이 복음서에서 서사자는 "그의 형제들조차도 그를 믿지 않았기 때문에"라고 말한다(7:6). 이 형제들은 다시 모습을 드러낼 때 예수가 사랑했던 그 제자와 관련한 예수의 담화를 오해한 사람들로 등장한다(21:23).

그런 이후 이 서사는 예수의 어머니 마리아가 등장하는 장면에 이르게 된다. 우리는 마리아가 누가복음과 요한복음에서만 서사의 대상이 되고 있다는 점에 주목할 필요가 있다.[6] 누가복음에서 마리아는 예수의 수태, 탄생, 그리고 유아기에 대해 언급하는 도입부의 주된 주체가 되고 있다. 그러나 누가복음에서 그녀의 아들은 복음서들에서 전반적으로 드러나는 것과 일관적인 모습으로, 노골적으로 그녀의 생물학적인 역할을 상대화시킨다.

요한복음에서 예수와 그의 어머니 간에 그려지는 관계는 다른 곳에서

---

6) 마태복음의 탄생 서사는 마리아가 아니라 요셉에게 방점을 찍고 있다.

볼 수 있는 모습과 일치한다. 우리는 이미 십자가 장면과 관련하여 이에 대해 살펴볼 기회를 가졌지만, 가족이라는 주제와 관련하여 이를 다시 살펴보는 것도 유용할 것이다.

마리아는 가나에서 예수의 첫 번째 '표징'을 촉발한다. 이 사실이 때때로 예수와 그의 어머니 사이의 각별한 관계를 나타낸다고 언급되기도 하지만, 이 텍스트에 대한 보다 면밀한 고찰에 의해 이런 인상은 곧 사라지게 된다. "그런데 포도주가 떨어지니, 예수의 어머니가 예수에게 말하기를 '포도주가 떨어졌다' 하였다. 예수께서 어머니에게 말씀하셨다. '여자여, 그것이 나에게 무슨 상관이 있습니까? 아직 나의 때가 오지 않았습니다'"(2:3-4).

마리아에 대한 예수의 말씀은 성서 번역문에 나타나는 것 이상으로 퉁명스럽다. 이 구절은 완전한 거절의 말을 드러내며, 굳이 말하자면 "당신이 나한테 뭔데요?"라는 표현에 가깝다. 게다가 예수의 응대는 서사자가 형제들의 불신의 특징으로 그려내고 있는 것을 그가 꾸짖는 데 사용하는 어투와 유사하다. "아직 나의 때가 오지 않았(습니)다."

그러나 그와 동등한 정도로 현저하게 눈에 띄는 것은 예수가 그녀를 어머니가 아니라 '여자'—그가 사마리아 여인이나 간음하다가 잡힌 여인에게 사용했던 호칭과 같은 형태—라는 호칭으로 부르고 있다는 것이다. 마리아는 여기에서 예수에 의해 정확하게 여느 여인과 다를 바 없는 취급을 받고 있는 것이다. 그녀는 어머니라는 생물학적 지위로 예수에 대해 아무런 특별한 권리도 주장하지 못하고 있는 것이다.

어쨌든 예수는 그녀의 요청을 들어주는데, 이런 태도는 또한 그에게 청해졌던 다른 요구들에 대해 그가 응대하는 방식과 비교할 때 특징적이다. 예수는 그에게 치유를 청하러 오는 사람들을 고쳐 주며, 깨달음을 구하

러 온 사람들에게는 가르침을 준다. 마리아는 이런 의미에서 다른 사람들과 동일한 상황에 놓인 것이다.[7]

이와 동일한 상황이 마리아와 예수가 사랑한 그 제자가 십자가의 발치에서 함께 등장하는 예수의 처형 장면에서 나타나고 있다. 마리아는 다시 예수에 의해 마리아나 '어머니'가 아니라 '여자'로 호칭된다. 그리고 우리가 앞에서 봤던 바와 같이 이 텍스트에서 강조되는 것은 두 인물의 서로에 대한 상호 입양이다. 이후 이 장면은 오래된 형태의 본래적 가족이 아닌 예수의 선교사역에서 볼 수 있는 연대를 통한 새로운 가족의 구성을 통해 특별하게 극적으로 재현되고 있다.

요한복음에서 우리가 고찰했던 텍스트들은 예수가 선포하고 구현하는 과정에 있는 새로운 세계를 지시하기 위해 예수 전승이 가족이라는 구조를 거부한다는 주장을 확인하는 논거로 기능한다. 이는 개인에 대한 거부가 아니라 역할, 구조, 그리고 제도에 대한 거부로, 말하자면 가치들에 대한 거부인 것이다. 부모들이나 아이들 누구라도 관련된 개인들은 어떠한 특별한 권리도 가지지 않지만, 다른 한편으로 사랑과 정의의 새로운 사회에 속한 다른 여느 사람들과 같이 그 사회의 구성원으로서 자신의 자리를 차지할 수 있도록 초대된다.

---

7) 여기에서 나의 요지는 마리아 숭상에 대한 그리스도론의 관련 영향들에 관심을 두는 성모론의 문제들에 대해 논쟁하는 것이 아니다. 전형적인 성모론적 주장들은 여기에서는 논쟁에 부쳐지지 않은 예수의 신성에 대한 고찰로부터 유래한다. 그리스도론의 토대들에 대한 개괄적 도입에 대해서는 내가 쓴 『신에 대한 충성: 삶과 전례에서의 사도신경 *Loyalty to God: The Apostles Creed in Life and Liturgy*』 (Nashville: Abingdon, 1992)을 볼 것.

결론

가족과 관련된 복음서 텍스트들에 대한 우리의 고찰은 이러한 제도의 전복이 예수 전승의 일관적인 특징이라는 것이다. 이 제도는 그것이 현 상태로서의 기본적인 사회의 단위, 즉 구세계의 기본적인 형태이기 때문에 거부된다. 그 자체로 가족은 분리('나 자신의' 친족들과 타인들 사이의)와 소유로부터 도출되는 지배를 통해 특징지어진다.

가족 제도에 대한 이러한 태도는 금욕적 전승들로부터 생산되는 태도와는 다르다. 예수 전승은 삶을 향한 금욕적 태도보다는 즐기는 태도에 정합적이며, 이런 관점은 가나의 포도주와 관련된 에피소드로 잘 재현된다. 여기에서 그 무엇도 삶을 즐기는 것을 향하는 의심으로 여겨지는 것은 없다. 오히려 우리는 이러한 즐거움을 자기 자신의 가족 또는 그가 속한 그룹에 '귀속된' 사람들에게만 한정하는 태도에 대한 비판만을 볼 수 있을 뿐이다.

예수 전승의 특징이 되는 '가족 가치'에 대한 거부는 그들의 존재 자체가 이러한 가치들에 대한 위협으로 간주되기 때문에 반복적으로 모욕을 당하는 사람들에게는 좋은 소식(복음)으로 들릴 것이다. 게이 및 레즈비언 기독교인은 예수 전승이 만든 배제와 '강압적인 이성애 중심주의'라는 제도를 받아들이는 태도에 대해 특별히 기뻐할 이유를 가지고 있을지도 모른다.

그러나 예수 전승의 이런 측면은 또한 스스로를 가족 제도의 희생양으로 보는 다른 사람들에게도 반항을 불러일으킬 것이다. 우리는 가족적인 삶에 대한 감상적인 초상들이 너무나 통상적으로 폭력과 폭행의 무대로서의 가족의 모습을 기만하는 데 사용될 수 있음에 대한 인식을 점증적으로 늘려 가고 있다. 가족 제도의 '바빌론 유수'를 통해 교회는 너무나 빈번하게 이 제도가 영속화하고 있는 여성들과 아이들을 향한 폭력에 대해 침묵하거나 또는 이에 공모하는 모습을 보여왔다.

이런 측면에서 볼 때 예수 전승에 대한 재고는 비전통적인 가족형태들과 게이들 및 레즈비언들 사이에서 강조되고 있는 또는 '우리가 선택하는 가족형태들'의 중요성에 대한 인식을 가능하게 할 것이다.

제11장
결혼과 혼인 잔치들

동-성적 관계들을 실격시키는 여러 방식들 중 한 가지는 이들 관계들이 이-성 간의 또는 이성애적 결혼 제도를 파괴한다고 간주하는 것이다. 이러한 자격박탈 및 낙인찍기에 대한 대응으로 어떤 이들은 동-성애적 관계들이 이성애적 일부일처혼과 거의 유사한 어떤 것이라는 주장을 펼친바 있다(예를 들어, 『인정을 위한 시간 *Time for Consent*』에서 노먼 피텐저Norman Pittenger의 글). 어쨌든 현존하는 이성애적 결혼 제도에 대해서는 동-성애적 관계들에 대한 반대자들이나 지지자들 모두에 의해 규범적인 것으로 받아들여지기 이전에, 예수 전승 내에서 고려되는 뿌리 깊은 양가성을 다뤄야만 한다.

개신교에 특징적인 것들 중 하나는 결혼 제도와 이에 수반하는 가족 제도를 기존에 위임된 권한, 질서, 또는 '하나님께 속하는' 고정된 제도로 간주한다는 것이다. 이러한 견해는 성서, 특히 신약성서가 '신성한 유산으로서의 결혼'에 대해 긍정함에 있어 모호한 태도를 취하지 않는다는 가정으로 향한다. 그러나 이러한 견해는 복음서들에서 표현되는 그대로의 예수 전승이 가지고 있는 뿌리깊은 모호성에 대한 무지에 근거하고 있다. 따라서 나는 이 모호성과 양가성을 드러내기 위해 이 전승에 관심을 집중할 것이다.

결혼에 대한 비판

마가복음상의 세 가지 텍스트들은 예수 전승 내에 있는 결혼 논의에 대한 설명을 제시해야만 한다. 이 텍스트들 중 둘은 이혼 문제에 관한 것이고, 남은 세 번째 텍스트는 부활의 문제를 다룬다. 우리는 앞의 두 텍스트들을 이후에 이혼에 대한 일반적인 견해와 연계하여 다루게 될 것이다. 우선 우리는 부활에 관한 문제에 접근하게 된다.

마가복음: 부활에 관해서

우리의 연구와 관련된 에피소드는 예수가 체포되기 며칠 전에 있었던 예루살렘의 권위자들과의 일련의 대결 상황들에서 발생한다. 이 대결들은 다음과 같은 문제들로 시작된다. 첫 번째 문제는 예수의 비범한 거동에 관련된 그의 권위에 대한 것이며(예루살렘 시가의 행진과 성전 봉쇄), 두 번째 문제는 로마 제국의 세금 납부와 그에 따른 제국의 권위에 대한 것이다. 이 두 문제에서 예수는 잇달아 사제들, 서기관들, 그리고 장로들과 대결하며(11:27-12:12), 바리새파 사람들 그리고 헤롯당원들과 잇달아 대결한다(12:13-17). 이 일련의 대결에서 예수는 종교적 권위와 '세속적' 권위의 기초를 폐지했다. 이제 그는 사두개파 사람들에게로 방향을 돌려 포문을 연다.

그리고 부활이 없다고 말하는 사두개파 사람들이 예수께 와서, 물었다. "선생님, 모세가 우리에게 기록하기를 '어떤 사람의 형이 자식이 없이, 아내만 남겨 두고 죽으면, 그 동생이 그 여자를 맞아들여서, 그의 형에게 뒤를 이을 자식을 낳아 주어야 한다' 하였습니다.

"형제가 일곱 있었습니다. 그런데 맏이가 아내를 얻었는데, 죽을 때에 자식을 남기지 못하였습니다. 그리하여 둘째가 그 여자를 맞아들였는데, 그도 또한 자식을 남기지 못하고 죽고, 셋째도 그러하였습니다. 일곱이 모두 자식을 두지 못하였습니다. 맨 마지막으로 그 여자도 죽었습니다. 부활 때에, 그 여자는 그들 가운데 누구의 아내가 되겠습니까? 일곱이 모두 그 여자를 아내로 맞아들였으니 말입니다."

예수께서 그들에게 말씀하셨다. "너희는 기록된 바에 대해서도 알지 못하고, 하나님의 능력도 모르므로, 잘못된 생각에 빠져든 것이 아니냐? 사람이 죽은 사람들 가운데서 살아날 때에는, 장가도 가지 않고 시집도 가지 않고, 하늘에 있는 천사들과 같다.

죽은 사람들이 살아나는 일에 관해서는, 모세의 책에 떨기나무 이야기가 나오는 대목에서 하나님께서 모세에게 어떻게 말씀하셨는지를, 너희는 읽지 못하였느냐? 하나님께서는 모세에게 '나는 아브라함의 하나님이요, 이삭의 하나님이요, 야곱의 하나님이다' 하고 말씀하시지 않으셨느냐? 하나님은 죽은 사람의 하나님이 아니라, 살아 있는 사람의 하나님이시다. 너희는 크게 오해하고 있는 것이다." (마가복음 12:18-27)

사두개파는 특권 계급에 속한 자들이다. 이 계급에 대해 유산의 문제는 근본적인 중요성을 가지게 된다. 이들은 유산 상속의 원칙을 통해 누대에 걸쳐 특권적 지위를 유지한다. 가문의 특권과 권력을 유지하는 한 가지 방식은 형사취수제를 통한(형이 죽으면 아우가 형수를 물려받는) 혼인의 풍습이며, 그들 사두개파 사람들이 예수에게 가져온 것은 이러한 풍습이 이야기하는 문제의 기초였다. 형의 미망인과의 결혼은 가족 범위 내에 재산, 영향력, 그리고 죽은 형(들)의 자식을 유지하는 기능을 수행한다.

사두개파 사람들은 또한 전통주의자들이었다. 그들은 원칙에 있어서는 토라의 권위를 옹호하지만, 선지자들의 권위는 인정하지 않았다. 이런 이유로 그들은 죽은 자의 부활이라는 관념에 반대했고, 이런 관념은 그들에게 이질적인 헬레니즘 관념들을 수입한 것으로 비춰졌다. 사실상 죽은 자의 부활이라는 관념은 알렉산더 대왕의 시기 이전까지는 이스라엘의 신앙에 자리를 마련하지 못한 듯이 보이지만, 다니엘서—보수적인 특권층인 그들이 그 권위를 부인했던—에서 죽은 자의 부활이라는 관념의 명확한 형태를 처음으로 대하게 된다. 또한 사두개파 사람들은 바리새파 사람들의 이방 선교에 대해 반대해야만 했다. 그들은 당연히 유대교를 신념의 문제라기보다는 인종적이고 문화적인 정체성의 문제로 보았다. 이러한 견해는 모든 민족국가들 내에서 전형적인 특권층의 성향이다.

사두개파 사람들이 들고 왔던 문제는 부활의 희망이 불합리하다는 것을 드러내기 위한 것이다. 만일 부활이 일어나게 된다면, 해결이 불가능한 문제들이 뒤따르게 될 터인데, 그 문제들 중에 하나가 확고한 결혼 계약에 얽힌 것이다. 만일 결혼이 어떤 신의 제도라면 이 제도 역시 '부활'되어야만 한다. 그러나 그렇다면 이 결혼에 묶였던 여자는 일곱 형제 모두의 부인일 것이다. 모든 것이 문제가 된다. 이 문제를 너무 성급하게 처리해 버리기보다는, 먼저 우리가 죽음 이후의 삶에 대해 이와 유사한 생각들을 공유하고 있는 것은 아닌지에 대해 물어야만 한다. 그녀는 누구의 부인이 되어야 하는가?

예수의 대답은 다시 한번 상당히 급진적이다. 예수는 결혼 및 가족 제도는 하나님의 나라에서 미래가 없으며, 오히려 죽은 자들의 부활에 의해 폐지될 것이라고 주장한다. 그러므로 하나님은 사회의 가장 기본적인 제도를 폐지해 버린 것이다.

우리는 만일 사두개파 사람들이 제기한 문제가 결혼을 일종의 소유권 문제라는 전제를 알고 있다는 점을 상기한다면, 여기에서 문제가 되는 것에 대해 보다 분명한 시각을 얻을 수 있을 것이다. 그 여자는 소유권 확보의 용기 또는 수단으로 봉사한다. 그녀를 통해 아들들이 태어나고 이 아들들이 재산을 상속하여 가문을 이어나가게 된다. 그러나 그녀는 단지 소유권을 전달하는 매개일 뿐만이 아니라 그녀 자신이 또한 '소유된 것'이다. 그녀는 남편에게 귀속된다. 말하자면, 이 문제는 그녀가 누구에게 귀속되는가에 대한 문제인 것이다. 그리고 그에 대한 예수의 대답은 부활에 의해 소유권이 완전히 폐지된다는 것이다. 시집가고 장가가는 일은 그들이 부활할 때 더 이상 존재하지 않을 것이다. 그들은 하나님의 사자들과 같이 될 것이며, 인간적인 제도들의 굴레로부터 자유롭게 될 것이다. 즉, 한 사람에 의한 다른 한 사람의 지배 또는 소유가 폐지된다는 것이다.[1]

---

1) 이러한 결론은 컨트리먼(Countryman)의 『먼지, 탐욕, 그리고 성애*Dirt, Greed, and Sex*』, 182-183쪽에 제시된 해석과 부합한다.

해석가들은 우리에게 부활의 이러한 측면이 또한 성애의 폐지를 의미한다는 것을 서둘러 납득시키려 들겠지만, 마가복음 텍스트에서 어느 무엇도 그런 결론을 위한 근거를 내주지 않는다. 이 서사에서 예수가 비판하는 것은 성애가 아니라 그것을 사회적 및 경제적 자기 보존의 구조에 연결시키는 제도들이다.

예수의 대답이 내리는 결론은 바리새파 사람들이 사두개파 사람들과의 논쟁에 임할 때 사용해 왔을 법한 것이다. 사두개파 사람들은 하나님이 살아 있는 자들의 하나님이며 죽은 자들의 하나님이 아니기에 죽은 자들의 부활이라는 교의에 배치된다는 논증을 사용했다. 다시 말해, 하나님은 살아 있는 자들의 하나님이기에 죽은 자들과 아무런 관련이 없다는 것이다. 그러나 만일 하나님이 스스로를 현재 죽어 있는 자들(아브라함, 이삭, 그리고 야곱)의 하나님으로 확인한다면, 이러한 하나님은 산 자들뿐만이 아니라 죽은 자들과도 관계를 맺고 있는 것이 아닌가? 예수는 여기에서 바리새파 사람들이 제시하는 이런 답변을 자신의 것으로 받아들이고 있다.

그러나 여기에서 문제가 되는 것은 바리새파와 사두개파 사이의 교의적인 논쟁(사두개파의 본부〔예루살렘〕가 파괴적인 전쟁에서 로마인들에게 파괴된 이후 바리새파가 승리를 거두었던 논쟁)에 대한 해결책을 넘어서는 것이다. 죽은 자들의 부활에 대한 주장은 하나님 나라의 틈입을 위해 헌신하는 사람들이 죽임을 당하더라도 미래를 가진다는 의미가 된다. 종교적 제도는 미래가 없다. 그것은 하나님의 대변자들을 살해한 자들의 제도이기 때문이다. 제국 또한 미래가 없다. 인류를 지배할 권리에 대한 제국의 주장은 거짓으로 폭로된다. 심지어 결혼이나 가족과 같은 가장 기본적인 사회적 제도조차도 미래가 없다. 하나님 나라의 틈입은 성전, 왕좌, 또는 가족 등 어떤 것을 막론하고 모든 지배 구조의 폐지를 의미한다. 이 모든 반신성半神聖의 대체물들은 새로운 인류가 도래할 때에 폭로되고 폐지되는 것이다.

누가복음

예수와 사두개파 사람들 간의 대결에 대해 공관복음상의 이야기에서 나온 예수의 결혼 비판은 가족의 분열과 관련된 Q문서 담화에서 다소간 추가적으로 발전된다. 마태복음 10장 35절에서 우리는 (가족 관계들에 대한 논의에서) 이 분열이 "시어머니와 대립하는 며느리"라는 문구에서 이들 두 여자 사이로 확장되고 있다는 데 주목했다. 이 고부 간의 분열은 누가복음에서 강조되고 있다. "며느리에 대해서 시어머니가 그리고 시어머니에 대해서 며느리가"(누가복음 12:53). 우리는 이 담화의 두 형태 모두 여자들의 입장으로부터 관계의 분열을 강조해 내고 있다는 것을 알게 된다. 여기에서 이들의 관점이 받아들여지고 있지만, 우리에게 보다 직접적으로 관련되는 것은 이런 크나큰 분열이 단순히 혈연적 유대에만 국한되지 않으며 결혼을 통해 구성된 관계들에도 적용된다는 것이다.

이 특정한 담화에 대해 마태복음과 누가복음은 거의 대동소이한 태도를 보이지만, 누가복음은 결혼 관계에 대해 특히 부정적인 태도를 취한다.

이러한 가족의 분리에 대한 논의에서 우리는 "아버지와 어머니를 미워하고 …"라는 누가복음의 특히 강한 어조에 주목했던 바 있다. 그러나 누가복음은 이 목록에 '부인과 아이들'이라는 말을 추가한다(누가복음 14:26). 그리고 예수가 "집, 형제들, 자매들, 어머니, 아버지 또는 아이들"을 떠난 제자들에 대해 이야기하는 마가복음과 누가복음의 담화에,

누가복음은 적절하게 '부인'을 추가로 넣고 있다(누가복음 18:29; 마가복음 10:29; 마태복음 19:29).

누가에게 있어 최소한 부인과 아이들을 등지는 것 그리고 심지어 이들을 떠나는 것은 예수의 사역에 참여하는 데 필수적인 일로 비춰진다. 결혼 및 가족적 가치들이 기독교 신앙의 중심이라고 보는 사람들은 예수 전승에서 위안을 찾기가 더더욱 어려워진다.

이러한 연관 속에서 우리는 요안나와 헤롯의 궁정 관리 구사Chuza의 부인 등을 비롯한 예수를 따랐던 여자들에 대한 누가복음의 언급을 상기할 수 있을 것이다(8:1-3). 이때 한 여자가 예수를 따르기 위해 남편을 떠났다는 인상은 예수를 따르게 될 때 결혼 계약을 해소하거나 또는 무시하는 것이 적합하다는 누가의 견해를 통해 확인되는 듯 보인다.

우리는 또한 마태복음 22장과 누가복음 14장에서 상당히 다른 형태들로 제시되는 큰 잔치의 비유에 대해서도 다루어야 할 것이다. 마태복음에서 이 잔치는 결혼으로 인해 열린 것이라고는 하지만, 결혼 예복에 관한 마태복음의 기묘한 사건의 비유에 이르기까지 이러한 배경 설정은 아무런 역할도 하지 않는 듯하다(22:11-14). 누가복음에서 우리는 그저 한 왕이 큰 연회를 열고 사람들이 참석하도록 초청하지만, 많은 초청자들이 핑곗거리를 대고 오지 않는 장면을 대하게 될 뿐이다. 마태복음과 누가복음 모두 이 거절된 초청에 대한 모티프를 사용하고 있다. 누가복음에서 제시되는(마태복음에서는 아님) 핑계들 중 하나는 "내가 장가를 들어서, 아내를 맞이하였소. 그러니 가지 못하겠소"(14:20)라는 것이다. 아내를 맞아들인 것은 여기에서 로맨스나 또는 심지어 성애의 문제도 아닌, 그저 경제적인 안전의 문제다. 밭이나 소같이 여자는 세상에서 소유자의 위치를 안전하게 하는 하나의 소유물인 것이다.

이 구절은 누가복음이 결혼에 대해 그렇게나 부정적인 시각을 가지면서도 동시에 복음서의 서사 내에서 여자들에게 중요한 역할을 부여하는 이유를 이해하는 데 있어 도움이 된다. 누가복음의 결혼을 반대하는 태도는 여자를 싫어한다거나 또는 여성 혐오의 틀 내에서 설정되는 것이 아니다. 누가복음 서사의 한 가지 중요한 측면은 여자들이 예수를 수행하며, 예수의 가장 충직한 제자들로 그려진다는 것이다. 이때 누가복음의 의심은 여자들을 향하는 것이 아니라 결혼, 즉 소유 제도, 세속적인 안전, 그리고 경제에 대한 것이다. 누가복음은 이러한 결혼이 하나님 나라에 대한 환영에 상반되는 것임을 폭로한다.

누가복음은 금욕적인 관점 내에서 결혼에 대한 의혹을 구축하는 것에서 그치지 않는다. 예수는 여기에서 다른 복음서들에서와 마찬가지로 먹고 마심으로부터 삶을 즐기는 사람으로(7:34) 그리고 명백한 성적으로 부정한 행위에 의해 전혀 충격을 받지 않는 사람(7:36 이하)으로 그려진다. 결혼에 대해 반대하는 동기는 다른 곳에서 찾아야 한다. 그러한 동기는 소유와 경제적 안전의 세계에 종속되어 있는 결혼의 영역—하나님의 지배의 틈입을 환영하는 것과는 근본적으로 반대되는 영역—에서 찾을 수 있는 것으로 드러난다.

누가복음의 관점을 이해하기 위해서 우리는 결혼 비판에 대한 고찰을 시작했던 이야기로, 즉 부활과 관련된 사두개파의 문제로 되돌아갈 수 있을 것이다. 예수와 사두개파 사람들의 대결에 대한 세 형태의 이야기들은 여기에서 예수가 반대하는 것이 소유로서의 결혼제도라는 것을 보여준다. 사두개파 사람들이 형사취수제를 통해 같은 집안의 일곱 형제와 결혼했던 여자가 부활 때에 누구에게 속할 것인지를 알기 원했다는 점과 이에 대한 예수의 반응에 따를 때 하나님 나라에서 소유 구조가 종말에 이르게 될 것이라는 점이 이를 암시한다. 이때 사람들은 서로를 가지거나 소유하지 않을 것이다.

이때 마가복음과 마태복음에 나오는 이 대면에 대한 이야기들에서 결혼과 친족 구조는 예수의 견해에 의해 상대화된다. 이런 연관 내에서 누가복음의 형태는 다른 복음서들에 비해 보다 급진적이거나 명시적이다. "그래서 예수께서는 그들에게 말씀하셨다. '이 세대의 아들들(새번역에는 자녀들)은 장가도 가고, 시집도 가지만, 저 세상과 죽은 사람들 가운데서 부활에 참여할 자격이 있는 사람들은, 장가도 가지 않고 시집도 가지 않는다. 그들은 천사와 같아서, 이제는 죽지도 않는다. 그들은 부활의 아들들이므로, 하나님의 아들들이다'"(누가복음 20:34-36).

결혼에 대한 관계를 논하기 이전에 우리는 이 구절에서 '아들들'이라는 말의 의미를 명확히 해야만 한다. 이 용어는 여기에서 한 사람이 '아들'이 되는 현실에 귀속되는 또는 이러한 현실을 수반하는 상황을 언급하는 아람어 관용어다. 그래서 '이 세대의 아들'은 이 세대에 속한 사람 또는 이 세대의 사람이며, 동일한 이야기가 부활이나 또는 신적인 것에 대해서도 유효한 것으로 성립한다. 게다가 '아들들'이라는 용어는 명시적으로 '남녀에 구분이 없는' 용어이거나 또는 양성적이며, 이것은 반복적으로 사용되고 있는 "장가도 가고 시집도 가지만"이라는 문구에서 명확히 드러난다. 전통적으로 볼 때 남자는 장가드는 사람(부인을 취하는 사람)이며, 여자는 시집가는 사람(부인으로 주어지는 사람)이다. 그러므로 이 경우에 아들은 명시적으로 남자와 여자를 포함하고 있다. 이것은 이 텍스트에 대해서만 흥미로운 것이 아니라 복음서들 전체에서 '아들들'이라고 지칭되는 다른 사람들에 대해서도 관련될 수밖에 없는데, 왜냐하면 이 문구가 이 용어를 남성과 여성 양자 모두에 대해 적용할 수 있도록 해

주기 때문이다.

그러므로 이 텍스트는 두 부류의 사람들, 즉 이 세대에 속한 남자들과 여자들 그리고 하나님 또는 부활에 속한 남자들과 여자들이라는 두 부류를 대비시키고 있는 것이다. ‘이 세대’는 첫 번째 그룹의 삶의 토대가 되는 반면 하나님—그리고 특히 부활이라는 신적인 행위—은 다른 그룹의 삶의 토대가 되며 그들의 삶에 대한 특징을 규정한다.

죽은 자들로부터의 부활을 달성할 자격이 있다는 말을 듣는 사람들은 동시에 부활의 ‘아들들’(또는 자녀들)이 되는 사람들인데, 이들은 이미 부활이라는 현실을 통해 특징지어진 사람들이다. 여기에서 우리는 이미 여기에 도착해 있으면서도 여전히 도래하고 있는, 현실에 귀속되는 제자의 삶에 대한 신약성서 논의의 상당 부분에 대한 특징이 되고 있는 ‘이미’와 ‘아직 아님’ 사이의 긴장관계에 직면하게 된다.

이 구절에서 예수가 선포하고 구현하는 현실에 속하거나 또는 그에 참여하는 모든 사람들은 이 세대에 속하는 그룹이 아니라 부활이라는 현실에 속한 사람들로 분류되어야 할 것이다. 그러므로 부활의 현실은 이미 모든 예수의 제자들을 특징짓고 있는 것이다.

예수의 제자인 사람들과 제자가 아닌 사람들 사이의 특징적인 차이는 전자가 결혼을 하지 않는 사람들 그리고 결혼관계에 주어지지 않는 사람들인 반면, 이 세대에 속한 사람들은 결혼을 하는 남자들과 결혼관계에 주어진 여자들이라는 것이다. 이 구절이 제시하는 관점에서 볼 때, 예수의 메시지와 사역에서 결혼을 거부하는 것은 세상으로 틈입하는 새로운 현실에 귀속되는 사람들에게 의무적인 것으로 여겨진다.

어쨌거나 ‘의무’라는 것이 여기에서 정확한 표현일 터인데, 왜냐하면 이것이 충고나 또는 권고가 아니기 때문이다. 오히려 이것은 현실에 대한 단적인 인정이다. 여기에서 결혼하지 않음은 이 세상에 속하는 길에 대한 거부인 것이다. 결혼한다는 것은 이 세상에 볼모를 잡히는 것이며, '사라져 버릴' 현실 안에서 안전을 구하는 일에 관여하는 것이다.

최소한 누가복음은 부활에 관한 사두개파 사람들에 대한 예수의 말씀("그들은 시집도 장가도 가지 않는다")이 단순히 말세에만 적용되는 것이 아니라 현재에도 또한 적용될 수 있음을 이해하고 있다.

이러한 이해에 따를 때 누가복음에서 예수의 제자는 어떤 이유로 스스로 시집도 장가도 가지 않을 뿐만 아니라, 이미 결혼했다고 하더라도, 어찌해서 결혼 제도를 거부하는지가 해명된다(12:53; 14:26; 18:29). 우리는 이런 관점이 이혼과 관련된 예수의 담화적 전승들에 대한 다른 해석에 반영될 것을 기대하게 된다.

그러나 이혼에 대한 논의로 방향을 돌리기 전에 잠시 멈추어 예수 전승의 결혼 제도 비판에 근거가 되는 것에 대해 살펴보아야만 한다. 많은 교회 신학자들이 이성애 중심적인 결혼을 기독교적 삶에 적합한 전형으로 간주한다. 이러한 견해는 실제로 우리가 예수 전승에서 보게 되는 것에 의해 보증되지 않는다. 그러나 결혼에 대해 의혹이 가는 이유는 무엇인가? 우리는 이미 이 의혹이 상당 부분 세계 내에서의 경제적 안전과 안정의 영역에 결혼이 융합되어 있다는 것과 관련됨을 고찰했던 바 있다. 예수의 요청은 이 세상에서 자신의 삶을 안전하게 하려는 시도를 그만두고 신의 현실, 즉 죽은 자의 부활과 같은 통제할 수 없는 현실에 의존해야 함을 말하고 있는 것이다.

이혼

이혼이 가능함에 대한 예수의 가장 잘 알려진 담화들을 감안할 때, 결혼 제도에 대한 비판은 기묘하다는 인상을 줄 것이다. 이 담화들은 통상 결혼을 절대화하는 것으로 이해되어 왔으며, 따라서 이 제도를 정당화하고 신성화하는 것으로 받아들여졌던 바 있다. 하지만 정말로 이것이 이 텍스트들이 말하고자 하는 것일까?

마가복음: 이혼에 관하여

다시 한번 우리는 마가복음의 텍스트로부터 시작한다.

그리고 예수께서 그곳을 떠나 유대 지방으로 가셨다가, 요단강 건너편으로 가셨다. 무리가 다시 예수께로 모여드니, 그는 늘 하시는 대로, 다시 그들을 가르치셨다. 바리새파 사람들이 다가와서, 예수를 시험하려고 물었다. "남편이 아내를 버려도 됩니까?" 예수께서 그들에게 말씀하셨다. "모세가 너희에게 어떻게 하라고 명령하였느냐?" 그들은 "이혼장을 써 주고 아내를 버리는 것을 모세는 허락하였습니다" 하고 말하였다. 그러나 예수께서는 그들에게 말씀하셨다. "모세는 너희의 완악한 마음 때문에, 이 계명을 써서 너희에게 준 것이다. 그러나 하나님께서는 창조 때로부터 '사람을 남자와 여자로 만드셨다.' '그러므로 남자는 부모를 떠나서, 자기 아내와 합하여 둘이 한 몸이 된다.' 따라서, 그들은 이제 둘이 아니라, 한 몸이다. 그러므로 하나님이 짝지어 주신 것을, 사람이 갈라 놓아서는 안 된다."

그런 이후 집 안에서, 제자들이 이 말씀을 두고 물었다. 예수께서 그들에게 말씀하셨다. "누구든지 아내를 버리고 다른 여자에게 장가드는 남자는,

아내에게 간음하는 것이요, 또 아내가 남편을 버리고 다른 남자에게 시집가면, 간음하는 것이다."(10:1-12)

이 가르침의 배경 설정 및 가르침이 제시되는 구조는 7장 9-13절에서 '고르반'에 관련해 바리새파 사람들과 대결했던 장면을 상기하게 한다. 이 에피소드에서 예수는 군중 속에 휩싸이게 되고(6:55-56), 이때 바리새파 사람들이 그에게 질문을 던지자(7:1), 예수는 이에 대응하여 종교적인 관습과 신의 명령 사이의 괴리를 드러낸다. 여기에서 그의 대답은 모세의 계명(신명기 24:1-6)과 하나님의 창조가 가진 의도의 구분에 기대고 있다. 모세의 계명은 물론 하나님의 말씀, 즉 하나님의 명령으로 이해된다. 그러나 예수는 그것을 종교적 전승들과 함께 뭉뚱그려 버린다. 양자 모두가 인간적인 것들이다(그런 이유로 여기에서 이 인용문에서 제시된 계명의 저작은 하나님보다는 모세에게 돌려지고 있다).

이 명령은 여기에서 단순히 의도적인 또는 완고한 무지에 대한 용인으로 받아들여진다. 모세의 승인은 (여기에서는 명령과 지시로 표현되는) 창조와 대비되고 있다. 그래서 여기에서 호소되는 것은 유대교에만 특정한 것이 아니라 인간 일반에게 공통적인 것이다.

예수의 대응은 창세기 1장 27절과 창세기 2장 24절의 두 텍스트를 조합하는 것이다. 첫 번째 텍스트는 남자와 여자가 서로에게 속한다는 신의 의도를 지적하고 있는 것으로 이해된다. 두 번째 텍스트는 이런 의도가 환희와 욕망의 기초 위에서 둘을 하나로 결합시키는 성적인 연합을 통해 일어나고 있음을 지시한다. 예수가 여기에 부가하는 것은 이 환희와 욕망의 연합이 하나님의 일로서 이해되어야 하며 따라서 인간적 전통(종교적 계명)과 타협하지 말아야만 한다는 것이다.

바리새파 사람들의 질문과 예수의 대답은 모두 우리가 오늘날 결혼이라고 생각하는 것보다는 상당히 더 범위가 넓으며 또한 덜 '공식적인' 것을 다루고 있다. 이 구절은 가까운 장래에 남자와 여자로서 함께 살 것인지에 대한 단적인 결정을 포함하고 있다. 법적인 배우자(남편과 부인)를 지칭하는 용어가 등장하기보다는 보편적인 '남자'와 '여자'라는 단어가 나오고 있다. 이때 이 가르침은 단지 종교적이거나 또는 법적으로 정당화되는 관계들만이 아닌 모든 관계에 적용된다. 이런 의미에서 보자면 여기에서 어떤 것도 결혼이라는 '신성한 유산'과는 연관되지 않으며, 오히려 '동거관계'라는 보편적인 맥락이 관련성을 가진다. 우리는 결혼 제도를 배타적인 것으로 생각할 수 없으며, 오히려 함께 연합하는 것, 즉 남녀가 함께 짝을 이루는 것이 배타적인 것이라고 생각해야 한다. '죄 안에 사는 것'과 결혼의 구분은 이 텍스트와는 어떠한 관련도 없다.

예수가 반대하는 것은 모세가 이 유대의 해소를 위한 형식을 세워야만 했던 현실을 용인하는 것인데, 이러한 유대의 폐기는 어떤 의미에서 하나님의 일로 간주될 수 있다. 여기에서 '현실'에 대한 용인은 아무리 하나님 또는 모세에 대한 호소를 통해 정당화될 수 있다 하더라도 하나님에 대한 인간적인 반항과 같은 것이다.[2]

하나님이 두 사람을 하나로 묶었다는 것은 그들이 자연적으로 함께 있기를 원한다는 것, 함께 새로운 삶을 시작하기를 원한다는 것이 그 자체로 신의 일이라는 것을 의미하는 듯 보인다. 우리는 그렇게 구성되기에 (창조되기에) 이러한 결합은 자연스러운 것이며 적합한 것이다. 우리는

---

2) 그러나 이러한 반항은 여자와 남자에게 귀착되는 것이 아니라 종교적 권위자들에게 돌아가는데, 이들은 이런 것들을 양보하여 하나님이 연합해 놓으신 것을 분리시킨다.

성적인 욕망과 기쁨을 향하는 의심이 없다는 것을 주지해야 한다. 이런 욕망과 기쁨이 오히려 신의 창조적 의도의 표현임을 받아들여야 한다. 이러한 접근은 더 나아가 하나님 나라에서의 결혼 폐지와 관련된 담화가 결코 성적인 욕망과 환희의 폐지로 이해되어서는 안 된다는 우리의 견해를 구체화하게 된다.

마가복음에 따르면 이러한 주장은 사람들이 유대적 상황을 뒤로하고 로마 또는 헬레니즘 관습의 영역으로 들어가게 되는 장소인 '집 안에서' 한 걸음 더 나아가게 된다. 이 '연합함'의 상호성과 평등성에 대한 의도는 이때 훨씬 더 분명해지며, 같은 규칙이 남자와 여자에게 평등하게 적용된다. 여자는 그녀의 남자를 내쫓아서는 안 되며, 남자는 그의 여자를 내쫓아서는 안 된다. 특히 연합을 위한 다른 계약을 맺기 위한 목적으로 말이다. 좋을 때나 나쁠 때나 서로에 대한 충실성은 지속되어야만 한다.

결혼과 가족의 양상을 통한 이 가르침에 대한 협의적 해석은 예수가 3:33-35에서 그 자신의 가족에 대해 취하는 태도와 상반되는 듯하다. 여기에서 예수는 '하나님의 뜻을 행함'을 통해 구성되는 누이들과 형제들의 관계를 선호하고, 자신의 '본래적인' 가족을 거부한다. 즉, 예수는 스스로 혈연적 유대로 속하는 본래적인 가족이 아니라 오히려 공유된 충실성으로 접붙여진 가족과 연합하고 있음을 보이는 것이며, 여기에서도 정확히 그런 태도를 드러내고 있다. 창세기 2장의 구절이 말하는 바와 같이 남자와 여자의 새로운 관계는 부모와 자식의 가족적 관계와의 단절을 수반한다. 남자는 그의 부모를 떠나 이 여자에게 충실하게 되는 것이다(창세기 2:24). 두 경우 모두에 있어 새로운 충실성은 친족이라는 가족적 유대를 대체한다. 두 경우 모두 친족적 유대는 사랑과 충실성 가운데 선택된 관계를 위해 거부되고 있는 것이다.

이 자유롭게 선택된 충실성—정확히 두 담화 모두의 논점이 되는—은 그래서 가족적 안정을 위한 피난처보다 우선하게 된다. '간음'이란 또 다른 관계를 위해 자유롭게 선택한 충실성을 버리는 그런 일이며, 충실성의 관념 그 자체를 무의미하게 만드는 것이다. 그런 이유로 예언자들은 야훼에 대한 이스라엘의 충실성에 울타리를 치는 것을 간음이라고 말할 수 있었다. 이스라엘인들은 외래적인 제국 권력과 연합하여 일정 수준의 '민족적 안전'을 달성하기 원했다. 이스라엘은 민족국가의 안전을 위해 야훼에게 완전하게 의존할 준비가 되어 있지 않았고, 그런 이유로 야훼에 대한 충실성을 훼손했다. 그 결과 제국의 신들이 야훼와 함께 성전에 수용되었던 것이다.

동일한 관념이 여기에서 다시 간음에 대한 가르침을 위한 기반으로 제시된다. 성적인 관계에 대한 충실성과 간음의 은유를 사용함을 통해 부각되는 것은 동요하지 않는 충실성의 중요성, 즉 그 스스로의 자기 이해를 보호하기를 바라지 않으며 스스로를 망설임 없이 헌신하는 그런 충실성의 중요성이다.

그렇다면 정말로 관건이 되는 것은 결혼에 대한 가르침이 아니라 충실성에 대한 가르침이다. 여기에서 제시되는 충실성은 예수에 대한 그리고 예수의 대의와 길에 대해 자유롭게 선택된 충실성이며, 그 때문에 제자들이 '아버지와 어머니'를 떠나게 되었던 그런 것이다. 이 충실성에 대한 대안적 선택은 배신이자 헌신하기를 포기하는 것이며, 그래서 간음/우상 숭배가 된다. 만일 이러한 분석 대신에 우리가 성적인 또는 관계적인 윤리를 발전시키는 데 이 텍스트를 사용하려고 한다면 어떨까? 우리는 여기에서 욕망과 환희를 통해 서로에게 이끌린 두 사람 사이의 사랑과 충실성의 관계가 제자들이 그의 길을 따르기를 바라는 사람들로서 가장 기본적으로 그에게 헌신하고 있던 바로 그 이(예수)에 대한 제자들의 관계에 나타나는 표징 또는 비유로서 제공되고 있다는 것을 말해야만 할 것이다.

마태복음과 누가복음: 이혼에 관하여

마태복음과 누가복음은 마가복음에서 재현된 예수의 가르침을 어떤 방식으로 수정하고 있는가?

우리가 마가복음 10장 1-12절에서 보게 되는 가르침은 마태복음 19:1-12을 통해 두 가지 측면에서 수정되고 있다. 첫째, 마태복음의 담화는 남자들에 대해서만 향하고 있다. 여자들의 재혼에 대한 담화는 생략된다. 이런 차이는 이 텍스트들이 읽혀지는 상황의 변화와 부합할 것이다. 즉, 이혼은 마가복음의 독자들(이방인들) 중에 있던 여자들에게는 가능한 선택지가 되지만 마태복음의 독자들(유대인 기독교인들) 중에 있던 여자들에게는 그렇지 않았다는 것이다.

또 다른 차이는 마태복음이 이혼과 재혼의 절대적인 금지에 대해 한 가지 예외 사항—'부정함의 경우를 제외하고'—을 만들어 두고 있다는 것이다. 그러므로 마태복음에서 남자는 자신의 여자가 난잡한 성생활을 한 것으로 발각될 경우 이혼하고 재혼할 수 있게 된다. 이런 예외 사항은 신약성서의 다른 곳에서 발견되지 않는다. 이러한 수정은 이 담화의 '무게 중심'을 변경하여, 이제 이 가르침이 충실성에 대한 가르침이 아니라 협소한 시각의 이혼에 관한 도덕률로 드러나도록 한다.[3]

---

3) 이러한 변화는 마리아가 임신했다는 것을 알았을 때에도 결코 그의 약혼을 파기하지 않으려 했던 의로운 사람으로서의 요셉의 초상과 관련될 수 있을 것이다. 즉, 요셉의 초상은 이혼에 대한 독립적인 가르침으로서 기능하기보다는 서사적 일관성에 대한 관심에 의해 구술될 수도 있었을 것이다.

누가복음은 마태복음이나 마가복음과 동일한 배경에서 이 담화의 이형을 발전시키지는 않지만, 여하간에 이 세 번째 복음서에도 유사한 가르침이 포함되어 있다. "자기 아내와 이혼하고 다른 여자에게 장가드는 남자는 간음하는 것이요, 남편과 이혼한 여자에게 장가드는 남자도 간음하는 것이다"(누가복음 16:16-18). 이 선언이 남자에게만 집중되어 있다는 의미에서는 마태복음과 일치하지만, 이 말씀에는 마태복음의 "부정함의 경우를 제외하고"라는 문구가 없다.

이 담화의 세 가지 형태들 모두가 이혼에 대해 논한다기보다는 재혼에 대해 논하고 있다는 공통점이 있다.

또한 누가복음 형태가 가져오는 효과는 창세기 2장 24절에 기초한 남자와 여자의 끌림에 대한 담화를 소거하는 것이다(마가복음 10:6-9; 마태복음 9:11-16). 이러한 소거로 인해 결혼 일반을 소거하는 누가복음의 경향을 보다 더 쉽게 이해할 수 있게 된다.

우리는 여기에서 또한 마태복음이 이 가르침을 거세된 자들에 대한 담화에 첨부하고 있다는 점에 주목해야만 한다(마태복음 19:10-12). 9장에서 우리는 두 종류의 거세된 자들에 대해 논한 바 있는데, 이들 중 첫 번째 종류는 나면서부터 거세된 자들이고 두 번째 종류는 다른 사람들에 의해 거세된 자들이다. 하나님 나라를 위해 스스로 거세된 자가 된 세 번째 범주에 속하는 자들은, 현재의 배경에서 보자면 결혼 또는 재혼을 거부하는 사람들을 지시하는 것이다. 그들은 스스로를 자식 없는 자가 되며, 따라서 세상에서 안정이 없으며 세속적인 미래에 대해 붙들 수 있는 것이 없는 자가 된다.

그래서 이혼과 재혼에 관한 담화들은 결혼 제도에 대한 부정적인 시각과 전적으로 정합적이다. 이혼은 하나님 나라에 대한 충실성이 결혼으로부터의 분리를 수반하는 것이기에 하나의 가능성으로 남게 된다. 그러나 재혼은 배제된 가능성으로 남게 되는데, 이것은 결혼 그 자체가 가치 없는 것이기 때문이 아니라 재혼에 충실성의 변경이 따르기 때문이다.

그러나 결혼이 하나님 나라의 윤리(*ethos*, 행동양식)를 구현하는 자유롭게 선택된 충실성을 나타내기에, 완전하게 반대되지는 않는다(누가복음을 제외하고). 이런 방식으로 결혼은 본래의 가족에 대한 심지어 자신의 아이들에 대한 관계와도 다른 것이다(마가복음과 마태복음에 의해 인용된 창세기 2:24). 이런 방식으로 결혼은 충실성과 연대를 통해 구성된 새로운 사회를 상징하는 역할을 맡는다. 그러나 세상에서 자신의 안전을 강화하고 가족 제도를 영속화하는 방식으로 나타날 때(누가복음에서처럼), 결혼은 단호하게 반대되어야만 한다.

혼인 잔치

최소한 남성/여성 관계를 통해 나타나는 성관계의 양상을 긍정적으로 평가하게 될 가능성은 마가복음과 마태복음에서 욕망과 환희에서의 남성과 여성의 연합에 대해 제시된 창세기 2장 24절에 대한 인용문을 통해 드러난다. 이런 가능성은 또한 하나님 나라와 관련된 가르침과 예수 전승의 혼인잔치 자리와 신랑의 이미지에서 드러난다.

마태복음 (그리고 누가복음)

마태복음에서 우리는 결혼 잔치에서 시작되는 두 개의 비유를 보게 된다. 첫 번째 비유는 누가복음에서도 나타나는 것과 같은, 잔치를 위한 계기로 혼인에 대해 언급하지 않는 형태로 제시되는 초청 비유다. 마태복음에서 혼인 잔치라는 배경 설정은 초청 비유의 어떠한 특정한 목적도 드러내지 않는데, 여기에서 강조되는 것은 왕의 사자에 대한 학대와 이에 이어지는 보복이다. 이런 방식으로 마태복음에 실린 초청 비유의 형태는 이 비유의 바로 앞에 위치한 부정한 포도원 지기들의 비유와 가까운 병행구가 된다(마태복음 21:33-43). 누가복음이 이러한 배경을 소거한다는 것은 결혼에 대해 매우 부정적인 누가복음의 시각을 고려할 때 놀라운 것이 아니다.

마태복음에서 그 잔치가 혼인 잔치라는 점은 초청 비유를 바로 뒤따르는 비유로 결혼 예복 비유를 짜맞추기 위한 것이다(22:11-14). 결혼 예복의 비유에서, 앞에서는 예루살렘의 파괴와 이방인 선교의 시작을 이해하는 데 도움을 주었던 혼인 잔치의 알레고리가 이제 "선한 사람이나 악한 사람이나 가릴 것 없이"(22:10) 맞아들인 그 사람들로 구성된 믿음의 공동체 내의 상황으로 전환된다. 이후 혼인을 위한 잔치에 적당한 옷을 입지 않은 것으로 판명되는 사람은 '바깥의 어둠'으로 내쳐진다. "부름받은 사람은 많으나, 뽑힌 사람은 적다"는 결구는 마지막 때에 있을 이 공동체 내에서 선한 사람들로부터 악한 사람들을 분리하는 절차와 관련된다는 것이 명백하다. 마태가 특별히 주목하는 것은 신의 통치의 가치들에 부합하지 않는 공동체의 구성원들에게 내릴 심판이다.[4] 이러한 관심에 따라 마태가 이 문제를 강조하기 위해 사용하는 비유들(혼인 예복의 비유와 같은)이 누가복음에서는 빠져 있다. 그러므로 초청을 위한 계기인 혼인 잔치(혼인 예복에 대한 마태복음의 비유를 구성하는)라는 설정이 없다는 것은 결혼에 대한 누가복음의 의혹에 대해서 뿐만이 아니라, 믿음의 공동

---

4) 또한 마태복음의 알곡과 잡초에 대한 비유들(13:24-30, 36-43)과 그물 안에 잡힌 고기의 비유를 볼 것.

체 내의 선한 자들과 악한 자들의 분리에 대한 신학적인 논점이 누가복음에는 없다는 점에 기인할지도 모른다.

혼인 잔치에 관한 마태복음의 두 번째 비유는 마태복음에서 제시되는 종말의 때에 관한 예수의 확장된 담화에서 찾을 수 있다. 여기에서 마태는 혼인 잔치로 향하는 길을 비추기 위해 신랑을 맞이하러 나가는 열 명의 처녀 이야기를 사용한다. 그들 중 절반 만이 긴 기다림에 준비되어 있다(충분한 기름을 가져와서). 신랑의 도착이 지연되자 그들이 절반은 잠시 졸기도 하지만, 어쨌든 그가 도착했을 때 수행할 수 있는 기름을 준비했다. 그래서 그들은 잔치에 들어가고, 기름을 준비하지 않았던 다른 처녀들은 잔치에 들어가지 못한다. 명백히 이 비유는 준비된 사람들과 준비되지 않은 사람들 간의 구분을 나타내며, 이를 통해 하나님의 통치의 도래를 준비하는 것이 중요하다는 것을 말한다.

누가복음에서는(다시 말해, 마태를 붙들고 있는 심판의 문제에 관심을 두지 않는 누가의 이야기에서는) 이 비유가 사라지고 없지만, 혼인 잔치의 이미지는 드러나고 있다. 첫 번째 경우는 상당 부분 마태복음의 열 처녀 이야기와 유사한데, 왜냐하면 이 이야기가 방심하지 않는 것의 중요성을 강조하고 있기 때문이다. "… 그리고 주인이 혼인 잔치에서 집으로 돌아와 문을 두드릴 때에, 곧 열어 주려고 대기하고 있는 사람들과 같이 되어라"(누가복음 12:26). 이 비유는 종들이 어떤 시간에라도 준비되어 있을 때 이 주인이 이 종들을 먹일 뿐만 아니라 이들을 위해 수발을 들기까지 할 것이라는 약속을 포함하고 있다. 이때 강조점은, 누가복음에 특징적인 것과 같이, 심판이 아니라 약속에 떨어지게 된다.

혼인 잔치 모티프의 두 번째 사용은 누가복음 14장에서 '잔치 예절'에 대한 일련의 비유와 가르침들의 발단으로 제시된다. 이런 방식으로 설정된 이 특수한 비유는 다음과 같이 제시된다. "네가 혼인 잔치에 초대를 받거든, 윗자리에 앉지 말아라. 혹시 손님들 가운데서 너보다 더 친밀한 사람이 초대를 받았을 경우에 …"(14:8).[5] 이 비유는 모든 사람이 혼인 잔치에 가게 될 것을 상정하고, '스스로를 높이는 것'에 대해서 경고하며, '스스로를 낮추는 것이' 잔치에서 그리고 삶에서 적합한 행동이라고 권면한다.

누가복음의 혼인 잔치 이미지의 사용은 마태복음과 유사하지만(신랑을 기다리고 초청을 받아들이고 있다는 점에서), 마태복음에서 제시된 심판에 대한 논점을 강조하지 않는 방식으로 전개된다.

요한복음

그러나 이러한 결혼 이미지를 사용하는 이야기들 중 어느 것도 요한복음의 갈릴리 가나의 혼인 잔치 에피소드같이 극적인 것은 없다. 여기에서는 혼인 잔치에 대한 예수의 이야기를 대신하여 예수 자신이 혼인 잔치의 손님으로 등장하는 에피소드가 나온다. 그의 어머니가 그에게 포도주가 떨어졌다는 심상치 않은 소식을 전하자, 예수는 손님들이 씻는 데 사용하는 물을 놀라울 정도로 좋은 품질의 포도주로 변화시킨다. 이야기꾼은 이 '이적'이 예수가 그의 선교사역 중에 처음으로 행한 것이었음을 전한다. 그래서 혼인 잔치라는 배경 설정은 요한복음에서 다른 복음서들을 뛰어넘는 탁월함을 보인다.

이 이야기는 '결혼이라는 거룩한 유산'에 대한 예수의 긍정적인 태도

---

5) 이것은 2부에서 살펴본바 있는 백부장의 노예를 지칭하는 데도 동일하게 쓰였던 말 (*entimos*)이다. 여기에서 이 단어는 '값비싼'이라는 의미가 될 수 없으며, 거기에서 '유명한'이라는 것을 의미할 수도 없다. 두 경우 모두 이 용어는 '친밀한'을 의미한다.

를 나타내는 것으로 반복적으로 사용되고 있지만, 사실 그런 것과는 하등의 관련이 없다. 우선 예수는 어떠한 의례 또는 제의적 활동을 위해 참석한 것이 아니며, 오히려 잔치 자체에 참석하기 위한 모습으로 등장하고 있다. 우리 시대의 말로 하자면, 그는 결혼식이 아니라 피로연에 참석하기 위해 모습을 드러낸 것이다. 무엇보다 예수는 다른 복음서들에서와 같이 행동하여, 잔치와 연회에 등장하고 있다. 그래서 그의 행동은 '결혼식 집전'과 관련된 것이 아니라, 반대로 씻을 물을 포도주로 변화시켜 잔치가 밤새워 지속될 수 있도록 하는 것이다.

신랑

결혼 잔치의 이미지에 더해 정경상의 예수 전승은 명시적으로 예수를 '신랑'으로 제시하고 있다.

모든 공관복음에 공통적인 한 담화를 통해 예수는 그의 제자들이 세례자 요한의 제자들이나 바리새파 사람들과는 달리 금식하지 않는다고 말한다. "예수께서 그들에게 말씀하셨다. '혼인 잔치에 온 손님들이, 신랑과 함께 있는 동안에 금식할 수 있느냐? 신랑을 자기들 곁에 두고 있는 동안에는 금식할 수 없다. 그러나 신랑을 빼앗길 날이 올 터인데, 그 날에는 그들이 금식할 것이다.'"(마가복음 2:19-20; 마태복음 9:15; 누가복음 5:34-35).

빼앗기게 될 신랑에 대한 언급은 이 담화가 간접적으로 예수의 수난을 지시하도록 하며, 어떤 의미에서는 예수를 곧 빼앗기게 될 "그 신랑"으로 나타내는 것이다.

이 담화에는 요한복음에서 세례자 요한의 입을 통해서 예수를 신랑으

로 말하는 대응구가 제시된다. "신부를 차지하는 사람은 신랑이다. 신랑
의 친구는 신랑이 오는 소리를 들으려고 서 있다가, 신랑의 음성을 들으
면 크게 기뻐한다. 나는 이런 기쁨으로 가득 차 있다. 그는 흥하여야 하
고, 나는 쇠하여야 한다"(3:29-30).

여기에서 요한은 이스라엘 민족이 예수를 따름에 의해 의미되는 그대
로, 예수와 이스라엘 민족의 연합에 대해 기뻐한다. 다시 예수는 신랑으
로, 그의 바람을 완성하려고 하는 바로 그 사람으로 지시된다.[6]

그러므로 복음서들에서의 결혼 제도에 대한 확연히 부정적인 시각들과
더불어, 우리는 잔치와 신랑이라는 확연히 적극적인 결혼 은유의 사용을
대하게 된다. 이러한 적극적인 상징들은 욕망과 환희의 완성이 신의 지
배의 도래와 예수의 선교사역의 완성을 특징짓는다는 것을 적절히 예증
한다. 이러한 결혼에 대한 긍정적인 은유가 결혼 제도에 대한 부정적인
태도와 어떻게 연관될 수 있겠는가?

결론

예수 전승에서 결혼에 대한 언급들은 상당히 양가적인 그림을 만들어
왔다. 결혼은 한편으로 가족 제도에 동화되었을 때 예수 전승으로부터
거부되고 기각된다. 다른 한편으로 두 사람이 욕망과 환희 내에서 연합
하는 것으로 비춰질 때 결혼은 용납되고 인정된다. 이러한 양가성은 결
코 혼란이나 모순의 소산이 아니다. 또한 그 자체로 모순적인 것도 아니다.
하지만 그 애매함은 욕망과 환희 내에서의 연합의 이유가 두 사람이 가

---

6) 예수의 신랑으로서의 이미지는 요한계시록에서도 두드러지게 나타난다. 3:29;
   18:23-29; 22:17을 볼 것.

족 제도의 재생산을 위한 방법으로 협력하는 결혼이라는 재산권 또는 지위를 만들어 내기 위한 것이라고 전제할 때 하나의 모순을 낳는다. 이러한 연결 관계는 너무나 자명하게 되어 혼례와 결혼 관계는 기독교적 몽상과 이데올로기 가운데 계속 확고하게 연결되어 왔던 듯이 여겨진다. 이런 정황하에서 한 쪽을 축하하고(혼례) 다른 쪽(결혼 관계)을 비판하거나 거부한다는 것은 임의적인 것이거나 기껏해야 모순적인 것으로 보일 뿐이다.

그러나 사실상 상황은 명확하며 (예수 전승의) 입장은 급진적이다. 예수가 인정하고 있으며, 실질적으로 인간 본성의 기초로 여겨지는 것은 욕망을 통해 서로에게 끌려 환희를 통해 서로를 향유하며 기쁨 속에서 서로에게 책임을 지고, 그래서 둘이 하나가 되는 것이다. 요컨대 이런 것이 온전한 성애와 성애적 활동의 영역이라는 말이다. 이러한 활동은 묵인되는 것이 아니라 오히려 창세기 2장 24절을 인용하는 담화들의 인정을 통해, 그리고 신적인 기쁨의 지배가 지니는 특성을 지시하는 혼인 잔치와 신랑 모티프의 사용으로 지지된다.

예수 전승 가운데 이러한 주제들이 있다는 것은 부활의 때에—또는 누가복음이 제시하듯이 이미 부활의 현실에 참여하고 있는 사람들 중에서—결혼의 폐기가 결코 성애적인 것 또는 성애의 폐기를 수반한다는 것이 아님을 매우 분명하게 밝히는 것이다. 성애는 둘이 하나의 육체를 이루는 신의 창조의 완성이다. 그러나 이러한 욕망과 환희의 결합은 분리와 지배를 특징으로 하는 세상의 사회적, 경제적, 정치적 가치들의 기초적인 생산 단위 내에 인간들을 얽어맴을 의미하지 않는다.

그렇다면 가족이라는 장치와 구조 내로 전유되지 않는 이러한 욕망과 환희의 연합은 어떤 것인가? 명확히 예수 전승은 모든 수준에서 후자를 세상의 구조들에 대한 용납할 수 없는 타협으로 간주한다. 즉, 현재적으로 구성된 것으로서의 현실에 자신의 자리를 확보하려는 시도이며, 그에 따라 하나님의 나라라는 새로운 현실의 틈입을 거부하는 것으로서 말이다.

물론 성애에 대한 긍정은 타인들을 향한 폭력을 행사하거나 타인들을 불공평하게 대우하는 것, 완고함이나 자기 과장적인 행동에 대한 승인을 의미하지 않는다. 다른 모든 삶의 영역들과 같이 성애의 영역은 사랑과 정의, 관대함과 기쁨이라는 가치들을 통해 번져 나가게 되며, 정확하게 이러한 목적을 위해 하나님이 창조하신 세계에 신의 통치의 의미를 구현하는 것이다.

가족이라는 제도가, 그리고 이 제도를 영속화하는 수단으로서 유지되는 결혼 역시 불가피하게 이러한 가치들과 상반되는 것으로 간주된다는 것이 예수 전승의 분명한 의미인 것이다. 이 제도는 예수에 의해 선포되고 구현된 새로운 현실에 상반되는 소유와 지배의 영역에 속하는 것으로 드러난다.

제도화되지 않은 성애에 대한 긍정이 어떻게 동-성애와 동-성적 관계라는 우리의 주제와 연관되는가? 분명히 여기에는 동-성애 일반을 마땅히 기각해야 할 어떠한 근거도 존재하지 않는다. 반대로 가부장제와 소유의 체제를 재생산하지 않는 환희와 욕망의 표현은 적어도 이-성적 관계만큼은 동-성적 관계에 대해서도 조화시킬 수 있을 듯이 보인다.

그리고 실제로 우리는 예수와 그가 사랑했던 그 남자 사이의 관계의 의의를 고찰하면서 이러한 개념을 확인했던 바 있다. 이러한 동-성적 관계는 단지 동-성적 관계에 대한 전형이 될 뿐만이 아니라 이성애적 관계의 해방을 위한 전형이 될 수도 있다. 리보의 에일레드는, 동-성적 관계를 전형으로 사용하여 이-성적 관계 또한 다른 사람에 대한 한 사람의 종속

보다는 상호성을 겨냥하는 것으로 이해되어야만 함을 제시했을 때, 이러한 연결 관계가 가능하다는 것을 이미 인지하고 있었다.

동-성적 관계와 이-성적 관계가 공유할 수 있는 것은 기껏해야 '마침내 이 사람' 이 욕망의 상대자이며, 환희의 완성이 되는 즐거운 인식에 기반하는 서로에 대한 자유로운 선택의 충실성을 목적으로 한다는 정도일 것이다. 동-성적 관계와 이-성적 관계는 성적인 또는 에로틱한 우정의 표현을 공유할 수도 있다. 우리는 심지어 이러한 성적 관계의 형태들이 서로를 보완한다고 생각해 볼 수도 있다. 이-성적 관계는 표면적으로는 보다 흔하게 평생의 애정을 특징으로 하게 될 것처럼 보이는 반면, 동-성적 관계는 자유로운 우정의 상호성을 특징으로 하는 듯이 보인다. 그러나 이것은 단지 이상형일 뿐이다. 각각의 개별적 관계는 그 자체의 고유한 특성과 결함을 가지며, 그 자체의 기반이자 목적이 되는 사랑을 적절히 표현하기 위해 노력하는 과정에서 그 자체의 승리와 패배를 경험하게 된다.

복음서들은 명백히 게이를 긍정하는 관점과 상당히 잘 부합하며, 더 나아가 예수와 관련된 성서 서사들에서 내가 동성애적 전승들에 대해 제안했던 독해 방식을 구현하는 결혼과 가족 그리고 혼인 잔치들에 대한 관점들을 펼쳐 내고 있다. 만일 예수의 우선적인 애정 관계가 다른 남자에 대한 것이라면, 그 관계는 결혼 및 가족적 가치들의 특징인 소유와 자기 보존의 구조와 공모하지 않으면서도 욕망과 환희라는 가치들을 표현할 수 있었을 것이다. 그들의 관계는 고대인들이 우정으로 인식했을 법한 것이지만, 그 친밀하며 성애적인 성격에 의해 예수가 친구라 불렀던 타인들에 대한 관계와는 구분되는 그런 관계였다.

제12장
성애와 출산

11장에서 나는 복음서에서 드러나는 혼인 잔치의 축하와 결혼 관계에 대한 의혹이 함께 포함되어 가족 구조의 영속화에 종속되지 않는 성애에 긍정적인 시각을 내놓는다 의견을 개진했다. 그러한 견해가 신약성서의 기반에서 어떻게 가능한지를 해명하기 위해 우리는 성애가 출산의 목적을 통해 제어되어야만 한다는 견해를 검토할 필요가 있다.

동성에 속한 사람들 간의 성적인 관계를 반복적으로 부적절한 것으로 취급하기를 거듭하는 방식 중 하나는 성애가 오직 출산과 연관되어서 사용되어야만 한다는 관념을 내세우는 것이다. 성애의 목적이 출산에만 국한된다면 출산과 관련되지 않는 성행위는 그 고유한 목적에 반하는 것이기에 '본성에 반하는' 것으로서 또는 부정한 것으로서 금지되어야만 할 것이다. 이 장은 이러한 문제에 대한 입장으로부터 성서 문헌에 접근한다. 이 논의는 명백히 I부와 II부에서 개진되었던 예수 전승의 해석의 타당성과 관계되며, 특히 앞에서 탐색했던 관계들에 대한 성적인 매개의 적절성에 대해 관련된다.

나는 우선 창세기 1장에 등장하는 생물학적 재생산이라는 개념이 신약성서에서 선교적인 재생산이라는 개념으로 교체된다는 것을 보일 것이다. 그래서 창세기 1장에서의 "열매를 많이 맺고 증식하라"(새번역: 생육하고 번성하라)는 명령은 "선포하고 제자들을 만들라"는 명령으로 전환된다.

또한 나는 성애가 대부분의 신약성서 텍스트에서 출산의 문제와 분리되어 제시되는 방식에 관심을 돌릴 것이다. 실제로 단 하나의 텍스트—디모데전서—에서만 출산이 성애와 연계하여 논의되고 있으며, 이러한 연결 관계는 신약성서의 일반적인 시각과 상반된다.

내가 여기에서 개진하는 출산에 대한 논의는 전반적으로 예수 전승이 가족 관계에 대해 취하는 태도에 의지하고 있다. 그래서 여기에서는 그러한 논의를 반복하지 않으려 한다.

배경

가톨릭 교회의 출현 시기에 팽배했던 성애와 출산에 관한 기독교적 견해는 결혼과 가족의 중요성에 대한 유대 및 로마의 문화적 강제와 일반적으로는 육체에 대한 그리고 특수하게는 성애에 대한 헬레니즘 세계의 종교 및 철학적 의구심들 간의 타협적 산물로 간주할 수 있을 것이다.

랍비적 전통을 따르는 유대교의 견해는 오늘날 '강제적인 이성애'(아드리엔 리치Adrienne Rich〔미국의 시인, 수필가, 여성주의자 역자〕가 말하는)로 불리는 어떤 것과 상당한 유사성을 보이고 있다. 이 견해에 관해서, 비록 인간 생물 종의 번식은 아니더라도, 적어도 민족을 퍼뜨리고 보존해야 한다는 책임이 사람들에게 부과된다. 그런 이유로 결혼과 출산은 일반적으로 의무적인 것으로 여겨졌다.

초기 기독교를 통해 규범적 유대교로부터 수정된 관점들은 여러 중요한 측면들에서 이러한 견해의 정당성에 도전했다. 초기의 교회는 적어도 예수와 바울이 유대교와 로마 문화의 결혼 의무를 준수하지 못했음을 인지하고 있었다. 게다가 예수와 바울 양자 모두의 특정한 담화들은 원칙적으로 이러한 의무적인 이성애의 뿌리를 침식하고 있는 것으로 나타난다(예수는 거세된 자들에 대해서 그리고 바울은 결혼에 대해서). 즉, 예수와 바울은 그들의 제자들에게 결혼하지 말 것을 권하고 있는 것처럼 보인다는 것이다.

이러한 방침은 유대교와 여러 이방 문화들의 시점에서 볼 때 충격적으로 보일 수 있다. 한편으로 이러한 전승은 스스로의 이유로 인해 결혼한 상태를 바라지 않는 사람들에게는 해방적인 것으로 보일 수도 있다. 예를 들어, 여자들은 결혼한 상태에서 벗어남으로써 가부장적인 제도로부터 벗어날 수 있다. 초기 기독교 공동체에서의 과부들과 동정녀들의 역할은 여자들에게 진정한 해방의 장소를 제공했을 수도 있다. 실제로 우리는 일부 남자들 편에서 이러한 역할의 승인을 통제하거나 제한하려 했던 시도로부터 결혼을 하지 않았거나 (소위 '동정녀들') 또는 더 이상 결혼 상태에 머물러 있지 않았던 (소위 '과부들') 여자들의 수가 증가하는 이 운동의 초기에 나타난 현상에 대해 제기되는 남성적 권위와 통제의 위협을 인지할 수 있다. 동정녀들과 과부들에 관해 결정적인 것은 그들이 성적인 경험을 했는가 아닌가 하는 문제가 아니라 결혼 제도와 관련된 그들의 자유에 대한 것이다.

초기 기독교 전승의 요소들에 포함된 결혼에 대한 명시적이건 암시적이건 모든 형태의 비판은 이러한 초기 전승을 성애, 출산, 육체, 그리고 결혼에 대해 단호하게 부정적인 태도를 취하고 있었던 헬레니즘 세계로부터의 다른 전통들과 접촉하게 되었다.[1] 확실히 일부 기독교인들은 널리 퍼져 있던 육체와 성애에 대한 헬레니즘적 혐오에 매혹된 스스로를 발견하게 되었을 것이다. 이러한 견해는 일반적으로 육체가 타락하기 쉬우며 출생과 사망을 겪어야만 한다는 것이었다. 구원은 이러한 타락의 영역으로부터 구제되어 영원한 것, 변하지 않는 것의 영역에서 사는 것이다. 그러므로 구원으로 가는 도상에 있는 삶은 가능한 한 육체적인 것, 신체적인 것, 성적인 것의 영역에 참여하기를 거부해야만 한다는 것이다.

이런 세계관을 받아들일 때의 문제는 이것이 기독교 전승의 다른 요소들과의 양립할 수 없는 모순들을 수반한다는 것이었다. 몇몇 기독교 분파(마르키온Marcion 및 몇몇 영지주의 분파들)에서 이러한 관점은 예수가 말한 하나님과 창조주를 분리시키는 것을 의미했다. 다른 분파들에서 말하는 것은 성육신, 고난, 또는 육신의 부활에 대한 부정이었다. 이러한 교의적 귀결들은 여러 논점들에서 곧 기독교에서 지배적인 위치를 점하게 될 분파들과 대결하게 되었으며 마침내 기각되었다.

---

1) 알린느 루셀(Aline Rouselle)의 『포르네이아: 후기 고대 시대의 욕망과 육체에 관하여 *Porneia: On Desire and the Body in Late Antiquity*』, Felicia Pheseant 옮김 (Oxford: Blackwell, 1988), 129-193쪽 그리고 피터 브라운(Peter Brown)의 『몸과 사회: 초기 기독교에서의 남자들, 여자들, 그리고 성적인 거부 *The Body and Society: Men, Women, and Sexual Renunciation in Early Christianity*』 (New York: Columbia University Press, 1988), 5-32쪽을 볼 것.

어쨌든 성애에 대한 의혹은 공동체의 전승에서 일정 이상의 기초를 두고 있으며 유명한 헬레니즘적인 통속적 철학 유파들과 연결되어 있는 듯하다.

이러한 충돌에 의해 도출된 결과는 성애를 단순히 거부해 버리지 않으면서도 이에 대한 규제를 추구하는 견해였다. 2세기 말엽까지는 특히 알렉산드리아의 클레멘스의 저작에서 이러한 타협의 기본적인 요소들이 관심의 초점으로 들어오는 것을 볼 수 있다. 클레멘스의 견해는 기독교를 통해 심지어 가장 평범하고 훈련되지 않은 일반인들조차도 철학자들에게나 어울릴 만한 삶을 살게 된다는 것이다. 그의 관점에서 본질적인 요소는 결혼과 성애의 폐기를 추구하는 극단주의는 피해야 하지만, 어쨌든 남편과 부인 간의 성애가 출산에만 한정되며, 따라서 성애를 '합리적'으로 만든다는 것이다. 우리는 종을 퍼뜨릴 필요가 있고, 성행위는 이를 행하는 방법이며, 철학적인 또는 합리적인 의무를 완수하기 위해 성행위에 관여하는 것이기에, 성행위는 단순히 변덕스러움에 취하거나 또는 육체의 정욕이나 욕망을 만족시키기 위함이 아니라는 것이다.[2]

---

2) 알렉산드리아의 클레멘스, 『논설집 3권*Miscellanies Book III*』, 헨리 채드윅(Henry Chadwick)이 편집한 「알렉산드리아의 기독교*Alexandrian Christianity*」(Philadelphia: Westminster Press, 1945), 40-92쪽에서 재인용. 흥미롭게도 이러한 알렉산드리아적인 타협은 몸을 구속하려는 금욕적인 충동에 대해서는 민감하지 않았던 유대교에는 영향을 미치지 못했다. 비록 출산의 중요성이 잊혀지지는 않았지만, 유대교는 결코 비생산적인 성행위가 죄악이라는 견해를 받아들이지 않았던 것으로 보인다. 출산은 바람직한 일이지만—유대교의 가르침에 따르면 부부는 적어도 두 명의 아이를 낳기 위해 노력해야 한다—성행위 그 자체는 다른 방식의 정당한 표현법이 없다. 유대교에서 성애를 향해 취해지는 태도에 대한 논의를 살펴보려면 대니엘 보야린(Daniel Boyarin)의 『비영웅적 행동: 이성애의 발흥과 유대인 남자의 발명 *Unheroic Conduct: The Rise of Heterosexuality and the Invention of the Jewish Man*』(Berkley: University of California Press, 1997)을 참조할 것.

이 견해는 명백하게 추가적인 수정을 거치게 된다. 강력하고 실질적으로 증가일로에 있던 기독교의 제도화가 비생산적 선택(독신)을 지향하며 전개되었으며, 이러한 틀 내에서 심지어 출산을 지향하는 성행위마저도 추가적으로 의혹의 대상이 되었다. 예를 들자면 이러한 의혹의 시선은 출산 행위에 대한 또는 이를 넘어선 활동에 수반하는 정욕/욕망이 성행위에 의해 임신된 아이에게 원죄를 전달하는 매개로 기능한다는 아우구스티누스의 견해에서 찾을 수 있다.[3] 성행위에 대한 이러한 의심의 눈초리는 분명히 알렉산드리아의 클레멘스보다 더 이전으로 거슬러 올라가는 것이다. 그러나 아우구스티누스는 출산을 위한 성행위가 그 자체로 죄악이라는 마니교적 과오에 빠지지 않기 위해 조심스러운 태도를 취한다.[4] 결국 이 견해는 모든 비생산적인 성애 활동이 창조 가운데 있는 성의 자연적 목적을 위반하는 것이기에 모든 비생산적인 성애 활동이 죄악이라는 견해를 만들어 내기 위해 아퀴나스가 아리스토텔레스의 생물학을 체계적으로 전용하여 만들어 낸 것이다. 이러한 견해는 현재 가톨릭교회의 도덕적 가르침의 특징이 되고 있다.

개신교는 독신이라는 선택을 기각했고, 그래서 명백히 유대교가 제시하는 강제적인 이성애로 회귀했다. 청교도 및 영국 국교회의 17세기 문서들에서는 출산만이 성행위의 유일한 목적이라는 견해가 비판에 처하게 되었다. 아이러니하게도 독신의 거부와 출산을 위한 성행위에 대한 비판들은 이 논쟁의 초점이 이성애적 결혼에서 동성애로 전환되자마자 곧 잊혀지게 된다. 이후에 심지어 보수적인 개신교인들조차도 일반적으로 독신이 어떤 특정한 사람들(그들)을 위한 하나의 선택이라고 이야기하며,

---

3) 아우구스티누스, 『신의 도시 14권 *City of God, Book XIV*』, 16-18장.
4) 같은 책, 22-26장.

동성애적 활동을 비생산적인 것으로, 따라서 부정한 것으로 낙인찍는 것을 보게 된다.

그러므로 이 문제에 관해 우리가 해야만 할 일은 알렉산드리아의 클레멘스의 언급으로 되돌아가서 사실상 성애가 신약성서에서 반드시 출산과 관련되어야 한다고 간주되는지, 독신이 아닌 사람들에게 생산의 의무가 있는지를 묻게 되는 것이다.

번성함

열매를 많이 맺고 번성하라는 명령(창세기에 대한 우리말 번역본에서는 보통 '생육하고 번성하라' 는 번역을 사용한다. 여기에서는 뜻을 보다 분명히 하기 위해 '열매를 많이 맺고' 라는 의미로 새김 역자)은 일반적으로 인류 전체에게 구속력을 가지는 것으로 간주된다. 그래서 신약성서 가운데 특히 복음서들이 그리스도의 제자들의 수가 많음(열매가 가득함)에 대해 기술하는 방식은 어느 정도는 주목할 만한 흥미로운 것이다.

열매를 많이 맺는 것을 형상화하는 이미지는 예수가 세례를 받는 장면에서 비둘기가 내리는 이미지로 도입된다. 그 이미지가 국제적인 평화의 상징이 되기는 했지만, 고대 근동에서 비둘기는 출산적 생산력의 상징이었다. 비둘기의 모습으로 구체적으로 표상되는 성령 또는 생명력은 예수의 선교사역을 새로운 인류 탄생의 발단으로 보게 한다. 비둘기는 물과 성령으로 태어나게 될 새로운 인류의 출산적 생산력을 나타낸다.

이 이미지는 공관복음에서 제자들을 둘씩 짝지어 보내는 것을 통해 더 해진다. 마가복음과 마태복음에서 열두 명의 제자들이 이런 방식으로 파송되며, 한편 마가복음에서는 70명의 무리가 둘씩 짝지어져 선교사역에 참여하게 된다. '둘씩 짝지은 것'은 홍수 때 동물들의 생명을 구했던 방식을 상기하게 한다(창세기 6:20; 7:9). 동물들은 방주로 둘씩 짝지어 들어가 지구를 다시 채울 짝짓기를 위한 동물들이 된다(창세기 8:17). 제자들 역시 쌍으로 보내지는데, 이것은 종의 생물학적 번식에 관여하기 위한 것이 아니라 하나님 나라의 선교적 확산에 참여하기 위한 것이다.

잘 생각해 보면 "열매를 많이 맺고 번성하라"는 임무가 생물학적 재생산의 영역에서 제거되고 그 대신 선교사역의 영역에 위치하게 되는 이유는 분명하다. 자손의 번성이라는 측면에서 보자면, 아브라함에게 주어진 자손들 중 하나가 큰 나라 또는 민족이 된다는 것이다. 이 약속의 실현은 자식들을 많이 둔 야곱이라는 인물—열두 명의 아들을 두었고, 이들이 이스라엘 각 부족의 조상들이 되었던—로부터 명확해진다. 그러나 예수에게서 실현된 새로운 약속은 새로운 민족이 아니라 새로운 창조 내에서 완성에 이르게 될 새로운 운동이다. 이 맥락에서 우리는 예수가 어떻게 열두 명의 아들이 아니라 열두 명의 제자를 두게 되었는지 이해할 수 있다. 그들은 이에 이어 땅 위의 모든 민족들로부터 제자들을 만들라는 명령을 받는다.

이러한 대조는 요한복음에서 명시적인 숙고의 대상이 된다. 이 주제는 이미 육신이 된 말씀에 대해 이야기하는 서문에서 선언된 바 있다. "그러나 그를 맞아들인 사람들, 곧 그 이름을 믿는 사람들에게는, 하나님의 자녀가 되는 특권을 주셨다. 그들은 혈통으로나 육정으로나, 사람의 욕망으로 나지 않고, 하나님께로부터 났다"(요한복음 1:12-13).

'하나님께로부터 난' 존재는 여기에서 혈통(여자), 육신의 욕망(성적인 욕망), 사람의 의지(남자)라는 인간적인 출산의 수단과 뚜렷하게 대비된다. 그래서 남자, 여자, 그리고 그들을 연합시키는 성적인 욕망은 여기에서 자손에 대한 약속의 도구가 아니다. 그보다는 믿음이 새로운 창조의 시작을 위한 도구가 되는 것이다.

이 주제는 이어서 탄생과 관련된 니고데모와의 대화에서 다시 한번 포착된다. 여기에서 우리는 삶의 기원이 생식과 아무런 관련이 없으며 오히려 성령의 작용과 관련되어 있다는 것을 알게 된다. "내가 진정으로 진정으로 너에게 말한다. 누구든지 물과 성령으로 나지 않으면, 하나님 나라에 들어갈 수 없다. 육으로 난 것은 육이요, 영으로 난 것은 영이다. 너희가 다시 태어나야 한다고 내가 말한 것을, 너희는 이상하게 여기지 말아라. 바람은 불고 싶은 대로 분다. 너희는 그 소리를 듣지만, 어디에서 와서 어디로 가는지는 모른다. 성령으로 태어난 사람은 다 이와 같다"(3:5-6).

여기에서 다시 우리는 육과 영이라는 두 가지 생산 수단의 대조를 보게 된다. 새로운 실재는 어머니의 자궁으로 (다시) 들어가는 것에 달린 것이 아니라(3:4) 성령의 활동에 달려 있다. 이 대비의 의미는 육으로 태어난 사람들의 예측 가능성(진부함)과 영/바람으로 난 사람들의 예측 불가능성에 대한 대비로부터 밝혀진다. 통상적으로 해석하는 방식대로 여기에서 바람이 어디에서 와서 어디로 가는지를 볼 수 없으며 통제할 수도 없는 예측 불가능성이 강조된다고 생각하게 될 때 이 대비는 모호하게 된다. 그러나 이어지는 말씀은 이 예측 불가능성이 '성령으로 태어난' 사람들에게도 해당된다는 것이다(3:8).

이 대비가 결정적으로 중요하다. 실제로 생물학적인 출산에 기원을 두는 사람은 새로울 것이 없다. 탄생은 운명이며, 이 사람은 어떠한 선택권도 없이 젠더, 가족, 부족, 민족, 계급, 카스트 그리고 시대 내에 배치된다. 임신에 기초한 가치 체계의 목록 그 자체는 그것이 부족적인 것이든,

계급적인 것이든, '결혼 및 가족 가치들'에 의한 것이든 간에 상관없이 현 상태의 영속화를 확보하는 것이다. 즉, 사회적 예측 가능성과 통제를 유지하는 목적을 가진다는 것이다. 그러나 그 기원이 위로부터 왔거나 또는 '바람과 같은' 사람에게서는 다양한 형태의 사회적 통제와 순응이 힘을 잃게 된다. 어떠한 가족, 부족, 민족, 계급, 카스트 또는 젠더의 구속도 없다. 오래된 질서 내에서는 파악될 수 없는 새롭고 역동적인 상황이 일어난다는 것이다.

이와 유사한 대비가 누가복음에서 재편된 에피소드에서 제시된다. 예수는 악령을 쫓아내는 사역의 중요성을 설명하고 있었다. "예수께서 이 말씀을 하고 계실 때에, 무리 가운데서 한 여자가 목소리를 높여 그에게 말하기를 '당신을 밴 태와 당신을 먹인 젖가슴은 참으로 복이 있습니다!' 하였다. 그러나 예수께서는 '오히려, 하나님의 말씀을 듣고 지키는 사람이 복이 있다'라고 말씀하셨다"(11:27-28).

여기에서 다시 이 말씀을 말하는 것과 듣는 것(그리고 마음에 두는 것)을 통해 발생한 자연적인 생산과 영적인 생산 간의 극명한 대비가 제시되고 있다. 이런 말씀은 결코 여성 일반에 대한 비하가 아니다. 반대로 누가복음은 여자들에 대한 선교사역을 다른 어떤 신약성서 텍스트보다 더 강조하고 있다. 누가복음에 대해, 요한복음에 대해 그런 것과 같이, 생물학은 운명도 '기원'도 아니다.

신약성서 전반에 걸쳐 생명을 확산시키는 수단은 출산으로부터 선포로 옮겨간다. 우리가 논의했던 육으로 태어난 사람들과 영으로 태어난 사람들 사이의 극명한 차이는 공관복음이 결혼 및 가족 제도들, 즉 현 상태를 영속화하는 제도들에 대해 근본적인 비판을 가하는 이유를 설명하는 데 도움이 된다. 많은 열매를 맺음과 번성함은 성애의 영역으로부터 선교와 복음화의 영역으로 전이된다.

이러한 전이는 애초에 성애 일반에 대한 의혹을 통해서 완성될 수 없다. 이 전이는 성애가 아니라 가족 제도에 대한 비판에 의해서 달성되는 것이다. 여하튼 이제 성애는 더 이상 확산 또는 출산의 도구로 이해할 수 없게 되었다. 그러면 성애를 어떻게 이해해야 할 것인가?

바울: 성에 관해서

바울은 고린도전서에서 성애에 대한 논의를 폭넓게 제시한다. 이 논의의 첫 부분(5장과 6장)은 고린도 교회에서의 성적인 부도덕에 대한 문제들을 다루고 있다. 이에 대한 두 가지 사례는 첫 번째로 자신의 (의붓) 어머니와의 성행위에 대한 것이고, 두 번째는 창녀들과 빈번하게 어울리는 작태에 관한 문제다.

7장에서, 바울은 (이성애적) 결혼에 대한 일반적인 문제를 다루고 있다. 바울은 일반적으로 결혼을 하지 않는 편이 낫지만, 결혼은 용인될 수 있으며, 어떤 여건들 내에서는 권장될 만하다고 생각한다. 물론 결혼을 하지 않는 편이 낫다는 그의 견해는 새롭게 부상하는 형태의 유대교적 견해들과 배치될 뿐만 아니라 대다수의 이방적 또는 이교적 전통들과도 배치된다. 그러므로 전통적인 결혼과 가족 가치 및 제도를 옹호하는 사람들의 입장에서 보자면, 바울은 이미 확실하게 이단적인 발언을 하고 있는 것이다.

바울은 성애가 그 자체로 의심스럽거나 또는 의혹 아래 있다는 견해를 결혼하지 않고 남아 있어야 할 근거로 제시하지 않는다. 오히려 그의 반대 의견이 전적으로 신중하게 제시된다. 만일 당신이 결혼하지 않은 상태라면, 당신은 배우자를 만족시키는 데 몰두하고, 동시에 공동체의 삶에 바칠 시간과 정력을 절약하게 될 것이다. 결혼한 상태라면, 당신은 가족, 집의 정돈, 먹을 것 등에 대한 책임을 져야 한다. 바울은 상업에 종사하는 상태에 대한 유비를 사용하고 있다. 만일 당신이 결혼했다면, 결혼을 하지 않은 듯이 행동하려고 노력하며, 만일 당신이 상업이나 교역에 종사한다면, 마치 당신이 그렇지 않은 듯이 행동하도록 노력하라. 즉, 이것에 몰두하게 되지 말고, 우선순위를 바르게 유지하고, 이 세상의 것들에 의해 소비되지 않도록 하라.

그러나 결혼한 상태에서, 결혼을 하지 않은 것처럼 행동하는 것은 결혼한 상태에 있지 말라거나 또는 성행위를 하지 말라는 것을 의미하지 않는다. 성행위를 하는 것은 어떤 의미에서 결혼한 사람들이 해야만 하는 일이지만, 아이를 가지기 위한 것은 아니다. 바울이 이에 대해 말하는 것은 다음과 같다.

남편은 아내에게 남편으로서의 의무를 다하고, 아내도 그와 같이 남편에게 아내로서의 의무를 다하도록 하십시오. (7:3)
서로 물리치지 마십시오. 여러분이 기도에 전념하려고 하여, 얼마 동안 떨어져 있기로 합의한 경우에는 예외입니다. 그러나 그 뒤에 다시 합하십시오. 여러분이 절제하지 못하는 틈을 타서, 사탄이 여러분을 유혹할까 염려되기 때문입니다. (7:5)

바울은 결혼 관계에 있는 배우자 각자에게 결혼 관계의 기초가 되는 성적인 만족을 배우자에게 제공하는 것이 의무임을 인정하는 듯 보인다. 이런 논점을 보다 명료하게 하기 위해 우리는 바울이 결혼이 필수적임을 말하는 몇몇 사례에서 제시하는 이유들을 살펴볼 수 있을 것이다.

> 결혼하지 않은 사람들과 과부들에게 말합니다. 나처럼 그냥 지내는 것이 그들에게 좋습니다. 그러나 절제할 수 없거든 결혼하십시오. 정욕에 불타는 것보다는 결혼하는 편이 낫습니다. (7:8-9)
> 어떤 이가 결혼을 단념하는 것이 자기의 약혼녀에게 온당하게 대하는 일이 못 된다고 생각하면, 더구나 정욕이 강렬하여 꼭 결혼을 해야 하겠으면, 그는 원하는 대로 그렇게 해야 합니다. 그것이 죄를 짓는 것이 아니니, 그런 사람들은 결혼하십시오. (7:36)

바울에 의하면 결혼하는 기본적인 이유는 욕망 또는 정욕으로 인한 것이다. 결혼은 성적인 정욕을 만족시키는 방편인 것이다.

이런 사실로 인해 배우자에 대한 성적인 쾌락을 거부하는 것은 부정 행위의 한 형태가 될 것이다. 물론 이런 측면에서 바울이 말하는 것은 결혼 관계에 있는 배우자들 간의 근본적으로 평등한 관계를 상정하고 있다. 두 배우자들 모두 다른 배우자가 자신의 몸을 원하는 대로 하도록 서로에게 주는 것이다.

> 남편은 아내에게 남편으로서의 의무를 다하고, 아내도 그와 같이 남편에게 아내로서의 의무를 다하도록 하십시오. 아내는 자기 몸을 마음대로 주장하지 못하고, 남편이 주장합니다. 이와 마찬가지로 남편도 자기 몸을 마음대로 주장하지 못하고, 아내가 주장합니다. (7:3-4)

여기에서 그 어떤 것도 남자의 성적인 만족이 여자의 성적인 만족보다 더 중요하다는 인상을 주지 않는다. 동시에 바울은 이 관계의 어느 한편의 성적인 욕구에 대해서도 의혹을 보이지 않는다. 이것은 바울의 말에 문제가 없다는 의미가 아니다. 그럼에도 만일 바울이 여기에서 말하는 것이 기독교 전통에서 중요하게 기억되었더라면, 이 전통에서 엄청나게 많은 잘못된 변형들이 발생하지 않았을 것이다. 바울은 남자와 여자의 성적인 욕구에 대한 완전한 용인을, 즉 사람들이 성적인 만족을 얻기 위해 함께한다는 실제적인 관점을 제공하며, 성애를 의혹의 시선 아래 두기를 거부한다.

이 전통이 최종적으로 전개된 방식을 고려할 때 어쩌면 훨씬 더 놀라운 사실은 바울이 결혼을 하는 이유가 아이를 가지기 위한 것이라는 의견을 제시하지 않는다는 것이다. 결혼을 하는 이유는 상호적인 성적 욕구를 만족시키기 위한 것이며, 성애의 이유는 이 텍스트 어디에서도 출산과 연결되지 않는다.

확실히 이 구절에서 아이들이 약간의 관심의 시선을 끌어내기는 한다. 기독교인에게 태어난 아이들은 (기독교인 부모가 남성 또는 여성임에 관계없이) 어떤 방식으로든 성화된 것으로 상정된다. 편지의 앞부분에서 바울이 세례는 자신에게 그리 큰 관심사가 아니라는 것을 분명히 했기에, 여기에서 아이가 성화된다는 준거는 분명히 세례에 대한 것이 아니다. 기독교인에게 태어난 모든 아이는 '부정' 하기보다는 '거룩' 하다. 그러나 바울은 여전히 이 조건을 아이들을 가져야만 할 이유로 사용하지 않는다. 실제로 바울이 전개한 관점으로 볼 때 자손을 생산할 가능성이 낮은 성적인 행위가 기독교인들에게는 더 좋은 것이다. 출산을 위한 성행위는 단순히 배우자를 배려하고 한 사람이 구성한 가족을 돌보는 일에 그 사람을 붙잡아 둘 뿐만이 아니라, 또한 아이를 낳게 되면 바울이 진정한 기독교인의 일이라고 생각하는 것에서 주의를 분산시키며 이 세상의 여러 가지 일들에 대한 관심을 늘리게 된다. 따라서 여기에서 제시되는 바울의 주장은 비출산적 성행위가 출산적 성행위보다 '더 낫다' 는 결론으로 향한다. 말하자면 비출산적 성행위는 두 사람 모두 배우자들에 대한 성적인 만족을 충족시킬 수도 있겠지만, 그뿐만 아니라 구원 사역에 관심을 가지기 어렵도록 하는 주의를 분산시키는 일이나 관심거리를 늘리지 않는 장점을 추가로 가지고 있다는 것이다.

바울의 관점에서 볼 때 이 전승은 시간을 거꾸로 돌린 것이다. 결론적으로 바울의 구절은 청교도들을 설득하여 결혼이 단순히 출산을 지향하는 것이 아니라 이 눈물의 골짜기에서 서로에 대한 위로와 위안을 지향한다는 점을 납득하게 했다.

이제 부분적으로 바울의 견해를 가능하게 하는 것은 정확하게 출산의 문제가 결혼의 문제로부터 제외된다는 것이다. 분명히 이런 의견은 부분적으로 종말이 가까이 왔다는 바울의 견해와 관련되어 있기는 하지만, 기독교 전통이 복음의 전파를 열매를 많이 맺고 번성하는 수단으로 삼았던 그런 맥락과 관련된다. 믿음의 인식은 다른 한편으로 출산하고, 번성하며, 젖을 먹이고, 기른다. 바울의 생각은 생물학적 출산에 의심의 눈초리를 던지는 영지주의적인 것이 아니다. 그 생각이 좋든 좋지 않든, 그것은 별 문제가 아니다. 일단 이러한 접근법이 취해지면, 성행위 그 자체는 정당하게 주어져야 할 것으로, 즉 욕구와 욕망의 상호적인 만족이 주어지고 받아들여진 것으로 단순하게 보는 것이 자유롭게 될 것이다.

문제점

만일 고린도전서에서의 바울의 견해가 이후에 행해진 성애에 대한 고찰의 기초가 된다면, 많은 문제들을 피할 수 있게 되었을 것이다. 하지만 이 견해는 어쨌든 보편적으로 공유되지 않았다. 교회에서 우위를 장악하게 된 관점에 대한 가장 심한 예는 디모데전서에서 볼 수 있는 관점이다. 여기에는 신약성서 문헌에서 처음이면서도 유일하게 성애가 아이를 가지는 것과 연결되고 있다.

여자는 조용히, 순종하면서 배우십시오. 나는, 여자가 가르치거나, 남자를 지배하는 것을 허락하지 않습니다. 여자는 조용해야 합니다. 사실 아담이 먼저 지음을 받고, 그 다음에 하와가 지음을 받았습니다. 아담이 속은 것이 아니라, 여자가 속아서 죄에 빠진 것입니다. 그러나 여자가 믿음과 사랑과 거룩함을 지니고 정숙하게 살면, 아이를 낳는 일로 구원을 얻을 것입니다. (2:11–15)

그러므로 젊은 과부들은 재혼을 해서, 아이를 낳고, 가정을 다스려서, 대적자들에게 비방할 기회를 조금도 주지 말기를 바랍니다. (5:14)

여기에서 고린도전서에 제시된 생각들과 한두 가지 접점이 발생하기는 하지만 (여자들이 침묵을 지켜야 한다는 것과 관련하여), 하나의 완전하게 다른 태도가 존재한다. 우선 오직 여기에서만 하와에게 타락에 대한 책임이 전가된다. 고린도전서와 로마서에서는 그 책임이 아담에게 귀속된다. 오직 디모데전서에서만이 여자들의 자리가 분명히 '집에' 있으며, 이때 여자들은 실질적으로 임신한 상태로 상정되고 있다.

확실히 상황은 악화되었다. 여기에서는 그 무엇도 아직 대다수의 기독교 전통에 퍼지게 될 성애에 대한 의혹을 표현하지 않는다. 정당한 성적인 활동을 출산과 연관된 것으로 한정시키게 될 그런 의혹을 말이다. 디모데전서는 여전히 금욕주의로 향하는 경향들에 반대하고 있으며(4:1-5), 성애를 드러내놓고 출산에 연결시키지 않는다. 사실상 이 텍스트는 그런 태도를 권장할 만한 상당한 이유가 존재한다. 그러나 여기에는 상호성, 선한 분별, 신학적 창조성과 날카로운 정신이 확연히 부재한다. 불행히도 이 텍스트의 가장 좋지 않은 양상들이 가장 큰 영향력을 미치는 것으로 증명될 것이며, 곧 이 텍스트의 가장 좋은 측면들도 잊혀지게 될 것이다.

그럼에도 이 텍스트를 인용하는 이유는 성애와 출산 사이의 연결 관계가 정립되는 데 상당한 시간이 소요되었다는 것을 보여주기 위함이다. 심지어 디모데전서에 재현되는 마지막 단계에서, 그 연결 관계는 여전히 확정적인 것과는 거리가 있으며, 여전히 그러한 요소들이 목전에서 형태를 잡아 가고 있음을 볼 수 있다. 이러한 전개는 이 텍스트에 대해 선행하는 신약성서의 전승에서 이 연결 관계를 찾을 수 없음을 강조하는 데 도움이 될 것이다. 이 연결 관계가 확실하게 만들어지기까지 최소한 한 세대, 어쩌면 두 세대가 지나야 할 것이다. 이런 교의가 완전하게 발전하기까지, 이를 만들어 낸 자들은 대체로 성적인 경험이 없는 분리된 계급에 속한 사람들로 출현하게 될 터였다.

결론

우리가 행한 신약성서가 성애를 보는 관점에 대한 고찰은 성행위가 심지어 그 최종적인 전승에서도 생식과 연결되어 있지 않다는 것을 보여준다. 디모데전서가 쓰여질 시기에 즈음하여 그러한 관점의 발단들을 볼 수 있으며, 또한 그 관점이 공동체적인 삶에 대한 여성들의 공로에 대해 부정적인 입장과 연결됨을 알 수 있다.

그러나 훨씬 더 놀라운 것은 성과 출산의 연결 관계를 만들어 내기 위해 이전부터 내려오던 전승들을 거부한다는 것이다. 왜 이 연결 관계에 대한 거부가 필요한 것인가?

첫 번째 이유는 믿음이 진정한 삶의 시작으로 이해되었던 측면과 관련된다. 이러한 견해에 관해서 새로운 믿음의 공동체를 시작하거나 또는 공동체를 만드는 활동 가운데 새로운 창조의 다산성이 표현된다. 이러한 견해는 "열매를 많이 맺고 번성하라"는 명령에 대한 새로우면서도 복음적인 의미를 나타낸다. 그러나 이러한 관점이 성행위에 반대하는 헬레니즘 세계의 윤리와 연계되기까지 성애 일반에 대한 어떠한 극단적인 의혹도 나타나지 않고 있었다. 확실히 죄는 성애의 영역에서 나타나기도 하지만, 이런 측면에서 볼 때 죄는 이 텍스트들에서 훨씬 더 많은 관심을 받고 있는 남에 대한 뒷말이나 시기 또는 적개심보다 그 중요성이 더 떨어진다.

그렇다면 이 시기의 사람들은 상당히 진지하게 성애를 욕망과 욕구의 영역으로, 그리고 서로에 대한 구체적인 섬김의 영역으로 보았을 것이다. 이런 관점을 분명하게 눈앞에 붙잡아 두고 있는 한, 온갖 종류의 규제와 제약으로 이 영역에 대한 '치안'을 유지해야 할 어떠한 필요도 없다.

나는 이러한 입장이 부적절하다고 생각하지 않는다. 바울은 쾌락과 유희, 그리고 기쁨과 축하에 대해 그리 잘 알지 못한다. 그는 여전히 예수 전승의 축제적 요소로부터 배워야 할 것이 있다. 심지어 바울의 견해를 있는 그대로만 받아들인다고 하더라도 예수 전승에서 발견할 수 있었던 것과의 연관을 통해 반성애적이고 반육체적인 기독교 전통의 최악의 양상들을 되돌리는 데 있어 상당한 진전을 보일 수 있을 것이다.

이제 특히 신약성서에서 게이를 긍정하는 재해석의 문제에 대해서 타인의 욕구와 욕망에 정향된 것이라는 견해는 여자들 간의 관계 또는 남자들 간의 관계에 상관하지 않더라도, 원칙적으로 동-성애적 관계를 실격시킬 어떠한 근거도 존재하지 않음을 의미한다고 할 수 있다. 이러한 관점에서, 동-성애적 관계의 표현이 비출산적이라는 근거로 동-성적 관계의 성적인 매개 또는 표현에 대한 어떠한 반대도 제기될 수 없다. 이러한 관점은 당연히 예수와 그가 사랑한 남자의 관계에 적용되며, 또한 백부장과 그의 사랑하는 젊은이의 관계에서도 유효할 것이다.

성애와 출산을 전통적으로 성적인 영역을 향한 극단적인 의심과 함께 재배치하는 것은 전통적인 기독교적 성윤리라는 기이한 괴물을 만들어 냈다. 이 괴물은 동-성적 관계들에 비출산적이고 그런 이유로 죄된 것이라는 낙인을 찍고 싶어 한다. 기독교 전통의 잘못된 믿음을 폭로하는 것은 동성애혐오와 이성애 중심주의를 극복하는 데 있어서 뿐만이 아니라, 게이나 스트레이트를 막론한 여러 세대의 기독교인들이 그 영향하에 놓여 있었던 성애 혐오의 극복에 있어서도 내디딜 중요한 한 걸음이 될 것이다.

I 부에서 우리는 요한복음에 나타나는 예수와 다른 남자의 관계에 대한 '위험한 기억'을 밝혀 냈다. 우리는 예수가 사랑한 그 남자를 다루는 텍스트들에 대한 변형을 최소화하는 해석은 이 관계를 육체적이고 정서적인 친밀성이 수반되는 것으로서 이해하는 해석이라는 것을 그리고 이 텍스트 내에 있는 어떤 것도 유사하게 구성된 관계들에서 기대할 법한 성

적인 매개가 이 관계 가운데 있었음을 결코 배제하지 않는다는 것을 보았다.

Ⅱ부에서 우리는 또한 마가복음 전승에 이 관계의 부가적인 흔적들이 있음을 알게 되었다. 마태복음은 예수에게 그런 관계가 있었음을 보여주지는 않지만, 이 텍스트는 부분적으로 예수가 성적으로 주변화된 사람들에 대해 개방적인 태도를 취했던 것으로 나타내고 있다. 누가복음은 이 관계를 제거하지는 않지만 양가적으로 표현하고 있는데, 그 이유는 이스라엘의 전승들에 이끌린 이방인 독자들을 위해 예수 전승에서 일부 추문적인 요소들을 삭감하기 위한 것이다. 그러나 모든 복음서들은 우리가 예수 전승의 특징으로 보아 왔던 젠더 역할의 전복이라는 요소들은 그대로 보존하고 있다.

이 '위험한 기억'이 이들 텍스트들이 쓰여진 이후 세대의 독자들에게 은폐되었던 주요한 방식들 중 하나는 신약성서가 (그리고 예수가) 일반적으로 동-성적 성애에 대한 비난을 정당화한다고 알려진 결혼 및 가족 가치를 옹호한다고 전제하는 것이다.

예수 전승들에 대한 우리의 연구는 예수 전승이 그러한 제도들과 가치들을 지지하거나 또는 정당화하는 것과는 완전히 반대로, 이러한 가치들에 가차없는 비판을 가한다는 것을 보여주었다. 따라서 가족 제도에 대한 반대 그리고 이를 재생산하는 구조인 결혼에 대한 의혹은 동-성애적 관계들의 수용에 부합하는 인간 관계에 대한 급진적인 미래상을 증거한다. 게다가 가족 구조에 대한 이러한 비판은 금욕주의의 용어로 표현되지 않고, 그래서 이후의 기독교 전통의 특징이 되는 성애 혐오에 귀속될 수 없다. 오히려 이 비판은 지배 구조에 대한 전반적인 평가 내에서 하나의 구성 요소가 되는 것으로 여겨질 뿐이다.

마지막으로 우리는 신약성서가 당시 일부 헬레니즘 세계의 모임들에서 유통되고 있던 성애가 출산을 위한 것이라는 견해—이후 기독교에 도입되어 이성애 중심주의를 떠받쳤으며, 동-성적 성애 금지의 한 요소가 되는—를 받아들이지 않는다는 것도 고찰한 바 있다.

그러므로 동-성적 성애 또는 게이를 긍정하는 복음서들의 재해석을 비난하기 위해 결혼 및 가족 가치를 사용하는 경우는 모두 예수 전승 가운데 있는 확고한 증거를 무시해야만 가능한 것이다. 이 명시적인 실재를 무시하는 데 성공을 거두어 온 규범적 기독교는 이것과 동일한 텍스트에서 동-성애적 관계에 대한 긍정을 인식하지 못했다는 놀라움을 경감시킨다. 사실상 결혼 및 가족 제도에 대한 예수의 비판을 향한 이러한 맹목이 또 한 남자와 다른 사람들과의 그러한 관계를 용인하기 위해 예수가 행한 사랑의 위험한 기억을 가능한 이해하기 어렵게 하기 위해 만들어지지 않은 것인지 궁금하다. 어떤 경우에도 이성애 중심주의와 동성애혐오는 예수와 관련된 전승들의 일관적인 특징들을 다루는 데 있어 인식의 무능력이 될 뿐이다.

제13장
결혼, 가족, 그리고 노예 상태

한 신약성서의 서사적 전승들에 대한 연구는 결혼 및 가족 제도에 대한 강력한 비판을 보여준다. 그러나 이 동일한 결혼 및 가족 제도의 옹호자들은 보통 결혼과 가족 제도를 지지하는 듯한 신약성서상의 다른 텍스트들을 인용하곤 한다. 나는 이 텍스트들을 무시하기보다는, 오히려 이 문서들이 어떻게 거의 동등한 중요성을 지니는 또 다른 제도인 노예제와 공모관계에 있는지를 보일 것이다(적어도 헬레니즘 세계가 관련되어 있는 한).

달리 말하자면, 남편과 부인 그리고 아버지와 아들의 관계에 대해 취하는 태도는 주인과 노예의 관계에 대한 태도와 밀접한 유사성을 가진다는 것이다. 우리는 이러한 관찰이 몇몇 텍스트들에 대해, 그리고 실제로는 결혼 및 가족 제도의 가치를 높이 평가하는 것으로 보이는 모든 텍스트들에 대해 유효하다는 것을 보게 될 것이다. 이들 문서들 중 태반이 전통적으로 바울에게 저작이 돌려지는 서신서들에서 나오는 것이지만, 이 문서들 중 대부분은 현대의 신학자들에 의해 후기바울적인post-Pauline 그리고 몇 가지 경우에는, 반바울적인anti-Pauline 신학파의 전통으로 귀속된다.

고린도전서

특히 고린도전서 7장은 결혼에 대한 문제를 다루고 있는 가장 초기 텍스트로 여겨진다. 우리는 이미 남자와 여자의 관계를 평등성과 상호성의 측면에서 이해된 성적인 것으로 보는 한 성생활을 출산문제와 분리하여 이해하는 것을 언급할 기회가 있었다.[1]

고린도전서 7장과 이에 선행하는 두 장의 대부분은 성애에 관해 분류된 문제들을 다루고 있지만, 우리는 또한 바울이 결혼에 대한 조언을 노예 상태에 대한 조언과 더불어 연결 짓고 있다는 점을 인지해야만 한다. 이런 개념들은 다음 차례로 할례와 비할례의 문제로 이어진다.

여러분 각 사람은 주께서 그에게 나누어 주신 대로, 또 하나님께서 그를 부르신 그대로 살아가십시오. 이것이 모든 교회에서 명하는 나의 지시입니다. 할

---

1) 우리는 여기에서 바울이 11장에서 다루는 문제들, 예를 들어 머리 수건(고린도전서 11:2-16)과 함께 고린도전서 14:34-35에 삽입된 가능성이 있는 여자들이 교회에서 침묵을 지키라는 주제들을 한켠으로 치워 놓는다. 이 텍스트들에 대한 훌륭한 논의를 보려면 닐 엘리엇(Neil Elliot)의 『바울의 해방: 신의 정의와 그 사도의 정치 *Liberating Paul: The Justice of God and the Politics of the Apostle*』(Maryknoll, N. Y.: Orbis Books, 1994), 52-54쪽을 참조할 것.

례를 받은 몸으로 부르심을 받은 사람이 있습니까? 굳이 그 할례받은 흔적을 지우도록 하지 마십시오. 할례를 받지 않은 처지에서 부르심을 받은 사람이 있습니까? 굳이 할례를 구하도록 하지 마십시오. 할례를 받은 것이나 할례를 받지 않은 것이나, 그것은 문제가 아니며, 오히려 하나님의 계명을 지키는 것이 중요합니다. 여러분 각 사람은 부르심을 받은 그때의 처지에 그대로 머물러 있도록 하십시오.

당신은 노예로 있을 때에 부르심을 받았습니까? 그런 것에 마음 쓰지 마십시오. 당신이 자유를 얻을 수 있는 기회가 있더라도. 이제 더욱더 당신의 현재의 처지를 이용하십시오. (저자는 NRSV 사용. 새번역에서는 21절을 '그러나 자유로운 몸이 될 수 있는 기회가 있으면, 어떻게 해서든지 그것을 이용하십시오.'라고 번역하고 있음. 새번역의 번역문은 NASB와 유사한 형태를 보이고 있음 역자) 노예 신분으로 주님 안에서 부르심을 받은 그 누구라도 주님께 속한 자유인입니다. 그와 같이, 자유인으로서 부르심을 받은 사람은 그리스도의 노예입니다. 여러분은 값을 치르고 샀으니, 인간 주인의 노예가 되지 마십시오. 형제자매 여러분, 여러분은 각각 부르심을 받은 그때의 처지에 그대로 머물러 있으면서, 하나님과 함께 계십시오. (7:17-24)

아내에게 매였습니까? 그에게서 벗어나려고 하지 마십시오. 아내에게서 놓였으면, 아내를 새로 맞으려고 하지 마십시오. (7:27)

아내는, 남편이 살아 있는 동안에는, 남편에게 매여 있습니다. 그러나 남편이 죽으면, 자기가 원하는 사람과 결혼할 자유가 있습니다. 다만, 주님 안에서만 그렇게 해야 할 것입니다. 내 판단으로는, 그런 여자는 그대로 혼자 지내는 것이 더 행복할 것입니다. (7:39-40a)

이 구절의 상당 부분이 정밀한 검토와 비판을 필요로 한다. 그러나 우리의 목적에 관해 가장 큰 놀라움을 주는 것은 바울이 결혼에 유사한 사례로 노예 상태를 들어 이에 대한 호소를 통해 결혼에 관한 그의 견해를 정당화하려고 한다는 것이다.

분명히 바울은 이 유사한 한 쌍 안에 들어서 있는 하나의 상황을 다른 것보다 본질적으로 더 나은 것으로 간주하고 있는 듯하다. 그는 유대교에 대한 논거에서 일종의 평등을 말하고 있는 듯 보인다. 이러한 의견은 할례를 되돌려 놓으려 하는 것과 비할례를 되돌려 놓으려 하는 것 간의 비교로부터 쉽게 알 수 있듯이, 단지 기만적인 책략일 뿐이다. 전자는 분명히 어려운 것이며,[2] 후자는 가능은 하지만 금지된 것이다(갈라디아서 내에서 열정적인 변론의 주제는 이 금지다). 노예제에 대해서 바울은 독자가 그리스도에게 속하기 위해, 마치 이것이 필연적인 것이라도 되는 것처럼 자유로운 신분을 추구하지 않기를 바란다. 그러나 그는 그리스도가 말했던 사람들은 그들 스스로를 다른 사람에게 예속시킬 수 없다—예속시켜서는 안 된다—는 주장을 되새김에 있어 확고한 태도를 보인다. "여러분은 값을 치르고 샀으니, 인간 주인의 노예가 되지 마십시오." 세 번째 논거에서 바울은 스스로 인간이 결혼하고자 하는 욕망과 욕구에 의해 추동될 수 있다는 것을 알고 있지만, 그럴 수 있다면 남자나 여자나 공히 결혼을 피해야만 한다는 주장을 펼치고자 한다. 여기에서 다시 바울은 자유라는 바람직한 상태를 달성하기 위해 이혼하라는 권고를 하는 것이 아니라, 오히려 독자들에게 결혼이 주는 부담들에 대해 독자들에게 경고하고자 한다. 그래서 그는 과부에 대해 "내 판단으로는, 그런 여자는 그대로 혼자 지내는 것이 더 행복할 것입니다"라고 말하는 것이다.

---

2) 그러나 불가능하지는 않다. 마카비서 상 1:15를 보라.

이 논증에서 자신의 종교 (유대교 또는 이교), 자신의 계급 (자유민 또는 노예), 그리고 자신의 결혼 상태는 어떤 측면에서 유사 관계에 있는 것으로 간주된다. 이어지는 텍스트들에서 종교에 대한 문제는 그림에서 빠지게 된다. 그러나 결혼과 노예 상태의 연합 그리고 한 구조 가치들과 다른 구조의 가치들에 대한 적용은 변치 않고 남아 있다.

골로새서

다음으로 살펴보게 될 텍스트는 골로새서로부터 나온다. 이 편지의 저자의 정체에 대해서는 논쟁의 여지가 있으며, 이에 대해서는 어떠한 공통적인 의견의 공유도 가능하지 않을 것으로 보인다.

그리고 말을 하든지 일을 하든지, 무엇을 하든지, 모든 것을 주 예수의 이름으로 하고, 그분에게서 힘을 얻어서, 하나님 아버지께 감사를 드리십시오. 아내가 되신 여러분, 남편에게 순종하십시오. 이것이 주님 안에서 합당한 일입니다. 남편이 되신 여러분, 아내를 사랑하십시오. 아내를 결코 모질게 대하지 마십시오.

자녀가 되신 여러분, 모든 일에 부모에게 복종하십시오. 이것이 주님을 기쁘시게 하는 일입니다. 아버지가 되신 여러분, 여러분의 자녀들을 격분하게 하거나 또는 그들이 마음을 잃지 않도록 하십시오.

종이 되신 여러분, 모든 일에 육신의 주인에게 복종하십시오. 사람을 기쁘게 하는 자들처럼 눈가림으로 하지 말고, 주님을 두려워하면서, 성실한 마음으로 하십시오. 무슨 일을 하든지, 사람에게 하듯이 하지 말고, 주님께 하듯이 진심으로 하십시오. 여러분은 주님께 유산을 상으로 받는다는 사실을 기억하십시오. 여러분은 주 그리스도를 섬기는 자들입니다. 불의를 행하는 사람은, 자기가 행한 불의의 대가를 받을 것입니다. 거기에는 사람의 외모로 차별을 두는 일이 없습니다. 주인이 되신 여러분, 정당하고 공정하게 종들을 대우하십시오. 여러분도 하늘에 주인을 모시고 있다는 사실을 아시기 바랍니다. (골로새서 3:17-4:1)

우리는 이 충고들이 노예들을 향한 충고의 확장이라는 점을 제외하고는 대체로 유사한 구조를 가지고 있는 것을 볼 수 있다. 부인들과 남편들에 대한 충고가 아이들과 아버지들에 대한 충고, 노예들과 주인들을 위한 충고에서 반복된다. 이러한 유사 병렬쌍의 첫 번째 항(부인들 역자)은 순종하라는 요구(또는 의탁하라는 요구)를 말하며, 두 번째 항(남편들 역자)은 친절하라는 명령을 전한다.

여기에서 기술된 이러한 관계들은, 이 관계들로부터 두 번째 항이 권력 또는 권위뿐만이 아니라 첫 번째 항과 관련된 소유권(부인들, 아이들, 노예들)을 가진다는 것이 드러난다는 의미에서 '경제적인'(원래 경제는 집안의 지배를 뜻하는 단어, oikos + nomos = oikonomos, economy 역자) 것이다. 이것은 노예의 의무에 대해 확장된 관심을 통해 명료해진다.

저자는 확실히 남편, 아버지, 주인의 권위를 상대화하는 그리스도에 더 많은 근본적인 관계를 지시함으로써 이러한 제도들을 인간화하거나 심지어 '기독교화' 하고자 한다. 저자는 새로운 제도를 발명하거나 또는 구제도들을 폐기하는 데 관심을 가지기보다는 오히려 있는 그대로의 세계를 받아들이면서 복음서의 기초 위에서 가혹한 여건들을 완화시키고자 한다.

우리는 여기에 가족이란 오래된 제도가 약화되는 갈라디아서나 심지어 빌레몬서에서도 볼 수 있을 평등주의에 대한 보다 급진적인 주장으로부터 명백히 후퇴하는 태도가 존재한다는 것을 알게 된다. 이러한 급진주의는 완전하게 잊혀진 것이 아니었는데, 이것은 여전히 예수에 대한 순종이라는 표제 하에 관계들을 위치시키기 위한 하나의 시도가 있기 때문이다. 그러나 이러한 시도는 이후에 이 텍스트가 상대화하고 있는 것으로 이해되는 불평등의 절대화로 향하게 된다.

에베소서

'가족에 대한 의무들'에 대한 보다 확장된 서술은 에베소서에서 찾을 수 있는데, 이 서신서에 대해서는 바울에게 저작을 돌리는 학자들의 수가 훨씬 적다. 이 논증의 '윤리에 대한 부분'은 다음의 충고로 시작된다. "그러므로 사랑받는 자녀답게, 하나님을 본받는 사람이 되어, 그리스도가 우리를 사랑하셨듯이, 사랑 안에서 살아가십시오"(5:1-2). 특히 집안과 관련된 부분은 다음과 같은 충고로 시작된다. "여러분은 그리스도를 두려워하는 마음으로 서로 순종하십시오"(5:21). 이 논의는 적어도 복음의 새로운 현실을 주어진 사회 관계들에 확산시키려고 하고 있으며, 기본적인 원칙은 모든 관계들에 대해 동일하다. 이런 측면에서 이 논증은 실질적으로 고린도전서의 논증 대부분에서 강조되고 있는 것보다 훨씬 더 평등주의적이다. 이 텍스트를 살펴보도록 하자.

아내이신 여러분, 주님께 순종하는 것같이, 남편에게 순종하십시오. 그리스도께서 교회의 머리이심과 같이, 남편은 아내의 머리이기 때문입니다. 그리스도께서는 그분의 몸인 교회의 구주이십니다. 교회가 그리스도께 순종하는 것같이, 아내들도 모든 일에서 남편에게 순종하십시오.

남편이신 여러분, 그리스도께서 교회를 사랑하셔서 교회를 위하여 자기를 내주신 것같이, 아내를 사랑하십시오. 그리스도께서 그렇게 하신 것은, 교회를 물로 씻고, 말씀으로 깨끗하게 하여서, 거룩하게 하시려는 것이며, 티나, 주름이나, 또 그와 같은 것들이 없이, 아름다운 모습으로 교회를 자기 앞에 내세우시려는 것이며, 교회를 거룩하고 흠이 없게 하시려는 것입니다. 이와 같이, 남편들도 자기 아내를 자기 몸과 같이 사랑하여야 합니다. 자기 아내를 사랑하는 사람은 자기를 사랑하는 것입니다. 아무도 자기의 육신을 미워하지 않습니다. 그리스도께서 교회를 기르시고 돌보시는 것처럼, 사람은 자기의 육신을 가꾸고 보살핍니다. 우리는 그리스도의 몸의 지체입니다. "그러므로 사람이 부모를 떠나서, 자기 아내와 합하여 둘이 한 몸이 되는 것"입니다(창세기 2:24).

이것은 큰 신비입니다. 나는 그리스도와 교회를 두고 이 말을 합니다. 그러므로 여러분도 각각 자기 아내를 자기 몸과 같이 사랑하고, 아내도 자기 남편을 존중하십시오.

자녀이신 여러분, 주 안에서 여러분의 부모에게 복종하십시오. 이것이 옳은 일입니다. "네 부모를 공경하여라" 한 계명은 약속이 딸려 있는 첫째 계명입니다. "네가 잘 되고, 땅에서 오래 살 것이다" 한 약속입니다.(출애굽기 20:12; 신명기 5:16)

또 아버지이신 여러분, 여러분의 자녀를 노엽게 하지 말고, 주님의 훈련과 충고로 기르십시오.

종이신 여러분, 여러분이 그리스도께 복종하는 것같이, 육신의 주인들에게 두려움과 떨림과 성실한 마음으로 복종하십시오. 사람을 기쁘게 하는 자들처럼 눈가림으로 하지 말고, 그리스도의 종들과 같이, 진심으로 하나님의 뜻을 실천하십시오. 사람에게가 아니라 주님께 하듯이, 기쁜 마음으로 섬기십시오. 선한 일을 하는 사람은, 그가 종이든지 자유인이든지, 저마다 주께로부터 상급을 받게 됨을 여러분은 알아 두십시오.

주인이신 여러분, 종들에게 이와 같이 대하고, 그들을 위협하지 마십시오. 그들의 주님이시요 여러분의 주님이신 분이 하늘에 계시다는 것과, 주께서는 사람을 차별해서 대하지 않으신다는 것을, 여러분은 알아 두십시오. (5:22-6:9)

이런 형태의 가족에 대한 의무들은 골로새서보다 훨씬 더 명확하게 복음서와 연결되며 이 제도들에 대해 보다 더 큰 전복적 잠재성을 가지게 된다.

여하튼 우리의 목적에 대해 가장 중요한 것은 한편으로는 부인들, 아이들, 그리고 종들의 지위, 다른 한편으로는 남편들, 아버지들, 그리고 주인들의 지위 간의 명백한 상관관계이다. 이러한 명백한 상관관계는 복음서에서 결혼과 가족의 그런 관계들에 대한 엄정한 비판을 사후적으로 조명한다.

베드로전서

이와 동일한 구조의 또 다른 예증은 베드로전서로 알려진 문서에서 찾을 수 있다. 여기에 아이들과 아버지들의 상황에 대한 언급은 나오지 않지만, 남편들/주인들에 대한 관계에서 부인들/노예들에 대한 논의가 잘 알려진 형태로 이루어진다. 여기에서 이 일련의 이어지는 논증들은 사실상 "인간이 세운 모든 제도에 순종하십시오"라는 권면으로 시작한다

(2:13). 이 편지에서 이 권고들 및 기타 권고들의 의미는 공동체가 전복적이라고 비난받는 것을 막기 위한 것이며, 여기에서 박해의 상황이 분명히 머릿속에 떠오른다. 저자는 이 박해를 피하는 것이 가능하다고 생각하지 않지만, 어쨌든 그는 공동체의 구성원들에게 박해자들이 기독교인들은 반항적인 인간들이라는 주장을 펼치는 것을 어렵게 해야만 한다. 이런 배경에서 노예들과 부인들에 대해서, 그리고 남편들에 대해서(주인들에 대해서가 아니라) 짧은 권면이 제시된다.

노예들에 대한 충고에서(2:18-25), 그들에게 그리스도가 불의한 고난을 참아냈던 것과 같이 불의한 주인들에게서 받는 고난을 참아야만 한다는 말을 전한다.

'같은 방식으로' 부인들에 대한 권면에서도 부인의 순종이 부인의 선한 행실을 통해 이기는 길이 됨을 이야기하고 있다(3:1-6).

남편들에 대한 충고로 이 일련의 충고들이 종결된다.

남편 여러분, 이와 같이 여러분도 아내가 여성으로서 자기보다 약한 그릇임을 이해하고, 함께 살아야 합니다. 그리고 생명의 은혜를 함께 상속받을 사람으로 알고 존중하십시오. 그렇게 해야 여러분의 기도가 막히지 않을 것입니다. (3:7)

이 편지가 전해지는 공동체는 대부분 난폭한 남자들에 대한 경험을 공유하는 노예들과 여자들로 구성되었을 것으로 보인다.

사목적 서신서들

사목적 서신서들(디모데 전후서와 디도서)은 바울이 쓴 것으로 되어 있기는 하지만, 대부분의 학자들은 바울 이후 시기의 교회들로부터 온 것으로 간주하고 있다. 가장 개인적이며 바울의 저술에 가까운 편지는 디모데후서다. 의미심장하게도 이 편지 자체는 '가족에 대한 의무들'에 대해 전혀 말하지 않고 있다.

디도에게 가는 편지는 전반적으로 권위와 복종에 대한 베드로전서의 가르침을 반향한다. "그들(크레테의 회중들)을 일깨워서, 통치자들과 집권자들에게 복종하며, 순종하며"(3:1). 이러한 맥락에서 주교 또는 교회 생활에 대한 감독자는 "흠잡을 데가 없어야 하며, 한 아내의 남편이라야 하고, 그 자녀가 신자라야 하며, 방탕하다는 비난이나 순종하지 않는다는 비난을 받지 않아야 합니다"(3:1)라는 말이 전해진다. 그래서 교회의 지도자는 로마 가장의 전형으로 그려진다. 여기에서 남자 기독교인들에게 결혼을 피하라고 하는 바울의 충고로부터 매우 멀리 떨어져 있는 가르침을 보게 된다. 복음서들에서 나타나는 예수의 견해들은 차치하고서라도 말이다.

젊은 여자들에게는 "자기 남편에게 순종적인 사람이 되어, 하나님의 말씀이 비방을 받지 않도록"(2:5) 하라는 권면이 주어진다. 여기에서 박해의 상황(베드로전서)에서와 같이 이러한 의견을 정당화하지 않는다는 점에 주목해야 한다. 여기에서는 기독교가 이교의 관습이 제시하는 규범들에 순응해야만 한다는 모티프가 제시되고 있다.

그래서 동일한 텍스트에서 노예들에게 이에 상응하는 가르침이 제시되는 것은 그리 놀라운 일이 아니다. "종(노예)을 가르쳐 모든 일에 자기 주인에게 복종하며, 그들에게 만족을 주도록 하십시오. 그들은 말대꾸를 하지 말고, 훔치지 않으며, 온전하고 완벽한 신실함을 보여, 그들이 모든 일에 우리의 구주이신 하나님의 교훈에 빛을 더하도록 해야 할 것입니다"(2:9-10). 여기에서 주인들에게는 어떤 방식으로도 노예들의 훌륭한 행실에 상응하는 가르침이 주어지지 않는다.

그러니까 디도서는 로마 사회의 기본 제도를 파괴시키는 것처럼 보이지 않게 하려는 기독교 만들기의 분명한 목적으로 부인들과 노예들(그리고 아이들)에게 적용하는 복종의 윤리를 구현한다.

이러한 인상은 디모데전서로 가면서 훨씬 더 강력해지는데, 이 서신서는 이러한 복종의 윤리를 비정상적인 수준에 이르기까지 발전시킬 뿐만 아니라, 여자들/부인들의 경우에 있어서는 새롭고 궁극적으로 상당한 영향력이 있는 창조와 타락 이야기에 대한 해석을 통해 이 논증을 펼치고 있다.

이러한 문제들에 대해 디모데전서는 결과적으로 콘스탄티누스의 마음을 흡족하게 할 구절들로 시작한다. "무엇보다도 먼저 나는 모든 사람을 위해서 하나님께 간구와 기도와 중보의 기도와 감사를 드리라고 그대에게 강조합니다. 모든 사람을 위해, 왕들을 위해, 높은 지위에 있는 사람들을 위해서 기도하십시오. 그래야 우리가, 아주 경건하고 품위 있는 삶과, 조용하고 평화로운 삶을 살아갈 수 있을 것입니다"(2:1-2).

교회의 감독은 이때 그에게 자비로운 왕의 형상을 띠는 말로 기술된다. "자기 가정을 잘 다스려서 자기 자녀들로 하여금 아주 공손히 복종하게 하는 사람이라야 합니다. 자기 가정을 다스릴 줄 모르면, 어떻게 하나님의 교회를 돌볼 수 있겠습니까?"(3:4-5) 다시 한번 우리는 결혼을 하지 않는 것이 더 낫다는 바울의 견해로부터 멀리 떨어지게 된다. 여기에서 결혼과 가정을 관리하는 일에 대한 세심함이 교회의 책무에 대한 전제 조건이 된다.

로마 가장에 대한 견해를 수용할 때, 여자들이 예속의 상태에 처하게 된다는 견해는 그리 놀라운 것이 아니며, 이제 여기에 일종의 신학적 정당화가 부여된다.

여자는 조용히, 아주 순종하면서 배우십시오. 나는, 여자가 가르치거나, 남자를 지배하는 것을 허락하지 않습니다. 여자는 조용해야 합니다. 사실 아담이 먼저 지음을 받고, 그 다음에 하와가 지음을 받았습니다. 아담이 속은 것이 아니라, 여자가 속아서 죄에 빠진 것입니다. 그러나 여자가 믿음과 사랑과 거룩함을 지니고 정숙하게 살면, 아이를 낳는 일로 구원을 얻을 것입니다. (2:11-15)

이 구절은 성서에서 창세기 해석을 남성적 지배에 대한 정당화의 근거로 사용하는 처음이자 마지막 사례다. 이 텍스트는 바울이 타락을 하와보다는 아담과 연관 짓는 방식에서 극명한 대비를 보인다(고린도전서 15:45 이하; 로마서 5:12 이하).

그럴 때 '가족 가치들' 이 절대화되는 방식은 별로 놀라울 것이 없다. 과부들과 관련된 가르침에서 우리는 "그러므로 젊은 과부들은 재혼을 해서, 아이를 낳고, 가정을 다스려서, 대적자들에게 비방할 기회를 조금도 주지 말기를 바랍니다"(5:14)라는 말씀을 읽게 된다. 이런 관점은 분명히 바울이 고린도전서 7장 8절과 40절에서 했던 이야기에 상반된다.

우리는 또한 가족 가치들의 절대화가 진행되고 있다는 점에 대해 주목한다. "누구든지 자기 친척, 특히 가족을 돌보지 않으면, 그는 벌써 믿음을 버린 사람이요, 믿지 않는 사람보다 더 나쁜 사람입니다"(5:8). 명백히 이것은 대체로 동시대의 문서로 볼 수 있는 누가복음에 기입되어 있는 예수 전승에 대한 기억으로부터 완전히 동떨어진 것이다. "누구든 어머니와 아버지를 미워하지 않는 자는 ….."

권위에 완전히 복종하는 윤리는 우리가 예상하는 그대로 노예들의 의무에 대해서도 실행되었다.

종의 멍에를 메고 있는 사람은, 자기 주인을 모든 존경에 합당한 이로 여겨, 하나님의 이름과 우리의 가르침에 욕이 돌아가지 않도록 해야 할 것입니다. 신도인 주인을 섬기는 종들은, 그 주인이 교회 신도라고 해서 가볍게 여겨서는 안 됩니다. 오히려 주인을 더 잘 섬겨야 합니다. 왜냐하면, 이러한 섬김에서 이익을 얻는 이들이 동료 신도요 사랑하는 사람이기 때문입니다. (디모데전서 6:1-2)

더 이상 주인들에게 친절하라는 권고는 나타나지 않는다. 우리는 사회 질서의 구조를 반영하고 강화하도록 설계된 로마의 전제적인 가족 가치들이라는 현 상태 내에서는 완전한 침묵의 영역에 있는 것이다. 이러한 말씀들은 명백히 노예를 보유하고 있는 새로운 세계의 기독교인들에게 큰 위안을 줄 법한 것이었다.

결론

우리가 검토한 텍스트들은 (베드로전서를 예외로 하고) 바울 자신의 손에 의해 쓰였다고 주장되는 것들이다. 비록 고린도전서를 제외하고는 그

저작에 대해 논쟁의 여지가 남아 있기는 하지만 말이다. 바울로부터의 전승은 예수의 말씀과 행위를 기억하고자 하는 서사적 텍스트들의 동시적인 발전으로부터 더욱 넓어져 가는 간극에 의해 분리되어 있다. 바울과 예수 사이의 모순을 가정하지 않고서도 우리는 분명히 이러한 윤곽으로부터 유래하는 듯 보이는 전승들이 하나의 균열에 의해 분리되기까지 여러 갈래로 가지 쳐 나가는 방식을 볼 수 있을 것이다. 실제로 이 동일한 균열이 고린도전서와 갈라디아서의 바울 서신들을 이후 시기의 유사-바울적인 서신서들로부터 갈라놓는 것으로 여겨진다.

복음서들의 서사적 텍스트들에 기입되어 있는 예수 전승의 다양한 형태들 가운데 존재하는 '결혼 및 가족 가치들'의 전반에 대한 의혹은 유사-바울적인 문헌에서 완전하게 뒤집어진다. 만일 우리가 복음서라 부르는 문헌의 발전이 대체로 서신서의 문헌 발전과 병행을 이루고 있었다는 것을 상기한다면, 우리는 여기에서 동시대적이지만 근본적으로는 대립적인 두 가지 기독교 형태들과 대면하게 된다. 복음서들에서 예수 전승의 '위험한 기억'은 지배의 구조들을 지속적으로 붕괴시킨다. 서신서들에서는 바울의 (또는 베드로의) 권위가 사용되어 지배의 구조들을 신성화하게 된다. 후자의 전통의 결과는 기독교가 그 스스로를 더욱더 모든 종류의 안정적인 가치들을 위한 성채로 제시하는 것이며, 그로 인해 체제가 십자가형으로 처단했던 그 사람이 그 체제의 주요한 옹호자이자 정당화의 근거가 되는 기묘한 일이 가능하게 된다. 디모데전서의 저자는 하나님의 이름이 지배 구조의 주인들에 의해 '모독당하지' 않도록 하는 일에 대해 우려한다고 말한다. 그 결과로 여자들, 아이들, 노예들이 폭력과 폭행의 가해자들을 지키는 신에 대해 불경한 언사를 내뱉는 일이 생겼던 것이다. 하지만 복음서들은 우리에게 예수가 이런 의미에서 체제라는 이름의 신에 대한 신성모독으로 인해 체제에 의해 처형된 사람이라는 것을 상기시킨다.

　예수 전승의 외부에 있는 이 텍스트들에 대한 신속한 검토는 복음서들에 있는 결혼 및 가족 가치들에 맞서 유도된 의심에 약간의 근거를 제의하는 데 도움이 될 수 있을 것이다. 고대 세계에서 가족이 노예 제도에 동화되어 있었다는 것은 예수의 기억에 가장 밀접하게 연결되어 있는 다른 전승들이 가족 구조를 거부한 것에 대해 추가적인 타당성을 부여한다.

제14장
예수는 게이였는가?

예수는 게이였을까? 나는 이와 같이 틀에 잡힌 질문에 대해 간단한 답을 하지 않는 이유에 대해 설명한 바 있다. 게이와 스트레이트 또는 이성애자와 동성애자(또는 양성애자)에 대한 오늘날의 범주들이 고대 사회에 속한 사람들의 경험과 행동을 쉽게 잡아내지 못하기 때문이다. 게다가 고대 사회의 특정한 개인들의 성적인 경험 또는 행위들에 대한 어떠한 결론도 추정적이고 불확실한데, 이는 사용 가능한 자료들이 이 사안의 본성상 거의 절대로 명시적이지 않은 경향을 보이기 때문이다. 이러한 진술은 우리의 동시대인들에게도 상당한 수준에 이르게 하지만, 사람들의 삶을 재구성하기 위한 근거자료들이 시간과 문화에 대해 우리로부터 동떨어져 있다는 것이 추가적인 난점들로 부여되며, 이것은 예수와 같은 인물에게는 훨씬 더 그럴 것이다. 우리에게는 그의 삶에 대한 상당수의 근거자료들이 있지만, 이 자료들은 자료 저자들과 이 저작들을 이어 내려온 공동체들의 신학적 이해 관계에 의해 너무나 심하게 제한되어 있다. 따라서 예수의 선교, 목회 활동, 그리고 언행들은 진지한 학문적 논쟁에서는 개방된 상태에 놓여 있는 것이다.

이러한 중요하고 무게 있는 경고들에도 불구하고 우리는 예수의 일차적인 애정 관계가 다른 남자, 즉 요한복음에서 '예수가 사랑한 그 제자'로 불리는 사람과의 관계였다는 것을 지지하는 상당량의 증거를 살펴본 바 있다. 게다가 우리는 이 관계를 언급한 자료들에 대한 가장 합리적인 독해가 육체적이고 정서적인 친밀함의 관계를, 달리 보자면 잠재적인 성애적 매개의, 성적인 표현의 잠재적 원인일지도 모르는 그런 관계를 추정하는 방식임을 고찰했던 바 있다. 요한복음의 세계관은 다른 복음서들과 같이 이러한 성애적 표현을 배제하는 금욕적인 관점들에 반대하는 듯 보인다. 그러므로 우리는 이 관계를 그 특성상 성애적인 것으로 생각할 개연성이 가장 높다.

하물며 이 복음서는 이러한 입장 위에 홀로 서 있는 것이 아니다. 우리는 마가복음에서도, 특히 비밀의 마가복음으로 알려진 단편과 연계해 독해했을 때, 동-성애적 관계에 상당히 유사한 어떤 것의 징후를 찾아냈다. 실제로 이 단편은 다른 방식으로 볼 때에는 상당히 당혹스러운 정경상의 에피소드들(사랑의 시선, 겟세마네의 벌거벗은 젊은이)을 새롭게 조명하는 데 도움이 된다. 그러므로 그 증거는 예수가 제자였거나 제자가 된 한 (젊은) 남자와 성애적 관계를 가졌던 사람으로 기억되었다는 것과 같다.

심지어 이 '위험한 기억'의 증거를 제시하지 않는 듯한 복음서들(마가복음과 누가복음)에서도, 우리는 예수가 헬레니즘적인 소년애의 전형들과 일치하는 듯 보이는 관계(백부장과 그의 젊은이)에 대해 개방적이고 긍정적인 태도를 가졌던 것으로 기억되고 있었다는 암시적 증거들을 보았다.

우리는 또한 예수 전승이 젠더 역할의 전복의 흔적들을 가지고 있다는 것을 살펴본바 있는데, 여기에서 이 젠더 역할이란 때때로 로마 및 헬레니즘 세계에서 동─성애적 관계의 평판을 떨어뜨리는 데 사용되었고, 우리의 세기에도 계속 그런 방식으로 사용되고 있다. 예수 전승은 당시 때때로 동─성적 사랑과 연관되었던 젠더 역할의 전복과 같은 바로 그 유형을 긍정한다. 기독교 전통의 동시대적 전개상들(바울과 후기 바울의 서신서들)이 기독교 공동체에서 전통적인 젠더 역할 기대의 복권을 추구한다는 사실에도 불구하고, 이 문서들에서는 이러한 젠더 역할의 전복에 대한 긍정이 일어나고 있다.

내가 예수 전승에 대해 제안했던 독해 방식은 흔히 신약성서가 오늘날 결혼 및 가족 가치들이라 불리는 것에 대해 긍정하는 방식으로 배제되어 왔다. Ⅲ부는 예수 전승이 이 가치들에 대해 매우 비판적이라는 것을 분명히 했다. 복음서들에 대한 게이를 긍정하는 독해로부터 얻게 되는 혜택들 중 하나는 너무나 오랫동안 이성애 중심주의에 의해 은폐되어 왔던 예수 전승의 차원을 우리가 살펴보고 해명할 수 있도록 한다는 것이다.

이 연구의 도입부에서 나는 동성애혐오를 승인하는 데 그럴듯하게 사용될 수 있는 상당수의 성서 문서들을 크게 감소시켰던 반동성애혐오적 해석학이라는 작업에 대해 언급했다. 그런 노력의 결과로 동─성적 사랑에 반대하기 위한 성서적 토대는 단정적으로 후대의 기원을 가진 구약성서의 두 개의 구절들과, 의미에 대한 논쟁의 여지가 있는 바울 문서들 중에 속한 두 개의 구절들, 그리고 바울에게 귀속되지만 일반적으로 바울과의 관련성에 대해 이의가 제기되는 두 개의 구절들로 줄어들게 된다.

그러니까 기껏해야 성서상의 여섯 개의 구절들이 우리가 현재 동성애라고 부르는 것에 반대하는 것으로 인용된다는 말이 된다.

반면 이와는 대조적으로 동-성애적 관계들에 대해 호의적인 것으로 보이는 자료는, 우리가 봤던 것처럼, 신약성서의 네 복음서들 전체를 포함하고 있다. 단지 여섯 구절이 아니라 신약성서 전체가 동-성애적 애정에 대한 긍정적인 시각을 제공하고 있다는 것이다. 그리고 이 자료들은 어딘가 한 군데가 잘려져 나간 단편적인 서사들도 아니며, 적어도 기독교인들이 관심을 가지고 살펴보게 된다면, 명백히 성서에서 서사의 중심에 있는 것들이다.

하지만 오랜 세월 동안 작고 의심스러운 단편들이 힘 있고 핵심적인 서사들을 압도해 왔다. 학자들과 교회들이 이 여섯 구절들에 대해 논쟁하는 동안, 성서적 서사의 동성애적 전승들은 대체로 무시되어 왔던 것이다. 그런 이유로 나는 이 연구에서 싸움에 나선 개들이 서로 차지하려고 으르렁거리는 바닥에 깔린 몇 개의 부스러기들에 대해서는 전반적으로 무시하고, 그 대신 신약성서 서사라는 식탁 위에 차려진 만찬에만 집중하는 편을 선택했다.

이러한 서사들을 고려함에 있어 나는 임의적이거나 공상적인 해석들―입에는 달콤할지 모르나 제대로 된 영양을 제공하지 않는 가벼운 과자와 같은―을 전개하지 않으려 했다. 오히려 나는 이러한 서사들이 예수와 그가 사랑한 남자 사이의 관계에 대한 동성애적 해석을 단단하게 떠받치고 있다는 것을 보여주면서 이와 함께 독자에게 동-성애적 관계들의 발전과 표현에 호의적인 서사적 세계를 제공하려 했다.

나는 이 연구에서 게이를 긍정하는 조명 가운데 이해될 수 있는 성서적 서사들에 대한 고찰에 있어 소모적으로 논의를 전개하지 않기 위해 노력했다. 그 대신 기독교권의 정경에서 예수와 관련된 전승들을 담고 있으면서도 중요한 자리를 차지하는 서사들에 대해 집중했다.

나는 이 텍스트들에 대한 나의 독해가 단순하게 별 어려움 없이 수용될 것이라 상상하지 않는다. 이 주제는 그러기에는 너무나 논쟁의 소지가 크다. 그러나 나는 이 논의가 그 텍스트들과 맥락들에 관한 것이 되기를 희망한다. 나는 성서상의 텍스트들이 의미하는 것으로 보이는 것에 대해 그런 의미가 될 수 없다고 말하는 문화적 또는 종교적 전제들에 의해 너무나도 흔하게 텍스트들에 대한 우리의 눈이 가려져 왔다는 것을 납득한다.

이와는 대조적으로 내가 제시하는 게이를 긍정하는 독해는 우리가 성서상의 모든 구절에 대해 폭력을 행사하도록 강요하지 않는다. 이러한 접근법은 증거를 무시할 필요가 없으며 증거를 조작해 낼 필요도 없다. 여기에서 문제가 되는 것은 게이나 레즈비언적인 관계들에 대한 우리의 태도가 아니라, 오히려 성서에 대한 우리의 태도인 것이다. 나는 여기에서 이 문제가 성서가 하나님의 말씀인가에 대한 것이라는 말을 하는 것이 아니다. 나는 단지 우리가 성서를 어떠한 문서에 대해서도 돌려야만 할 일종의 그에 걸맞은 존경과 개방성으로 대할 수 있는가 하는 것을 의미할 뿐만이 아니라, 특히 우리가 어떻게 정의와 사랑에 대한 초월적인 주장과 조우하게 된 인간 존재자들로서 살아갈 것인지를 알게 하는 통찰에 대해 빚을 지고 있다는 것을 의미할 뿐이다.

동성애혐오는 불의를 정당화하기 위한 성서 악용의 오랜 역사에서 중요한 요소로 자리잡고 있다. 수탈적인 경제 체제, 폭력적인 정치 체제, 인종차별과 노예 소유의 제도, 가부장제와 이성애 중심주의라는 불의에 대해서 말이다. 이러한 '해석들'은 모두 장구하고 신성화된 전통의 권리를 주장할 것이지만, 그렇다고 해서 이러한 권리 주장이 이것들을 진실하게 만들지는 않는다.

여기에 제시된 이 해석들이 유사하게 오랜 세월 동안 정립된 전승들에 대해 역행한다는 점이 있더라도 나는 여러 독자들이 자신이 참고하는 성서 텍스트들을 보는 데 진지한 관심을 기울이는 일에 이 책이 방해가 되지 않기를 바란다.

예수와 예수 전승을 위한
해석적 개입에 대하여

이 책에 대한 역자의 마지막 작업인 이 후기에 대해 나는 기본적으로 서평의 형식을 취하고자 한다. 물론 그동안 열심히 했으니, 이제 그만 좀 쉬자는 얄팍한 생각이 들기도 한다. 그러나 짧게나마 그동안 번역한 책에 대한 그리고 책의 저자에 대한 충실성으로, 책을 소개하는 서평의 형식을 빌린 후기—또는 후기의 형식을 빌린 서평—를 쓰는 일이 반드시 필요하다고 여겨진다. 말하자면, 번역은 필연적으로 읽기의 과정을 포함하게 되며, 번역자는 그가 번역하는 저작의 최초 독자라는 의미에서 서평으로 번역 과정을 마무리하는 일은 중요한 일이다.

먼저 저자에 대해 간단히 이야기를 해 두는 편이 나을 듯하다. 물론 저자 테오도르 W. 제닝스를 간단히 소개하는 것도 좋겠지만, 그의 공적인 이력에 대한 사항은 이 책에 간단히 수록되어 있기도 하거니와, 이런 정보쯤은 인터넷 검색을 거치면 충분히 찾을 수 있는 것이다. 그러니 좀 더 개인적인 만남에 대해 그리고 이 책을 번역하게 된 계기에 대해 이야기하는 편이 나을 듯싶다.

사실 책을 통해서나마 제닝스를 최초로 접하게 된 것은 이 책의 번역 작업을 시작하기 이미 몇 개월 전, 일전에 참석했던 데리다 관련 강의를 통해 알고 있었던 그의 『데리다 읽기, 바울 사유하기』라는 책을 구하게 되면서였다. 데리다가 제시한 개념들을 통해 바울 서신의 중심에 있는 로마서에 대해 면밀하게 독해하며, 특히 정의의 문제에 관한 사유를 펼쳐 나가는 이 책을 읽어 나가면서 언젠가는 반드시 번역을 해야겠다는 생각을 품게 되었다. 그러던 차에, 함께 연구실을 차려 공부하고 있는 친구에게서, 마침 제닝스가 6월에 한국을 방문할 예정인데, 이때 제닝스가 '제3시대그리스도교연구소'에서 국내의 (성소수자) 차별 반대 운동과 관련하여 행할 예정인 강의의 원고를 번역해 보면 어떻겠느냐는 권유를 받게 되었다.

그렇게 제닝스와 최초로 만났던 것이 2010년 6월이다. 그때 만났던 제닝스는 간단한 인터넷 검색을 통해 찾을 수 있었던 사진의 모습 그대로, 상당히 두꺼운 근시 안경을 쓰고, 대머리에 덥수룩한 수염을 기른, 유쾌한 영감님의 모습이었다. 강연문 번역과 함께 여기저기 따라다니면서 어설픈 통역자 역할을 어찌어찌 하다 보니 자연스럽게 저자와 친분이 생겼고, 『예수가 사랑한 남자』라는 이 좋은 책의 번역도 자연히 떠맡게 되었다. (기실 먼저 번역하고자 했던 『데리다 읽기, 바울 사유하기』에 대한 작업 역시 이미 상당 부분 진척되어 있다.)

일천한 안목으로나마 제닝스의 작업에 대해 간단히 평하자면, 그의 작업은 철학적 사유를 그 배경에 두고 성서를 해석해 나가는 과정의 산물이라 할 수 있을 것이다. 그의 작업은 대각적인[1] 방식의 성서 해석/글쓰기

이며, 성서 본문에 대해서가 아니라 지배적 해석 체계에 대한 해체적 글 읽기를 향하고 있는 동시에, 성서 본문에 대한—특히 예수 전승에 대한—충실성에 기반하여 해석적 개입을 수행하는 작업이라 평할 수 있다. 여기에서는 세부에 대한 미시적 분석을 피하고 해석의 방법과 관련한 총론적 접근을 시도해보자.

대각적인 성서 해석/글쓰기 – 재현의 구조에 따른 해석적 폭력을 피하기 위해

우선적으로 제닝스 본인이 이 책의 도입부에서 밝히고 있듯이, 이 책의 의도는 동성애혐오적/이성애중심적 성서 해석이 차지하고 있는 지배적 지위에 의문을 제기하고, 신약 성서에, 특히 복음서들에 수록된 예수 전승 가운데 동-성애적인 해석의 가능성이 있는 부분들을 양지로 끌어내어 동-성애를 긍정하는 해석의 가능성을 제시하고자 하는 것이다. 그가 말하는 그대로, 이러한 해석의 가능성들은 흑인 노예의 해방을 위해 새로운 해석을 추구했던 아프리카인 중심 신학, 나치에 의해 자행된 홀로코스트에 대한 반성을 담고 있는 홀로코스트 신학, 여성주의의 부상과 함께 교회 내에서의 여성해방을 위해 진행되었던 여성신학, 그리고 과거의

---

1) 제닝스는 이 책의 논의에서 분명히 '대각적인' 논의를 전개하고 있다. 여기에서 대각적인이라는 말은 'diagonal'의 역어인데 이 말은 사전적으로 '대각선의' 또는 '사선적인' 정도의 뜻이다. 이 말은 간단히 정의하기가 어려운데, 애초에 이 말로 의미하고자 하는 바가 일종의 문제에 대한 에둘러 감(detour)이기 때문이다. 대각적인 방법은 프랑스 철학에서 온 것으로, 이 방법의 예는 데리다와 바디우의 논리 전개에서 찾을 수 있다. 이러한 방법은 기본적으로 헤겔 철학의 변증법적 구조와 관련되어 있다.

서양제국의 수탈에서 벗어났으나 여전히 이들 제1세계 국가들의 수탈과 억압 속에 허덕이는 제3세계 인민의 해방을 위해 노력했던 해방신학과 같이 과거 주류 사회 혹은 세계 내에서 주변부에 속했던 이들을 위해 전개되었던 신학의 여러 흐름들에서 그 예를 찾을 수 있다.

그렇다면 왜 제닝스는 이러한 신학의 흐름들에서 자신의 동-성애적 성서 해석을 전개하지 않고 굳이 '대각적'인 방식을 취하는 해석의 '가능성'을 제안하는 것일까? 이에 대해 간략히 평하자면, 앞에서 예를 든 성서 해석 방식들이 비록 과거의 지배적인 혹은 재현적인 해석의 구조를 뒤집는 데는 성공했을지 모르나, 이들 해석 방식이 고착되는 과정에서, 새롭게 제시된 해석들이 다른 다양한 해석들의 가능성을 인정하지 않는 어떤 뒤집어진 지배의 형상을 띠게 되기 때문이다. 비록 각각의 해석이 가지는 영향력 혹은 힘은 한정적이기는 하지만, 이러한 해석의 방식들은 각 해석 방식이 가지는 일정한 범위 혹은 정체성 내에서 절대적인 지배 혹은 재현의 체계가 된다. 말하자면 있는 그대로의 성서 자료 및 관련된 가장 믿을 만한 외부 자료들을 검토함에 있어, 이미 짜인 틀을 가지고, 그 틀에 넘치는 자료는 자르고 남는 자료는 맞추어 늘리는 일종의 프로크루스의 침대와 같은 해석적 폭력을 행사하게 된다. 이것은 일종의 뒤집어진 지배체계이며, 적어도 각 해석이 재현하고 지배하는 범위 내에서는 기존의 주류 해석이 행사하던 지배/재현적 구조의 폭력과 별반 다를 바

---

2) 이러한 읽기 방식에서 우리가 보게 되는 상황은 일종의 '정체성의 정치'다. 간단히 말하자면 정체성은 언제나 어떤 술어와 범위를 상정하게 되며, 이 범위 내에서의 권리를 최우선의 가치로 두게 되며, 그런 이유로 그러한 권리의 주장에 빠져 다른 주변화된 집단들과의 평등과 연대의 가능성을 잊어버리는 정치적 태도를 지칭하는 말이다. 예를 들자면, 여성이 아니면 여성의 아픔을 알 수 없다는, 동성애자가 아니면 동

없는 일을 하게 되는 것이다.[2]

제닝스의 목적은 그러므로 이러한 뒤집어진 지배 혹은 재현의 구조를 넘어서 성서 텍스트 자체에 '최소한의 (해석적) 폭력을 가하는 성서 읽기'의 가능성을, 다시 말해 가능한 한 가장 순수한 그러나 동시에 오염된 현시의 해석학의 가능성을 모색하는 것이다. 이때 택하게 되는 길은 직접적인 반대의 길을 취하지 않고, 일종의 부정의 부정 혹은 일부러 에둘러 가는 전략을 취하는 대각적인 방식이라고 말할 수 있을 것이다.[3] 이러한 대각적 성서 해석의 과정에서 주류의 동성애혐오적/이성애중심적 해석이 점하고 있는 지배적인 지위 혹은 가치는 자연히 붕괴되고, 성서 독자들 역시 최대한 있는 그대로의 성서 자료가 현시하는 의미에 다가갈 수 있게 된다. 그런 의미에서 제닝스는 이러한 독해 방식(의 가능성)이 단순히 동성애 성향의 성서 독자들뿐만이 아니라 이성애적 성향의 독자들에게도 성서가 말하는 메시지 그 자체에 가까이 다가갈 수 있도록 하는 이점을 제공한다고 말하는 것이다. 그렇다면 이를 위해 그가 택하는 구체적인 길은 무엇인가?

성애자의 고충을 이해할 수 없다는, 그리고 더 나아가 20대가 아니면 20대가 처한 주 변화된 경제적 현실에 대해 고민하지 않을 것이라는 방식으로 일종의 어떤 정해진 부류 사람들의 권리 우위를 주장한다. 그러나 언제나 현실은 이런 정해진 범위의 너머에서 힘겨워하는 '있는 그대로의 존재'들을 안고 있다. 이런 평등/정의/같음을 지향하지 못하고 자신의 권리만을 주장하는 담론은 결국 '분리와 지배'를 그 원칙으로 하는 사회의 지배적 구조와 모종의 암묵적인 공모 관계만을 가질 뿐이다.

3) 현시와 재현의 개념은 알랭 바디우의 철학 체계에서 논의의 전개를 위해 역자가 차용한 것이다. 개략적으로, 현시란 '존재로서의 존재' 또는 '있는 그대로의 존재'가 상황 속에 주어지는 것이며, '재현'이란 이 현시된 상황 속의 원소들이 어떤 술어적 범주에 의해 부분 집합으로 묶이는 것을 말한다.

성서 본문이 아닌 지배적 해석 체계에 대한 해체 – 증거 우위를 통한 길

제닝스가 이 책의 1장 도입부 및 책의 여러 부분에서 그리고 2010년에 서대문 인근에 위치한 '한백교회'에서 행했던 강연[4]에서 밝히고 있듯이, 신구약을 통틀어 본문 자체만을 놓고 볼 때 동성애자들에 대한 배제를 지시하는 성서 구절은 기껏해야 여섯 구절밖에 되지 않는다. 물론 이 여섯 구절 역시 배경 및 성서 외부적 증거들에 비추어 본다면, 이 구절들 하나하나로부터 그 직접적인 동성애혐오적 의미가 퇴색되기는 하지만, 제닝스는 그런 전략을 사용하지 않는다. 그가 말하고 있듯이, 그런 이전투구의 논의에서 오늘날의 동성애자들의 인간적 '존엄성'을 훼손하게 될 것이기 때문이다. 그리고 제닝스는 그에 더해 동성애자들의 제도적인 또는 법적인 권리를 주장하는 방식의 논의 역시 지양한다. 이러한 권리에 묶인 해석은 성서가 제공하는 가족 가치나 결혼 등과 같은 제도에 대한 비판을 불가능하게 하는 것이다. 그런 전략에 기대어 논의를 전개하기보다 그는 '증거 우위'의 전략을 추구해야만 한다고 말한다.

이 책에서 나의 의도는 동성애혐오와 게이에 대한 공격을 지지하는 것으로 알려진 성서 구절들을 우선적으로 다루는 방어적 전략에서 벗어나는 것이다. 이 전략은 성서에 대한 전통적인 (오)독해에 이러한 독해 방식이 받기에 합당한 개연성보다 더 큰 개연성을 부여한다. 그 대신 나는 사실상의 증거 우위에 대한 검토에, 즉 동성애적 욕망과 관계들을 감싸 안고 긍정하는 많은 증거

---

4) 이 강연문은 역자 후기 다음에 부록으로 수록되어 있다.

들에 대한 검토에 집중할 것이다. (이 책, 23쪽)

여기에서 중요한 것은 바로 그가 추구하고 있는 '증거 우위'의 원칙을 통한 전략이다. 이 증거의 압도적인 다수성을 내세우기 위해 그는 성서 내의 동성애적 실재를 드러내는 세 번째 층위의 길과 퀴어적 감수성으로 그러한 실재들을 읽어내는 구체적인 방식을 제시한다. 이러한 전략을 통해 전개되는 그의 해석적 논의들은 마치 법정에서 사회의 모든 금기와 법을 공공연히 어겨 가며 결국은 십자가형을 당했던 '위대한 범죄자'를 모든 해석의 폭력에서 구해 내기 위해 공개 법정에 선 '위대한 변호사'의 변론을 연상시킨다.[5]

그렇다면 성서의 어떤 측면이 이런 '증거 우위'를 가능하게 하는 것인가? 여기에서 '많은 증거들'이란 우선적으로 기존의 주류 해석학이 애써 숨겨 왔던 혹은 외면해 왔던 '예수가 사랑한 남자'에 관한 이야기들이다. 제닝스는 특히 '예수가 사랑한 남자'에 대한 이야기들이 다른 복음서들에 비해 압도적으로 더 많이 등장하는 요한복음에 중심을 두고 이 논의를 전개한다. 고대 사회의 동-성적 성애의 관습과 요한복음이 재현하는 예수의 삶은 기실 예수가 오늘날 우리 사회에서 금기시하고 있는 동성애적 실천의 가능성을 충분히 가지고 있기에, 이 인물에 대한 자세한 검토만으로도 우리는 성서상에 드러난 동-성애적 가능성들과 의미들을 충분히 얻을 수 있다. 예를 들자면, 예수가 사랑한 남자가 예수의 품에 기대고

---

5) 이러한 법정 개념의 사용은 제닝스가 『데리다 읽기, 바울 사유하기』에서 데리다로부터 개념적으로 차용하여 논급했던 '위대한 변호사'의 모습을 연상하게 한다. 그리고 그런 맥락에서 당연히 예수는 법에 틈새를 내어 그 공허함을 드러냈던 '위대한 범죄자'일 것이다.

누워 있던 장면에 대한 검토, 그가 예수의 제자들의 집단 내에서 가진 지위·역할·정체, 예수 전승 내에서 전해지는 그가 가지는 의미 등에 대한 신약성서 내·외부적 자료들에 대한 자세한 검토만으로도 말이다.

해석적 개입 - 동등함/평등함/같음을 추구하는 글쓰기

그러나 이러한 동-성애적 가능성들과 의미들을 끌어내는 효과는 무엇인가? 예수는 게이였는가? 만일 그렇다면 우리는 다른 성애적 태도에 대한 동-성애의 우위를 주장해야만 하는가? 물론 제닝스의 대답은 그렇게 말할 수 없다는 것이다. 그는 '예수가 사랑한 남자'의 서사를 그저 가능성의 영역에 남겨둔다. 우선 신약성서 자료의 불충분성이 이러한 확정의 불가능을 단언한다. 이 책의 논의를 잘 따라왔다면 자연히 알게 될 터이지만, 요한복음을 위시한 각 복음서들은 예수와 그가 사랑한 제자 사이의 성적인 사랑의 조건을 제시할 뿐, 절대로 그 확실성을 제시하지 않는다. 그렇다면 이러한 해석의 결정불가능성으로 인해 이러한 해석의 가능성은 어떠한 의미에도 가 닿지 못하는 것인가? 결코 그렇지 않다.

먼저 이러한 해석의 (가능성에 대한 제한이 아닌) 확정에 대한 제한은 그가 말하는 최소한의 해석적 폭력을, 다시 말해 예수 전승의 자료 자체에 가하는 폭력을 지양하고자 하는 태도에 부합한다. 그리고 이로 인해 어떠한 재현적 해석 체계도 우위를 차지하지 못하는 '대각적인' 해석이, 동등한 지위에서 서로를 보완하는 해석들의 상호부조가 가능해지는 것이다. 물론 그런 이유로 그가 제안하는 '동-성애를 긍정/실증하는 해석'은 이성애적 해석들을 위시한 다른 해석의 전략들과 동등한 입장에 서게 되며, 어떠한 우위나 지배도 주장하지 않을 수 있다.

두 번째로 이러한 결정불가능성, 즉 그 자리를 확정하지 않는 가능성의
영역은 한 걸음 더 나아가 동성애 문제만이 아닌 기존 보수 교회들의 주
류 해석 방식이 옹호하는 다양한 기본적 사회 제도들이 가진 폭력성과 가
부장제적 경향에 대한 비판[6]으로, 그리고 성이나 젠더를 넘어서는 유적
인 형태의 사랑 가능성을 탐색할 수 있는 토대가 된다. 이러한 예수 전승
을 통한 모든 사회적 제약 혹은 한정을 넘어서는 논의에서 우리는 사회의
구조가 가하는 폭력의 대상이 되는 약자들의 연대 가능성을 볼 수 있다.

이러한 아직 도래하지 않은, 그러나 언젠가는 우리 모두가 성취해야만
할 가능성에 대한 탐색은 분명히 놀라운 것이다. 실제로 그가 제시하는
다양한 증거들 또는 해석의 가능성들에 대한 논의는 해석학계에서 별반
새로울 것이 없다. 저자가 제시하고 있는 다양한 주석 및 인용에서 드러
나듯이, 저자는 그저 그러한 자료들과 논의들을 모아 정리했을 뿐이다.
하지만 이 책에서 제시된 다양한 '객관적' 증거들에 대해 저자가 어떠한
권리도 주장할 수 없음에도 불구하고, 그는 분명 '새로운 것'의 가능성을
보여주고 있다. 바로 자신이 제시하는 해석을 비롯한 어떠한 해석적 우
위도 요구하지 않는 동등/평등한 해석의 가능성에 대해, 즉 어쩌면 '우
애'의 해석학이라 부를 수 있을지도 모를 어떤 것을. 그리고 이러한 과정
은 단순히 성서 해석의 차원에만 국한되지 않고, 동성애를 넘어서는 '유

---

6) 제닝스의 비판은 약자로서의 아이와 부모들을 향한 것이 아니다. 그의 비판이 향하는
   지점은 가족적 가치 및 결혼 제도를 옹호하여 여성을 소유물 혹은 재산과 동일시하
   며, 보호하고 감싸 안아 주어야만 할 아이들을 자기-이해관심과 연관시켜 미래의 안
   정의 수단으로 삼는, 더 나아가 이들에게 폭력을 행사하고 이를 학습시켜 현 상태를
   존속시키려 하는 보수 교회의 프로파간다일 것이다. 이러한 의도는 그가 결혼과 노예
   소유가 유사 바울적인 서신서들 내에서 유사한 방식을 통해 옹호되고 있음을 논하는
   지점에서 잘 드러난다.

적인' 사랑의 형식으로, 성애혐오증이라는 집착적 증상의 징후를 보이는 교회를 치료할 수 있을 가능성으로, 그리고 더 나아가 구조적 폭력이 팽배한 사회 체제를 전복할 수 있는 새로운 '정치'의 가능성으로 나아간다.

이러한 제닝스의 해석적 실천에 대해 나는 이것이 그가 예수와 예수 전승에 대해 충실한 해석으로 현실에 개입하는 것이라고 말하고 싶다. 바로 이러한 '해석적 개입'을 통해 단순히 동성애적 입장만이 아닌 모든 사람들의 해방을 위한 성서 읽기의 가능성이 제시되고 있기 때문이다. 단적으로 말해서, 일반적으로 교회 내에서 성서를 읽을 때 쓰게 되는 선택적인 눈가리개를 내려놓게 되면 성서가 제공하는 너무나 풍부하고 다채로운 양상들을 볼 수 있으니, 그만 그 눈가리개를 내려놓으라고 권유하고 있는 것이다.

생각해 볼 수 있는 저항

물론 이러한 권유를 받아들이는 문제는 기본적으로 어떤 저항에 부딪힐 수밖에 없다. 주류적 해석의 관점을 내려놓으라는 권유는 일종의 죽음을 상정하기 때문이다. 즉, 동성애혐오적인 생각을 가지고 있던 사람이 이에 대한 생각을 바꾼다는 것은 적어도 자신의 동성애혐오적 측면에 대한 부분을 죽일 때에만 가능한 것이라는 말이다. 사실 애초에 대각적인 사유의 방식은 부정의 부정은 긍정이 아님을, 즉 어떤 기존의 해석에 대한 부정의 부정이 원래의 해석이 아닌 어떤 알 수 없는 새로운 것에 가닿을 수 있음을 전제하는 것이며, 이때 새로운 것은 이전에 알고 있던 어떤 친숙한 것이 아니기에 이에 대한 불안은 어쩌면 필연적인 것이기도 하다. 그렇다면 이 새로움을 우리는 어떻게 받아들일 수 있을 것인가?

이에 대해서는 제닝스가 논하는 거듭남의 문제에 대해 생각해 보아야한다. 물론 이 논의는 니고데모가 '사랑받는 제자'였을 가능성에 대한 논거를 제시하는 맥락에서 등장한다. 그러나 그와는 별개로 그 장면을 생각해 보자면, 예수가 말하는 어머니의 자궁에 들어가지 않고 거듭나는자들은 분명 성령에 의해, 바람과 같이, 현 상태가 상정하는 기존 질서에서 벗어나는 자들이다. 기본적으로 동성애자가 아닌 독자들 역시 바로이러한 지점을 곱씹어 보아야 할 것이다. 그리고 그럴 때에라야 어떤 tol-erance(똘레랑스)를 말할 수 있고 solidarité(연대)를 말할 수 있기 때문이다. 비록 이성애자로서 본인의 입장이 동성애자 친구에게 "나는 당신이 믿는 바를 위해 싸우다 죽을 수도 있지만, 어쨌든 나는 당신과는 생각이 다르다"라고 말해야만 하는 것이더라도 말이다.

한 가지 약간은 사소한 문제가 제기될 수도 있다. 이러한 작업은 성서해석의 철학적 환원은 아닌가? 아무런 입장을 가지지 않는다고 말하면서도[7], 성서 해석에 철학적 관점을 교묘히 끼워 넣어 해석을 오염시키고 있는 것은 아닌가? 이런 가능한 지적에 대해 저자를 대신하여 내가 내놓을수 있는 답변은 다음과 같은 것이다. 이 작업에서 제시되는 철학적 방법은 그저 저자가 제시하는 '대각적' 읽기의 토대 혹은 공리가 될 뿐이다.말하자면, 철학적인 대각적 방법 혹은 에둘러 가기의 방법은 이러한 읽기 방식의 조건이 될 뿐이며, 결코 그 목적이 되지 않는다는 것이다.

하지만 분명히 인류의―특히 서구의―역사를 통틀어 신학과 철학은

---

7) 이 책의 논의 전개에 있어 어떤 견해가 있다고 한다면 그것은 유적인 차원의 사랑의형식으로서의 동-성애를 옹호하는 입장이며, 그것마저 일종의 거세된 형태로 제시되고 있음을 말해야만 하겠다. 달리 말해, 이것은 어떠한 권리도 주장하지 않는 최대한현시되는 그대로의 예수 전승에 다가가고자 하는 견해이다.

신학/철학 또는 철학/신학의 동시성 또는 오염 내에서만 가능했다. 신학은 철학을, 철학은 신학을 돕는 관계 내에서 서구의 철학사 혹은 신학사는 진행되었다는 말이다.[8] 이러한 과정에서, 과거 두 학문은 언제나 신학이 철학의 또는 철학이 신학의 지배를 받는 관계에 있었다. 이러한 정황에서 문제가 되는 것은 순수함이나 오염의 문제가 아닌 두 학문 영역 간의 지배 또는 우위일 것이다. 그러므로 나는 그가 제시하는 신학/철학 또는 철학/신학의 오염 또는 동시성은 결코 어느 한쪽이 우위를 차지하고 다른 한쪽은 이를 위해 봉사하는 방식이 아니며, 이것은 어느 한쪽이 다른 한쪽을 환원하는 문제가 결코 아니라고 말하고 싶다.

역주에 대해

이 책에서 중간중간 삽입된 역주는 최우선적으로 독자들의 편의를 위한 것이다. 물론 이 책의 일차적인 대상은 어느 정도는 신학에 대해 친숙한 독자들이라 생각한다. 그러나 이 책에서 저자가 전개하고 있는 작업은 단지 신학적 논의만을 위한 것이 아니며, 교회 내/외의 여러 동–성애적 성향의 사람들, 동–성애 및 사회가 정하고 있는 성애적 정상성의 범주에서 벗어나는 사람들에 대해 그리고 더 나아가 성애 그 자체에 대한 혐오를 노골적으로/은연중에 드러내는 많은 이성애자들 모두가 이 책이 전달하는 메시지의 대상이 된다고 생각하기 때문이다. 다시 말해, 이 책의 역주의 배경 설명은 신학에 대한 이해가 부족한 여러 일반 독자들을 위한

---

8) 실제로 오늘날 철학의 영역에 한 분야로 자리 잡고 있는 해석학의 영역은 독일의 신학자 슐라이어마허로부터 시작된 것이다.

것이다. 비록 이 책이 신학을 논하는, 특히 성서 신학을 논하는 것이기는 하나 일반적인 수준의 인문학 서적을 읽을 수 있는 정도의 교양을 갖춘 독자라면 그리 어렵지 않게 이해할 수 있는 논의를 전개하고 있다고 본다. 그런 이유로 번역 과정에서 신학적 배경이 없는 독자들을 위해 몇 가지 부연 설명이 필요하다고 보았다. 역주는 대부분 인터넷에서 간단한 검색을 통해 얻게 된 자료들을 추리고 요약하여 작성한 내용이며, 그 중 상당수가 위키피디아에서 얻은 내용임을 밝혀 둔다.

감사의 말씀

이 책은 최초로 출간되는 내 번역 작업의 산물이다. 번역으로 밥을 먹고 살아보자는 그저 설익은 생각으로 이 책의 번역 작업을 시작한 이후로 여러 번 어려움을 겪기도 하고, 여러 차례 그만하고 싶다는 생각을 하기도 했지만, 동연출판사 편집자를 비롯한 주위 여러분의 도움으로 너무나 멀게만 느껴지던 이 길을 완주했구나 하는 감사의 마음으로 이렇게 내 생애 최초의 역자 후기라는 것을 쓰게 되었다.

기본적으로 모든 '번역은 오역'이라는 말이 있다. 특히 신학적 배경이 일천하고, 그렇다고 해서 인문학적 교양이 풍부한 것도 아니기에 내가 저자의 뜻을 곧게 전했는지 지금도 의문이다. 그럼에도 불구하고 이 책을 국내에 소개하는 작업은 필요한 일이라 생각했기에 기본적으로 오역을 수반할 수밖에 없는 이 작업을 진행하게 되었다. 어찌 보면, 이 책의 번역 작업은 그저 일반적인 교양을 가진 평범한 독자의 책 읽기의 산물이라 할 수 있다. 이런 어설픈 작업 과정에서 여러분의 도움이 있었고 여기에서 간단히 그러나 절대로 갚을 수 없을 만치 큰 도움/은혜에 대해 많은 도움 주신 분들께 감사의 말을 전한다.

우선 책 번역의 기회를 주신 동연출판사에 감사한다. 내게는 어떠한 공식적인 신학적·철학적 교육 배경이 없다. 그러나 이런 아마추어 번역자/독자에게 첫 번역을 통해 나름 번역으로 밥 먹고 살 기회를 제공해 주신 출판사 대표님과 편집자를 위시한 직원 분들에게 감사를 표한다. 그리고 이 작업의 기회를 소개해 준 제3시대 그리스도 연구소의 김진호 목사님과 정용택 연구원에게 감사의 말씀을 전한다. 또한 현재 몸담고 있는 연구집단 CAIROS의 따뜻한 관심 역시 큰 힘이 되었음 밝혀 둔다. 다음으로 책 번역본의 편집 수정 과정에서 크게 도움을 준 친우 정재윤에게 감사한다. 그의 충실한 조언과 꼼꼼하게 행간을 살피며 지적을 해 준 말들이 없었다면 이 작업을 도저히 마무리하지 못했을 것이다. 할머니와 어머니 그리고 동생에 대한 감사 역시 빠뜨릴 수 없는 일이다. 이 못난 큰아들이 빈둥거리며 책이나 파고 있는 모습을 '나 있는 그대로' 참아 준 우리 집안 식구들(재산이나 소유권과 연관되는 기초적 제도로서의 의미가 아닌 그냥 있는 그대로의 식구들)에게 감사의 말씀을 전하고 싶다. 마지막으로 이 책의 저자 제닝스에게 감사한다. 비록 육신으로는 짧은 만남이었으나 이메일 등을 통한 이 책과 다른 책에 대한 그의 가르침은 번역 과정에서 여러모로 큰 도움이었다. 우리는 '정의를 향한 도상에서' 만나 우리의 '우정 가운데', 그 충실성 가운데 함께 작업했고, 그 결과, 이 훌륭한 책의 (보잘것없는) 번역서가 탄생할 수 있었다. 그리고 아울러 이 책의 잘못된 내용이나 오역에 관해서는 전적으로 나에게 책임이 있음을 밝혀 둔다.

2011년 3월 하순의 어느 날 새벽에,
남산 기슭 어느 허름한 골목길에 위치한 연구실에서

교회와 동성애:
동성애혐오의 극복을 위하여

미국 내의 주요 교파들은 교회 생활에 게이, 레즈비언, 양성애자 그리고 트랜스젠더들을 교회 구성원으로 완전히 포함시키는 문제로 더욱더 분열되어 왔습니다. 신학자로서 저는 교회들이 모두를 아우르는 예수의 복음에 충실할 것을 요청하는 게이와 레즈비언에 대한 차별 철폐 프로젝트의 전개에 참여해 왔습니다. 저는 1991년부터 시카고신학대학(Chicago Theological Seminary, 이하 CTS)에서 게이에 대한 연구 프로그램을 발전시키기 시작했고, 대부분의 시간을 제가 소속되어 있는 신학대학원의 게이 및 레즈비언 연구 영역에서 가르쳐 왔습니다. CTS에서 우리는 석사 및 박사 과정 학생들이 그들의 연구를 이 주제에 집중할 수 있게 하는 수업/강의 연구 과정을 하고 있을 뿐 아니라, 동성애혐오와 맞서 싸우며 오랜 시간을 이어온 우리 학교의 사회 참여에 부응하여 교회와 사회를 변혁하기 위한 연구를 계발하는 LGBTQ 센터를 운영하고 있습니다. 현재 이 센터는 미국뿐만이 아니라 세계 도처의 많은 다른 국가들의 동성애혐오 문제를 다루기 위한 자원들을 계발하고 있습니다. 저는 진보적인 한국 기독교 그룹들에 여러 훌륭한 친구들과 졸업생들이 있음을 행운으로 여기며, 또한 2001년부터 LGBT 인권 연대LGBT Solidarity Human Rights Group와 함께 일하고 있음을 자랑스럽게 여깁니다. 저의 희망은 이 친구들이 서로를 더욱 잘 이해하게 되는 것입니다. 저는 이것이 예수께서 율법의 보다 중요한 문제들이라고 칭하셨던바, 즉 정의와 자비를 향해 교회와 사회가 변화하는 데 기여하게 될 것이라고 믿습니다.

동성애혐오는 교회에 어떤 영향을 미치는가? 저는 게이와 레즈비언을 배제하는 것이 교회의 정체성에 해를 끼친다고 생각합니다. 저는 동성애혐오와의 싸움에서 교회가 내세우는 증거의 진정성, 즉 그 선포의 진실성이 위기에 처했다는 사실이 더욱 명백해지고 있다고 봅니다. 여기에서 우리가 나사렛의 예수를 우리의 유일한 구세주로 따르고 있는지 아니면 오히려 그의 제단 위에 번영과 권력의 우상을 올려놓을 것인지가 결정됩니다.

여기에서는 우선 교회의 동성애혐오가 교회 그 자체에 해가 되고 있는 몇 가지 양상들에 대해 이야기해 보도록 하겠습니다.

교회

(1) 제가 CTS에서 가르치는 과목들 중 하나는 동성애와 교회에 대한 것입니다. 수십 개 교파들의 연구 문서들과 성명서들을 살펴볼 때, 동성

애에 대해 교회들을 불안하게 하는 것은 섹슈얼리티 그 자체라는 것이 명확해졌습니다. 교회들은 성에 대한 진실을 말하는 데 대해 겁에 질려 있습니다. 교회들이 유일하게 할 수 있었거나 또는 섹슈얼리티에 관한 불가피한 딜레마에 대해 제공하기를 바라왔던 조언은 "그냥 '안 돼'라고 말하라"는 것뿐입니다. 만일 수많은 사람들에게 이 조언이 무의미한 것처럼 보인다면, 교회는 더 이상 할 수 있는 말이 없습니다. 성적인 관계를 통해 실현되는 가치들에 대해서나, 성적인 친밀함 속의 위험에 대해서 아무것도 말할 수 없게 되는 것입니다. 결혼 관계 외에는 성관계를 하지 말라는 기계적이고, 관례적이며, 전혀 시사적 관련성이 없는 표어 이외에는 아무 말을 하지 못합니다. 젊은이들이 교회를 떠나는 많은 이유들 중에 하나는 교회가 그 영역에서 진실되거나 또는 도전이 되는 것을 아무것도 그들에게 말해줄 수 없기 때문입니다.

이런 마비 상태에는 두 가지 이유가 있습니다. 첫 번째 이유는 로마의 콘스탄티누스 황제(재위 306-337년) 이후로 교회들이 죄에 대한 의미 있는 성서적 가르침을 꺼려왔다는 것입니다. 성서에서 죄는 억압과 불의, 탐욕과 가난한 사람들에 대한 무관심과 관련이 있습니다. 그러나 우리는 죄에 대해서 성서적으로 사회의 지도층을 공격하는 것을 두려워합니다. 그래서 우리는 죄에 대한 모든 이야기들을 친밀함을 나타내는 행위의 영역에 집어넣고 섹슈얼리티를 인간의 도덕적 실패를 대신할 희생양으로 삼았습니다. 이런 방식으로 천 년이 넘는 기간 동안 교회는 사람들이 죄책감을 느끼고 사소한 것들에 대해서도 용서를 구하도록 만드는 데 성공한 동시에, 고백하지 않은 불의와 탐욕의 죄에 대한 사면을 베풀어 왔던 것입니다. 만일 우리가 죄에 대한 성서의 진실을 말했다면 교회가 스스로 세상의 권력자들과 공모했다는 것을 감추려고 사람들의 침실에 들러

붙어 이 땅의 약한 자들과 실로 이 땅 자체를 파괴해 왔다는 사기 행각을 폭로해야만 했을 것입니다. 죄의 교리를 이렇게 왜곡한 것은 우리가 예언자들의 하나님 또는 예수의 아버지가 아니라 세속적 성공이라는 맘몬을 숭배한다는 것을 보여 줍니다.

우리가 성에 대해 정직하게 말하기를 두려워하는 또 다른 이유가 있습니다. 그것은 성에 대한 우리의 부정직함이 우리가 죄에 대한 성서적 진실을 피하는 방편이 되기 때문일 뿐 아니라, 오늘날 '결혼 및 가족적 가치들'이라고 부르는 복음으로 치명적인 결합을 만들어 냈기 때문입니다. 동성애에 관해 말할 때마다 교인들이 한결같이 결혼과 가정의 신성함을 가져온다는 것에 대해 저는 크게 놀랍니다. 이것이 놀라운 것은 예수가 모든 복음서에서 가족이라는 제도를 공격하고 있다는 점입니다. 예수의 가족이 그에게 왔을 때 예수는 그들이 자신의 가족이 아니라고 말하고, 그의 유일한 가족, 곧 어머니, 형제, 누이는 하나님 나라(하나님의 지배)의 가치에 헌신한 사람들이라고 말합니다. 그리고 제자도를 말할 때 어머니와 형제, 누이, 배우자와 아이를 미워하지 않는 자는 누구라도 예수와 하나님 나라를 얻을 자격이 없다고까지 말합니다. 복음서들의 구절구절마다 예수는 복음이 소위 가족적 가치들이라는 것들과 화해할 수 없는 상충관계에 있음을 명확히 합니다. 그러나 교회는 이러한 가치들이 절대적인 것이라고 결정했습니다. 이것이 바로 우리가 사회의 가장 기본적인 제도의 안정성을 보장하는 필수불가결한 기능을 작동시키고 있다는 것을 사회에 설득한 방법입니다. 즉, 우리는 모든 것을 새롭게 할 뿐 그분 대신 사회의 안정이라는 우상을 섬깁니다.

이에 대해 치러야 할 인간의 대가는 끔찍한 것입니다. 그것은 교회가 스스로 침묵해 왔다는 것을 의미하기 때문입니다. 우리는 폭력과 법법의 현장으로서의 가족을 폭로할 수 없습니다. 가정이라는 제도를 지지해야 한다는 결정이 예수의 가르침과 희생자들의 비명을 무시하게 된다는 것을 의미함에도 불구하고 우리가 그런 결정을 내렸기 때문에 가정 폭력, 학대, 근친상간은 여전히 줄어들지 않았고, 교회 안에서 인정되지도 않았습니다.

이제까지 제가 설명한 것은 있을 수 없는 상황입니다. 한편으로 교회는 죄에 대한 이야기를 성에 대한 이야기로 축소하기로 결정했습니다. 그러나 약한 자들과 방어할 수 없는 사람들을 학대함으로써 섹스가 정말로 죄에 관련되는 부분에서 교회는 침묵합니다. 무슨 일이 벌어지고 있는 것일까요? 교회에 의해 성사된 이 악마의 거래에서 중요한 부분을 차지하고 있는 것이 동성애입니다. 게이와 레즈비언 그리고 양성애자를 희생양으로 삼아 교회는 성이 죄악이라는 신화를 영속화하는 한편 교회가 가족적 가치들에 대해서는 질문할 필요도 없게끔 확실한 것으로 만듭니다. 동성애혐오는 가족이라는 제도로써 불의를 영속화하는 일에 우리가 공모한 것과 섹슈얼리티에 대해 우리가 혼동하는 것에 대한 구실이 되어 왔습니다.

(2) 저는 이미 이 공모관계에 대해 인간이 치러야 할 대가가 무엇인지를 제시한 바 있습니다. 그러나 이 인간의 대가에는 꼭 언급해야 할 또 다른 차원이 존재합니다. 그것은 청소년 자살의 증가입니다. 십대 청소년의 자살이 유난히 많은 것은 적어도 미국에서는 내면화된 동성애혐오의 산물입니다. 게이, 레즈비언, 양성애 십대 청소년들이 스스로 세상 어디에도 자신이 있을 곳이 없는 괴물이라는 메시지를 받게 되어 생긴 결과라는 말입니다. 한편으로는 항상 성적인 자극이 있는 세상, 다른 한편으로

는 교회와 부모가 "그냥 'No'라고 말해"라는 공허한 표어를 말하는 세상에서 청소년의 성애란 이미 충분히 무서운 것입니다. 그것은 도덕의 나침반이 없는 광야입니다. 게이 또는 레즈비언 청소년에게 그 상황은 훨씬 더 심각합니다. 그들은 자신이 가진 욕구와 욕망의 양상 때문에 신과 공동체로부터 영원히 단절된다는 말을 듣습니다. 수백만의 (교회) 가족들 안에서 그들은 게이가 되는 것보다 죽는 것이 차라리 나을 것이라는 뚜렷한 인상을 받습니다. 그리고 수많은 게이 및 레즈비언 십대 청소년들이 교회가 공모하는 두려운 메시지를 믿고 스스로 목숨을 끊게 됩니다.

누가 그들에게 성애가 서로를 찾고, 서로를 필요로 하고, 서로에게 의지하도록 하는 하나님의 방식이라고 말했습니까? 누가 그들에게 동성과 가까워지고자 하는 욕망이 축하받을 만한 귀한 선물이며 존경과 신뢰 그리고 성실의 관계를 향해 가는 것이라고 말했습니까? 교회는 그런 말을 해 주지 않았습니다.

누가 교회의 동성애혐오에 대한 대가를 계산할 수 있습니까? 그 대가는 인습적인 체면의 제사상 위에 놓인 우리의 아이들이라는 섬뜩한 희생제물입니다.

성서

교회의 동성애혐오의 또 다른 희생자는 성서 그 자체입니다. 이전에 노예제와 인종차별을 정당화하기 위해 사용되었고 교회와 사회에서 여자들의 완전한 성적 평등을 부인하는 데 사용된 것과 동일한 해석적 기교가 오늘날 동성애혐오 문제에도 사용되고 있습니다. 동성애혐오적인 성서 읽기가 성서를 비열한 횡포의 규정집으로 만들었고, 복음의 포도주를 율법적이고 보복적인 비난으로 바꾸었습니다.

이 해석적 도착의 가장 뻔뻔스러운 사례들 중 하나는 소돔과 고모라의 이야기입니다. 수세기 동안 이 이야기는 거꾸로 뒤집어져 서구의 세속 및 종교 담론에서 동성 간의 친밀함에 관련된 행위와 동의어가 되었습니다. 하지만 이 이야기는 약한 이방인들을 대상으로 집단적인 강간을 저지르려는 형태를 취했던 소돔의 불의를 말하는 것입니다. 이것은 성서 윤리의 기초에 대한 극단적인 위반입니다. 외국인이나 여행자 또는 이주 노동자(이들 모두가 성서적 범주에 대한 적당한 번역이 되는데)는 씨족이나 부족의 유대에 의해 보호받지 못하는 사회의 가장 취약한 구성원입니다. 따라서 이스라엘은, 이집트 땅에서 그들 자신도 외국인이었으므로, 이주민을 특별한 배려로 대하라는 경고를 계속 받았습니다. 그래서 창세기 19장에 제시된 방랑하는 하나님의 사자들에 대한 집단 강간 시도 또는 사사기 19장의 레위인의 첩을 강간했던 사건에 대해 혐오를 보이는 것입니다.

그러나 로마 황제 유스티니아누스(재위 527-565년)의 시대로부터 이 성서 본문은 의도적으로 왜곡되어 사회의 약한 구성원들의 권리를 침해하기 위한 핑곗거리가 되었습니다. 그리고 이 본문은 중세로부터 나치의 공포스런 시기까지 (동성애적) 인류에 대한 범죄들을 정당화하는 데 쓰이게 되었습니다.

성서 본문들

소돔의 이야기에 대한 문제에 덧붙여 동성애의 긍정(차별 철폐)에 반대하는 교회 사람들이 사용하는 몇 안 되는 다른 성서 본문들이 있습니다. 동성애에 대한 성서적인 긍정에 대해 말하기 이전에 저는 이 부정적인 성서 본문들에 대해 이야기해 보려 합니다.

(1) 레위기 18장 22절과 20장 13절

최소한 레위기를 전거로 인용하지 않으면서도 그에 대해 언급하기를 선호하는 사람들이 있다는 것은 놀라운 일입니다. 물론 사람들이 읽어 보지도 않고 인용을 하고 그래서 성서를 조각조각으로 뜯어내어 자신들이 원하는 것을 증거하는 본문으로 만드는 것이 통상적인 문제입니다.

레위기는 이상하고 놀라운 책입니다. 이 책은 제사와 의례라는 주제에 할애된 것이며, 따라서 그 이름이 레위족의 성직에서 유래했던 것입니다. 이 책의 대부분은 성전의 장식과 제사장들이 착용했던 예복과 관련되어 있습니다.

레위기에는 경제적 윤리에 관한 또 다른 부분이 있습니다. 예를 들자면, 희년에 모든 채무를 감면하고, 모든 농지를 원주인에게 반환하는 것 등이 있습니다. 은행과 농산업에 종사하는 친구들은 어떤 이유에서인지 이런 본문 중 어떤 것도 절대로 인용하지 않는 듯합니다. 어쩌면 이들은 아예 이런 본문을 읽지 않을 것입니다. 그들은 미등록 이주민들이 괴롭힘을 당하거나 투옥되어서는 안 되고, 이들을 환영해야 한다거나, 또는 모든 것이 하나님께 속하며 가난한 사람들을 위한 봉사에 쓰여야 한다는 레위기의 주장에 대해서는 관심이 없는 듯합니다.

이제 이런 맥락에서 우리는 성애를 다루고 있는 듯이 보이는 부분을 대하게 됩니다. 물론 모든 사람들이 관심을 갖는 본문인 듯합니다.

저는 이 본문들을 저의 책 『야곱의 상처』[1]에서 다루었고, 그래서 여기서는 그 본문들을 전부 다루지는 않을 것입니다. 저는 단순히 고대 이스라엘의 문서인 구약성서에서 몇 개의 율법적 규정들 중 오직 하나만이 남

---

1) Jacob's Wound: Homoerotic Narrative in the Literature of Ancient Israel(New York: Continuum, 2005).

자 간의 섹스 문제에 대해 어떤 언급이라도 하고 있다는 것에 주목하려 합니다. 만일 이 규정이 없었다면 이스라엘에서는 동성애가 금지되지 않았다고 가정해야 할 것입니다. 모든 학자들은 이것이 이스라엘의 가장 마지막 또는 가장 근래의 율법 규정이며, 바빌론 유수기가 상당히 지난 후에나 씌어진 것이라고 알고 있습니다. 그래서 어쩌면 이스라엘의 역사 대부분의 기간 동안 이스라엘은 동성애적 관계에 대해 그 어떤 부정적인 언급도 하지 않았을지도 모릅니다. 그리고 이것은 우리가 어떻게 구약성서에 실린 더 오래된 서사적 자료가 동성적 에로티시즘을 상당히 개방적인 방식으로 다룰 수 있는지를 이해하는 데 도움이 될 것입니다.

이러한 레위기 본문 중 둘째 구절은 여기서 언급하고 있는 종류의 행위에 대해 사형 선고를 명합니다. 이상하게도 유대인들은 모든 기록된 역사에서 절대로 이것을 문자 그대로 받아들이지 않았습니다. 오직 기독교인들만이 문자적으로 받아들였을 뿐입니다. 물론 이렇게 되기까지에는 당연히 오랜 시간이 소요되었습니다. 다만 약 1500년의 세월이 지나서야 기독교인들만이 이 규정을 다른 기독교인에게 문자적으로 적용할 수 있겠다고 실제로 생각할 수 있었습니다.

기독교인이 레위기의 이 구절을 문자적으로 받아들이는 것은 이상한 일입니다. 레위기는 젊은 유대인 남자들의 교육에서 가장 중요한 지위를 차지하는 책이기 때문입니다. 이 책은 유대인들이 바 미츠바 bar mitzvah(유대인들의 성인식 역자)를 앞두고 암기하는 본문입니다. 하지만 오늘날 개혁 유대교와 보수 유대교는 그 본문들이 무슨 뜻이든 간에 동시대의 게이와 레즈비언에게 적용해서는 안 된다는 것을 전제합니다. 이 본문들은 역사적인 가치는 있겠지만, 오늘날에는 전혀 법적인 구속력이 있다고 여겨지지 않습니다. 그것은 즉, 이 본문들이 이 시대의 게이와 레즈비언들에게 적용될 수 있다고 생각하는 거의 유일한 사람들은 기독교인들이라는 의미가 되는 것입니다. 바로 율법보다는 복음을 낫게 여긴다고 말하는 사람들 말입니다.

여기에 쓰디쓴 아이러니가 있습니다. 제 학생 중 레즈비언인 여학생이 한 명 있는데, 보수적인 기독교 교파 출신인 이 여학생은 기독교인들이 그녀에게 적대적이지만, 유대인들은 그렇지 않다는 것을 알게 되었습니다. 그녀는 맹목적이고 경솔한 율법의 종교가 된 기독교를 떠나 은혜의 종교를 발견하고자 유대교로 개종했습니다. 어쩌면 우리는 유대인 이웃에게서 나사렛 출신의 유대인을 따른다는 것이 무엇을 의미하는지에 대해 배워야 할 것입니다.

저는 구약성서의 본문들에 대해 말했습니다. 신약성서는 어떨까요? 가장 열렬한 동성애혐오자라도 복음서에서 레즈비언과 게이에 대한 적개심을 정당화할 만한 무엇이라도 찾아내기가 힘에 부쳤을 것입니다. 『동성애에 대해 예수가 말한 것은 무엇인가』라는 제목의 책에 대한 우화가 있습니다. 책을 열면 그 책의 페이지들은 완전히 비어 있습니다. 저는 잠시 후에 다른 방식의 읽기를 제시할 것입니다. 신약성서의 부정적인 구절들은 모두 바울에게 돌아갑니다.

신약성서에서 우리가 동성애혐오를 찾아볼 수 있는 곳은 거의 없습니다. 고린도전서의 한두 단어, 디모데전서의 한 단어 그리고 로마서의 두 구절이 전부입니다.

(2) 바울의 텍스트

이 단어와 구절들은 어떨까요? 단어를 먼저 살펴보겠습니다. 하나는 고린도전서 6장 9절의 말라코이*malakoi*라는 그리스어 단어입니다. 그것은 신약성서의 다른 곳(마태 11:8)에서 사치스러운 것을 의미하고, 요한 그리고 아마도 예수와 그의 제자들이 입었던 단순한 의복에 대비시켜 부자들과 권세 있는 자들이 입었던 의복을 지칭하는 용어입니다. 그리고 그것은 정확히 기독교의 초기 몇 세기 동안 이 단어가 일반적으로 이해되었던 방식입니다. 부유하고 권세 있는 자들에 대한 비판은 아무튼 남성적인 오만함의 방식에 따르지 않는 약한 젊은 남자들을 공격하는 용도에 쓰이는 단어로 바뀌게 됩니다.

바울(고전 6:9)과 디모데전서(1:9-10)의 저자가 쓴 다른 단어는 아르세노코이타이 *arsenokoitai*입니다. 이 단어는 침대 또는 잠자리에 드는 것을 의미하는 단어와 남자를 의미하는 단어의 조합으로 보입니다. 이것은 매우 드물게 사용되었고 그래서 이 단어가 죄의 목록에 나올 때 무슨 뜻인지를 확신하는 것이 매우 어렵습니다. 그러나 사실 이것은 2세기 문서에서 다시 나타나는데, 인간의 죄에 대한 목록이 아니라 신들의 범죄에 대한 서사에서 사용됩니다. 그래서 그 범죄는 무엇일까요? 납치와 강간입니다. 그리스 로마 세계에서 남성적 성행위의 모델은 정확히 강간이었습니다. 즉 지배로서의 성행위였다는 말입니다. 그것이 바울에게 그 단어가 의미하는 것입니다. 디모데전서의 경우 그 단어가 나타나는 목록은 단순한 살인이 아니라 부모의 살인, 단순한 강도질이 아니라 인간을 훔쳐 노예로 파는 강도질 등과 같은 폭력적인 범죄의 목록이므로 이것은 상당히 명확해 보입니다.

그러므로 바울이 권력자들의 사치와 폭력이 그들을 하나님의 지배(하나님 나라)에서 배제시킨다고 생각하는 것은 절대적으로 명확하고 설득력이 있는 듯합니다. 그것은 또한 우리가 바울의 가르침과 예수의 가르침 사이의 분명한 연속성을 볼 수 있게 해 줍니다. 만일 우리가 부자들과 권력자들과 친구가 되고 싶다면 당연히 우리는 성서의 어조를 낮추고 그들의 죄로부터 주의를 돌려야 할 것입니다. 공동체의 약한 구성원들이 고통을 겪는 대가를 치르더라도 말입니다.

다음으로 로마제국의 문명에 대한 기소장인 로마서 1장을 다루도록 하겠습니다. 로마제국은 바울이 말한 그대로 진리를 불의하게 감옥에 가두는 사회요, 하나님의 정의에 상반되는 불의한 사회인 것입니다.

바울의 기소장을 상기하는 것이 좋겠습니다. "그들은 모든 종류의 불의, 탐심, 악의로 가득 차 있습니다. 시기, 살인, 다툼, 사기, 간교함으로 가득 차 있는 그들은 남의 뒷이야기나 하는 자들, 중상하는 자들, 신을 미워하는 자들이고, 무례하고, 거만하고, 악한 행위를 꾸미고, 부모에게 반항하고, 어리석고, 믿음이 없고, 무자비하고, 무정합니다. 그들은 그런 일들을 행하는 자들은 죽어 마땅하다는 신의 율법을 알면서도 그런 일들을 행할 뿐 아니라 그런 일들을 행하는 다른 사람들을 환호합니다"(로마서 1장 29절, 저자 사역). 이제 여기서 바울이 언급하고 있는 사람들은 누구이며, 그들이 사형 선고 하에 있다는 말은 무슨 뜻일까요?

만일 타키투스Tacitus(56-117년)나 디오 카시우스Dio Cassius(155?-229?) 또는 수에토니우스Suetonius(69-130?) 같은 로마의 역사가들이 저술한 로마 상류 사회에 대한 묘사들을 읽어 보았다면, 티베리우스Tiberius(재위 14-37년), 칼리굴라(재위 37-41년), 네로Nero(재위 54-68년) 등과 같은 황제의 독재에 대해 거의 같은 단어로 묘사하는 것을 찾을 수 있었을 것입니다.

이 서술적 묘사들에서 여자들 역시 한 역할을 담당합니다. 제국의 여자들은 본성에 반하여 남편과 아버지, 심지어 아들의 암살자로 활동하는 것으로 기술됩니다. 여자들은 네로나 티베리우스 또는 클라우디우스

Claudius(재위 41-54년) 같은 황제들을 지배하는 자들이요, 소위 자연스런 남자들의 자리를 찬탈하고, 심지어 권력 게임을 위해 모두가 보는 공개적인 장소에서 성행위를 한다고 기술되어 있습니다. 그러므로 바울이 여자들이 본성에 반해 행동한다고 했을 때 제국 사람은 모두 누구의 얘기를 하고 있는지를 알고 있었을 것입니다. 그리고 그들은 바울이 섹스에 대해 얘기하는 것이 아니라는 것을 알았을 것입니다.

바울이 그 사람들과 그들의 성적인 관행에 대해 말할 때, "모든 여자의 남편이자 모든 남자의 부인"이라 묘사된 율리우스 카에사르Julius Caesar나, 또는 극단적인 성적 취향으로 강간에 대한 환상을 실행한 칼리굴라, 또는 살집이 있고 자신이 살해한 이전 부인과 가장 비슷해 보이는 여자 노예와 공식적으로 결혼한 네로를 아는 사람들은 누구를 이야기하는지 알았을 것입니다. 황제들의 극단적인 성적 잔인성을 비난했던 이교도나 바울은 동의와 상호성에 의한 일반인들의 성관계에는 관심을 두지 않습니다. 강간을 은폐하기 위한 수단으로 권력을 사용하는 사람들을 비난하는 것입니다. 이 자들은 또한 자신들의 범죄에 대한 처벌을 자신들의 몸으로 지고 가는 자들입니다. 젊은 병사의 아내를 강간한 후에 그 병사에 의해 성기를 칼에 찔려 죽은 칼리굴라를 생각해 보십시오.

그러나 하나님의 메시아를 로마 질서를 전복시키려는 범죄자로 처형한 로마의 지도층에 대한 바울의 고발장은, 어떤 이상한 마술에 의해, 우연히 같은 성에 속한 사람들에게서 사랑을 구하는 평범하고 약한 사람들에게 낙인을 찍는 방법으로 탈바꿈하게 되었습니다.

아마도 여러분은 어떻게 동성애에 대한 교회의 선입견이, 예수가 마태복음에서 율법의 보다 중요한 문제들이라고 칭했던 것들, 즉 정의와 자비의 문제로부터 주의를 돌려놓는 방편으로 기능했는지 이제 이해하기 시작할 것입니다. 동성애에 대한 정죄는 부유한 자들과 권력자들의 비위를 맞추는 자들의 이익에 봉사하며, 성서가 죄라고 판정하는 것이 탐욕과 교만과 폭력이라는 것을 우리가 알아채지 못하게 합니다. 사랑은 죄가 아니라 오히려 율법의 본질을 완수하게 해 주는 유일한 수단이고, 하나님을 기쁘시게 하는 정의를 실현하는 유일한 수단이며, 사랑이 없는 정의로는 누구도 하나님을 보지 못합니다.

성서가 정말로 말하는 것

그러나 우리의 논쟁에서 너무나 오랫동안 숙고되어 왔던 이 몇 안 되는 구절들이 정말로 동성애에 대해 성서가 말하는 것의 전부일까요? 전혀 그렇지 않습니다. 만일 성서를 동성애혐오라는 눈가리개 없이 읽는다면 우리는 그저 한두 구절만을 찾는 것이 아니라 동성애를 비롯하여 놀랍도록 다양한 인간의 사랑에 대한 긍정적인 평가를 드러내는 글자 그대로 수십 개의 서사들과 가르침들을 보게 됩니다.

제가 쓴 가장 최근의 책들 중 한 권은 구약성서를 다룹니다.[2] 이 문헌은 어떤 독자라도 알고 있듯이 인간의 성애에 대해 놀라울 정도로 진솔한 특징을 지닙니다. 그것이 이런 이야기들이 삼손과 데릴라, 다윗과 밧세바 등과 같은 할리우드 대작 영화들의 주제가 된 한 가지 이유입니다.

이렇게 성생활에 개방적인 문헌이 동성 간의 사랑에 대한 놀라운 이야기들을 담고 있다는 것에 대해 그리 놀라서는 안 됩니다.

예를 들자면 다윗과 요나단, 또는 룻과 나오미처럼 사람들이 명백하게 발견한 관계가 있습니다. 하지만 실제로 이 이야기들조차도 동성 간의 성애에 대한 서사로 읽는 경우는 드뭅니다. 우리는 다윗과 사울 그리고 요나단 사이에 형성된 흥미로운 사랑의 삼각관계를 거의 인식하지 못합니다. 이야기 안에서 다윗의 아름다움은 반복적으로 회자되고, 사울과 요나단은 다윗의 사랑을 얻기 위해 경쟁하며, 사울이 이 사랑스런 젊은 이의 애인으로서의 자신의 자리를 요나단이 차지했다고 생각할 때 보이는 사울의 질투, 그리고 사울이 다윗을 죽이려고 했을 때 자신을 처음으로 사랑했던 사람의 목숨을 취하기를 거부하는 다윗의 흔들리지 않는 사랑에 대해서 말입니다.

또는 룻과 나오미의 이야기는 서구 문학에서 처음 등장하는 레즈비언 로맨스인, 실제로 룻과 나오미 간에 오가는 사랑의 말은 예전에 이성 간의 결혼을 축하하는 자리에서 종종 등장하곤 합니다. "나더러 당신 곁을 떠나라고 하지 마세요. 당신의 겨레가 내 겨레입니다. …"(룻기 1:16. 저자 사역) 그것은 서로에 대한 사랑에 의해 가부장적인 세계에서 위험을 무릅쓰고 늙은 보아스를 유혹하는 두 여자의 이야기입니다. 마을 여자들은 어떤 일이 진행되는지 알고 있었으므로, 아들이 태어났을 때 룻이 보아스에게 아들을 안겼다는 말을 하지 않고, 룻이 나오미에게 아들을 안겼다고 말합니다. 그들은 오늘날 동성애혐오와 이성애의 지배에도 불구하고 아이들을 낳아 키우기로 공모하는 여자들을 상기시킵니다.

엄청난 본문으로 가득한 성서에는 여기에서 손댈 수도 없는 것들이 정말 많습니다. 심지어 예언자들의 상상 속에서는 하나님조차 한 역할을 담당합니다. 하나님은 남자 이스라엘을 여자처럼 입혀서 그와 결혼합니다. 그러나 이스라엘은 시리아나 바빌로니아 제국이라는 더 아름다운 남자들에게 끌렸기 때문에 불성실합니다. 촌티 나는 사막의 하나님 대신에 위풍당당한 기병 장교들이나 부유한 상인과 같은 그런 남자들에게 말입니다. 하나님은 질투하는 분노로 이스라엘을 공격한 후에 후회하고 사랑하는 복장 도착자를 이제 보다 상냥하고 부드러워진 애인에게 돌아오라고 초대합니다. 그러나 우리는 이 애인이 '동성' 애인이라는 것을 못 알아볼 수 없을 것입니다.

물론 저는 하나님이, 질투를 하거나 하지 않거나 간에, 문자적으로 이스라엘의 남편이라고 말하는 것이 아닙니다. 저는 단지 이스라엘의 예언자들이 동성애자나 또는 트랜스젠더를 말하는 데 거의 거리낌이 없었고 그래서 이스라엘에 대한 하나님의 사랑을 설명하는 방식으로 상당히 쉽고 자연스럽게 이를 사용했다는 점에 주목할 뿐입니다. 그들은 남자인 애인들이 돌을 맞아야 하는 것이 아니라 서로에게 충실하며, 서로를 용서해야 한다고 생각하는 듯합니다. 하나님과 이스라엘이 그래야 했던 것처럼 말입니다.

이런 종류의 배경이 있다면 복음서가 예수 역시 동성애를 받아들이는 것으로 재현하는 데 어려움이 없는 것처럼 보이는 것은 놀라운 일이 아닙니다. 마태복음에서 예수는 창녀와 간음한 여자의 자손으로 나옵니다. 그러므로 예수는 성적인 비정규성에 대해 크게 문제가 없었던 사람입니다. 그는 심지어 종교 지도자들에게 창녀들이 그들에 앞서 하늘 나라에 가게 될 것이라고 말합니다.

그래서 예수를 두려운 초자연적 힘과 동맹을 맺고 있는 강력한 유대인 마술사로 상상하고 찾아왔던 백부장의 부탁을 예수가 받아들인 사건을 마태가 그리고 있는 것은 자연스럽습니다. 이 백부장은 한 소년에 대한 무모한 사랑으로 인해 예수에게 왔는데, 그는 이 소년을 남자 애인을 뜻하는 그리스어—파이스*pais*—로 지칭합니다. 예수는 '잠깐, 당신이 소년을 사랑하는 것은 정상이 아니야' 라고 말하지 않습니다. 오히려 예수는 아무에게서도 이만한 믿음을 보지 못했다고 말합니다. 마가복음과 마태복음에서 믿음이 사용되는 방식과 궤를 같이하여 우리는 자신의 평판이나 또는 안전에 대해 염려하는 것보다도 자신이 사랑하는 사람의 온전함을 바라는 대담함이나 용기에 주목해야 합니다.

동성애가 결혼과 가족의 가치를 훼손한다고 걱정하는 사람들에 대해 우리는 오직 가족이라는 제도에 대해서는 그 어떤 동성애 관계보다 예수가 훨씬 더 위험하다는 것을 지적할 수 있을 뿐입니다. 결국 누가복음에서 예수는 어머니와 아버지와 아내를 미워하지 않는다면 예수의 제자가 될 수 없다고 말합니다.

그리고 동성애가 남자와 여자의 역할을 혼란스럽게 할 것이라는 사람들에게 우리는 성서 문헌에서 여자들만이 했던 봉사를 하기 위해서 예수가 옷을 벗었다는 것을 상기시킬 뿐입니다. 친구들의 발을 씻어 주기 위해서 말입니다. 또는 마태복음에서 제자도에 대한 모델로 멸시받는 환관들의 예시를 들고 있음을 상기시킬 수 있습니다.

이제 어떤 사람들은 『예수가 사랑한 남자』라는 제 책이 예수가 '게이'라는 주장을 한다고 말할 것입니다. 저는 그렇게 주장하지 않습니다. 동성애자 또는 게이라는 용어는 심지어 현대의 삶과 경험을 설명하는 데 있어서도 충분하지 않습니다. 그렇기 때문에 이 용어들 자체가 자꾸 변하는 것입니다. 이 용어는 우리의 문화와 근본적으로 다른 1세기의 고대 이스라엘 또는 그리스 로마 세계의 문화에 대해 설명할 때 설명력이 훨씬 더 떨어집니다.

그러나 복음서 중 가장 기이한 복음서인 요한복음은 여러 측면에서 예수를 다른 남자, 즉 예수가 사랑한 남자의 사랑하는 이로 묘사하기에 주저하지 않습니다. 요한복음은 이 관계를 육체적 친밀성으로 특징지어지는 관계로 묘사하기를 주저하지 않습니다. 무릎 또는 가슴에 누워 있는 이 자세는 남자들이 함께 먹고 마시는 것에 대한 그리스 로마 세계의 모든 묘사에서 언제나 그들이 육체적으로 깊은 관계에 있다는 표시입니다. 즉, 그들은 오늘날 우리가 말하는 '애인'인 것입니다.

예수와 그가 사랑한 남자가 이런 근거에서 실제로 또는 요한복음 저자의 상상 속에서 성관계를 가졌는가에 대해 제가 안다고 주장하는 것이 아닙니다. 저는 단순히 문서 자체가 확연히 이런 성향을 보인다는 것을 지적하고 있는 것입니다. 말하자면 예수가 친밀하고 희생적인 사랑으로 사랑한 모든 사람들 중에 육체적인 친밀함이라는 특별한 의미에서 예수가 사랑한 사람으로 알려진 한 사람이 있었다는 것을 지적할 따름입니다.

어떤 이들은 제가 그래서 예수가 죄인이었다고 생각한다고 상상합니다. 그렇지 않습니다. 예수의 죄 없음은 율법과 규칙을 통틀어 예수가 이를 잘 지켰는지 살펴본다고 해도 알 수 있는 것이 아닙니다. 그런 일을 한 사람들은 예수가 죄인이었을 뿐 아니라 죽어야 마땅하다고 결론을 내린 사람들입니다. 사실 그들은 그가 사탄과 연합했다고 생각하거나 그렇다고 주장했습니다. 예수의 죄 없음은 하나님에 대한 충성으로 하나님의 대의에 굳건히 헌신하는 태도를 뜻합니다. 종교인들은 예수를 죄인들의 괴수라고 판결했고, 제국의 법과 질서의 수호자들은 그가 체제 전복적인 범죄자였다고 판결했지만 말입니다. 바울이 말한 바와 같이 하나님은 죽은 자들로부터 예수를 부활시킴으로써 그가 무죄임을 보이십니다.

그러므로 저는 예수가 죄인이었다고 결론내리지 않습니다. 오히려 저는 동성애혐오가 죄라는 결론을 내립니다. 저는 예수의 신성을 부인하기는커녕 예수의 신성을 주장합니다. 그리고 저는 초대교회의 신학자들과 같이 바로 그 신성을 주장합니다. 곧 참된 하나님이신 이 신성이 우리와 같은 육신으로 된 진정한 인간이 되신다는 것과 사랑과 성실함으로 성적인 친밀함을 갖는 능력과 그것이 주는 위로를 그리워하는 것을 포함해서 말입니다. 그리고 오늘날 이를 부인하는 사람들은 저와 논쟁하는 것이 아니라 보편적이고 정통적인 교회의 고대로부터 내려오는 신조와 논쟁하는 것입니다.

결론

우리의 논의는 게이에 대한 다소간의 불만스런 수용 또는 관용의 문제가 되어서는 안 됩니다. 교회가 너무나 많은 사람들에게 끼쳤던 피해 그리고 교회가 하나님의 말씀에 끼치고 있는 피해에 대한 교회의 회개라는 문제가 되어야 합니다.

이것은 관용의 문제가 아닙니다. 너무나 많은 학대에도 불구하고 하나님의 은혜로 여전히 기꺼이 교회에게 기회를 주려고 하는 수많은 게이와 레즈비언, 그리고 그들의 친구들이 있다는 것은 놀랍고도 감사한 일입니다. 이 모든 일에도 불구하고 여전히 하나님을 신뢰하며, 교회가 그들을 외면하기 위해 과거로부터 행해 왔고 또 계속 행하고 있는 모든 일에도 불구하고, 여전히 하나님을 신뢰하고, 예수를 따르는 일에 스스로를 헌신하는 사람들이 여전히 우리 가운데 있다는 것은 오직 하나님의 은혜의 기적입니다. 종교적이고 정치적인 박해와 억압의 희생자를 자처한 구세주의 복음 메시지와 하나님의 사랑의 진리를 그들은 여전히 어렴풋이 감지하고 있기 때문입니다. 그들의 용기가 믿음의 씨앗이 되어, 적대의 앞잡이인 교회를 감사와 축하의 공동체로 변화시키기를 기원합니다.

요나단(Jonathan), 22, 109, 145, 155-156, 163, 183-184, 444
요셉(Joseph, St.), 53, 69, 269, 316, 340, 363
요셉, 아리마대의(Joseph of Arimathea), 14, 92-93, 103
요한, 세례자(John the Baptist), 89-90, 112-113, 132, 225, 245, 370
요한, 세베대의 아들(John the son of Zebedee), 82-87, 91, 94, 103
요한, 에베소의(John of Ephesus), 84
윌리엄스, 로버트(Williams, Robert), 167, 208, 232, 238, 263
윌슨, 낸시(Wilson, Nancy), 238, 263
유다 이스가룟(Judas Iscariot), 38, 86, 88, 103, 132, 292, 314
유다, 가룟 사람이 아닌(Judas not Iscariot), 75, 95, 98-99
유세비우스(Eusebius), 53, 83-84, 93
이레네우스(Irenaeus), 59, 84, 120, 221-222

ㅋ

카르포크라테스(Carpocrates), 193, 209-210, 216-217, 221, 232, 235
카잔차키스, 니코스(Kazantzakis, Nikos), 33, 181
칸타렐라, 에바(Cantarella, Eva), 202-203
칼렌, 아를로(Karlen, Arlo), 151
컨트리먼, L. 윌리엄스(Countryman, L. Williams), 127, 275-276, 319, 350
쾨슬러, 헬무트(Koeslter, Helmut), 283
크롬튼, 루이스(Crompton, James), 154-159, 200
크리치, 제임스(Creech, James), 6, 159
클레멘스, 알렉산드리아의(Clement of Alexandria),
          벌거벗은 세례에 관하여, 207,
          비밀의 마가복음과 클레멘스, 167, 193, 208
          성애와 출산에 관하여, 213, 378
          아우구스티누스와 클레멘스, 379
          영지에 관하여, 217
          예수와 살로메에 관하여, 215
          카르포크라테스의 마가복음과 클레멘스, 193, 209, 217-221
키드, 토마스(Kyd, Thomas), 152
키케로(Cicero), 203
태네힐, 로버트 C.(Tannehill, Robert C.), 275

[CROP]